CHRONICON CENTULENSE

ou

CHRONIQUE

DE L'ABBAYE DE SAINT-RIQUIER

TRADUCTION D'HARIULFE

PAR

Le Marquis LE VER

PUBLIÉE ET ANNOTÉE

PAR

M. Ernest PRAROND

PRÉSIDENT D'HONNEUR

ABBEVILLE

IMPRIMERIE FOURDRINIER ET Cie

Rue des Teinturiers, 51-53

1899

MÉMOIRES

DE LA

SOCIÉTÉ D'EMULATION D'ABBEVILLE

—

TOME III

AVERTISSEMENT

LE MARQUIS LE VER

DEUX *copies existent de la traduction du marquis Le Ver. Toutes deux figuraient dans le catalogue publié pour la vente de son cabinet en 1866*[1] *; l'une sous le n° 79, l'autre sous le n° 103.*

Le n° 103, relié en peau, sous les armes du marquis, ne parut pas dans la vente publique. Du consentement des héritiers, il avait été cédé de gré à gré à un amateur érudit, dans un bloc de toute la partie manuscrite concernant le Ponthieu. La bibliothèque d'Abbeville put l'acquérir beaucoup plus tard, avec quelques autres des travaux de M. Le Ver[2].

Le n° 79, négligé comme double en 1866 dans le marché amiable, me fut procuré peu de temps après par le libraire Pineau, de Beauvais, qui avait suivi la vente publique. Cette copie se composait de trois grands cahiers non reliés, plus de tables reliées aux armes du marquis comme l'exemplaire possédé maintenant par la bibliothèque d'Abbeville. Je reçus, avec ces tables, les fiches d'où elles étaient sorties ; petits morceaux de papier collés sur des feuilles grossières et que j'ai sauvées par un cartonnage. Il ne m'a pas été inutile d'avoir ces tables ainsi en double. Dans les incertitudes de lecture, les fiches me sont venues en aide.

---

1. *Catalogue de la bibliothèque de feu M. le marquis Le Ver*, Paris, Mme Bachelin-Deflorenne, 1866. — Vente en Novembre-Décembre de la même année.

2. Vente du 7 au 19 décembre 1891. *Catalogue de livres anciens et modernes et de documents manuscrits, principalement sur la Picardie.* Paris, Em. Paul, Le Huard et Guillemin, 1891.

Les copies acquises par moi, traduction et tables (n° 79), portant des ratures et quelques corrections, témoignent de leur antériorité sur le n° 103 du Catalogue. Elles sortent plus directement des mains de M. Le Ver.

L'envoi de M. Pineau contenait en outre, en annexes, beaucoup d'observations critiques, réunies en cahiers ou dispersées sur des feuillets volants. Ces remarques de la main de M. Le Ver étaient destinées évidemment, dans sa pensée, à commenter les chapitres et aussi à fournir les éléments d'une introduction. J'en détacherai ci-après un grand nombre, en guise de la préface qu'elles préparaient sans doute mais que le traducteur avait renoncé à écrire, ainsi que les premières pages de la copie n° 103 peuvent le faire penser.

Les Bénédictins de la Congrégation de Saint-Maur ont écrit une vie d'Hariulfe et donné une appréciation de ses diverses œuvres. — Histoire littéraire, t. XII, p. 204. — Le marquis semble s'être déterminé modestement à donner leur étude pour préambule de sa traduction. Du moins, il avait fait transcrire la notice bénédictine en tête de la seconde copie, celle de la bibliothèque d'Abbeville (le n° 103 du Catalogue de 1866). L'âge peut expliquer cette résignation. Le chercheur laborieux s'était tant usé en des besognes énervantes, tant courbé sur des parchemins, des papiers roussis, des écritures pâlies, des registres oblitérés ; avait transcrit textuellement tant de chartes ; que la faculté d'écrire devait être un peu éteinte ou fatiguée en lui. Il fut l'homme qui a le mieux su par le détail, non seulement l'histoire d'Abbeville, mais aussi celle du Ponthieu. Il avait fouillé les archives de la ville, sa mère depuis la fin du douzième siècle[1], et celles de la ville des comtes, Montreuil[2] ; il avait dépouillé les layettes de l'hôtel-Dieu d'Abbeville, les liasses des hospices de Saint-Riquier et de Montreuil même, analysé et extrait des cartulaires d'abbayes, des cueilloirs, des obituaires ; interrogé les archives départementales de la Somme, du Pas-de-Calais, du Nord ; tenu entre ses mains des pièces autrefois déposées en la Chambre des comptes de Lille ;

---

1. Cette ancienneté n'est pas contestable. Un Le Ver est témoin dans la charte communale d'Abbeville de 1184. Depuis, il y a eu, de siècle en siècle, des Le Ver dans l'échevinage et parmi les maïeurs d'Abbeville.

2. Sur la foi d'un renseignement verbal de M. F.-C. Louandre j'ai cru autrefois et écrit que M. Le Ver était né à Montreuil. L'avertissement du Catalogue de 1866 m'apprend qu'il est né à Amiens ; mais plusieurs raisons lui faisaient aimer la première de ces villes. Il y avait, me disait M. Louandre, une parente rapprochée dont l'héritage devint sa propre et large fortune. Ses séjours purent donc être assez fréquents à Montreuil, même avant qu'il se livrât à ses travaux.

il avait extrait ce qui regarde le Ponthieu dans les grands dépôts, Archives de l'Empire ou du Royaume, rue des Francs-Bourgeois, Bibliothèque impériale ou royale, rue de Richelieu. Il est mort en 1840, sans laisser le nom que ses travaux lui eussent mérité dix fois s'il leur eût donné forme définitive avec la signification qu'il y attachait ; s'il leur avait enfin ouvert, pour plus de jour, la porte de son cabinet sur le dehors. Il suffirait, pour juger de l'étendue et de la diversité de ses investigations, de feuilleter les catalogues rappelés de 1866 et de 1891. Et il n'était ni avare ni jaloux des trésors qu'il devait laisser perdre pour lui-même. Il les communiquait fréquemment à M. Delignières de Bommy ; lui permettait quelquefois d'en prendre des copies.

La notice-préface qu'il empruntait à l'Histoire littéraire des Bénédictins est sage, savante, assez complète. J'ai dû la mentionner simplement, mais je dois signaler en d'autres termes, et bien mieux encore, l'introduction de M. Lot au texte qu'il a donné du Chronicon Centulense [1]. M. Lot a repris, avec de grands développements et plus de critique, l'étude de la vie et de l'œuvre d'Hariulfe, particulièrement de la Chronique de Centule. De ces annales écrites à l'extrême fin du onzième siècle M. Lot recherche les sources, discute la valeur de témoignage. L'examen est historique et philologique. On peut l'estimer définitif. Les lecteurs du texte latin comme ceux de la présente traduction auront toujours le devoir d'y recourir.

La vulgarisation qu'il m'est donné d'offrir aux amis du Ponthieu est reproduite telle que M. Le Ver l'a laissée. J'ai conféré, pour les corrections, la copie que je possède avec celle de la bibliothèque d'Abbeville. Leur identité presque absolue, les reliures données à l'exemplaire de la ville et aux tables qui sont entre mes mains, semblent prouver que le traducteur ne devait plus retoucher son travail. Très probablement même, vieux et retiré à Roquefort, avait-il renoncé à le publier. Je ne me suis moi-même permis d'y joindre que des annotations circonspectes au bas des pages.

J'ai dû beaucoup à M. Le Ver. Je lui devrai encore. Je m'acquitte un peu. Ce volume rend sa propre œuvre à l'homme qui a consacré, sans bruit, à l'histoire d'Abbeville et du Ponthieu une vie demeurée trop discrète. L'hommage, de simple justice, ne sera pas le dernier, si un temps déjà mesuré me permet cet espoir.

E. PRAROND.

[1]. Hariulf. Chronique de l'abbaye de Saint-Riquier publiée par Ferdinand Lot, ancien élève de l'École des Chartes et de l'École des Hautes Études, Paris, Alphonse Picard, 1894.

REMARQUES

DU MARQUIS LE VER

SUR LES CHAPITRES D'HARIULFE

AVEC la traduction du *Chronicon Centulense* le libraire Pineau m'envoyait le complément du n° 79 du Catalogue Le Ver, c'est-à-dire trois liasses de remarques du traducteur sur l'œuvre d'Hariulfe. La rédaction de ces remarques est toute provisoire comme en témoigne l'écriture hâtive et mal arrêtée. Je ne les ai retouchées, çà et là et à peine, que pour en resserrer ou dégager la forme ; jamais pour en modifier ou discuter le fond. Je ne me rends pas solidaire de quelques-unes des opinions avancées par le loyal chercheur. Les connaissances historiques ont fait depuis son temps des progrès. Ce sont ses notes que je livre au lecteur. Telles que je les produis elles peuvent être suggestives de discussions profitables. Elles prouveront, dans tous les cas, chez l'insatiable curieux de notre histoire, une grande ténacité d'investigation, des qualités de critique érudite, parfois une pénétration bien servie ainsi par un savoir étendu. Dès que l'impression de ce volume sera terminée, je déposerai à la bibliothèque d'Abbeville les brouillons des commentaires qui suivent. On pourra juger de mon scrupule à les extraire.

LIVRE PREMIER

Les observations sur ce livre sont rares et offrent peu d'intérêt

CHAPITRE XVII, page 36 [1]

Le chapitre XVII fait mention des conseils que Gislemar donne au roi Dagobert et qui ramènent ce monarque des égarements dans lesquels il s'était jeté. Ce chapitre est mot pour mot le même que le chapitre XI d'Albin, Alcuinus Flaccus, qui écrivait sous Charlemagne la vie de saint Riquier (insérée dans le tome III du recueil des *Historiens de France* par dom Bouquet, p. 514). Ce qui prouve qu'Hariulfe n'est point un auteur original et qu'il a eu connaissance de ceux qui avait écrit avant lui; nous aurons des occasions de le remarquer.

Dans le chapitre XI d'Alcuin, comme dans le chapitre d'Hariulfe, le roi Dagobert donne à saint Riquier un certain territoire en Ponthieu nommé *Campania* où il y a trois villages : *Altvillaris, Rebellis mons, Valerias*. — *Campania* ne pourrait-il faire penser à *Campegia,* Campagne en Vimeu où sont les restes d'un vieux château, non loin de Saucourt, d'où est datée une charte du comte de Flandres en 998; charte par laquelle ce comte donne à l'abbaye de Saint-Valery, Hére, Quent, Monchaux. — Dom Bouquet, tome X, note de la page 357.

---

[1]. C'est aux pages du présent volume que je renverrai toujours ainsi.

LIVRE DEUXIÈME

CHAPITRE Ier, page 58

Hariulfe fait baptiser Clovis par saint Remi, ce qui peut être puisque cet évêque n'est mort qu'en 535, mais cela n'a été dit par aucun autre historien...

... Cette généalogie des ancêtres de Charlemagne est absolument la même pour la filiation que celle insérée dans dom Bouquet, t. II, p. 698, et qu'il dit avoir été fabriquée par l'auteur de la Chronique de Saint-Médard de Soissons au XIIIe siècle. Dans ce cas, elle aurait été intercalée dans Hariulfe qui mourut avant le milieu du XIIe siècle ou bien l'auteur de la Chronique de Saint-Médard l'aurait prise dans Hariulfe. Il y a plutôt à croire qu'elle a été interpolée.

CHAPITRE II, p. 62

Je ne reproduis pas sans hésitation la remarque suivante :

Angilbert, en possession du comté de Ponthieu, apprenant les miracles opérés au tombeau de saint Riquier, se fait moine à Centule. L'habit de moine que reçoit Angilbert n'était-il pas donné alors à des laïques en manière de faveur sans les obliger à la vie monastique comme nous savons que, dans les XIe et XVIe siècles, on le donnait à des malades et à des morts. Les membres du Parlement avaient le privilège d'être enterrés avec l'habit d'un certain ordre religieux. Il est certain qu'Angilbert a toujours servi en matières séculières l'empereur Charlemagne. Comme il était abbé comte de Saint-Riquier, peut-être, lorsqu'il se trouvait en l'abbaye, avait-il la liberté de revêtir l'habit des religieux, reçu d'eux par faveur.

J'ai dit que je n'acceptais pas sans restriction ces hypothèses.

CHAPITRE VII, p. 87

Hariulfe fait succéder immédiatement Nithard à son père Angilbert en qualité d'abbé, ce qui n'est pas exact puisque le *Gallia Christiana* place quatre abbés entre Angilbert et son fils Nithard. Au reste, dans le chapitre XVII du livre IV nous verrons les noms de ces quatre abbés retrouvés dans un manuscrit distrait de l'abbaye de Centule au temps des dévastations normandes et rapporté de Gorze par l'abbé Gervin. Nous retrouverons plus d'une fois encore des preuves de l'inattention historique d'Hariulfe. Il a commis un anachronisme d'autant plus criant en faisant succéder Nithard immédiatement à son père qu'il nous dit, liv. III, chap. V, que c'est Ribbodo qui a fait transférer le corps d'Angilbert et l'a réinhumé dans l'église avec une épitaphe de dix vers qu'il rapporte, et dont les trois derniers disent que le corps a déjà séjourné vingt-huit ans *ante fores templi*. Or, Angilbert étant mort le 18 février 814, Le Ver nous donne l'an 841 ou 842 pour la date où Ribbodo était abbé et conséquemment avant Nithard qui ne le fut que peu de temps et qui périt dans un combat contre les Normands en 853.

Ne pourrait-on cependant faire tout concorder en acceptant une des théories mêmes de M. Le Ver sur les abbés comtes ? L'hypothèse concilierait la préface d'Hariulfe, ce chapitre VII et la liste de l'abbaye de Gorze comme le *Gallia Christiana*. Nithard, abbé comte, aurait bien succédé immédiatement en cette double qualité à son père Angilbert, et les quatre abbés de la liste de Gorze n'auraient été, au-dessous de lui, que des sortes de prieurs, des lieutenants strictement religieux.

LIVRE TROISIÈME

CHAPITRES II et VII, pp. 93 et 116

Lidimonium service du serf de la glèbe envers le seigneur ; *hostilicium,* droit prélevé par le seigneur pour frais de guerre.

CHAPITRE III, p. 104

Cette tenance noblement (nobiliter) des vassaux obligés au service de terre et de mer est fort remarquable. Charlemagne par ses capitulaires de l'an 808 avait ordonné de construire des vaisseaux. — Baluze, *Capit.*, t. Ier p. 462. — L'article XIV du capitulaire de Charles-le-Chauve de l'an 865 ordonne à ses envoyés, aux évêques, aux comtes et à ses vassaux, qui ont la garde de vaisseaux pour empêcher les ennemis d'entrer dans le royaume, de ne rien négliger pour bien garder ces vaisseaux. — Baluze, *Capitul.*, t. II, p. 200. — De sorte qu'on peut conjecturer de ce capitulaire qu'il y avait une garde maritime à l'embouchure des rivières par lesquelles on craignait des invasions. — L'article XIII de ce même capitulaire a ordonné aux fidèles du roi, tant aux évêques qu'aux abbés, comtes et aux hommes des abbayes, de défendre le royaume contre ses ennemis. — *Ibidem,* p. 199. — On peut encore conclure de l'ordre dans lequel les personnes sont nommées que la qualité de comte était au-dessous de celle d'abbé.

Ce serait un enfantillage de remarquer que, des cent un vassaux de l'abbaye, il n'y en a pas un dont le nom commence par les lettres C, K, N, P.

CHAPITRE V, p. 111

Tout ce que dit Hariulfe dans ce chapitre depuis *Novissime vero statuitur dies qua de his judicium haberetur* jusqu'à *Hinc post vitam omni felicitate defunctam*

Centulo in pace quievit est tiré mot à mot de Nithard, à l'exception que Nithard dit : *Hinc, vita cum omni felecitate defuncta, Centulo*, etc.

Ce passage de Nithard indique bien certainement qu'il était fils d'Angilbert et de Berthe, fille de Charlemagne, mais il ne prouve pas que les enfants d'Angilbert fussent légitimes ; ce qui serait d'autant moins croyable qu'Éginhard dit positivement que l'empereur Charlemagne ne voulut marier aucune de ses filles et qu'il s'étonne de cette résolution, puisqu'elles étaient belles et recherchées. — *Vie de Charlemagne* par Éginhart, p. 101, t. II des *Historiens de France* par Du Chesne. — Il y a lieu de présumer que l'empereur a ignoré ou feint d'ignorer la conduite de sa fille afin de lui éviter un public deshonneur[1]. Bollandus doute du mariage. D. Mabillon résout le doute en disant qu'il fut secret[2], inconnu de Charlemagne qui s'y fût opposé. Il appuie son opinion sur ce que Angilbert conserva toute sa vie la faveur de l'empereur.

La raison que donne Mabillon pourrait-être bien faible. Il n'est pas naturel que, peu de temps après son mariage, Angilbert se soit fait moine et prêtre en 790. On doit, ce semble, bien plutôt tirer de cet événement la preuve ou la conjecture que Charlemagne, ayant appris la naissance de Nithard et la récidive des désordres[3] de sa fille, crut devoir forcer Angilbert à se retirer dans un monastère et que, peu de temps après, il lui rendit ses bonnes grâces parce que le savoir du coupable lui était agréable et nécessaire et pour sauver la réputation et l'honneur de sa fille.

L'*Histoire des Grands Officiers de la Couronne* dit que Berthe naquit environ en 775, ce qui ne peut être, si, comme le dit Mabillon, Angilbert se retira en 790 au monastère de Centule en 790, car, en 790, elle aurait eu quinze ans et déjà deux enfants[4].

---

1. Le marquis Le Ver ne raisonne-t-il pas ici en homme du XIXe siècle plutôt qu'en homme du VIIIe ou IXe ?
2. Mabillon vivait au siècle de Louis XIV et de madame de Maintenon.
3. Quel gros mot.
4. M. Lot a discuté aussi la question d'Angilbert et de Berthe. Voir chap. II, liv. II, p. 61.

CHAPITRE VI, p. 113

Charte de l'an 843, indiction VI, donnée à Compiègne par l'empereur Lothaire. Confirmation du don de deux villages par le duc Hugues qui avait épousé Ermengarde fille de cet empereur. Notaire Adalberon au lieu d'Adalberon archevêque de Reims.

D. Luc d'Acheri fait observer que cette charte n'est pas de l'empereur Lothaire mais de Lothaire roi de France père de Louis-le-fainéant, le dernier roi de France de la race Carlovingienne, et que le duc est Hugues Capet qui commença la troisième.

A la vérité, l'indiction VI est celle de l'année 843 où Lothaire était empereur, mais en 843 c'était le fameux Hincmar qui était sur le siège de Reims en remplacement de Ebbon déposé par le concile de Thionville, chassé deux fois de son siège.

En 969 Lothaire, roi de France, avait pour grand chancelier Adalberon qu'il fit élire archevêque de de Reims en 969. Ce prince mourut en 986 et après la mort de Louis V, son fils, en mai 987, le prélat sacra, en juillet 987 même, Hugues Capet.

Si l'on donne cette charte au roi Lothaire comme le fait D. Luc d'Achery elle ne peut être que de l'an 978 où l'indiction VI se trouve, depuis l'intronisation d'Adalberon au siège de Reims jusqu'à la mort du roi Lothaire.

Cette charte contient beaucoup d'erreurs. Elle ne peut être de l'empereur Lothaire en 843. Il n'avait aucun droit de confirmer une donation de lieux situés dans le royaume de Charles-le-Chauve. Ce n'est que cent vingt ans après cet empereur qu'Adalberon monte sur le siège de Reims.

A la vérité, cet empereur eut une fille du nom d'Ermengarde mais elle n'épousa pas de duc du nom de Hugues. Selon l'*Histoire des Grands Officiers de la Couronne* et d'après les annales de Fulde, elle fut enlevée et mariée l'an 846, (donc après la date de 843 qu'Hariulfe donne au diplôme), à Gilbert comte de Brabant.

La date du diplôme ainsi donné au roi Lothaire, ne peut être qu'entre 969 où Adalbéron monta sur le siège de Reims et 986 où le roi mourut. Elle serait de 978 si la mention de l'indiction était juste. Ce diplôme est encore rempli d'erreurs, car aucun historien ne donne au roi Lothaire de fille du nom d'Ermengarde, et si, comme le pense D. Luc d'Achery, le duc Hugues donateur des deux villages est Hugues Capet, Hariulfe a encore beaucoup erré en faisant ce duc gendre du roi Lothaire.

Mais ce qu'il y a de remarquable ce sont les sujétions de féodalité dont le roi affranchit le monastère de Centule et qu'auraient dues les deux villages. Ces droits sont ceux de parée, de gîte *(paratæ)*, de *lidimonium*, soumission d'un vassal envers son seigneur, d'*hostilicium,* droit que le vassal payait à son seigneur pour frais de guerre.

Ces chartes sont remarquables pour le Xe siècle mais les sujétions existaient du temps d'Hariulfe puisqu'il les mentionne.

CHAPITRE VII, p. 115

Louis fait abbé de Centule en 844 était de sang royal. — Nota. Le *Gallia Christiana* le dit oncle de Charles-le-Chauve, *patruus ;* mais aucun historien, pas plus que l'*Histoire des Grands Officiers de la Couronne,* ne lui accorde cette parenté rapprochée. L'abbé Louis est dit cousin *propinquus noster* dans la charte à lui donnée par Charles-le-Chauve en 845.

CHAPITRE IX, pp. 122-125

Le comte Rodolphe abbé de Centule, oncle de Charles-le-Chauve. Il fut comte des côtes ou de la province maritime, *Comitatum maritimæ provinciæ suscepit.* C'est sous la qualification de comtes maritimes que commencent à être connus les comtes de Ponthieu.

Hariulfe fait prendre possession de l'abbaye par Rodolphe à la mort de l'abbé Louis. C'est une erreur, relevée par dom Bouquet, puisque l'abbé Louis ne mourut qu'en 867 [1].

Il ne dit rien de Nithard qui, selon le *Gallia Christiana*, succéda à l'abbé Louis et fut remplacé par Rodolphe. Cependant, dans sa préface, il a déjà nommé Nithard comme abbé et successeur de son père, ce qu'il répète liv. II, chap. VII [2].

Hariulfe dit Rodolphe de sang impérial, oncle de Charles-le-Chauve, et, dans le diplôme de confirmation donné l'an 856 au monastère de Centule, Rodolphe est dit recteur de ce sacré monastère. Le *Gallia Christiana* dit l'abbé Rodolphe frère de l'impératrice Judith mère de Charles-le-Chauve.

L'indiction III et l'année seizième du règne de ce roi indiquent que ce diplôme est de l'année 855, du 2 mars. Cette seizième année indiquerait l'an 839 comme point de départ d'un règne qui ne date que de 840.

A la mort de l'abbé Rodolphe existait déjà dans les monastères l'usage des circulaires annonçant aux autres maisons conventuelles la mort des religieux et les recommandant à leurs prières.

CHAPITRE X, p. 126

Hariulfe donne le gouvernement de Centule au comte Helgaud sans dire le moindre mot de ce qu'était ce comte que l'on sait avoir été comte de Montreuil. (On le voit dans la charte de l'an 1000 de l'abbé de Saint-Sauve qui donne l'avouerie de cette abbaye au comte de Hesdin.)

Hariulfe donnerait à croire que ces abbés avaient été abbés réguliers, quoique abbés comtes, puisqu'il dit, en parlant du comte Helgaud, que, d'un

---

1. Rodolphe ne succéda pas à l'abbé Louis à sa mort, mais dès 846. — M. Lot.
2. J'ai déjà, dans l'*Histoire de Cinq villes*, reproduit cette remarque facile de Formentin qu'Hariulfe s'est trompé en donnant Nithard comme successeur immédiat de son père en la qualité d'abbé, puisque, entre Angilbert et lui, s'interposent Henri, Élizachar, Ribbode et Louis. — Voir cependant notre remarque de la page x.

comté séculier, il passa au gouvernement des consciences; qu'avant d'être abbé ou moine (ce qui semblerait faire croire qu'avant d'être abbé il aurait été moine) il avait porté les armes ou combattu, *militavit*; et qu'ayant été marié il avait eu un fils nommé Herluin, comte aussi comme lui, héritier de sa puissance temporelle et de sa puissance ecclésiastique, mais non assujéti aux règles monastiques : *Suscepit Helgaudus comes Centulensium gubernationem. Hic ex sæculari comitatu transiit ad animarum ducatum. Nam antequam abbas aut monachus foret sæculo militavit, et etiam uxoratus filium suæ carnis reliquit, terrenæ quidem potestatis, sed non monasticæ servitutis hæredem, nomine Herluinum similiter comitem.* — Dom Bouquet, t. VII, p. 244. — C'est le texte même donné d'ailleurs par d'Achery.

Ce qui n'est pas moins intéressant c'est l'origine qu'il nous donne des abbés comtes. « Si l'on nous demandoit, dit-il, pourquoi notre chef étoit abbé et
« comte tout à la fois, nous dirions qu'à cause des péchés du peuple chrétien
« Dieu permit autrefois aux féroces nations danoises et à d'autres peuples
« barbares de forcer les frontières de la France, de mettre tout à feu et à sang,
« sans épargner les grands ni même les rois. Dans ce temps il y avait peu de
« de forteresses ou de chateaux dans les petites provinces du Ponthieu et du
« Vimeu *(Pontivus et Wimacus provinciolæ)* ; ce qui donnoit aux ennemis l'entrée
« libre de la France et, ce qui peut servir d'exemple, nous perdimes alors dans
« un combat le seigneur Nithard, fils de saint Angilbert; et sous l'abbé Louis,
« (Hariulfe nomme ici Nithard avant Louis, ce qui montre son peu d'ordre
« puisque Nithard succéda à Louis) et sous l'abbé Louis, par la crainte de ces
« barbares, on enleva de notre abbaye le corps de saint Riquier. A la vérité,
« nous tenons de nos anciens que ce même Nithard, qui était à la fois abbé et
« comte, ayant combattu dans une de ces circonstances sans avoir quitté l'habit
« régulier de son ordre, fut tué par les ennemis. — Comme la frayeur de ces
« barbares causait fréquemment les plus grands maux dans toute la Gaule et
« que l'abbé de Centule jouissait d'une considération égale à sa grande
« réputation, les rois de France, ainsi que les grands, jugèrent convenable de le
« charger de faire tête à cet orage ; tant à cause que ce saint lieu
« était habité par des hommes d'une extrême magnanimité, et très forts
« d'immenses richesses, que parce qu'ayant un nombre considérable de parents

« militaires, ils pouvaient y réunir leur puissance et leurs forces. Car où
« pouvait-on trouver ailleurs une plus illustre noblesse que celle que présentent
« les moines de Saint-Riquier. On élevait dans ce monastère des ducs, des
« comtes, leurs enfants et même des fils de rois. Telle est l'origine des abbés
« comtes. »

Ce passage intéressant donne lieu à quelques réflexions. Il nous fait voir
l'ancienneté de la réunion du Vimeu et du Ponthieu sous le même gouvernement
qui n'était cependant encore protégé par aucune forteresse, puisque nous
verrons plus tard que ce n'a été que sous la troisième race qu'on commença à
y en établir [1].

3° Selon Hariulfe, les abbés comtes n'auraient été institués que lors de
l'invasion des barbares; or, la première qui ait pu faire craindre pour ce pays
de la part des Normands date de très haut, du temps déjà des fils de Clovis;
mais on peut dire que les menaces maritimes cessèrent pendant deux siècles et
plus. Quoique il en soit, il est constant qu'Angilbert, mort en 814,
gendre de Charlemagne, avait été abbé comte de Centule et que, sous cet
empereur, on donnait des bénéfices ecclésiastiques aux laïques, puisque un
capitulaire de Charlemagne (non daté, mais rapporté par Baluze, t. I, p. 525,
art. 56), dit que ceux qui ont de l'empereur des biens ecclésiastiques en
bénéfice doivent donner le dixième et le neuvième de ces biens pour la réparation
des églises.

4° Il paraît qu'au temps d'Hariulfe on était dans l'opinion que ces abbés
comtes quittaient le monde et prenaient l'habit monastique, puisqu'il dit que le
comte Helgaud, avant d'être abbé ou moine, avait fait la guerre et que
Nithard, pour combattre les ennemis, n'ayant pas quitté l'habit de son ordre,
fut tué pour cette raison, *et quia expeditioni non relicto regulari ordine, inserviens,*

---

1. Dans une note M. Le Ver dit : Hariulfe, liv. III, chap. X, expose que le Ponthieu et le
Vimeu, dépourvus de châteaux, ne peuvent résister aux invasions; et, dans la description du pays,
liv. Ier, chap. V, il l'a montré à peu près vide de cités mais rempli de châteaux fortifiés. Cependant
il n'y a pas de contradiction. Dans le liv. Ier l'auteur parle certainement de l'état du pays au
temps où lui-même écrivait. Le reproche qu'on peut lui faire c'est de n'avoir pas précisé les temps.
Il eût dû, au livre Ier, écrire : *Aujourd'hui* il y a peu de cités, mais des châteaux fortifiés, des
bourgs...

ab hostibus sit occisus. Cependant, à cette époque, à la troisième génération de Hugues Capet, pouvait-on avoir oublié que les abbayes avaient eu des abbés comtes qui conduisaient, réunissaient sous leurs bannières, les vassaux de ces mêmes abbayes desquelles ils avaient les revenus, et que Hugues Capet, à son avénement au trône, avait remis celles qu'il possédait entre les mains de leurs abbés réguliers? Comment au temps d'Hariulfe pouvait-on ignorer que le père de Hugues Capet, Hugues le Grand, avait possédé ainsi une si grande quantité d'abbayes qu'il en avait reçu le surnom de Hugues l'abbé [1]. Ce Hugues le Grand devait si peu être oublié par Hariulfe que le comte de Paris, duc de France, était par son duché le suzerain du Ponthieu, et de plus, possédait le château dominant la ville d'Abbeville, où, par la suite, fut établi le prieuré de Saint-Pierre; et que, selon les apparences les plus probables, ce fut de lui que la ville d'Abbeville prit son nom d'*Abbatis villa* [2]. Dans cette ville le roi, comme suzerain du comté de Ponthieu, prélevait des droits à lui venus par Hugues Capet, indépendants de ceux que les comtes y exerçaient [3]; mais, ignorant toutes ces raisons, ou, pour mieux dire, voulant les ignorer, Hariulfe favorise, ou plutôt accrédite, l'opinion que nous verrons qu'il cherche à émettre toutes les fois qu'il en a l'occasion, qu'aux abbés de Saint-Riquier appartenait le gouvernement du Ponthieu et que la ville d'Abbeville était une maison de l'abbé de Saint-Riquier dont elle a retenu le nom d'*Abbatis villa*.

5° De ce que l'auteur nous dit que des nobles extrêmement riches se retiraient au monastère de Saint-Riquier on tire naturellement la conséquence qu'alors ces grands n'avaient pas quitté tellement l'esprit du monde qu'ils ne fussent, non seulement toujours prêts à prendre les armes, mais encore à conduire à la guerre leurs vassaux sur lesquels ils conservaient toute leur puissance, quoique ayant embrassé la vie monastique.

Les comtes avaient des abbayes sans être abbés, ce qui se prouve d'une manière incontestable par les capitulaires de Charles-le-Chauve, par celui de 877

---

1. Il était abbé de Saint-Germain-des-Prés, de Saint-Denis, de Saint-Martin de Tours (Moréri) et même de Saint-Riquier (Duruy).
2. L'hypothèse est ingénieuse et mérite d'être retenue.
3. Tout cela n'est-il pas douteux?

par lequel cet empereur impose les biens ecclésiastiques pour payer aux Normands la somme qu'il leur avait promise : *Unusquisque episcopus qui habet abbatiam, aut abbas qui similiter habet abbatiam, aut comes qui æque habet abbatiam...* — Dom Bouquet, t. VII, p. 697.

En parlant de la mort de Helgaud, abbé comte, dont il fixe le jour mais non l'année[1] que l'on croit être vers ..., il dit que cet abbé avait établi des lois dans le Ponthieu, lois encore en vigueur au temps où lui, Hariulfe, écrivait. La phrase *verum tamen hujus Heligaudi comitis leges quas in sæcularibus proposuit adhuc a provincialibus tenentur* tend à faire croire, comme je l'ai déjà dit, que l'abbé comte de Saint-Riquier gouvernait entièrement le pays puisqu'il y donnait des lois aux particuliers ; mais ces mêmes lois ici données et reçues dans tout le Ponthieu prouvent d'une manière irrécusable le contraire de ce que l'auteur veut dire et font voir que le comte Helgaud avait une autorité séculière, une autorité temporelle ; conséquemment qu'il avait conservé l'autorité exercée par lui comme comte de Ponthieu et comte de Montreuil, avant d'être abbé comte ; car c'est un fait constant, que l'histoire ne cesse de nous prouver, qu'à cette époque, sous le règne de Charles-le-Chauve, les gouverneurs, les juges, s'arrogèrent en propriété les offices dont ils étaient pourvus par le roi, que beaucoup de personnes, dans ces temps de faiblesse, s'emparaient du temporel des églises en leur offrant leurs bras pour les défendre et se servant de leurs mains pour en retenir les revenus. En vain voudrait-on répondre à cela que les abbayes avaient une autorité temporelle et féodale sur leurs vassaux. On en conviendra aussi. Mais les monastères n'en jouissaient pas pleinement dans le neuvième siècle ; ce fut dans le commencement du XIe, sous le roi Robert, que les églises tentèrent de reprendre les droits qui leur étaient échappés comme Hariulfe nous le démontrera sous le règne de l'abbé Gervin, un des plus heureux et des plus ardents restaurateurs de la puissance spirituelle et temporelle dans l'abbaye de Saint-Riquier. Mais du temps de Helgaud, si cet abbé comte a fait des lois pour le Ponthieu, c'est

---

1. Ni le texte du Spicilège ni celui de M. Lot ne donnent l'année. D'Achery seulement, et en marge, donne le jour, III des nones de novembre. — Helgaud ne vivait plus en 864. — *Art de vérifier les dates.*

comme comte de Ponthieu, qualité qu'il tenait du bénéfice de sa naissance, et non comme abbé séculier de Saint-Riquier; remarque importante pour éclairer un peu l'histoire reculée de notre pays.

Si j'ai prêté grande attention à ce chapitre c'est qu'il met en question la puissance des comtes. J'ai cru qu'il était intéressant de la dégager des incertitudes et de la faire estimer telle qu'elle était en ces temps obscurcis par des témoignages partiaux. Il est évident qu'Hariulfe tend toujours, entre les prétentions de son abbaye et les droits des comtes, à représenter l'autorité de ceux-ci comme appartenant ou soustraite à son monastère.

CHAPITRE XI, p. 128

Le *Gallia Christiana* dit que Guelfon abbé de Saint-Riquier et de Sainte-Colombe de Sens était fils d'Adélaïde fille de Louis le Pieux, femme du comte Conrard. L'*Histoire des Grands Officiers de la Couronne* ne fait aucune mention de ce comte Conrard qui, suivant D. Bouquet, était duc d'une partie de la Rhétie et du Jura, et qui tua, en 866, Hucbert, clerc, auquel Lothaire avait donné un duché ou gouvernement entre le Jura et le mont Jaloux. — *Annales de Metz*, D. Bouquet, t. VII, p. 194.

CHAPITRE XII, p. 130

Hariulfe se trompe, ou le copiste, en marquant du nombre quarante-trois les années du règne de Louis de Germanie en l'année 865 où l'auteur dit que ce roi partagea son empire entre ses enfants. Ce doit être quarante-huit années de règne parce que ce prince fut créé roi de Bavière en 817 dans l'assemblée générale tenue à Aix-la-Chapelle. La chronique de Saint-Wandrille parle du partage de Louis à peu près dans les mêmes termes qu'Hariulfe. Cette chronique dit *Curnualam, id est comitatum Cornu-Galliæ dereliquit.*

L'auteur de cette chronique qui vivait en 869 ne date pas comme Hariulfe de quarante-trois ans le règne de Louis roi de Germanie lorsque, en 865, il fit son testament; il ne fait aucune mention du nombre des années de ce règne.

Quant à la Cornouaille on ne voit pas dans l'histoire de Bretagne que cette portion de la presqu'île fut jamais propriété du roi de Germanie. On voit bien que les bretons l'appelèrent pour les soutenir contre Charles-le-Chauve mais non qu'il eut la Cornouaille en souveraineté. L'auteur des chroniques de Fontenelle et Hariulfe mentionnent seuls cette donation de la Cornouaille par le roi de Germanie à Charles son troisième fils.

Je me permets d'intervenir ici pour rappeler une traduction bien plus plausible de M. Lot. *Curguala* lui fournit Coire, chef-lieu du canton des Grisons. — Voir p. 130 une note sous le chapitre XII.

P. 131. — Le *Gallia Christiana*, d'après les Annales Bénédictines, place ce Hugues, abbé de Saint-Sauve, en 841.

CHAPITRE XIII, p. 133

Le diplôme que Louis, second fils de Louis roi de Germanie, accorde en 867 au monastère de Centule, et par lequel il défend aux gens de guerre de passer par le village de Civinicourt appartenant à ce monastère, ne peut être regardé que comme ce que nous appelons lettres de sauvegarde, lettres données par les commandants militaires dans le pays qu'ils occupent; car certainement Civinicourt n'était pas dans les apanages de ce prince. Le diplôme prouve qu'en 867 les troupes du fils du roi de Germanie étaient dans le pays de Civinicourt qui est probablement le Ponthieu.

Le raisonnement de M. Le Ver pêche un peu, *Civinicurtis,* Civinicourt ou Chevincourt, village de l'arrondissement de Compiègne, étant fort loin du Ponthieu.

CHAPITRE XIV, p. 136

Le moine Odulfe obtient quelques reliques d'un ministre de Saint-Maurice de passage dans le Ponthieu; ce qui ferait croire qu'alors on voyageait avec des reliques.

CHAPITRE XV, p. 138

Le diplôme donné à Kiersy-sur-Oise par Charles-le-Chauve est daté de l'an 28 du règne de ce prince, ce qui correspond à l'année 840. Cet acte est rapporté par D. Bouquet, t. VIII, p. 606.

CHAPITRE XVI, pp. 139-140

Le traducteur, c'est M. Le Ver qui parle, a rendu la mesure de terre *quadrellus* par boisseau, et celle de *bunuarium* par journal. Le glossaire de du Cange mentionne au mot *quadrellus* le passage de cette charte d'Hariulfe, mais ce glossaire ne dit pas quel était le mode ou la quantité de cette mesure que le glossaire du VIIIe tome de D. Bouquet dit être très petite. Quant à la mesure du *bunuarium*, c'est évidemment celle du bonnier dont on se sert en plusieurs provinces comme en Flandre, en Artois.

Cette charte est rapportée dans D. Bouquet, t. VIII, p. 610.

CHAPITRE XVII, p. 141

Bersacques près de l'abbaye donné au monastère par Charles-le-Chauve pour l'entretien de trois lampes, etc... Cette charte est rapportée dans D. Bouquet, t. VIII, p. 611. Le chancelier Hildebold qui souscrit cette charte au lieu de Gozlin n'est pas mentionné dans l'*Histoire des Grands Officiers de la Couronne*, t. VI, parmi les chanceliers de la seconde race, ce qui peut faire croire avec juste raison qu'il y a eu erreur du copiste qui aura mis *cancellarius* pour *notarius*.

CHAPITRE XVIII, p. 143

La visite qu'Ansléic, chef danois, fit à Centule en revenant avec les siens pour se rembarquer et retourner en son pays est racontée par un auteur du ixe siècle d'après lequel probablement Hariulfe a écrit une partie de ce chapitre. — En 869 les danois ravagèrent et pillèrent l'abbaye de Saint-Valery-sur-Somme, Amiens et les lieux circonvoisins. — Annales Bertiniennes, D. Bouquet, t. VII, p. 75 [1].

CHAPITRE XIX, p. 145

Hariulfe fait un grand éloge de Carloman, fils de Charles-le-Chauve et abbé de Centule après la mort de Guelfon. Carloman obtint en 870 pour le monastère de Centule la terre de Drucat du roi Charles-le-Chauve. On croit d'après Nithard que le prince Carloman naquit vers 845 ; il avait, par conséquent, vingt-cinq ans vers le temps où il fut abbé de Centule.

M. Le Ver, non d'accord avec Hariulfe sur la vie de cet abbé turbulent, révolté, excommunié, condamné à mort, et qui finit, les yeux crevés, dans l'abbaye d'Epternach, renvoie sur son compte au P. Anselme, t. Ier, p. 3 et à D. Bouquet, t. VII. Puis, examinant la charte obtenue par lui, il dit :

La charte de confirmation de Charles-le-Chauve rapportée dans ce chapitre présente une forme d'investiture assez rare dans les diplômes de ce temps. L'acte est déposé sur l'autel en l'église de Centule. L'usage des investitures remonte d'ailleurs au viie siècle suivant les auteurs de la Nouvelle diplomatique, t. IV, p. 645 ; et depuis le commencement du ixe siècle, disent ces savants, nous voyons une confusion perpétuelle entre les symboles naturels et les signes arbitraires des investitures. — *Ibid.*, p. 646.

Une preuve bien certaine de la véracité de ce diplôme c'est que la mort de la reine Hermentrude, femme de Charles-le-Chauve, y est mentionnée. Si ce diplôme eût été fabriqué, on aurait négligé un fait aussi peu important à

---

1. Je ne sais pourquoi M. Le Ver rapproche ces faits de la visite pacifique d'Ansléic à Centule. Les annales Bertiniennes ne placent pas d'ailleurs les ravages des Normands à Saint-Valery et à Amiens en 869, mais en 859. A cette date, *Dani noviter advenientes monasterium Sancti Walarici et Samarobrivam, Ambianorum civitatem, aliaque circumquaque loca, rapinis et incendiis vastant.* — Annales de Saint-Bertin, publiées par l'abbé C. Dehaisnes pour la Société de l'Histoire de France, 1871, p. 99.

l'intérêt du monastère. Il est du XVIII des calendes de février (14 janvier) 870. La mort de Hermentrude est du 6 octobre 869.

Au reste, il n'est pas étonnant que les diplômes originaux de Charles-le-Chauve se conservassent encore au monastère de Centule du temps d'Hariulfe qui vivait deux cents ans après la date de celui-ci. Nous en conservons aujourd'hui de plus anciens.

CHAPITRE XX, p. 148

M. Le Ver s'occupe d'abord de la mort du roi et revient à l'abbé son fils.

L'auteur, dit-il, fixe la mort de Charles-le-Chauve au III des nones d'octobre, ce qui la met au 5 octobre comme l'épitaphe rapportée par Duchesne *(Historiæ Francorum scriptores*, t. II, p. 660), et non le 6 comme le dit le P. Anselme.

Carloman dont Hariulfe ne fixe pas la mort mourut en 886. Il est bien étonnant que cet auteur n'ait pas eu de meilleurs renseignements sur la vie ou l'histoire d'un abbé dont le souvenir ne devait pas vivre seulement dans les vers à sa louange du *Chronicon*. Il est vrai que ces vers anonymes peuvent être l'œuvre d'Hariulfe lui-même.

Il y a à présumer cependant que la note marginale relevée par d'Achery est du temps du manuscrit et rien ne défendrait de l'attribuer à Hariulfe lui-même. Comment, en effet, eût-on pu ignorer dans le monastère la vie coupable de Carloman, ses révoltes, ses conspirations commencées probablement après la mort de sa mère, vers le temps du second mariage du roi? On sait qu'il fut condamné à mort en 873 et que son père commua sa peine en lui faisant crever les yeux.

Quoique les historiens ne disent pas positivement qu'il se joignit aux Normands ravageurs de la France sous Charles-le-Chauve, il s'unit souvent aux ennemis de son père. Il chercha à imiter dans sa rebellion son cousin Pépin roi d'Aquitaine, si souvent allié des Normands qu'il en avait pris les mœurs, le costume, et qu'on le vit commettre des cruautés pour mieux leur ressembler. — V. Dom Bouquet, t. VIII.

Comme Hariulfe, les auteurs du *Gallia Christiana* ne font aussi, et d'après lui, que désigner par leurs noms les quatre abbés qui ont succédé à Carloman, avec cette différence qu'ils disent qu'en 877, en l'absence de Carloman, Charles-le-Chauve donna l'administration de Centule à Guelfon, abbé de Sainte-Colombe de Sens, qui avait succédé à Carloman et qui mourut en 881.

Reste maintenant à savoir si Guelfon administra le monastère de Centule et ce qu'il faut croire des abbés nommés après lui par Hariulfe.

Le *Gallia Christiana* ne donne aucune date pour l'administration des abbés successeurs de Guelfon de 881 à 952, laps de temps de soixante et onze ans vide de renseignements.

M. Le Ver en arrive aux invasions normandes. Il s'arrête sur la dévastation générale du pays, sur l'histoire d'Isambard, la légende de sa tombe, l'enlèvement des reliques pour les soustraire au pillage ou à l'incendie, mais il reproche à Hariulfe de n'avoir rien dit de la bataille de Saucourt, du chant teutonique qui célébra la victoire ; puis il revient avec lui à la mort des deux rois Louis et Carloman. L'analyse critique de ce chapitre est partagée entre deux cahiers. Il faudrait trop remanier pour fondre tous les extraits. J'en rejette en note quelques-uns [1].

En ce chapitre, dit M. Le Ver, il est parlé de Guaramond, ce chef d'une bande de Normands attirée en France par le traitre Isambard de naissance franque.

---

[1]. Hariulfe n'a pas donné de détails sur la bataille de Saucourt ; il ne nomme même pas le lieu de la bataille qui a reçu ce nom. Il conseille seulement de recourir à ceux qui en ont écrit. S'il rapelle les chansons qui de son temps célébraient encore cette victoire, *quotidie... cantatur*, il oublie le chant teutonique contemporain de l'événement. (Et sur ce chant retrouvé beaucoup plus tard M. Le Ver renvoie à D. Bouquet, t. IX, p. 99.) — Quant aux chants en langue vulgaire, les auteurs de l'*Histoire littéraire* s'étonnent à tort qu'ils fussent entendus et chantés encore du temps d'Hariulfe, deux cents ans après la bataille. Ne comprenons-nous plus les vers écrits sous Henri IV ? Ne chantons-nous plus : *Que ne suis-je la fougère ?* Les paroles sont de Saint-Gelais et datent de François Ier. — Ce raisonnement montre le savant en belle humeur.

Revenons au sévère. Le grave critique renvoie pour des dissertations sur la bataille de Saucourt au *Journal de Verdun* (avril 1750) et aux Mémoires de l'Académie des Inscriptions, t. XXIV, p. 698.

Incidemment, il s'occupe des reliques enlevées par précaution de Centule ; il pense que la bottine *(caligula)*, longue d'une coudée, de Jésus enfant, était mesurée sur la coudée de deux paumes de main, rappelée par du Cange d'après Papias, le grammairien à peu près contemporain d'Hariulfe : *Cubitus duorum fit palmorum.*

Tous deux périrent dans les plaines du Vimeu à la bataille de Saucourt en 881.

Il faut que les ravages exercés par ces deux chefs aient été bien épouvantables et que les traces malheureuses qu'ils en laissèrent dans le pays aient été longtemps à s'effacer, puisque, deux cents ans après, la mémoire s'en conservait encore et qu'on voit gravé sur la tombe d'Enguerran, comte de Hesdin, qu'il rétablit, l'an 1072, l'abbaye d'Auchy détruite au neuvième siècle par l'armée de Wermond et d'Isambard. C'est sur le nom du traître que quelques-uns ont voulu établir la fable de la tombe d'Isambard près de la Ferté-Saint-Riquier, mais sans raison. Aucun historien, ni même Hariulfe, ne dit de quelle partie de France était cet Isambard. Les chroniques d'Albéric, moine des Trois-Fontaines, sont les seules qui le disent neveu des rois Louis et Carloman, fils d'une de leurs sœurs, mais l'*Histoire des Grands Officiers de la Couronne* ne leur donne point de sœur et dit seulement etc...

Au reste, cet Isambard ne peut être de la maison de Châtillon, comme le vulgaire le dit, puisqu'elle ne posséda la terre de la Ferté tout au plus tôt qu'en 1309. Elle lui fut apportée par son alliance avec la maison de Roye à laquelle la maison de Ville l'avait transmise, ce qu'on peut voir dans l'*Histoire généalogique de la maison de Châtillon* par Duchesne. — Digression peu utile ici du marquis Le Ver qui a estimé ses lecteurs mal avertis.

Sur la mort du roi Louis Hariulfe n'est pas d'accord avec d'autres historiens. Suivant lui, elle aurait été causée par les efforts qu'il avait faits à la bataille de Saucourt. Suivant les *Annales Védastines*, elle serait due à une folie de jeunesse. Le roi poursuivant, par jeu, à cheval, une jeune fille en fuite vers sa maison, aurait été renversé sur sa selle par le linteau trop bas de la porte; et, transporté, la poitrine écrasée, à Saint-Denis, y serait mort[1].

---

1. Le passage visé par le marquis Le Ver qui avait tout lu est celui-ci :
Sed quia juvenis erat, quamdam puellam, filiam cujusdam Germundi, insecutus est; illa in domum paternum fugiens (pour *fugiente*), *rex equo sedens jocando eam insecutus, scapulas super liminare et pectus sella equi attrivit, eumque confregit. Unde ægrotare cœpit, et delatus apud Sanctum Dionysium, nonis Augusti defunctus,* etc. (882). — Annales de Saint-Bertin et de Saint-Vaast publiées par l'abbé C. Dehaisnes pour la Société de l'Histoire de France, p. 313. — La Chronique de Saint-Riquier, fait remarquer l'éditeur, donne pour la mort de ce roi l'année même de la bataille de Saucourt (881), « ce qui est certainement inexact. Le récit de l'annaliste de Saint-Vaast doit être accepté préférablement à celui du chroniqueur de Saint-Riquier, qui vivait au XIIe siècle. »

Désaccords aussi pour la mort de Carloman tué par une bête dans la forêt d'Iveline ou de Rambouillet, suivant Hariulfe, et dans la forêt de Baisieu, suivant les *Annales Védastines*[2]. La bête meurtrière est remplacée chez d'autres historiens par un officier de chasse. Pour la date, accord avec les annales de Saint-Denis.

CHAPITRE XXI, p. 153

Ce chapitre est consacré entièrement à la vision de l'empereur Charles-le-Gros. Elle se trouve aussi dans plusieurs historiens, notamment dans les vieilles *Chroniques de Saint-Denis,* en français, écrites vers la fin du treizième siècle (en 1275). — Ce songe n'a aucun rapport avec l'histoire du Ponthieu. On peut voir sur ce cas prophétique un mémoire de M. le baron de Zurlauben, inséré dans ceux de l'Académie des Inscriptions, t. XXXVI, p. 213. Il rapporte le songe tout au long avec les différentes variantes de certains passages tirées de plusieurs manuscrits qu'il a comparés entre eux.

Une indication doit s'ajouter à celles du marquis Le Ver. M. Charles Labitte s'est occupé aussi du songe de Charles-le-Gros dans son étude : *La Divine Comédie avant Dante.*

En cette vision, dit M. Le Ver, l'empereur Charles-le-Gros, après avoir vu des princes de son sang et des évêques dans l'enfer, reconnaît dans le paradis Lothaire son oncle et Louis fils de Lothaire. Ce cousin lui dit que Louis, fils de sa propre fille à lui-même Louis, obtiendra, *jure hæreditario,* l'empire romain, que lui Charles possède alors ; et Lothaire, aïeul de ce jeune Louis, recommande

---

2. ..... *in Basiu silva. Et dum rex aprum vellet percutere, quidam e suis, Bertoldus nomine, cum eum juvare vellet, casu regem in tibia vulneravit...* — Annales de Saint-Vaast, éd. de la Soc. de l'Histoire de France, p. 320. — « *Basiu* probablement Baisieux, canton de Corbie. L'abbé Lebeuf prouve que le récit de nos annales doit être préféré à celui de la Chronique de Fontenelle, de la Chronique de Saint-Riquier et de la Chronique d'Albéric, qui placent la mort de Carloman dans la forêt d'Iveline, à un lieu nommé *Mons aericus.* ». — Abbé Dehaisnes.

Quant à M. Le Ver il dit : Hariulfe, Albéric de Trois Fontaines, Yperius sont les seuls qui nomment la forêt où il fut blessé. Hariulfe et Albéric vivant à peu près dans le même temps la nomment Iveline ; Yperius la forêt de Baisieu. Les historiens paraissent s'en tenir à ce dernier nom.

son petit-fils à Charles, en lui disant, etc.... — L'enfant recommandé ainsi est Louis dit l'aveugle, élu roi de Provence en 890 ; plus tard, en 896 selon les uns, en 899 suivant les autres, couronné roi des Lombards ; puis, sous le titre d'empereur par le pape en 901 ; prisonnier ensuite de Bérenger roi des Lombards qui lui fit crever les yeux. Il mourut en 933 [1].

Ainsi, poursuit M. Le Ver, cette vision n'a pu être rapportée que par un auteur contemporain du temps de la jeunesse de Louis l'aveugle qui succéda à son père Boson au royaume de Provence, mort en 888. Boson avait épousé Ermengarde fille de Louis II empereur et roi d'Italie et fils de l'empereur Lothaire comme le dit la vision.

Plusieurs auteurs ont raconté cette vision ; d'abord Hariulfe et Guillaume de Malmesbury, comtemporains l'un de l'autre, puis Alberic des Trois-Fontaines qui vivait au XIIIe siècle, un siècle après eux, et qui cite Guillaume de Malmesbury. M. Le Ver pense qu'une plus ancienne vision, rapportée par Baluze (t. II des *Capitulaires,* paragraphe VII du capitulaire de 858), a donné l'idée d'en créer d'autres. Saint Eucher, évêque d'Orléans, ravi au ciel, a vu Charles Martel dans l'enfer pour avoir dépouillé les églises de leurs biens. — Lettres des évêques rassemblés à Reims à Louis le Germanique (858) et dont s'est souvenu Montesquieu, *Esprit des lois,* liv. XXXI, chap. V.

Ce chapitre d'Hariulfe est encore très curieux, poursuit M. Le Ver, en ce qu'il nous apprend que des clercs, sous un chef clerc comme eux et non prêtre, habitaient avec les moines le monastère de Centule et en étaient même plus maîtres que les réguliers. Ces séculiers gouvernaient les moines et le monastère ; avaient un abbé, au moins particulièrement, puisque, dans le chapitre suivant, Hariulfe donne la qualité d'abbé des clercs à Gerbert, ou, pour mieux dire, ne lui donne que cette qualité, ne voulant pas attribuer celle d'abbé des moines à un supérieur réfractaire obstinément à prendre l'habit monastique.

---

1. *L'Art de vérifier les dates* dit simplement : au plus tôt en 929.

CHAPITRE XXII, p. 159

Il y a une grande confusion chronologique dans ce chapitre. A suivre Hariulfe, il semblerait que Gerbert fut abbé sous l'empereur Charles-le-Gros et ne le fut pas longtemps. Les chapitres XXI et XXII lui donnent pour successeur Fulchéric qui paraîtrait avoir été abbé aussi sous le même Charles-le-Gros ou peu de temps après sa mort arrivée en 887. — Mais Hariulfe parle de la conquête du Ponthieu par Arnoul comte de Flandre. Ce comte prit à deux différentes fois le château de Montreuil qui, selon Hariulfe, le rendit maître de tout le Ponthieu ; la première fois en 939 selon Guillaume de Jumièges, chap. X (D. Bouquet, t. VIII, p. 261) ; la seconde fois en 951 [1] (Frodoard et D. Bouquet, t. VIII, p. 207). Hariulfe connaît ces deux occupations du Ponthieu effectuées par la prise de Montreuil. C'est après la première que l'abbé Fulchéric enlève le corps de saint Riquier du château de Montreuil ; donc très peu de temps après la prise de 939, puisque Montreuil fut récupérée assez vite par Herluin aidé du duc de Normandie et que, en 947 encore, Louis d'Outremer et Arnoul assiégeaient inutilement cette place défendue alors par Roger, fils et successeur d'Herluin. — D. Bouquet, t. VIII, p. 201.

De l'affirmation d'Hariulfe que Fulchéric fit son expédition après la première prise du château par Arnoul, il résulte que le *Gallia Christiana* s'est trompé en assignant à l'enlèvement du corps de saint Riquier par l'abbé une date postérieure à 952 (t. X, p. 1243).

Puisque la prise du château de Montreuil mettait d'un coup tout le Ponthieu entre les mains d'Arnoul on doit conclure que ce château était la seule place forte de ce pays et qu'Abbeville ne pouvait encore offrir de résistance. Si cette dernière place avait été fortifiée, le comte de Flandre n'eût pas commis si facilement ses deux rapts de reliques à Saint-Riquier.

En ce chapitre le château de Montreuil est dit dans la province de Ponthieu.

---

1. 948 d'après du Cange et l'*Art de vérifier les dates*.

Pour tous autres que nous, dit M. Le Ver, ce passage n'aurait rien de remarquable ; mais nous, qui voyons ici la ville de Montreuil nommée comme du Ponthieu, qui, de plus, savons que, dans les actes anciens, l'ancien Ponthieu est resserré entre la Somme et l'Authie et que le nouveau seulement a pour limite la Canche, nous devons être étonnés de voir au dixième siècle ou, au moins au onzième, au temps d'Hariulfe, la ville de Montreuil dite en Ponthieu. C'est un point topographique et historique intéressant pour notre histoire particulière et d'autant plus difficile à élucider qu'on voit, au commencement du treizième siècle, le seigneur de Maintenay comparaître à l'arrière-ban avec le comte de Boulogne et ceux du Boulonnois.

Certainement la seigneurie de Maintenay est bien entre la Canche et l'Authie. Ce sont-là matières à discussion que je ne fais qu'indiquer. Il serait bon que l'on déterminât l'ancienne étendue du comté de Ponthieu et les démarcations entre ce comté et celui de Montreuil.

Pour la première prise de Montreuil par Arnoul et la reprise par Herluin, M. Le Ver n'a pu utiliser dans ses remarques l'Histoire de Richer retrouvée seulement en 1833 dans une ville de Franconie et publiée pour la première fois (en France du moins) en 1845 par M. J. Guadet. — *Richeri historiarum libri quatuor*, etc.

CHAPITRE XXIII, p. 162

Le chapitre XXIII est trop singulier par la vision prophétique annonçant à Hugues Capet son avénement au trône pour que je ne la traduise pas d'abord... (Voir la traduction p. 162.)

Cette vision a été sûrement inventée après coup. Ingelran, abbé de Saint-Riquier, mort en 1045, a écrit en vers l'histoire de la translation du corps de saint-Riquier par Hugues Capet. Il ne fait mention ni de l'apparition de saint Valery, ni de la prophétie, preuve certaine qu'on n'en avait pas encore parlé. — *Mémoires de l'académie des Inscriptions*, t. L, p. 585, communication de dom Poirier (bénédictin qui a publié le t. XI des *Historiens de France*).

Après cette citation M. Le Ver poursuit :

Voilà donc la couronne de France, de près de deux cents ans héréditaire dans la même maison, usurpée, promise, assurée ; pourquoi ? Parce que celui qui la prendra aura rendu à leurs monastères le corps de deux saints, créé deux abbés et rétabli l'ordre parmi les moines des deux monastères . . . . Mais le fait seul, la fortune de cette vision, nous prouve la grande puissance qu'avait alors Hugues Capet sur le Ponthieu, puissance allant jusqu'à faire des abbés par sa seule volonté et des abbés non soumis à l'investiture royale lorsqu'il n'était encore, lui, que le plus grand seigneur de la France. Mais, comme duc de France, ses domaines s'étendaient, etc. . . . . Il avait de vastes possessions en Champagne et en Picardie. Comme duc de France encore, il était suzerain du Ponthieu, du comté de Montreuil. Il n'est point étonnant que le fabricateur de la vision ait vu, comme on devait le voir alors, la couronne oscillante sur la tête des Carlovingiens et Hugues Capet en mesure de la poser sur la sienne, puisque deux personnes de sa race l'avaient déjà usurpée. La prise nouvelle était d'autant plus facile à prévoir que la faible puissance de Lothaire ne pouvait guère la prévenir . . . . Un anonyme auteur des actes des saints, vivant (D. Bouquet, t. IX, p. 147) dans le siècle d'Hariulfe, fait aussi mention de la vision de Hugues, mais la relation d'Hariulfe, est plus développée et précise. Cet anonyme se trompe lorsqu'il dit les deux corps gardés alors dans le château de Montreuil. Il est certain qu'Arnoul les avait fait transporter de Sithiu au monastère de Saint-Bertin. D'autres auteurs ont rappelé cette vision ; Orderic Vital, moine anglais, écrivant en 1140 ; André, moine d'Anchin, écrivant en 1248 ; Yperius mort en 1383, abbé de Saint-Bertin, dans sa chronique de Sithiu ; mais ce dernier, moins croyant que ses prédécesseurs, donne à entendre que l'annonce surnaturelle a été inventée pour légitimer l'usurpation de Hugues Capet. Il en voulait encore à ce roi d'avoir fait rendre par son monastère les précieuses reliques.

C'est à tort qu'Hariulfe, au commencement de ce chapitre, a dit qu'Arnoul eut pour successeur son fils Arnoul. Celui-ci n'était que son petit-fils, étant fils de Baudouin. Arnoul le jeune dont il est ici question mourut en 988.

La fin du chapitre vise un nouvel abbé. Ingelard, jeune, élégant, sous-diacre au monastère de Corbie, d'une famille noble et puissante en Ponthieu, est élu abbé de Centule par les religieux. Il entre en son abbaye escorté d'une troupe de moines et de vassaux du monastère, car le mot *milites* signifie simplement les vassaux qui sont allés à sa rencontre. L'élection de ce jeune homme, encore sur les bancs de l'école, mais d'une famille puissante, prouve l'intention des moines d'avoir, en leur abbé, une force protectrice, et leur désir que cet abbé soit un moine plutôt qu'un clerc ou un maître étranger à l'habit monacal comme ils n'ont presque cessé d'en avoir depuis Angilbert.

CHAPITRE XXIV, p. 165

L'armée du duc Hugues (Capet) l'accompagnait lorsqu'il remit les corps de saint Riquier et de saint Valery en leurs monastères. Pour la réintégration du premier elle campa dans la plaine de Saint-Riquier. Le comte Arnoul le jeune s'était résigné à rendre les reliques avec respect et luxe. Il mourut en 988.

M. Le Ver regrette qu'Hariulfe n'ait pas apporté dans le récit des faits de son propre temps la même précision de détails que dans celui du retour du corps de saint Riquier en l'église de Centule.

CHAPITRE XXV, p. 168

Le pape Jean XIV tint le siège de Rome de 975 à 983 ; Jean XV de 983 à 985 ; Guy fut évêque de Soissons de 972 jusqu'à environ 995 ; Foulque, fut évêque d'Amiens de 992 jusque après 1030 ; Baudouin, évêque de Thérouenne d'une date indécise entre 1000 et 1008 jusque vers 1030. Il est difficile de concilier le règne de ces évêques, non seulement avec celui d'un des deux papes Jean XIV et Jean XV, mais même entre eux. L'erreur est grande d'Hariulfe de leur faire adresser les brefs d'un pape Jean. Il lui eût été plus prudent de dire que ces brefs avaient été adressés aux évêques de Soissons, d'Amiens et de Thérouenne, sans les nommer. Toutefois ces brefs d'excommunication ont été donnés et ne sont pas de l'invention de l'auteur. Suivant les récits d'Hariulfe l'abbé Ingelard fit son voyage de Rome après la restitution des corps de saint Riquier et de saint Valery à leurs monastères ; ce ne put être, au temps d'un pape du nom de Jean, que de 981 à 985.

Gerbert et Fulchéric, nommés au commencement du chapitre et coupables, suivant Hariulfe, d'avoir laissé usurper les biens du monastère, sembleraient, gouverneurs des clercs, n'avoir été eux-même que clercs, non moines. Dans le siècle de Charles-le-Chauve les abbayes étaient presque toutes le patrimoine des séculiers.

CHAPITRE XXVI, p. 170

Arnoul, archevêque de Reims, dit fils de Clotaire par la note marginale du *Chronicon*, était le fils naturel de Lothaire, roi de France, mort en 986, et de la sœur de Robert, maire du palais de Charles, duc de Lorraine, frère de ce roi. Il fut fait archevêque de Reims en 989[1]; quitta le parti de Hugues Capet, fut arrêté à Laon le 2 avril 991, conduit prisonnier à Orléans et déposé au synode des évêques tenu à Saint-Basle près Reims. — *Histoire des Grands Officiers de la Couronne*. — Sa lettre reproduite par Hariulfe ne peut être que de 989 à 991.

Quoique le pape eût cassé la condamnation prononcée par le concile, Arnoul n'en resta pas moins prisonnier de Hugues Capet et ne recouvra sa liberté et son siège qu'en 995. — *Histoire de France* de l'abbé de Velly, t. II, p. 281.

L'histoire d'Arnoul est très intéressante parce qu'elle tient aux événements qui marquèrent la succession de la dynastie capétienne à celle des Carlovingiens.

Le recouvrement de quelques églises par les soins de l'abbé Ingelard prouve combien cet abbé tenait de force de Hugues Capet l'intronisateur d'Arnoul sur le siège de Reims, métropole de l'évêché d'Amiens.

---

1. 988 suivant M. de Mas Latrie.

A cette occasion il est à remarquer que c'est l'évêque métropolitain qui félicite l'abbé Ingelard sur son administration et non son évêque direct, celui d'Amiens ; ce qui semblerait annoncer déjà l'effort des abbés pour s'affranchir de leurs chefs naturels et se mettre sous la protection plus éloignée et moins inquisitive des métropolitains et des papes. On verra d'autres marques de cet esprit dans la suite des abbés de Centule. La première velléité de l'affranchissement envers l'évêque d'Amiens est née probablement dans le voyage à Rome de l'abbé Ingelard.

CHAPITRE XXVII, p. 172

De Abbatisvilla et Incra et Domno Medardo, ainsi dit le titre, mais Hariulfe ne s'occupe nullement ensuite de ces trois lieux et le peu de lignes de ce chapitre ne semblent qu'un préambule sans complément.

Dans une seconde note M. Le Ver revient sur ce court chapitre : L'abbé Ingelard, à l'exemple de ses prédécesseurs, aliène des propriétés du monastère en faveur de ses parents ou de ceux qui lui ont rendu service. Entre autres biens il donne ainsi Abbeville, Encre, Dommard, dont les nouveaux possesseurs font des forteresses. Hariulfe ne nomme pas les nouveaux possesseurs. Une remarque amènerait à croire que, très probablement, les propriétés cédées n'étaient elles-mêmes que des possessions précaires du monastère. Autrement, si elles eussent été proprement biens du couvent, l'abbé en aurait retenu une redevance, suivant la pratique lorsque l'on donnait en bénéfice. Or, il est bien certain que l'abbaye de Saint-Riquier n'a jamais perçu un droit, pas même une modique censive, dans la ville d'Abbeville. J'ignore s'il en fut autrement à Encre et à Dommard.

Hugues l'avoué sera appelé au livre IV, chapitre XXI[1], *abbatensis,* qualification de forme assez barbare et énigmatique. On me permettra d'appuyer sur une idée qui appartient d'ailleurs à M. Le Ver.

---

1. M. Le Ver a traduit *abbatensis* par d'Abbeville. Voir p. 24. — Je saisis cette occasion de corriger un renvoi fautif de la table des personnes.

Le nom d'Abbeville, a-t-il dit [1], ne viendrait-il pas de Hugues le Grand où l'Abbé, comte de Paris et duc de France, et, par conséquent, suzerain en cette dernière qualité du comté de Ponthieu? Hugues dès lors ne possédait-il déjà un château bâti au-dessus du hameau marécageux, de nom oublié, qui devait devenir Abbeville? L'hypothèse est tentante. Mais, si le nom d'*Abbatis villa* ne venait pas de ce premier Hugues, fils et père de rois, il serait tout aussi facile de le rattacher au second, le mari de Giselle. Ce nouveau Hugues était certainement avoué de Saint-Riquier [2]. Est-ce comme tel qu'il a reçu d'Hariulfe le surnom d'*abbatensis*? Enfin ce surnom, le tient-il de la possession d'un lieu déjà nommé Abbeville (peut-être depuis Hugues l'abbé) ou de sa propre qualité d'avoué, défenseur de l'abbaye? Ce qualificatif *abbatensis* aurait-il, au Xe siècle, représenté le mot *abbas* comme synonyme d'*advocatus*, en souvenir des abbés comtes? L'appellation eût réuni ainsi, en quelque sorte, les deux qualités anciennes. Abbeville serait donc la ville de Hugues surnommé l'Abbé, non la ville de l'Abbaye. Hugues, dit Hariulfe, ne porta pas le titre de comte mais celui d'avoué avec la puissance de comte. *Comitis villa* n'était pas possible; mais la

---

1. Voir p. XVIII.
2. Voir livre IV, chapitre VI : *Hugo advocatus*. — Angelran comte de Ponthieu fils de Hugues l'avoué. — Dans le même livre, chapitre XII, *Hugonem militem*; et un peu plus loin : *Hugo non comes sed advocatus dictus*, parce que le second titre vaut mieux.

Quant au château dont il est question dans ces pages, s'il n'existait pas déjà du temps de Hugues le Grand comme le pense M. Le Ver, il fut construit, suivant Hariulfe, par Hugues Capet encore duc de France, et ce château a laissé un vestige.

La *cloaca maxima* rappelle seule à Rome les constructions des Tarquins. Chez nous un canal plus pur rappelle les fondateurs de la troisième race royale, Hugues le Grand, Hugues Capet et le gendre de ce dernier Hugues l'avoué. Il s'agit de la voûte enfouie dans le jardin des anciens religieux de Saint-Pierre (aujourd'hui des Ursulines) et qui garde la source dite de Saint-Pierre parce que le prieuré de ce nom a succédé au château du dixième siècle des Hugues. C'est la plus haute antiquité d'Abbeville. On pouvait encore la visiter vers le milieu de ce siècle par un escalier de pierre aujourd'hui condamné. Maintenant il faut ouvrir la terre pour revoir la vieille voûte et les vieilles parois de briques de la chambre souterraine, le réservoir et le petit canal, de briques également, qui sert à l'écoulement de la source. C'est ce qu'on fut obligé de faire en 1884 pour désobstruer ce canal qui mène l'eau historique vers le vivier municipal, dans le jardin qui fut celui des comtes avant d'être celui des moines et de devenir celui de la Ville. La source pourrait raconter les aventures de la princesse Giselle qui fut moins heureuse que la reine Genièvre. Abbeville a eu son drame de Rimini.

voix populaire ayant facilement transformé *advocatus* en *abbas*, au lieu de dire *Hugonis villa* on dit *Abbatis villa* ; au lieu de Hugueville, Abbéville.

Je ne fais que développer une opinion, je l'ai déjà dit, du marquis Le Ver. Il est de fait que le nom d'Abbeville ne paraît pas de façon probante précéder l'avènement de la troisième race royale.

CHAPITRE XXVIII, p. 173

On ne voit pas qu'au temps de l'abbé Ingelard les Normands aient donné lieu de craindre des pillages. Le vol d'Avitien était un délit manifeste, qu'Hariulfe colore probablement de la terreur de leurs dévastations pour rendre excusable ou méritoire l'acquisition du corps saint par l'abbé, si répréhensibles que les actes pussent être envisagés. — Saint Vigor était mort vers 530.

CHAPITRE XXIX, p. 177

La translation du corps de saint Mauguille venu on ne sait comment de Montreuil (il faudrait dire Monstrelet) fait soupçonner le peu de notoriété alors du saint, puisque aucun obstacle n'est mis à son départ et que les moines de Saint-Riquier ne veulent pas le recevoir. Les miracles font éclater ses mérites.

CHAPITRE XXX, p. 181

La charte de l'évêque de Liège, Notker, ne peut être du 5 des calendes de novembre 989, indiction XII, de la première année du règne de l'empereur Henry. Il y a probablement erreur de copiste. Elle doit être de l'an 1002.

Notker, un des plus grands évêques de Liège, fut élu en 972 ; il mourut en 1008.

Sous cet évêque il n'y a eu d'indiction XIIe que les années 984 et 999 qui conviendraient à son règne et au temps de l'abbé Ingelard, mais ni l'année 989 ni la première année de l'empereur Henri ne portent le nombre XII pour indiction.

Pendant l'épiscopat de Notker il y a eu trois empereurs, Otton deuxième en 973, Otton III en 983, et Henri II dit le Saint et le Boiteux, élu roi de Germanie le 6 juin 1002, couronné empereur à Rome par le pape Benoît VIII, 3 février 1014, année dont l'indiction était effectivement XII. Mais Notker ne vivait plus alors, étant mort en 1008.

Ainsi on ne peut en aucune manière faire coincider la date de cette charte de l'évêque Notker avec le règne de l'empereur Henri II.

L'expression dont se sert l'évêque « peu ou quelque peu prévoyant », *aliquantulum providus pontifex,* est assez remarquable.

CHAPITRE XXXI, p. 185

Le commencement de l'année ainsi que la date donnée au commencement du règne du roi Robert ont varié. On voit des diplômes de son temps dans lesquels l'année commence à Pâques, d'autres au premier janvier. L'avénement de Robert part de points divers. (V. le nouveau traité de diplomatique des Bénédictins, t. V, p. 783.) La date la plus commune cependant est celle de la mort de son père arrivée le 24 octobre 996. — La charte de l'abbé Ingelard serait de 1007.

CHAPITRE XXXII, p. 187

Ce chapitre prouve encore que dans le XIe siècle où vivait Ingelard, les abbés aliénaient les biens de leurs monastères et les donnaient en bénéfices. L'intention des abbayes était double ; les bénéficiaires devaient remplir les devoirs dont elles pouvaient être chargées et elles espéraient se créer en eux des défenseurs contre les oppressions ou les empiétements.

Ce chapitre finit avec la mort d'Ingelard le livre troisième.

LIVRE QUATRIÈME[1]

CHAPITRE PREMIER, p. 189

Sur le maître d'Angelran. — Fulbert, avant d'être élu évêque de Chartres, avait enseigné longtemps dans cette ville. Son école était en grande réputation. On n'est pas d'accord sur l'année où il monta sur le siège de Chartres. Ce fut, croit-on généralement, en 1007. Ses fonctions épiscopales ne l'empêchèrent pas de continuer ses leçons, sauf celles de la médecine. On ne peut donc fixer le temps où Angelran alla étudier sous lui. Cependant, sur la foi du chapitre qui suit, on peut penser qu'il l'écoutait encore quand le roi Robert résolut d'aller à Rome, c'est-à-dire, selon les historiens qui diffèrent d'avis, en 1016 ou en 1020.

CHAPITRE II, p. 191

Le roi a emmené à Rome l'étudiant déjà revêtu du vêtement religieux. Angelran revient à Centule ; ses frères le choisissent pour les gouverner après la mort d'Ingelard.

M. Le Ver fait d'abord cette remarque.

Ce n'est plus l'autorité arbitraire ni le crédit qui élèvent le moine Angelran à la dignité d'abbé comme Ingelard l'avait été par la toute puissance de Hugues

---

1. Ce livre, dit M. Le Ver, est la partie la plus intéressante (et il ajoute la moins erronée) du *Chronicon*. Jusque à l'abbé Angelran, Hariulfe n'a pu nous fournir qu'une compilation. Maintenant il va nous parler de ce qu'il a vu ou de tout ce qu'il tient de témoins oculaires. — Ce jugement est sévère. Les trois premiers livres nous ont renseignés sur beaucoup de lieux et de traditions ; et même, par les façons de dire, sur l'état des mœurs et des croyances dans le Ponthieu au temps de l'écrivain.

Capet. C'est la voix unanime des anciens religieux de Centule qui le place à leur tête. Le roi Robert, très satisfait du choix, vient honorer l'abbaye de sa présence pour confirmer l'élection. Angelran a fui, voulant se dérober à l'honneur conféré. Le roi le fait chercher, etc. Il lui donne l'investiture en lui mettant en main les cloches de son église.

Façon de procéder rare. Les auteurs du Recueil des Historiens de France la regardent comme dérogeant à l'usage qui donnait l'investiture par la crosse. Cependant ceux de la Nouvelle diplomatique, t. IV, p. 646, disent que rien n'était plus variable que les signes par lesquels on entrait en possession d'un évêché, d'une abbaye, d'un bénéfice. Parmi les signes étaient l'anneau, la crosse ou le bâton pastoral, les portes ou les clés d'un église, *les cordes des cloches,* ou les cloches elles-mêmes que l'on sonnait; enfin tout ce qui pouvait être donné pour investir d'une propriété quelconque. Aucune forme n'était fixée par des lois. On voit des investitures données par un soufflet, par le sang coulant de la coupure d'un ongle. Ce n'est que dans les siècles postérieurs que la coutume a régularisé la façon d'ensaisiner les nouveaux titulaires.

CHAPITRE III, p. 193

La charte de Durand, évêque de Liège, est d'octobre 1022, l'an dix-neuvième du règne de l'empereur Henri. Les dix-neuf années sont celles qui se sont écoulées depuis le 6 juin 1002, où Henri fut élu roi de Germanie. La charte de Notker avait été datée de la première année du règne de Henri qui ne fut couronné empereur à Rome qu'en 1014.

Durand dont la charte donne une nouvelle valeur à celle de Notker fut évêque de Liège de 1021 à 1025. Ébal qu'Hariulfe fait intervenir fut archevêque de Reims de 1021 à sa mort, 1033. — N'est-il pas étonnant de voir paraître ici le métropolitain plutôt que l'évêque dont l'abbaye de Saint-Riquier dépend? N'aperçoit-on pas déjà les tentatives qu'ont faites les abbés pour se soustraire à l'autorité immédiate de leur évêque, ou, pour mieux dire, n'est-ce pas une continuation de ces tentatives? L'abbé Ingelard semble aussi avoir cherché l'approbation directe de l'évêque de Reims. — Pour la seconde fois M. Le Ver revient sur cette idée que les abbayes souffraient impatiemment leur soumission aux évêques (V. plus haut p. XXXIII.)

La charte de l'évêque Durand est la plus ancienne qui mentionne l'abbé Angelran dont on ignore la date d'élection.

CHAPITRE IV, p. 195

Don, vers 1022, par Richard, duc de Normandie, d'un lieu nommé *Scabelli villa*. La charte de ce don est simplement datée du 11 des ides de mars, année omise. Elle est souscrite de Richard, qui, dans sa souscription, ne prend que la qualité de marquis, tandis qu'en tête de l'acte il s'intitule par la volonté de Dieu duc de Normandie. Elle est en outre souscrite de Robert, son frère, archevêque de Rouen, de Gonnor, sa mère, de Judith, sa fille, et de ses trois fils, Richard, Robert et Guillaume, enfants en bas-âge, *pueri*.

Cette charte pourrait être plus ancienne que la précédente, puisque Judith qu'elle nomme s'est mariée avant l'an 1023 à Renaud Ier, comte de Bourgogne. *Histoire des Grands Officiers de la Couronne*. Ce duc de Normandie fut père de Guillaume comte de Talou et d'Arques qui épousa la sœur de Guy comte de Ponthieu.

Le lieu *Scabelli villa* est appelé Grabelville dans la généalogie des ducs de Normandie insérée dans l'*Histoire des Grands Officiers de la Couronne*. On pourrait croire que *Scabelli villa*, Grabelville, est Graville à une lieue à peu près de Honfleur.

Cette charte de Richard II, étant souscrite aussi par Judith, sa femme, est nécessairement antérieure à l'année 1017 où elle mourut. Mauger qui souscrit aussi cette charte doit être celui que l'*Histoire des Grands Officiers de la Couronne* dit avoir été comte de Corbeil et oncle du duc Richard II, puisque Mauger qui fut archevêque de Rouen était fils de ce duc et de sa troisième femme.

CHAPITRE V, p. 197

Saint Vigor à Saint-Riquier. Nouvelle preuve du peu d'ordre chronologique imposé par Hariulfe à son histoire, l'acquisition du corps saint ayant eu lieu sous le prédécesseur d'Angelran. Le reproche de M. Le Ver ne paraît pas ici très juste. Ingelard a bien acheté les reliques mais Angelran en vérifie l'authenticité.

L'assertion d'Hariulfe que la fête de la Toussaint est de nouvelle institution et seulement du temps d'Angelran appelle une remarque.

L'historien veut dire que cette institution n'était pas reconnue encore dans l'évêché d'Amiens, car il est certain que, très ancienne déjà, due au pape Boniface IV, elle remontait à l'an 609 ou 613 et que le pape Grégoire III, mort en 731 avait travaillé à la répandre. On la célébrait au XIII de mai.

Ce fut l'an 835 que le pape Grégoire IV, venu en France, engagea Louis le Débonnaire à faire célébrer la Toussaint dans ses états, et que, du consentement des évêques, cet empereur fixa par un édit la nouvelle fête au 1er novembre, en ordonnant de l'observer par toute la France et par toute l'Allemagne. Sur cet appui, le pape prescrivit dans toute l'église latine la célébration jusqu'alors restreinte.

La fête ne fut pas cependant reçue en toutes les églises dans le même siècle. Angers ne l'admit qu'en 1314.

Ainsi Hariulfe n'a pu noter qu'un établissement, relativement tardif dans le diocèse d'Amiens, d'une fête dont l'institution datait des septième et huitième siècles.

CHAPITRE VI, p. 200

En ce chapitre Hariulfe commence à s'étendre sur le Ponthieu. Il nous représente l'abbé Angelran travaillant sans relâche à faire rentrer l'abbaye dans les biens dont elle a été dépouillée. Il loue la piété d'Angelran qui, par la suite fut comte de Ponthieu, *denique comes Pontivorum*, fils de Hugues l'avoué qui avait aussi vécu saintement. Il fait voir encore, sans le dire explicitement, qu'en l'abbaye de Saint-Riquier se tenaient les grands jours du Ponthieu où se rendait la justice. — Celà, ce me semble, n'a pas encore été remarqué. — C'est une coutume, dit-il, observée de toute ancienneté qu'à la fête de saint Riquier, tous les vassaux du Ponthieu, *tota Pontivorum militia*, se rassemblent à Centule, et là, comme à leur seigneur temporel, *patriæ domino* (au comte), à leur protecteur, *salutis tutori*, à leur défenseur, *advocato*, ils font une cour solennelle.

Puis il continue :

C'est pourquoi le comte venait infailliblement au monastère à la fête de saint Pierre ou à quelque autre jour. Dès son arrivée, si l'abbaye avait, par sa faute, été lésée en quelque chose, le vénérable abbé l'interpellait avec tant d'autorité et de véhémence, *tanta invectionis auctoritate*, que l'on eût dit plutôt, non un moine semonçant un comte, mais un maître morigénant un serviteur, *ut miro modo non comitem a monacho sed servum a domino increpari putares*. Si le comte ne se rendait pas, ne donnait pas satisfaction, *si aliquando corripienti non obedisset*, l'abbé l'excommuniait incontinent, non sans objurgations ; *illumque infidelem, illum raptorem clamitans, nisi emendare sponderet, continuo excommunicabat*.

On verra, pp. 200-201, que la traduction de cette partie du chapitre VI, mal relue par M. Le Ver, n'est pas exacte. Les remarques que je reproduis et que j'ai voulu rendre plus probantes par des insertions de texte, rétablissent le sens. Il est probable que M. Le Ver avait été dérouté d'abord par tant d'autorité, accompagnée de paroles violentes, concédée par Hariulfe à l'abbé sur le comte.

Ce chapitre a pour conclusion une charte du comte Angelran. L'acte donne à l'abbaye le village de Conteville *(Comitis villa)*. Le comte se réserve pour lui et l'héritier qu'il désignera un cens annuel de douze deniers au jour de la fête de saint Riquier, le 7 des ides d'octobre ; ce que le roi Robert confirme à Compiègne au mois d'avril ; *signa* du roi Robert, de la reine Constance, du duc Henry, de Robert, d'Eude et du comte Angelran.

Cette charte n'est pas datée, mais elle doit avoir été donnée avant le mois de mai 1027 où le roi Robert fit couronner le duc Henry, son fils, qui depuis son couronnement, ne prit plus le titre de duc[1].

Cette charte commence par l'invocation *in nomine sancte et individue Trinitatis. Ego Ingerrannus compertum facere cupio* etc.... Il paraîtra peut-être très extraordinaire qu'Angelran ne prenne aucune qualification en tête de son acte et que la charte se trouve signée Angelran comte. Le désaccord n'est qu'apparent. Il faut, pour répondre à l'observation, se souvenir que, généralement, celui qui écrivait l'acte signait aussi pour les témoins et les comparants, surtout dans les actes où l'on voit le *signum* précéder le nom. C'est alors une marque certaine que l'écrivain de la charte l'a signée. Ce principe de diplomatique est établi par D. Mabillon et par le Nouveau traité de diplomatique des bénédictins. Pour cette raison la charte, plus haut donnée par Richard duc de Normandie, est souscrite par le *signum* de Robert *marquis*.

Que si l'on inférait de ce fait (l'absence de qualité d'Angelran en tête de la charte) qu'Hariulfe pouvait avoir raison de dire qu'originairement les comtes de Ponthieu étaient sortis des avoués de Saint-Riquier, cela même admis malgré la subtilité ne prouverait pas que l'abbé de Saint-Riquier eût été comte de Ponthieu ou eût eu des droits plus légitimes à ce comté que les comtes sortant des avoués. Nous aurons encore occasion de revenir sur ce sujet et de hasarder une opinion sur ces thèses.

CHAPITRE VII, p. 202

Avec un renvoi à dom Bouquet, t. XI, p. 570, M. Le Ver dit : Ce chapitre d'Hariulfe contient une charte de l'an 1035 du roi Henri Ier, dans laquelle est rappelé un procès introduit par l'abbé Angelran contre un chevalier nommé

---

1. Sur une autre note : Cette charte est d'avant l'an 1031, puisque le roi Robert mourut cette année et elle est postérieure à l'an 1026 où mourut Hugues fils aîné de ce roi. Il est à présumer que le duc Henry, Robert et Eudes, qui ont souscrit cette charte, sont les enfants du roi Robert et..... (note incomplète).

Hubert au sujet du village de Noguières. L'affaire a été portée devant le roi à la sollicitation du comte Angelran avoué de Saint-Riquier. Suit l'analyse de la charte royale. Le chevalier est condamné. Un anathème d'évêque est suspendu sur lui. L'excommunication, remarque M. Le Ver, a la forme à peu près de celle que le pape Benoît IX lança dans la confirmation d'une charte donnée à l'abbaye de Colombs près Nogent-le-Roy, en 1027, par le roi Robert. On doit remarquer, dit encore M. Le Ver, que, dans l'acte pour l'abbaye de Saint-Riquier, le roi donne bien le titre de comte à Angelran, mais non celui de comte de Ponthieu. Ainsi on peut dater d'une manière certaine de l'an 1035 le temps où les avoués de Saint-Riquier ont pris le titre de comtes.

Le raisonnement de M. Le Ver est-il irréfragable ?

CHAPITRES VIII et XI, pp. 207 et 214

Les œuvres de l'abbé Angelran. La vie en vers de saint Riquier ; hymnes à la louange de plusieurs saints.

CHAPITRE XII, p. 216

Le chapitre XII et le suivant nous représentent le comte de Ponthieu Angelran tendant à s'emparer de toute l'autorité sur le pays en surprenant au roi Robert une nomination de Foulques son fils à la dignité d'abbé de Centule, à l'insu du titulaire encore vivant mais cassé de vieillesse. Hariulfe ne ménage pas plus le fils que le père, car si, d'après lui, l'ambition du père surprend la bonne foi du roi[1], il nous montre dans le fils un impudent, *sumpta audacia impudenti*, cherchant à se gagner par un grand repas, *convivium opulens*, l'appui

---

1. M. Le Ver me paraît ici trop sévère. Il ne s'agit pas d'abord de toute l'autorité sur le pays ambitionnée par le père, mais de l'autorité, entière effectivement, désirée par le fils dans l'abbaye seule, *totius loci* (l'abbaye) *dominationem*.

des laïques militaires, des vassaux, *quo sibi faceret fideliores et ad acquirendum sibi honorem promptiores*[1]. L'historien, lorsqu'il estimait froissés les privilèges de son monastère, n'était sobre ni d'accusations ni de paroles.

M. Le Ver excuse le roi d'abord, puis implicitement le comte et son fils.

Lorsque l'abbé Angelran fut paralysé, il était tout naturel de lui donner un aide et il n'était pas répréhensible au roi de nommer ce co-adjuteur. La déférence du roi aux refus de l'abbé montre la douceur et la patience de ce prince. D'un autre côté la colère de l'abbé découvre bien l'hostilité constante d'une partie du monastère contre les comtes de Ponthieu.

Hariulfe représente toujours ces comtes tantôt comme des usurpateurs des biens ou des droits du monastère, tantôt comme des personnages injustes.

Ces sentiments expliquent son humeur contre Foulques, fils du comte de Ponthieu. La nomination a été faite par le roi à l'insu de l'abbé. Foulques est d'une audace insupportable, etc.

Hariulfe a déjà refusé le titre de comte à Hugues, avoué de Saint-Riquier, qui avait épousé la fille de Hugues Capet. Il dit que son fils Angelran ne prit le titre de comte qu'après avoir épousé la veuve du comte de Boulogne tué par lui dans un combat, laquelle était de la plus illustre origine[2]. On ne peut véritablement pas se donner la peine de réfuter des assertions aussi ridicules. On se souvient, d'ailleurs, que du Cange n'accorde pas toute confiance à Hariulfe : « Il nous impose encore » etc. a-t-il écrit en le discutant une fois.

A la fin de ce chapitre, question de la séparation de Forêtmontiers de l'abbaye de Centule par le roi Hugues Capet, et encore de la généalogie des comtes de Ponthieu primitivement nommés avoués de Saint-Riquier. — Voilà toujours, ajoute M. Le Ver, Hariulfe constant dans son opinion que les comtes

---

2. L'abbé anathématise les convives. Je relève ici un laisser-aller de la traduction. Angelran ne s'est pas rendu au réfectoire en litière ; il s'y est fait porter par des serviteurs, *manibus ergo famulorum,* etc. L'excommunication portait, dit M. Le Ver, sur les assistants du repas donné au réfectoire où il était défendu aux séculiers de manger.

1. Effectivement il aurait fallu que cette veuve eût été d'une origine extraordinairement illustre pour donner à son second mari le droit de se qualifier comte, droit que lui-même n'eût pas eu, lui petit-fils du roi Hugues Capet et neveu du roi Robert alors régnant. Après cette ironie M. Le Ver cherche quelle était la veuve du comte de Boulogne. Nous ne l'accompagnerons pas plus loin. — Voir encore au chapitre XXI de ce livre.

de Ponthieu ont été avoués de Saint-Riquier avant d'être comtes de Ponthieu et que, du temps d'Ingelard qui vécut jusqu'en 1020 ou environ, les avoués de Saint-Riquier ne prenaient pas d'autre titre que celui d'avoués, et que Hugues, père du comte Angelran, ne fut qu'avoué de Saint-Riquier, non comte de Ponthieu, sauf par l'autorité.

CHAPITRE XIII, p. 219

L'abbé impotent se fait traîner vers le roi. Il lui demande pour successeur un étranger qui n'aura d'autre intérêt que celui du monastère. On pourrait entrevoir dans cette démarche, avec ses inquiétudes propres, celles des religieux défiants du comte. Ils aimeront mieux bientôt recevoir pour abbé, en Gervin, un repenti de date récente, qui peut retourner à ses fautes, que Foulques à qui Hariulfe n'a pu reprocher que d'essayer d'acquérir des partisans par des moyens peu ascétiques. — M. Le Ver s'attache ainsi, avec exagération peut-être, à son idée de l'antagonisme des abbés et des comtes depuis la puissance acquise par le gendre de Hugues Capet.

CHAPITRE XIV, p. 221

Ce chapitre est consacré à la louange du nouvel abbé Gervin qu'Hariulfe appelle l'homme de Dieu, *vir Dei*. C'est ainsi que, quelques années après, on appelait, de son vivant même, saint Bernard. L'appellation était peut-être d'emploi fréquent au XIIe siècle. Hariulfe avait pu voir naître la réputation de Bernard et ce chapitre put être transcrit pendant la retentissante carrière du fondateur de Clairvaux.

CHAPITRE XV, p. 223

Dans ce chapitre ce n'est plus un duc qui, de son autorité privée, fait un abbé et qui en est récompensé par la promesse d'une couronne usurpée, comme le fut Hugues Capet; ce n'est plus un roi comme Robert qui vient exprès à Saint-Riquier donner l'investiture au nouvel abbé nommé par lui et fugitif par humilité; c'est un abbé que le roi vient d'élire et qui se refuse à accepter l'élection royale avant qu'elle ait reçu l'assentiment unanime des moines. Que Gervin ait voulu, en agissant ainsi, faire rentrer les religieux dans leurs droits anciens ou qu'il ait obéi à son humilité, sa réclamation du suffrage des moines n'en rendait pas moins vaine l'autorité royale. Je croirais donc qu'il agit en considération des anciens privilèges de l'abbaye et pour les lui faire, en ce qui le concernait, restituer. Sa vie ne démentirait pas cette intention. Nous le verrons ardemment occupé à faire revenir à son monastère tout ce qu'il croyait en avoir été arraché; nous le rencontrerons en conflit avec son évêque et prouver ainsi ce que j'ai avancé au chapitre X du livre III, que, dans le neuvième siècle, les abbés avaient perdu presque tous leurs droits temporels, et que dans le XIe seulement les abbayes ont cherché à rentrer dans leurs anciens droits et privilèges. En ce dernier siècle certainement ils ont acquis de très grandes faveurs des papes qui les ont soustraites à l'autorité de leurs évêques.

M. Le ver fait encore cette remarque : Hariulfe dit que Gervin fut sacré, *sacratur,* par l'évêque. On sacrait peut-être alors les abbés qu'on bénit simplement aujourd'hui.

CHAPITRE XVI, p. 225

L'abbé Gervin envoie un moine annoncer à Amiens la mort de son prédécesseur mort le v des ides de décembre. Le chapitre est entièrement consacré à l'histoire des derniers moments du vieil abbé.

CHAPITRE XVII, p. 228

Ce chapitre rappelle qu'Angelran a donné une liste des abbés de Saint-Riquier. Hariulfe la reproduit et s'étonne qu'un homme aussi scrupuleux, *tam studiosus*, y ait omis le nom d'Helgaud; qu'il ait pu ignorer les gestes de cet abbé-comte (v. livre III, chapitre X de la présente chronique); ou, s'il les a connus, qu'il ait négligé d'en faire mention. Oubli d'autant plus inexplicable que la Vie d'Helgaud existait dans le trésor du monastère. Il est vrai, ajoute Hariulfe, que cette Vie avait pu, comme les reliques, être enlevée de l'abbaye, par précaution, au temps des invasions normandes, et n'y être rentrée qu'après la mort d'Angelran, lorsque l'abbé Gervin rapporta de Gorzia une histoire de Centule.

Le chapitre est d'ailleurs plein du panégyrique d'Angelran, de vers à sa louange. Son épitaphe a été composée par son disciple, l'archidiacre Guy qui deviendra évêque d'Amiens.

Le *Gallia Christiana*, t. X, p. 1164, dit ce Guy fils d'Angelran Ier, comte de Ponthieu. L'auteur de l'épitaphe était par conséquent le frère du Foulques nommé par le roi administrateur de Saint-Riquier et révoqué de cette fonction à la demande de l'abbé paralytique. Du Cange le dit aussi fils du comte de Ponthieu; le P. Daire le répète dans son *Histoire de la ville d'Amiens*. L'*Art de vérifier les dates* justifieraient ces auteurs, mais je ne sais sur quelles autorités ils s'appuient. L'*Histoire des Grands Officiers de la Couronne*, t. III, p. ..., semble d'autre opinion, puisqu'elle se tait. J'incline à approuver son silence, poursuit M. Le Ver peu enclin au pardon peut-être, car les procédés d'anathème et d'expulsion d'Angelran eussent dû très mal disposer contre lui un archidiacre fils du comte et frère de Foulques.

CHAPITRE XVIII, p. 252

Ce chapitre fait l'éloge de l'abbé Gervin qui ne retourna jamais à ses fautes et, comme saint Augustin, ne conservait de son passé que des regrets. — Énumérations des reliques possédées par l'abbaye au temps de cet abbé.

CHAPITRE XIX, p. 235

Ce chapitre contient une charte (1048) de Guillaume par la grâce de Dieu duc de Normandie, le prochain conquérant, qui maintient au monastère de Saint-Riquier la terre de *Scabelli villa* [1] à l'encontre de l'abbesse de Montivilliers qui la réclamait. — V. la donation de cette terre au livre IV, chap. IV.

La charte du duc est datée du 3 des ides de novembre 1048. Guillaume ne pouvait pas encore avoir eu alors son second fils Richard qui figure parmi les témoins, puisqu'il n'était pas marié [2]. On ne doit cependant pas suspecter la sincérité de ce diplôme. La Diplomatique des Bénédictins, t. V, p. 4 et suiv. 12), l'accepterait : La signature des absents et des personnes qui n'étaient pas nées au temps de la confection des chartes était plutôt regardée comme confirmation que comme témoignage de leur confection. Mais, si on ne doit pas infirmer ce diplôme, on doit être étonné de le voir souscrit par le fils cadet de Guillaume, qui est mort enfant, plutôt que par Robert son fils aîné dont la confirmation eût été plus importante.

L'abbesse de Montivillers qu'Hariulfe dit la parente du duc Guillaume (fin du chapitre), est Béatrix selon le *Gallia Christiana*, t. XI, p. 282. Elle y est dite fille de Richard Ier, duc de Normandie, mort en 1026, conséquemment tante de Guillaume ; mais on ne la voit pas citée dans la généalogie de ces ducs par le P. Anselme.

Le cartulaire de Montivilliers fournit seul ce nom de Béatrix. On croit qu'elle était fille naturelle de Richard Ier. Aucune généalogie des ducs n'en fait mention.

---

1. Ce lieu est appelé Grabelville dans la généalogie des ducs de Normandie insérée dans l'*Histoire des Grands Officiers de la Couronne*. On pourrait croire que ce lieu est Graville à une lieue à peu près de Honfleur. — Note encore, bien entendu, de M. Le Ver.

2. Le duc Guillaume ne se maria avec Mahaud, fille du comte de Flandres, que vers 1049 ou 1050. — *Histoire des Grands Officiers de la Couronne*, t. II, p. 471.

Raoul Taxo, qui souscrit cette charte de 1048, souscrivit aussi en 1066 celle de la Trinité de Caen avec Warin abbé de Saint-Vigor et Robert et Richard fils de Guillaume.

Mabillon (*Acta sanctorum ord. S. Benedicti,* t. VI, part. II), dit, en effet, que le duc Guillaume envoya demander à l'abbé Gervin un os de saint Vigor, mais il paraît que ce fut sur un désir exprimé par le monastère de Cerisy, non pour lui-même comme Hariulfe le ferait penser. — V. chapitre suivant.

CHAPITRE XX, p. 237

Saint Vigor naquit dans l'Artois vers la fin du ve siècle. On croit qu'il prit l'habit monacal sous S. Waast. Hariulfe ne dit pas que ce saint établit une congrégation à Cerisy d'où il avait chassé un serpent. Les fondateurs de l'abbaye qui porta certainement le nom de saint Vigor, avant ou avec celui de Cerisy, avaient été Robert et son fils, fils et petit-fils de Guillaume le Conquérant. Ce fut Warin, abbé de Cerisy, qui, protégé par Guillaume, obtint de Saint-Riquier l'os de saint Vigor. Il s'intitule abbé de Saint-Vigor et non de Cerisy dans la charte de la fondation de l'abbaye de la Sainte-Trinité de Caen. — *Gallia Christiana,* t. XI, p. 61.

Saint Vigor a chassé un serpent. Il vivait du temps de saint Romain, archevêque de Rouen, qui chassa aussi un serpent. La Neustrie était donc alors une terre de grands reptiles.

CHAPITRE XXI, p. 241[1]

Dans ce chapitre Hariulfe revient d'abord aux bourgs d'Abbeville, de Dommard et d'Encre enlevés à l'abbaye et convertis en châteaux.

---

1. Ce chapitre XXI a beaucoup occupé M. Le Ver. Ses notes sont éparses entre deux cahiers. J'en retrouve quelques-unes qu'il m'eût été difficile de fondre dans les premières. J'en résume ici des extraits.

Si nous n'avions déjà remarqué qu'Hariulfe ne parle de Hugues l'avoué et d'Angelran son fils qu'avec une espèce d'aigreur, trahissant des préventions défavorables, nous pourrions lui accorder plus de confiance.

Après un renvoi à dom Bouquet, t. X, p. 196 et t. XI, p. 132, M. Le Ver dit : Nous avons vu au chapitre XII que Hugues (Capet), d'abord duc puis roi, avait fait bâtir à Abbeville, pour l'opposer aux incursions des barbares, un château dont il donna la garde à un de ses vassaux, son gendre ; qu'il donna à ce même gendre Forêtmontiers au détriment de Saint-Riquier, et, enfin, que ce gendre, nommé Hugues, reçut de lui le titre d'avoué de Saint-Riquier, seul titre qu'il porta pendant tout le reste de sa vie.

Dans ce chapitre XXI nous voyons que ce Hugues était devenu puissant grâce au revenu conventuel et au service des serfs de l'abbaye. Son fils Angelran

A la vérité, on ne peut guère se refuser à croire que le gendre de Hugues Capet n'a été que l'avoué de Saint-Riquier et non comte de Ponthieu par le titre. Hariulfe le répète trop souvent pour qu'on doute du fait. Cependant, si nous avions à parler de l'origne de nos comtes, nous nous tiendrions fort en garde contre ses assertions, etc. — Et, comme plus haut, M. Le Ver rappelle les défiances de du Cange, surtout à l'occasion d'Abbeville dire métairie de l'abbaye.

Et après quelques autres remarques qui seraient ici de double emploi :

Ce qui mérite particulière attention en ce chapitre, c'est la transaction entre l'abbé Gervin et Gautier Tirel relativement au village de Noguières ; non que le chirographe soit très important pour le fond, mais il est remarquable en ce qu'étant daté de la xxie année du règne du roi (qui répond à l'année 1053), il ne mentionne pas celle de l'administration du comte ; ce qui est contre l'usage ordinaire de ces temps. Hariulfe lui-même déclare terminer son ouvrage la vingt-huitième année du règne du roi Philippe et la « trente-sixième de Guy comte de Ponthieu ».

S'arrêtant sur la charte donnée pour Portes en ce chapitre, M. Le Ver fait cette observation qu'Angelran II lui-même n'y prend que le titre de comte ; par la grâce de Dieu, il est vrai, mais sans le complément « de Ponthieu » ; et il en vient à un dilemme : Ne peut-on conclure de la forme produite par Hariulfe, ou qu'Angelran n'était que comte gouverneur et non comte souverain du Ponthieu, ou que l'abbaye de Saint-Riquier ne le reconnaissait pas encore comme comte souverain ? Ce qui viendrait à l'appui du second terme, c'est que, dans ce même chapitre XXI, une autre charte du même abbé Gervin, relative à Campagne et à Rebellis-Mons, et datée de la xvie année du règne du roi Henri, n'a pas nommé davantage le comte de Ponthieu. Omission d'autant plus étonnante encore que Gervin ne devait pas avoir oublié la charte royale de 1035, relative à la restitution de Noyères et que souscrivit le comte Angelran Ier, comme simple témoin, il est vrai, et parmi d'autres. (V. liv. IV, chap. VII, p. 204).

Le *Gratia Dei* ne serait pas marque d'indépendance mais formule de piété.

Puis M. Le Ver, à l'occasion de la mort de Hugues II qui laisse quatre fils, revient sur les défauts d'ordre et de chronologie d'Hariulfe. Ici, dit-il, l'historien pourrait induire en erreur des lecteurs mal informés. Il n'a encore parlé que de Hugues l'avoué (Hugues Ier), et de son fils Angelran Ier. Le voici tout-à-coup, et sans avertissement, à Hugues II et à Anguerran II. Ne pourrait-on croire qu'il s'agit toujours des premiers ? Est-il possible, cependant, qu'Hariulfe ait pu confondre et réduire quatre générations en deux ? Ce n'est pas probable. Il vivait encore très près du temps de Hugues Capet ; il était né au temps du second Hugues de Ponthieu ; mais il s'attachait peu à tout ce qui n'importait pas à son abbaye.

n'aurait porté d'abord, comme lui, que le titre d'avoué de Saint-Riquier et pris celui de comte, conservé par ses descendants, qu'après avoir tué le comte de Boulogne. Alors il n'y avait point encore de comte particulier pour gouverner le Ponthieu. Le pays était gardé par les vassaux du roi, *regiis militibus,* établis en différents lieux, *hinc inde præpositis.* Cependant, dans des temps antérieurs, plusieurs abbés de Saint-Riquier avaient, avec le nom de comtes[1], gouverné le Ponthieu. Sur ces pages, sur ces traditions de l'abbaye, se sont fondés les

1. Plusieurs, la plupart même : *Plerisque nostris abbatibus comitis nomen gerentibus.*
M. Le Ver a rapproché plusieurs notes sur les abbés comtes.
Il y avait en 787 des abbés clercs et des abbés laïcs. — *Histoire ecclésiastique,* t. IX, p. 544.
Bernard, fils naturel de Charles Martel, fut à ce qu'on dit, le premier qui joignit la qualité de comte avec celle d'abbé, ayant été abbé et administrateur du monastère de Saint-Quentin, suivant l'abus du temps qui fut aboli au commencement du règne de Hugues Capet. — Baluze, t. Ier, p. ... ; *Histoire des Grands Officiers de la Couronne,* t. Ier, p. 25.
Le capitulaire de l'an 803 et d'autres font mention des abbés réguliers, ce qui prouve qu'il y en avait d'autres, comme les abbés-comtes, qui n'étaient qu'administrateurs et non religieux. — Baluze, *Capit.,* t. Ier, pp. 519, 575.
Un capitulaire de l'an 816 de Louis-le-Débonnaire, article V, rend aux moines l'élection de leurs abbés. — Baluze, t. Ier, p. 564.
Les abbés sont adjoints aux comtes pour rendre la justice. — Baluze, *Capit.,* t. Ier, pp. 635, 738.
Cette dernière note amène M. Le Ver aux comtes en général et aux comtes maritimes en particulier.
Le comte est un juge fiscal... Capitulaire de Dagobert, an 630. — Baluze, t. ... p. 39, article 50.
Il doit avoir son notaire avec lui, p. 431.
Il doit connaître la loi et juger d'après elle, p. 396, etc.
Il ne peut faire grâce de la vie à celui que les échevins ont condamné à mort, p. 509.
Il doit avoir la troisième partie de l'amende qui revient au palais, p. 259.
Il conduit à l'armée, p. 549.
Les comtes ordonnés à la garde maritime résideront dans leur gouvernement. Ils auront avec eux leurs échevins pour tenir les plaids et rendre la justice, p. 775. — Pour les comtes des côtes maritimes voir aussi du Cange, *Comites Maritimæ.* — Du Cange cite Hariulfe même.
Comites fortiores, Comites mediores, Comites minores, en l'année 779. — Toujours Baluze, pp. 200, 862, 863 et 1223.
Etc. — Sous Charles-le-Chauve les comtés devinrent héréditaires, ce qu'on voit par un capitulaire de 877. — Glossaire de du Cange, t. II, p. 792, article *Comites Provinciales,* et Baluze, capit. de 877, t. II, p. 263.
Charlemagne n'établissait de comtés qu'aux lieux qui confinaient aux terres des barbares et il ne concédait jamais plusieurs comtés au même officier. — Vie de Charlemagne par un moine de Saint-Gall, dom Bouquet, t. V, p. III^c.

historiens pour établir l'origine de nos comtes. En effet qui pourrait mériter plus de confiance qu'un écrivain né dans le Ponthieu même, qui raconte ce dont son père ou les anciens de son monastère ont pu être les témoins oculaires ? Faut-il se refuser d'admettre que plusieurs abbés de Saint-Riquier aient gouverné le pays avec la qualité de comtes ? Non, mais leur autorité n'était pas attachée à leur qualité d'abbés réguliers comme Hariulfe veut le faire croire, mais à celle de comtes qui y était accidentellement jointe. Ainsi Hugues-le-Grand avait été abbé de Saint-Denis, de Saint-Germain-des-Prés et d'autres abbayes encore, disposant des vassaux de ces mêmes abbayes, les conduisant à la guerre et s'attribuant une partie de leurs revenus, les laissant jouir de l'autre part sous un abbé régulier, ou, à défaut d'abbé, sous un doyen ou prieur simplement investi de l'autorité spirituelle, l'abbé-comte ayant à lui toute l'autorité temporelle [1]. C'est ainsi qu'aurait été abbé-comte de Saint-Riquier saint Angilbert gendre de Charlemagne. Si quelques-uns de ces abbés-comtes avaient fini leurs jours dans la vie monastique en réunissant les deux autorités, la temporelle et la spirituelle, il ne s'ensuivrait pas que le fait prouvât un droit imprescriptiblement acquis par l'abbaye de gouverner le pays et que ce fut par une usurpation d'Angelran sur elle qu'il devint comte ou gouverneur du Ponthieu ; car ses prédécesseurs avaient été comtes des côtes maritimes. Mais Hariulfe n'a garde de remonter si haut. Pouvait-il complètement ignorer ce que savait et dit Lambert d'Ardres [2], que Hugues, gendre de Hugues Capet, était fils de Guillaume comte de Montreuil [3], lequel Guillaume, comte de Montreuil, était fils de Roger, aussi comte de Montreuil, que la chronique de Frodoard dit fils d'Herluin déjà comte de Montreuil ?

Ainsi n'est pas fondée la raison pour laquelle, dans l'esprit d'Hariulfe, ce semble, Hugues ne prit jamais le titre de comte, comme n'étant pas de naissance à s'en qualifier. S'il ne l'a pas pris, cela prouve évidemment que le

---

1. Je m'empare de ces observations de M. Le Ver pour demander si Nithard ne fut pas abbé plus longtemps qu'on ne le croit ; d'autres abbés réguliers nommés comme ses successeurs ayant peut-être administré religieusement l'abbaye de son temps.

2. Dom Bouquet, t. XI, p. 306.

3. Du Cange et l'*Art de vérifier les dates* disent fils d'Hilduin, fils de Guillaume, etc., comtes de Montreuil.

titre n'était alors qu'amovible et non pas héréditaire. D'autres que des abbés, à la façon d'Angilbert et de Nithard, pouvaient donc en être revêtus sans violation de justice. On voit qu'Hariulfe est encore plein de regret de ce que le gouvernement du pays est sorti de son monastère et qu'il laisse dans l'obscurité tout ce qui pouvait justifier les droits du comte dégagés de tous liens avec l'abbaye.

Mais, où il erre certainement, c'est lorsqu'il dit que Hugues l'avoué, gendre de Hugues Capet, fit la guerre aux seigneurs du pays, ses pairs et ses compétiteurs au gouvernement de la province ; et qu'après les avoir vaincus, il s'empara de ce gouvernement. Ignorait-il donc ou voulait-il ignorer que Hugues Capet était souverain du Ponthieu, infiniment puissant, et que sa volonté disposait de ce gouvernement ? Comment, sans l'aveu du beau-père, le gendre aurait-il combattu les seigneurs ses pairs ? Ceux-ci n'auraient-ils pas été soutenus par le duc ou le roi s'ils avaient gouverné le pays comme ses subordonnés ? Le beau-père aurait-il refusé à son gendre le titre de comte s'il le lui avait demandé ? Le gendre aurait-il été obligé de faire la guerre à de petits seigneurs, vassaux de ce beau-père et ne tenant leur importance que de lui[1] ?

Hariulfe erre plus grossièrement encore lorsqu'il veut nous faire entendre qu'Angelran ne prit le titre de comte qu'après avoir épousé la veuve du comte de Boulogne, comme s'il eût eu besoin pour lui-même de la noblesse de cette veuve d'extraction ignorée, lui petit-fils d'un roi de France et neveu du roi régnant. On sent combien il est inutile de vouloir réfuter un fait qui se réfute si bien de lui-même. Aussi du Cange trouve-t-il plus que suspect ici le témoignage d'Hariulfe[2].

Au reste, si l'on avait à faire l'histoire des comtes de Ponthieu, à parler de leur origine, il faudrait se tenir souvent en garde contre les assertions du moine de Saint-Riquier, les discuter de près.

---

1. Hariulfe et M. Le Ver sont peut-être ici d'histoire et de critique faibles. L'avènement d'une dynastie ne va pas sans des habiletés. Si le Hugues d'Abbeville chercha à annuler quelques petites forces autour de lui, ne put-il le faire à l'invitation du duc Hugues, le politique qui savait porter sur ses épaules le corps de saint Riquier ?

2. Du Cange, *Histoire des comtes de Ponthieu,* livre premier.

On chercherait quelle était la nature de l'office des comtes, gouverneurs, juges de ces temps-là; quelle était leur action ou leur puissance dans le Ponthieu. Surtout il serait important de fixer quelle était celle que Hugues l'Abbé et ensuite Hugues Capet, son fils, y ont exercée comme ducs de France. Il serait nécessaire d'examiner s'il est possible qu'il y ait eu, comme le dit Hariulfe, plusieurs gouverneurs dans le Ponthieu et le Vimeu dans la vassalité du duc de France; *regii milites* que Hugues, l'avoué de Saint-Riquier, aurait forcés par les armes à lui abandonner leurs pouvoirs partiels pour en former le gouvernement total du Ponthieu et du Vimeu aux dépens de la puissance exercée, suivant Hariulfe, par l'abbé de Saint-Riquier; il faudrait encore chercher l'époque à laquelle le comte Angelran a épousé la veuve du comte de Boulogne et s'il n'a pas eu d'enfants d'un premier mariage, ce que je crois; et surtout de démontrer aux partisans d'Hariulfe que le comte Angelran était assez près de sang des deux premiers rois de la troisième race pour prendre le nom de comte. Tout cela est du ressort de l'histoire du Ponthieu, dit M. Le Ver, et l'éloignerait trop de la Chronique de Centule.

Cependant, reprend-il immédiatement, il faut rendre justice à Hariulfe. On trouve bien quelques chartes où Angelran, son fils Hugues et son petit-fils, prennent le titre de comtes, mais aucune où ils prennent celui de comtes « de Ponthieu ». La première que l'on connaisse portant ce complément « de Ponthieu » est celle de Guy en date de 1067. La discrétion vient-elle de ce que les comtes n'osaient pas encore usurper la qualification entière, ou Guy ne l'a-t-il prise qu'en conséquence de la possession du titre simple de comte dans sa maison? Dans tous les cas, on n'a occasion de voir paraître cette qualification dans aucun acte royal.

Quant au titre d'avoué de Saint-Riquier porté par Hugues, le gendre de Hugues Capet, il représentait l'autorité des anciens abbés-comtes. Comme eux l'avoué n'avait pas la puissance spirituelle, mais il avait toute la puissance temporelle qu'ils avaient eue. Hariulfe nous dit dans ce même chapitre que l'avoué usait des revenus et des serfs de l'abbaye, ce que faisaient précisément les abbés-comtes. La seule différence possible c'est que la puissance de l'avoué n'avait pas la même latitude que la leur sur le temporel de l'église. L'expérience ayant éclairé les églises leur avait fait reprendre quelque chose de leur ancienne autorité. Cependant leurs vassaux demeuraient sous la bannière de l'avoué avec lequel elles avaient transigé. C'est ce qui se voit tout au long dans la charte de l'an 1000, indiction XIII, imprimée en partie dans le *Gallia Christiana*, mais les conditions n'y sont pas. Cette charte est entièrement imprimée dans le cartulaire de l'abbaye d'Auchy avec le sceau sur lequel est un cavalier nu sur un cheval nu, l'homme appuyant son épée sur le col du cheval. Par cette convention l'avoué doit obliger à se rendre à la justice de l'abbaye de Saint-Sauve les vassaux qui refuseraient d'y venir, etc.

En ce chapitre encore Hariulfe donne un peu de généalogie. A Angelran mort succède son fils Hugues (Hugues II) qui laisse quatre fils, dont l'aîné, Angelran (Angelran II), est seul nommé et qui lui succède [1].

Avant de mourir, Hugues avait donné à l'abbaye le village de Portes; générosité qu'Angelran son fils confirma, en l'inhumant, le jour des kalendes de décembre (sans année dite dans l'acte, mais en 1052).

On remarquera que dans cette charte Angelran, bien qu'il se dise comte *gratia Dei*, ne s'attribue encore que cette qualification de comte, non celle de comte de Ponthieu. Simple détail; contre l'ordinaire de ces temps, la charte n'est pas datée non plus par le nombre des années du règne royal. Aucun des frères d'Angelran n'y comparaît, ce qui ferait croire qu'il avait déjà des enfants, mais en bas-âge, la coutume de Ponthieu exigeant que l'héritier apparent, suffisamment âgé, donne toujours son consentement au changement ou à l'aliénation de ses droits éventuels. Règle bien établie ainsi que le prouve la charte de 1035, rapportée plus haut par Hariulfe et souscrite par Angelran et son fils

---

1. Ici, remarque M. Le Ver en d'autres notes, Hariulfe laisse à désirer. Il nous montre Hugues laissant quatre fils dont Angelran, l'aîné, lui succède. Mais il ne nous a parlé encore que de Hugues l'avoué, gendre de Hugues Capet, et de son fils Angelran qui prit le titre de comte après avoir épousé la veuve du comte de Boulogne. Ne pourrait-on croire que c'est ce même Hugues qui meurt et que c'est son fils Angelran qui confirmera la donation de Portes et de Noguières, tandis qu'il s'agit de deux autres générations? Le Hugues qui meurt est le fils d'Angelran Ier et le petit-fils de Hugues l'avoué, et son fils Angelran II est le petit-fils d'Angelran Ier. Est-il probable qu'Hariulfe ait ignoré ces degrés de filiation et que des deux Hugues il n'en ait fait qu'un? Ce n'est pas probable. Il était né au temps du second Hugues. Sa négligence est grave. Elle pouvait induire en erreur les lecteurs futurs mal instruits de la généalogie des comtes. Mais il s'intéressait peu hors de son abbaye.

Hugues. Cet usage dont on a des preuves au XIe siècle existe encore au XIIe. On ne voit aucune charte de Jean qui ne soit souscrite par son frère Guy, non seulement avant qu'il ait eu des enfants, mais même après, dans leur minorité. La charte de commune d'Abbeville (1184) le prouve encore.

M. Le Ver analyse ensuite les deux chartes de l'abbé Gervin. — Il suffit de renvoyer à la traduction (pp. 243 et 244). — Un des témoins de la dernière charte est Guy, archidiacre. M. Le Ver rappelle qu'il devint évêque d'Amiens et qu'on le dit fils d'Angelran Ier, comte de Ponthieu.

CHAPITRE XXII, p. 246

A propos d'une charte de Gervin, M. Le Ver s'occupe d'abord d'une qualité donnée sous deux noms différents à un officier du roi, celle de bouteiller *buticularius* ou d'échanson, *pincerna*. Il fallait, dit-il, qu'alors les offices de *buticularius* et de *pincerna* se confondissent, n'en fissent qu'un. Plus tard il n'en fut plus de même. Le Glossaire de du Cange, au mot *buticularius*, rappelle une contestation de 1317 entre le seigneur de Sully, *buticularius*, et le seigneur de Soyecourt, *pincerna*.

M. Le Ver s'arrête ensuite sur les actes du comte Guy et d'abord sur la charte qui rend à l'abbaye la terre d'Oultrebois.

Une singularité de la charte du comte Guy (pp. 247-248), c'est que pas une des dates qui y sont données ne se rapporte aux autres. La sixième année du règne de Philippe n'est pas l'an 1067; l'indiction VI ne concorde pas avec cette année; l'épacte III ne concorde ni avec l'année ni avec l'indiction et la concurrente ne s'accorde avec aucune de ces dates. Cependant on ne doute pas de la sincérité de cette charte. Les erreurs sont imputables aux copistes, non à Hariulfe, qui, vivant dans ce temps, ne pouvait se tromper sur tous ces points. — Cette singularité a été relevée dans les *Grands Officiers de la Couronne*.

Je croirais fortement que le Saxogualus qui souscrit cette charte est ce Saxovalus dont Hariulfe dit avoir continué la chronique, liv. IV, chap. XXXVI. La différence entre les deux noms n'est pas si grande qu'on ne puisse les confondre. L'identification, si elle est admise, donnerait à peu près le temps d'où est parti Hariulfe pour continuer la chronique de Saxovale puisque ce dernier vivait encore en 1064.

En ce chapitre Hariulfe dit, et cette fois seul, que Guy « fils de Hugues », succéda au comté du Ponthieu et à l'avouerie à son « frère » Angelran tué traitreusement par les Normands. L'assertion est positive et d'un contemporain. Cependant, ce même comte Guy, dans une charte que nous avons vue[1], s'est dit fils d'Angelran et petit-fils de Hugues.

Hariulfe ne s'est pas départi ici du laconisme qu'il s'est imposé pour tout ce qui s'écarte de l'histoire particulière de son abbaye, et si Orderic Vital, si Guillaume de Jumièges n'étaient pas plus explicites que lui, nous ignorerions la cause et les circonstances de la mort d'Angelran. Angelran était allé au secours du comte de Talou, mari de sa sœur, assiégé dans Arques par le duc de Normandie. Il trouva la mort en voulant entrer dans le château.

Hariulfe ne peint pas Guy avec des couleurs avantageuses, toujours au point de vue de son monastère. Il paraît que ces reproches ne sont pas dépourvus de fondement et que l'avoué de l'abbaye usait largement des revenus et des possessions des moines, car le comte Guy s'accuse lui-même de ses extorsions dans une charte non datée que le *Gallia Christiana* rapporte et fixe vers l'an 1100. Le comte y dit que, depuis longtemps, il languit dans des douleurs cuisantes ; qu'il se voit près de la mort ; qu'il entend le cri de sa conscience ; que la gravité de ses crimes lui fait craindre d'encourir l'incendie des tourments, *torquente me consciencia propter horrorem gravium criminum meorum, pro quibus formidabam incurrere incendia tormentorum*. Puis, il prie l'abbé et les moines d'oublier les maux qu'il leur a faits et de ne pas imputer à son âme tous les préjudices causés de son fait aux possessions, aux villages, aux colons de l'église de Saint-Riquier ; *nec reputarent infelici animæ meæ tot et*

---

1. C'est-à-dire non dans Hariulfe mais vue par M. Le Ver. Il en reparlera à l'occasion du comte Guy.

tanta mala quæ assidue intuleram rebus et villis atque colonis ecclesiæ Sancti Richarii[1].

M. Le Ver se livre ici à une courte homélie.

En supposant que ces aveux du comte Guy ne soient pas de simple formule testamentaire et soient fondés, l'humilité qui s'empare de tout être religieux à ses derniers moments ne lui permet pas d'opposer au plateau du mal, lui présentant les erreurs, les fautes de sa vie, celui du bien que ses bonnes actions et sa bienfaisance peuvent mettre en comparaison. Et une balance beaucoup plus certaine et consolante s'offre ; c'est celle de la miséricorde divine qui apporte toujours avec elle l'espérance. Guy avait des motifs de consolation et d'espoir dans le bien qu'il avait fait, les redevances qu'il avait diminuées chez ses vassaux ; car nous verrons qu'il avait aboli les mauvaises coutumes établies sur ses terres ; et même dans ce chapitre nous rencontrerons une charte par laquelle il se désiste du droit que son avouerie lui donnait de prendre vingt porcs sur la ville de Mayoc ; il abandonne ce droit comme onéreux aux habitants, ne se réservant que quarante sols de cens. Cette charte ne commence pas par l'invocation ordinaire : *In nomine sanctæ et individuæ Trinitatis,* mais simplement par la suscription : *Ego Guido, gracia Dei Pontivorum comes, notum fieri volo,* etc. Elle n'est ni datée ni souscrite par aucun témoin. Voilà deux chartes qu'Hariulfe nous rapporte qui prouvent que Guy se désistait facilement des droits utiles que lui donnait son avouerie et cela au profit de l'abbaye ; ce qui nécessairement eût dû lui mériter l'indulgence des moines, effacer chez eux les souvenirs de sa cupidité et des erreurs de sa jeunesse, et lui mériter le pardon à l'heure où la charte, citée ci-dessus du *Gallia Christiana,* nous le montre les appelant, eux et leur abbé, à son lit de douleurs.

---

1. Mais ne faudrait-il pas savoir qui a rédigé en ces termes le testament de Guy qui n'eût pu dicter un si bon latin.

CHAPITRE XXIII, p. 252

Hariulfe note la mort d'Édouard, roi d'Angleterre, touche quelques mots de Guillaume, duc de Normandie, le Conquérant. On désirerait un récit de l'échouement de Harold sur les côtes de Ponthieu ; on attend le départ des Normands pour la conquête de l'Angleterre. L'attente est trompée. On assiste à l'embarquement de l'abbé Gervin au port de Wissant pour un voyage pacifique en l'île conquise. Regrets de M. Le Ver qui recherche surtout dans l'histoire de l'abbaye celle du Ponthieu.

Il est assez difficile de fixer la date du voyage de l'abbé Gervin en Angleterre qui fut pendant que le roi Édouard et sa femme Édith étaient réunis, mais ce roi se sépara plusieurs fois de sa femme avec laquelle il ne « cohabita » jamais quoique, suivant les historiens, elle fût de la plus grande beauté comme de la plus grande vertu, mais il la détestait parce qu'elle était la fille de Godwin et qu'il avait été forcé de l'épouser. Il la reprit plusieurs fois. On voit dans le *monasticum Anglicanum* un acte qu'elle souscrit avec le roi son époux en 1066, année de la mort de ce roi.

CHAPITRE XXIV, p. 255

Le voyage de Gervin a été cependant profitable à l'abbaye. Si l'abbé a refusé un baiser de la reine, il a rapporté une charte confirmative des concessions que les prédécesseurs du roi, les ducs de Normandie, avaient faites à l'église de Saint-Riquier. Dans cette charte, non datée, Guillaume a pris le titre de roi des Anglais par la permission de Dieu.

CHAPITRES XXV et XXVI, pp. 258 et 259

Ces chapitres sont en entier consacrés à Gervin, ainsi d'ailleurs que les suivants.

CHAPITRE XXVII, p. 263

M. Le Ver tient d'abord à faire remarquer de nouveau le peu de souci d'ordre chronologique chez Hariulfe. Nous avons vu, dit-il, au chapitre XXIV, Gervin partir pour l'Angleterre, au plus tôt certainement en 1066 ou 1067. Nous allons le voir partir pour Rome. Il a été accusé par les clercs du diocèse d'Amiens d'empiéter sur les droits apostoliques de l'évêque en osant confesser sans la permission épiscopale. Il va produire sa défense devant le pape Léon IX qui a été élu en 1048 ; le voyage de Gervin a lieu en 1050. Il est abbé depuis cinq ans. Hariulfe raconte le voyage de 1050 deux chapitres après celui d'Angleterre postérieur de seize ou dix-sept ans.

Gervin est à Rome. Dans son entrevue avec le pape il cite des passages de l'Écriture pour établir qu'il peut prêcher et consoler sans la permission de son évêque. Le pape lui concède le droit réclamé. En ce temps, la majeure partie des abbayes étaient encore, suivant leur première institution, sous la juridiction directe de l'évêque diocésain ; mais c'était une politique depuis peu adoptée par les papes de soustraire les abbés à l'ordinaire des évêques, leurs chefs apostoliques et naturels, pour les ranger sous l'autorité papale. Aussi Hariulfe, chaud défenseur des intérêts de son église, ne ménage-t-il pas en cette circonstance l'évêque d'Amiens qu'il représente plus adonné aux plaisirs de la chasse qu'au salut des âmes. L'évêque pouvait négliger les devoirs de son état mais certainement Gervin ne négligerait aucun des intérêts de son église. Il est difficile de montrer plus d'ardeur qu'il n'en eut dans ses fonctions et d'être plus heureusement récompensé qu'il ne le fut de son zèle.

CHAPITRES XXVIII et XXIX, pp. 267 et 268

Miracles de Gervin que M. Le Ver note sans remarques.

CHAPITRES XXX et XXXI, pp. 269 et 272

Vision d'un moine qui, la nuit, entend dans l'église des voix d'hommes et d'enfants et reconnait dans une lumière le corps de saint Riquier. — Miracles de saint Riquier.

CHAPITRE XXXII, p. 275

Assez curieuse en ce chapitre la liste des ouvrages rassemblés par Gervin et dont il avait formé trente-six volumes : Œuvres de différents pères de l'église, Vies de saints, absence de documents historiques. Il n'est pas même mention de l'histoire de l'abbaye rapportée de Gorzia par l'abbé. Cependant c'est à l'aide de cette histoire que Gervin recherchera le corps d'Angilbert.

Il est à présumer, remarque M. Le Ver, qu'aux temps Carlovingiens, on élevait peu de monuments aux morts, et qu'on ne rappelait même pas par une épitaphe les plus hauts dignitaires, puisque la sépulture du grand Angilbert ne portait aucune marque propre à la faire reconnaître. L'indifférence apparente avait vraisemblablement pour cause la crainte des violations par les barbares du Nord.

Gervin, en cherchant le corps d'Angilbert, trouva le cercueil de son fils Nithard. Le corps était enseveli dans du sel ; la tête portait la marque du coup mortel.

CHAPITRE XXXIII, p. 280

Ce chapitre concerne exclusivement l'abbé Gervin ; de même les suivants. Dans le XXXIVe, l'abbé se voyant condamné par une maladie incurable, la lèpre, supplie le roi de lui donner un successeur doué de qualités propres à assurer la prospérité de l'abbaye. Cependant il le sollicite instamment en faveur de son neveu Gervin, moine de Saint-Remy, qui répondra mal à ces vœux. Le roi condescend à sa demande en 1071, fin d'octobre. Gervin ne meurt que dans le chapitre XXXVI, le 5 des nones de mars (1075).

CHAPITRE XXXVI, p. 287

Ensevelissement de Gervin. Certaines constatations s'accordent mal avec les légèretés rappelées au chapitre XIII. Le comte Guy assiste aux obsèques. Pour l'amour qu'il portait à Gervin, il renonce à des perceptions sur Neuville, et, pour rendre sa déclaration irrévocable, il la fait lui-même sur la tombe de l'abbé.

Quelque temps après, le comte se rend de nouveau à l'abbaye d'où part le corps de saint Riquier, porté processionnellement dans les environs et jusqu'à Abbeville, pour obtenir des aumônes en vue de réparer l'église. L'abbé était alors Gervin II[1].

Démarches des religieux auprès du pape Urbain II pour se délivrer de ce nouvel abbé, que le pape oblige en effet à se démettre[2].

Hariulfe se dit en finissant le continuateur de Saxovale. Il a terminé son ouvrage, ajoute-t-il, en 1088, indiction x, la vingt-huitième année du règne

---

1. Suivant lui-même en ce chapitre, Hariulfe fit profession en l'abbaye de Saint-Riquier sous cet abbé qu'il maltraite fort, quoique il lui ait dédié une Vie de saint Mauguille avec cette humilité soumise : *vestri gregis ovicula, utinam idonea !*

2. Le nouvel abbé ayant obtenu à prix d'argent l'évêché d'Amiens, en 1091, fit confirmer son élection par le pape Urbain II et garda son abbaye ; mais, à la poursuite des moines qui le dénoncèrent au même pape en 1095, ce pape, présidant alors le concile de Clermont en Auvergne, après avoir reproché durement à l'évêque sa conduite, l'obligea à se défaire de son abbaye. — Autre analyse du marquis Le Ver.

Gervin dut voir Pierre l'Hermite pendant son épiscopat : *Notandum autem sub ejus præsulatu floruisse Petrum Eremitam Episcopatus Ambianensis indigenam qui*, etc. — *Gallia Christiana,* édition des frères de Sainte-Marthe. 1656.

de Philippe roi de France et la trente-sixième de Guy comte de Ponthieu. Cependant, quelques lignes plus haut, il a parlé de la mort de Gervin II (1102); ce qui prouve qu'il a, quatorze ans plus tard au moins, retouché son œuvre.

DERNIÈRES REMARQUES

LE COMTE GUY PREMIER

Les dernières notes de M. Le Ver sont, d'abord, une courte ébauche d'étude critique sur le *Chronicon*. Puis, presque immédiatement, une longue discussion sur la place à donner à Guy dans la généalogie des comtes.

Je ne m'arrêterai pas, dit-il, à la croyance de l'auteur au merveilleux. C'est affaire de son siècle. S'il a commis des anachronismes, c'est qu'on n'avait point en son temps ces tables chronologiques dont nous sommes redevables à nos historiens modernes. Ces fautes ont été relevées en des notes de Dom Bouquet. Il suffit de renvoyer au recueil des *Historiens de France* où le bénédictin fait entrer le chroniqueur de Centule. On désirerait quelquefois peut-être un peu plus d'ordre dans l'œuvre, mais n'aurait-on pas à accuser des transpositions de copistes ?

Si on examine quelques déclarations de l'auteur, on voit d'abord que ce n'est pas de traditions verbales qu'il tire ses garanties mais que son œuvre est une compilation, un *compendium,* d'anciennes chroniques dont les unes étaient en son abbaye, d'autres en celle de Jumièges, et qu'il a reçu grands secours d'une histoire de Centule rapportée de Lorraine par l'abbé Gervin. L'abbé Angelran n'avait pu consulter que les premières, étant mort en 1045, sans connaître la dernière.

Le travail de l'abbé Angelran fut probablement retouché par Saxovale, moine de Saint-Riquier, vivant en 1067, et dont Hariulfe se dit le continuateur.

En ces chroniques la partie relative à l'abbaye est toujours la principale. La partie historique, extérieurement à l'abbaye, n'est qu'un accessoire où l'on peut prendre beaucoup cependant.

On ferait convenablement deux parts de ces souvenirs, l'une des temps antérieurs à la vie monastique de l'auteur, l'autre du temps où il put entendre et voir par lui-même.

La première n'offre rien pour l'histoire du Ponthieu[1]. Dans les seuls chapitres VI et XXI du livre IV Hariulfe parle un peu des comtes mais ce qu'il dit alors touche de si près au temps où il a vécu qu'on doit lui accorder crédit. Pour le reste, le peu qui regarde l'histoire générale se trouve beaucoup mieux, déclare-t-il lui-même, chez d'autres auteurs ses prédécesseurs ou ses contemporains. Il renvoie à eux.

Ces chapitres VI et XXI méritent donc confiance sous le bénéfice de quelques observations cependant. Hariulfe y fait entrer quatre générations de comtes en y comprenant Hugues « avoué de Saint-Riquier et non comte de Ponthieu » quoique gendre de Hugues Capet. Puis il les oublie, ne rapportant que deux chartes de donation de Guy. Pas une action de la vie privée ou politique de ces comtes; pas un mot des événements du temps qui est le sien. Tout pour l'histoire de son monastère[2]. Le peu qu'il dit du comte Guy, au temps et non loin duquel il a cependant vécu, se borne à quatre faits; savoir :

Que ce frère d'Angelran lui succéda au comté de Ponthieu et à l'avouerie de Saint-Riquier;

Qu'il vexait les vassaux de l'abbaye;

Qu'il donna trois chartes par lesquelles il se désistait de quelques droits;

Qu'il assista à l'inhumation de l'abbé Gervin en 1075 et suivit une procession du corps de saint Riquier.

C'est tout. Hariulfe ne le nomme plus que pour dater la fin de son ouvrage : *Widone Pontivorm comite annis XXXVI.*

---

1. Jugement trop absolu. Ce qui regarde les prédications des Irlandais dans le Ponthieu et bien d'autres faits sont intéressants. M. Le Ver ne tient pas compte non plus de l'histoire des lieux nommés comme possessions de l'abbaye. Angilbert aussi et les invasions normandes méritent attention.

2. Ce n'est pas là un reproche à lui faire pourtant.

Mais un problème arrête longtemps M. Le Ver.

Bien qu'Hariulfe dise le comte Guy frère du comte Angelran, on connaît une charte de ce même Guy dans laquelle il se dit petit-fils de Hugues *(noster avus)*, et fils d'Angelran *(a patre meo Ingerranno)*. Il s'y intitule Guy, comte de Montreuil et de Ponthieu. Elle est datée de l'an 1100, pendant le règne de Philippe, roi des Français, *regnante Philippo Francorum rege*. Elle est relative à un droit de pêche que le comte donne à l'abbé de Saint-Josse, droit à exercer à Waben et à Étaples. Elle commence par ces mots : *In nomine sanctæ et individuæ Trinitatis Ego Guido, comes Monsteroli et Pontivensium, presentes,* etc. — Cette charte se trouve dans le cartulaire de Saint-Josse[1]. Elle est confirmée par une autre charte, au même cartulaire, donnée par Guillaume, comte de Ponthieu, en 1203, dans laquelle elle est rapportée au long (ici une description du cartulaire).

..... Ce cartulaire contient deux chartes de ce même Guy, comte de Ponthieu, toutes deux de l'an 1100, régnant Philippe, roi des Français.

Dans l'une il ne prend que le titre de comte de Ponthieu, *comes Pontivensium*. Il y nomme simplement sa femme Ade et sa fille Agnès. Dans l'autre, que je viens de citer, il se dit fils d'Angelran et petit-fils de Hugues.

Si l'on opposait des doutes à la véracité de cette charte parce qu'elle n'est pas datée des *années* de règne du roi comme c'est presque généralement l'usage des seigneurs souverains en ce siècle et comme l'est celle du même comte donnée l'an 1067, la 6ᵉ année du règne du roi, on répliquerait que les deux chartes sous la date de l'an 1100 qui sont dans le cartulaire de Saint-Josse, et celle sous la même date dans celui de Saint-Sauve, sont datées de la même simple façon : *regnante Philippo*.

Une plus grande difficulté serait celle que susciterait la qualification de comte de Montreuil que Guy prend dans une des chartes et qu'on ne lui voit prendre dans aucune autre, et surtout à la même date de l'an 1100. On résoudrait facilement cette difficulté en disant qu'il n'y a aucune uniformité dans la manière dont il se qualifiait alors. Dans les deux chartes citées par Hariulfe de l'an 1067, il se dit *comes Pontivæ putriæ*; dans celle qu'il donne

---

[1]. M. Le Ver avait dépouillé et même transcrit en partie le Cartulaire de Saint-Josse.

sans date, à l'abbé Gervin : *gratia Dei Pontivorum comes ;* dans celle de 1100 par laquelle il satisfait les moines de Saint-Riquier : *permittente Deo comes Pontivorum ;* dans celle de la fondation du prieuré de Saint-Pierre d'Abbeville : *Ipsius providentia dispositionis consul potentissimi*[1]. Ce que cette charte a encore de particulier c'est qu'à la fin Guy y reprend le simple titre de comte : *Wido comes siquidem* etc. *dominante in francorum regno Philippo, in Pontivo Vidone.* Voilà dans la même charte trois manières de se qualifier. Celle pour la justice de l'église de Saint-Sauve de Montreuil : *Pontivæ regionis comes;* celle pour le droit de pêche de Verton, Waben, Étaples, accordée à l'abbaye de Saint-Josse : *comes Pontivensium.* Il n'y a donc aucune de ces chartes où la qualification soit rigoureusement la même, et aucune où on voie le titre de comte de Montreuil, ce qui pourrait faire rejeter cette dernière. Ces différentes expressions, loin de nuire à la sincérité des chartes, ne prouvent simplement que l'indifférence dans un choix large et sans conséquence des formules.

Dans la charte de l'abbaye de Saint-Sauve où Guy parle comme comte de Montreuil il n'en prend pas même le titre. Il n'y a cependant pas à douter qu'il ne fût alors comte de Montreuil puisque c'est en cette qualité qu'il accorde les droits de pêche, *aquatias,* à l'abbaye de Saint-Josse et de Saint-Sauve. Le comté de Montreuil est ce qui, dans des actes anciens du Bureau des Finances d'Amiens, est appelé « le Ponthieu Nouveau » entre Canche et Authie ; par opposition à l'ancien Ponthieu qui était entre l'Authie et la Somme. Mais depuis quand ce comté de Montreuil était-il aux comtes de Ponthieu ? Depuis longtemps et depuis peu tout ensemble ; ce qui, quoique

---

1. Une vérification de la citation dans le *Gallia Christiana* ferait reconnaître dans le rédacteur de l'acte un écrivain de quelque littérature sacrée et même profane : *In nomine Sanctæ et individuæ Trinitatis, Guido ipsius providentia dispositionis consul potentissimi, cujus absque nutu, nec arborum unquam decidit folium, cunctis fidelibus euge et gaudere perpetuum. Me sicut unum de principibus cum sciam moriturum, et ab Ipso quem nihil latet pro meritis judicandum, tam terribilem judicis discussionem satisfactione aliqua studui prævenire, ne Ipse, me præveniens, velut ficum sterilem penitus inveniret, inveniens judicaret, judicando damnaret, damnatum igni traderet. Notum itaque fit omnibus Sanctæ Ecclesiæ filiis, tam posteris quam præsentibus, quod ego Guido, divina ammonitus inspiratione et Adæ meæ conjugis..... ammonitione,* etc.

Certainement le *consul* est de l'érudition extra-notariale. Le scrupule pour l'orthographe des noms est faible dans l'acte. Guy y devient tantôt Guido, tantôt Wido, tantôt Vido.

contradictoire, est cependant la vérité. Depuis longtemps, si l'on ne regarde les comtes de Montreuil que comme des gouverneurs précaires ou bénéficiaires à vie sous un suzerain auquel appartenait le pays. Ainsi l'on voit Helgaud dans le IXe siècle et son fils Herluin au commencement du Xe, qualifiés comtes de Montreuil sous la suzeraineté de Hugues-le-Grand. Et depuis très peu de temps, si l'on ne considère comme comte de Montreuil que le possesseur en souveraineté, puisque Philippe Ier, roi de France, possédait sans trop d'abandon de droits cette ville et qu'il l'assigna en douaire à Berthe sa femme (1071), qu'il l'y relégua (1091) et qu'elle y mourut (1095).

La qualification de comte de Montreuil ne peut donc infirmer en rien la sincérité de la charte de 1100 dans laquelle Guy, comte de Ponthieu, se dit fils d'Angelran et petit-fils de Hugues, quoique Hariulfe le dise frère d'Angelran [1]. En vain dirait-on que cette charte n'est tirée que d'un cartulaire

---

[1]. M. Le Ver s'est beaucoup préoccupé, je l'ai dit, de cette question de parenté. Je résumerai et rapprocherai ici quelques extraits de ses autres notes.

Il attaque d'abord l'obscurité à dissiper par une supposition hardie, que je crois hasardée, mais que je vais reproduire.

S'emparant du Guy, accepté comme fils du comte Angelran Ier et futur évêque d'Amiens, mais simplement archidiacre encore lors de la mort d'Angelran II, il pense que cet archidiacre a pu gouverner le Ponthieu, peut-être comme comte, pendant la minorité de son petit-neveu de même nom que lui, et que la minorité du véritable comte Guy put passer inaperçue des historiens grâce à cette identité de nom.

M. Le Ver est forcément amené à penser alors que l'archidiacre Guy, comte intérimaire pendant la minorité de son petit-neveu, fut celui qui tenta malheureusement de venger en Normandie la mort du comte Angelran II, mais alors nouvelle difficulté ; l'archidiacre Guy n'est pas le frère mais l'oncle d'Angelran II.

Quant à la qualité ou au titre de comte qu'eût pu prendre l'archidiacre Guy comme tuteur, ayant le bail et gouvernement du jeune Guy, M. Le Ver lui en concède le droit en appuyant son hypothèse sur des exemples.

On a vu, dit-il, en ces temps-là les tuteurs prendre la qualification des seigneuries de leurs pupilles. Ainsi, en 1279, Edmont, comte de Lancastre, frère du roi d'Angleterre Edouard Ier, prend la qualification de comte palatin de Champagne et de Brie parce qu'il a le bail et gouvernement de ces comtés pendant la minorité de Jeanne reine de Navarre de laquelle il avait épousé la mère, Catherine d'Artois, veuve de Henri Ier roi de Navarre et comte de Champagne et de Brie, père de ladite Jeanne mineure. Ainsi, en 1255, dans une charte qui aplanit le différend entre les habitants de Saint-Omer et le comte d'Artois, l'évêque d'Arras qualifiait de seigneur d'Artois Guy de Châtillon, comte de Saint-Paul, qui, ayant épousé Mahaut de Brabant, veuve de Robert comte d'Artois, frère de Saint-Louis, avait le bail et gouvernement de Robert comte d'Artois, fils mineur de sa femme..

qui n'est lui-même qu'une copie et que le vrai texte a pu être altéré par le copiste. Ce serait possible, car il y a dans ce même cartulaire une charte datée de l'an 1067, *regnante rege Henrico francorum rege,* tandis qu'il est manifestement connu que Henri est mort en 1060 et que c'était son fils Philippe qui régnait alors ; mais ici ce n'est pas un seul mot qu'on aurait pu mal écrire, ce sont

Et M. Le Ver revient encore impartialement, malgré l'hypothèse qu'il quitte à regret, sur la question à peu près insoluble : Guy Ier est-il frère ou fils d'Angelran II ?

Guillaume de Jumièges, auteur des actes de Guillaume le Conquérant et contemporain du comte Guy, dit que le comte Angelran ayant été tué devant Arques qu'il venait secourir, son « frère » Guy, comte de Ponthieu, voulant venger sa mort, fut fait prisonnier par le duc de Normandie.

Orderic Vital dit la même chose. Quoique de nation anglaise, né loin du théâtre des événements, une vingtaine d'années après les faits qu'il racontera, il n'en a pas moins des droits estimables à la confiance historique.

Mais l'auteur du plus grand poids dans l'opinion qui tient Guy pour fils de Hugues II et frère puîné d'Angelran II, est Hariulfe, contemporain même du comte Guy.

D'un autre côté, Lambert d'Ardres, qui écrivait sa chronique cent ans environ, il est vrai, après le comte Guy, très postérieurement, par conséquent, aux trois auteurs précités, donne Guy Ier comme fils d'Angelran II.

Son témoignage tiendrait mal contre celui des trois autres historiens s'il ne rencontrait le grand secours des chartes.

Dans le cartulaire de l'abbaye de Saint-Josse-sur-Mer, qui a paru à M. Le Ver d'une écriture du treizième siècle ou du commencement du quatorzième siècle, il a vu une charte de 1100 de Guy, comte de Montreuil et de Ponthieu, qui confirme le don que Hugues son « aïeul » — *avus* — avait fait à cette abbaye ; charte confirmée déjà par son « père » — *a patre meo* — et rapportée enfin en entier dans la *Gallia Christiana*, t. X, col. 295.

Dans le même cartulaire se trouve encore une charte de l'an 1203 de Guillaume, comte de Montreuil et de Ponthieu, dans laquelle celle de 1100 est rapportée aussi en entier.

On ne voit pas que du Cange ait eu connaissance, du moins *de visu,* de ces deux chartes. Je croirais même qu'il n'a pas eu communication du cartulaire, bien qu'il le cite quelquefois, mais je suis porté à penser qu'il ne le cite que de confiance, parce que j'ai remarqué quelque petite différence entre ce qu'il en produit et la copie exacte que j'en ai faite.

Si du Cange eût eu ce cartulaire sous les yeux, il se serait certainement expliqué sur les deux actes qui présentent Guy comme fils d'Angelran et petit-fils de Hugues. Il en aurait reconnu l'autorité ou les aurait infirmés.

Du Cange et l'auteur des *Grands Officiers de la Couronne* sont des autorités considérables. Ils s'en sont rapportés uniquement aux historiens contemporains de Guy.

Quoique le P. Ignace Joseph de Jesus Maria (Jacques Sanson) ne soit pas de créance si haute, il n'est pas négligeable. Il a eu l'honneur même d'être cité souvent par du Cange et par l'auteur des *Grands Officiers*. Il accepte le comte Guy comme fils d'Angelran ; il ne dit pas sur quelles preuves ou présomptions.

En somme, M. Le Ver, qui incline pour Guy « fils » d'Angelran, ne conclut pas.

deux mots, *noster avus* et *patre meo*, qui se justifient l'un par l'autre. Cette charte est rapportée dans le *Gallia Christiana* où elle est dite être tirée *ex chartis monasterii* et non pas *ex cartulario;* or, le *Gallia Christiana* ne dit pas indifféremment *ex cartis* ou *ex cartulario*.

Si je me suis grandement étendu sur cette charte, c'est qu'il m'a paru important d'en montrer toute la sincérité afin d'en tirer la juste conséquence que Guy, comte de Ponthieu, était fils du comte Angelran II. Ce qui vient encore appuyer cette présomption, c'est que, dans la charte de fondation du prieuré de Saint-Pierre, le comte Guy confirma la donation de la troisième partie de la dîme d'Ailly[1] que son oncle Robert *(patruus)* a précédemment faite avec lui à la nouvelle maison. *L'Art de vérifier les dates*, l'*Histoire* de du Cange, les *Grands Officiers de la Couronne*, pas plus qu'aucun généalogiste, n'ont fait mention de ce Robert qu'il faut restituer à la famille de nos comtes. Ce Robert est vraisemblement un des trois frères d'Angelran II, un des fils de Hugues II, connus, mais innommés, d'Hariulfe.

Reconnaissons cependant que l'autorité d'Hariulfe (..... *Hugonis filius..... post Angelrannum fratrem*, Guy fils de Hugues et frère d'Angelran) s'impose presque impérieusement. Hariulfe a vécu au temps de Guy, dans les mêmes lieux ; le degré généalogique qu'il lui assigne paraît le même chez Orderic Vital et Guillaume de Jumièges, auteurs contemporains. Orderic Vital précise son témoignage par un récit de guerre. Le château d'Arques a été pris par les troupes du duc de Normandie. Angelran, comte de Ponthieu, a été tué en le secourant. Guy son « frère », son successeur au comté de Ponthieu, accouru pour venger sa mort a été fait prisonnier et le comte de Talou à qui appartenait la place vient se réfugier avec sa femme, sœur du comte Guy, chez le comte de Boulogne où il meurt. Si ces auteurs ont connu le comte Guy qu'ils disent frère d'Angelran leur témoignage a de la valeur ; et l'autorité d'Hariulfe serait certainement irrécusable si le comte Guy ne fournissait lui-même des raisons de douter en se dénommant le fils, non le frère, d'Angelran.

Le point est très discutable ; la question subsistera.

---

1. ..... ; *et altare Tortico, tertiam vero partem decimæ de Aliaco quam dedit Robertus patruus meus, simul cum illo concessi.*

Cette opinion, Guy fils, non frère d'Angelran II, a été celle de Lambert d'Ardres qui vivait cinquante ans après Hariulfe. Ce même avis (M. Le Ver à écrit avec ou sans intention cette vérité) semble un instant adopté par du Cange dans son *Histoire des Comtes de Ponthieu*, livre Ier, lorsque, citant sommairement la charte du comte Guy, il ne le nie pas petit-fils de Hugues II. Mais alors il ne prévoit pas que, plus bas, et sur la foi d'Hariulfe, il acceptera ce même Guy comme frère et successeur d'Angelran.

Il est fâcheux que du Cange ne se soit pas apperçu de cette contradiction. Peut-être eût-il, s'il n'eût résolu la difficulté, éclairé le point en litige.

L'Art de vérifier les dates, *l'Histoire des Grands Officiers de la Couronne* ont adopté, sans discussion et de confiance, la généalogie des comtes ds Ponthieu telle que du Cange, l'a, en définitive, donnée, et, pour ce qui regarde Guy, en conformité avec le chapitre d'Hariulfe.

ERRATUM POUR LA PAGE XLI

Je suis fâché d'avoir laissé échapper page XLI une erreur de M. Le Ver, rarement en faute lorsqu'il s'agit des parentés. La Judith qui souscrit la charte du duc Richard était sans doute la femme non la fille de ce duc. Le raisonnement de M. Le Ver pour la date se trouve ainsi infirmé. La fille du duc Richard, mariée au comte de Bourgogne, ne s'appelait pas Judith mais Alix suivant l'*Art de vérifier les dates : Ducs de Normandie*. — La distraction de M. Le Ver est d'autant moins compréhensible que, peu de lignes plus bas, il dit, pour un autre raisonnement de date, que cette charte est souscrite par Judith « sa femme ». La Judith qui figure à la fin de l'acte ne peut être à la fois la femme et la fille du duc. — L'*Art de vérifier les dates*, aux *Comtes de Bourgogne*, dit : « Alix, dite aussi Judith, fille de Richard II, duc de

Normandie ». Mais dans la donation de *Scabelli villa* il faut choisir entre la mère et la fille.

Je dois dire que toutes les notes du marquis Le Ver ne sont que des projets, non même arrêtés toujours, ainsi qu'on pourra s'en assurer sur les manuscrits que je dépose à la Bibliothèque d'Abbeville. J'ai déclaré, page v, qu'éditeur respectueux, je ne prenais pas cependant la responsabilité de tous les commentaires.

CHRONIQUE D'HARIULFE

CHRONIQUE D'HARIULFE

Moine de l'abbaye de S. Riquier de Centule

PRÉFACE D'HARIULFE

POUR L'HISTOIRE DE CENTULE[1]

Depuis que le genre humain, privé, par le péché du premier homme, des délices du paradis terrestre, a été averti par la divinité qu'il a obtenu de la miséricorde divine la grâce de se corriger, et a appris d'elle à espérer, par une vie sainte, son retour dans la patrie d'où il a été banni, rien ne me paraît plus utile, après l'amour que nous devons à Dieu et à notre prochain, et après l'exécution des commandements sacrés, que de transmettre par écrit à la postérité le bien que les justes et les fidèles ont dit et celui qu'ils ont fait. C'est ainsi que l'image des actions vertueuses se trouve reproduite, et qu'elle est mise en quelque sorte sous les yeux des hommes raisonnables, pour leur servir de modèle. Soit qu'on nous raconte la vie du juste et le prix dont il fut récompensé ; soit qu'on nous trace la vie de l'impie ou du méchant, et qu'on nous apprenne de quels maux ils furent affligés, notre cœur est heureusement attiré vers le bien par l'appât de la récompense, ou détourné du mal par la terreur que lui inspire la perte du méchant. Et nous pensons avec raison que, non seulement les livres de la loi et des prophètes, mais encore le S. Evangile, ont été écrits afin que l'homme (qui est cher au seigneur, et sur la création duquel Dieu prenant, pour ainsi dire, conseil en lui-même, a dit : *Faisons l'homme à notre image et à notre ressemblance*), afin que l'homme, dis-je,

---

[1]. Le titre donné par d'Achery est : PRÆFATIO HARIULFI IN DESCRIPTIONE GESTORUM CENTULENSIS ECCLESIÆ.

d'une nature si excellente et d'un si grand prix, voie clairement ce qu'il doit éviter avec soin et ce qu'il doit principalement rechercher, et que, témoin de la tendre sollicitude dont Dieu l'entoure, il apprenne enfin à veiller pour lui-même. Nous trouvons donc rapportés, dans les anciennes écritures, tous les signes et tous les avertissements dont la bonté divine s'est servie pour nous instruire. C'est pour quoi, moi Hariulfe, moine de S. Riquier, encouragé par ces considérations, et excité par les exhortations de mes honorables frères, j'ai conçu le dessein de réunir en un seul corps d'ouvrage tout ce que j'ai recueilli de côté et d'autre sur l'ancienneté et la noblesse de l'église de Centule, et de le transmettre ainsi à la postérité, pour éviter que les faits ne se perdent entièrement dans l'oubli, en restant épars et isolés.

J'offre maintenant ma bouche à la divinité, en la priant de conduire ma langue et de répandre sur moi la grâce dont j'ai besoin, pour achever dignement mon entreprise.

Fin de la Préface

> O vous qui voulez méditer les choses spirituelles,
> Je vous offre celles que le Christ nous a enseignées
> Par sa grâce, et qu'il a enrichies du trésor de ses vertus.
> Contemplez les saints que Centule a produits ;
> Ils jouissent avec les anges d'un bonheur éternel
> Ces pères, ces frères bienheureux qui ont accompli les préceptes divins.
> Le plus célèbre et le premier d'entre eux est, vous le savez,
> Le grand S. Riquier, qui, chéri de Dieu, reçoit aujourd'hui,
> Au milieu des joies célestes, le prix des peines qu'il a
> Jadis essuyées dans ce monde de douleur.
> Que le chœur des anges daigne éclairer mon esprit
> Et l'empêcher de tomber dans l'erreur [1].

NOMS DES ABBÉS DE L'ÉGLISE DE CENTULE

S. Riquier abbé et fondateur.   S. Guitmar abbé.
Ocioald abbé.   Aldric abbé.
Coschin abbé.   Symphorien abbé.

---

1. Ce passage, en vers dans le latin, n'est pas sans obscurité. — *Note du marquis Le Ver.*

S. Angilbert abbé et restaurateur.
Nithard abbé et comte.
Héric abbé.
Helizachar abbé.
Ribbodon abbé.
Louis abbé [1].
Raoul abbé et comte [2].
Helgaud abbé et comte.
Guelfon abbé.
Carloman abbé.
Hertbert abbé.
Hedenold abbé.
Girbert clerc abbé.
Fulchéric abbé.

Ingelard abbé.
Angelran abbé.
Gervin I abbé.
Gervin II abbé.
Anscher abbé [3].
Jean abbé.
Gelduin abbé.
Pierre abbé.
Guifrède abbé [4].
Richer I abbé.
Laurent abbé.
Vrse abbé [5].
Richer II abbé.

Sainte église fondée par Riquier, que tu renfermes de tombeaux d'un grand nombre de bienheureux [6] !

---

1. La forme latine est : *Hludogvicus*.
2. La forme latine est : *Hruodulfus*.
3. Ce nom et ceux qui suivent sont écrits d'une autre main dans le m̄s. — *Note du marquis Le Ver qui est encore une traduction. Le texte est* : qui sequuntur alia manu erant exarati in codice m. s.
4. *Guifredus*.
5. *Ursus*, que l'on pourrait bien traduire par l'Ours.
6. Ces deux lignes représentent un distique.

Au nom de la sainte et indivisible Trinité

Ici commence l'Histoire de l'église de Centule

LIVRE I

CHAPITRE I

Des gestes des Francs

Avant d'écrire, avec l'aide de Dieu, l'histoire du Monastère de Centule, je pense qu'il convient de raconter ici quelques-unes des actions des rois francs qui, par leurs bienfaits réitérés, ont enrichi cette église. Il est juste, en effet, de ne pas oublier dans mes récits les accroissements de ce royaume dont les chefs, loin d'avoir rien enlevé à l'Église, notre mère, lui ont, au contraire, beaucoup donné. Nous apprenons par les anciennes histoires que des Troyens, après la prise de leur ville par les Grecs, abandonnèrent leur patrie, en se dirigeant vers l'Italie, et que d'autres arrivèrent sur les confins de la Pannonie, où ils s'établirent au nombre de douze mille, et s'accrurent bientôt au point de former un peuple nombreux. Ils étaient d'un naturel farouche; et, ne voulant pas d'un nom qui fût commun à plusieurs nations, ils se choisirent un chef et fondèrent une ville à laquelle ils donnèrent le nom de Sicambrie, d'où ils furent eux-mêmes appelés Sicambres. Ce peuple fut toujours si puissant que, de quelque côté qu'il se présentât, il avait plutôt l'attitude fière d'un maître que l'air humilié d'un esclave. Mais le Dieu tout puissant, dont le vouloir est pouvoir, prévoyant que cette nation recevrait un jour avec dévotion la connaissance de sa divinité, permit qu'elle s'élevât au rang des autres nations et qu'elle formât un grand royaume. Son premier roi, au rapport des historiens, fut Mérovée, qui, par ses hauts faits et ses étonnants triomphes, mérita de changer le nom du peuple Sicambre et de lui donner le sien. Ses sujets furent donc appelés Mérovingiens ; mais les Romains, dont ils avaient brisé le joug, les désignèrent sous le nom de francs, qui, dans la langue *attique,* signifie féroces.

Mérovée laissa en mourant le trône à son fils Childéric, qui eut de Basine, reine des Thuringiens, un fils nommé Clovis[1]. Celui-ci, qui devint roi après la mort de son père, fut un grand guerrier, et ne sut pardonner à personne. Lorsqu'il se vit maître du souverain pouvoir, il reçut, par un bienfait inappréciable de la bonté céleste, la loi divine des mains de S. Remi, archevêque de Reims, fut baptisé par ce prélat et instruit heureusement par lui à adorer ce qu'il avait brûlé et à brûler ce qu'il avait adoré. Alors ce roi, ayant montré encore plus de fidélité à suivre ce commandement qu'il n'avait témoigné de dévotion à le recevoir, fut comblé de si grandes faveurs par la puissance divine qu'au lieu d'être seulement, comme auparavant, quelquefois victorieux, il fut toujours vainqueur dans la suite. Il recula les bornes de son royaume ; et le ciel, non content de livrer les infidèles à la fureur de son glaive, daigna de plus opérer en sa faveur des miracles éclatants pour confondre ses ennemis. Ce prince, après avoir vaincu près de la ville de Poitiers Alaric, roi des Goths, ayant résolu de s'emparer à son retour de toutes les villes qui s'étaient déclarées contre son autorité, vit tomber devant lui, par un effet de la puissance divine, les murs de la ville d'Angoulême, qu'il voulait attaquer. Enfin, Dieu lui ayant fait la grâce de triompher de tous ses ennemis, il mourut, après trente années de règne, dans la ville royale de Paris, où il fut enterré. Lorsqu'il fut monté au ciel, ainsi qu'on le croit, l'aîné de ses fils[2], nommé Clotaire, ayant survécu à tous ses frères, gouverna le royaume avec fermeté pendant cinquante et un ans environ.

1. *Hludogvicus.*
2. Au contraire, il était le plus jeune. — *Note du marquis Le Ver.*

CHAPITRE II

De l'époque de la naissance de S. Riquier ; et des Rois

Clotaire régnait sur les Francs, lorsque notre S. pasteur, l'élu de Dieu, le bienheureux Riquier, né d'une famille illustre de la province de Ponthieu, vint réjouir le monde par sa naissance et lui enseigner les voies méconnues du salut. Après la mort de ce roi des Francs, le royaume fut partagé également entre ses quatre fils. Caribert[1], l'aîné d'entre eux, fixa son séjour à Paris ; le second, nommé Gontran, à Orléans ; Chilpéric[2], le troisième, à Soissons, et Sigebert[3], le plus jeune des quatre, s'établit à Metz. Celui-ci épousa Brunehaud[4], qui lui fut amenée d'Espagne, et qui lui donna un fils nommé Childebert[5]. Sous le règne de ces princes, on vit arriver en France quelques ministres de la parole divine, qui étaient nés en Irlande et dont deux, ainsi que nous le raconterons plus tard, initièrent au culte du seigneur le bienheureux Riquier, qui était encore jeune. Sigebert ayant péri à la guerre, son fils Childebert, quoique en bas âge, fut appelé à gouverner le royaume, sous la tutelle de sa mère. Son père avait été tué près du village de Vitri, situé dans les environs de la ville d'Arras, par la trahison du roi Chilpéric, qui se trouvait alors à Tournai, et que lui-même Sigebert poursuivait à outrance. Childebert étant mort jeune, empoisonné, dit-on, avec son épouse, ses deux fils Thierri et

1. *Aripertus,* dans le texte.
2. *Hilpericus.*
3. *Sigibertus.*
4. *Brunichildis.*
5. *Hildebertus.*

Théodebert régnèrent à sa place, sous la protection de Brunehaud, leur aïeule. Childebert avait régné 22 ans [1].

Gontran, oncle de celui-ci et roi d'Orléans, laissa, en mourant, son royaume à Brunehaud; royaume qui échut plus tard à Thierri [2]. Thierri fut donc roi de Bourgogne, et Théodebert roi d'Austrasie. Chilpéric, le meurtrier de Sigebert, eut un fils nommé Clotaire, qui se distingua par sa prudence et par son adresse, et qui retint la part du royaume que son père avait possédée. Pendant que Clotaire était en Neustrie, un différend s'éleva entre Thierri et Théodebert, au sujet des bornes de leurs royaumes. Tous deux envoyèrent des députés à Clotaire pour implorer son secours l'un contre l'autre; mais il le refusa à l'un et à l'autre, par le conseil de S. Colomban, qui avait été chassé du monastère de Luxeu par la malice de Brunehaud et de Thierri, et qui, par une inspiration du S. Esprit, prédit à Clotaire, qu'avant trois ans, tout le royaume serait réuni sous sa domination. Thierri, ayant donc provoqué Théodebert, son frère, à la guerre, lui livra une sanglante bataille près la ville de Toul, et le mit en fuite.

---

1. « Childebert II mourut en réalité dans sa 21e année comme roi d'Austrasie, dans sa 4e comme roi de Bourgogne. » — M. Ferdinand Lot. — On ne pourra d'ailleurs plus jamais lire Hariulfe sans recourir aux annotations de M. Lot. Pour moi qui publie le marquis Le Ver, mon devoir est de reproduire le plus possible des notes qu'il a laissées.

2. Le latin dit à Théodebert. — *Note du marquis Le Ver qui signale ainsi sa correction.*

CHAPITRE III

COMMENT CLOTAIRE SE VIT MAITRE DE TOUT LE ROYAUME DES FRANCS, APRÈS AVOIR VAINCU LES ROIS IMPIES QUI LE POSSÉDAIENT ENTRE EUX

Pendant tous ces démêlés, Riquier, le bienheureux confesseur du Seigneur, était sorti de l'âge de la jeunesse ; il se livrait avec ardeur à la pratique des préceptes divins, et travaillait principalement à ramener à Dieu les vases du démon, c'est-à-dire, les âmes des pécheurs. Il ne nous appartient pas de raconter nous-mêmes avec quelle piété et quel zèle il remplit cette tâche sacrée, mais nous allons rapporter ci-dessous le récit du seigneur Albin[1] sur ce sujet. Revenons maintenant à l'histoire de nos rois. Théodebert, furieux d'avoir été mis en fuite par son frère, rassembla une grande armée et marcha lui-même à la rencontre de Thierri, qui se montrait altéré de son sang, pour lui livrer bataille près du château de Tolbiac[2] ; mais, trahi par les siens, il fut pris par Thierri et envoyé à Brunehaud son aieule. Celle-ci qui favorisait Thierry[3], reçut Théodebert avec colère, ordonna en frémissant qu'il fût renfermé dans un cloître, et plus tard le fit criminellement mourir.

Thierri, trop enorgueilli de ce malheureux triomphe, revint à Metz et fut tué au milieu d'un incendie excité par la colère céleste. Brunehaud plaça alors sur le trône Sigebert, fils de Thierri. Mais Clotaire, ayant présente à l'esprit la prophétie de saint Colomban, se mit en mesure, à l'aide d'une puissante armée,

---

1. *Albini dictis.* Il s'agit d'Alcuin, le restaurateur des lettres et le Flaccus de l'Académie de Charlemagne

2. Zulpich.

3. Le marquis Le Ver a écrit par inadvertance : qui favorisait le prisonnier (ce qui s'expliquerait mal), mais le texte porte : *quia Teoderico magis favebat.*

de conquérir les parties du royaume destinées à tomber sous sa domination. Sigebert, qui marcha contre lui à la tête de ses troupes, fut pris et tué; ses cinq frères, ainsi que Brunehaud leur bisaïeule, furent également faits prisonniers. Les jeunes princes furent mis à mort séparément, mais la princesse [1], comme une autre Jésabel, fut d'abord placée sur un chameau et promenée par toute l'armée. Elle fut ensuite attachée aux queues de plusieurs chevaux indomptés, et périt comme elle le méritait, d'une mort horrible. Après ces événements, Clotaire s'empara sans opposition du gouvernement des trois royaumes. Lorsqu'il se vit seul maître de l'illustre héritage de ses pères, il se distingua par de hauts faits et laissa à ses descendants un exemple mémorable de sa puissance. Il soumit si parfaitement, par la force des armes, les Saxons qui s'étaient révoltés contre lui, qu'il fit massacrer tous les hommes de cette nation dont la taille surpassait la longueur de son épée; afin d'abattre, par le souvenir de ce glaive, ce juge redoutable de la vie et de la mort [2], la fierté des jeunes Saxons qui seraient tentés de marcher sur les traces de leurs pères. Clotaire eut de la reine Bertrude [3] un fils nommé Dagobert, qui, par son habileté et son caractère, se montra digne de succéder à son père. Il le confia dans son bas âge aux soins du vénérable Arnoul, depuis évêque de Metz, en chargeant celui-ci de l'élever selon sa sagesse, et dans les voies de la religion chrétienne, comme aussi d'être son gardien et son gouverneur. Clotaire, le quatrième roi depuis Clovis par une succession légitime, avait donné, de son vivant et dans un état de parfaite santé, le royaume d'Austrasie à Dagobert, son fils, qui, après la mort de son père, se vit maître de toute la monarchie. Dagobert la gouverna en paix, et se montra en quelque sorte un autre Salomon.

---

1. *Illa* simplement.

2. *Recordatio illius vitalis seu mortiferi gladii.* M. Lot fournit une variante *letalis*. Le mot « juge » du marquis Le Ver signifie arbitre de la vie et de la mort.

3. Berchtrudis dans l'édition de M. Lot qui donne en note les variantes du Spicilège *Berthetrudis* et *Bertetrudis*.

CHAPITRE IV

Exposé de la vie de S. Riquier par le seigneur Albin

Sous le règne de Dagobert, glorieux roi des Francs, célèbre par la puissance qu'il eut sur la terre et par le zèle qu'il déploya en faveur de la religion chrétienne (il combla de dignités les grands de son royaume, et d'honneurs les serviteurs de Dieu) plusieurs monastères commencèrent à s'élever par les soins de saints pères ; et des laïques se distinguèrent par leur religion. De ce nombre était Riquier, qui, né dans le village[1] de Centule de la province de Ponthieu, brilla comme Lucifer lorsqu'il s'élève au milieu des ombres de la nuit. Sa naissance n'était pas aussi illustre selon le monde[2] que ses mœurs étaient pures et sa vie pieuse et irréprochable. Il portait même dans sa conduite de laïque certains présages de sa sainteté future.

---

1. *In villa Centula*. Le marquis Le Ver traduit ainsi par village. Le sens de *villa*, maison rurale, s'était élargi et tendait, sous la plume d'Hariulfe, à dire plus que village, sinon déjà ville.
2. La vraie traduction serait : ..... n'était pas plus illustre que ses mœurs n'étaient pures, etc.

CHAPITRE V

Explication du chapitre précédent

Je répète encore ici l'avertissement que j'ai donné dans ma préface ; que personne ne se fâche contre moi, si j'essaie, pour faciliter l'intelligence du lecteur, d'expliquer ce que le seigneur Albin a dit, avec beaucoup de rhétorique et beaucoup d'ambiguité, de la vie de notre bienheureux confesseur. Il me semble, en effet, avancer que ce saint homme est né du tems de Dagobert, tandis qu'évidemment il n'est pas possible de placer à la fois sous un même roi, qui ne régna que peu de tems, la naissance d'un homme, son adolescence, son éducation et l'époque où il est parvenu à la perfection de la sainteté et à l'âge de la décrépitude. En quoi donc, dira-t-on, contredis-tu l'auteur de la vie de S. Riquier ? Je ne le contredis en rien, et je n'avance aucune opinion contraire à la sienne ; mais je veux seulement éclaircir ce qu'un homme très-savant d'ailleurs a rapporté en des termes trop courts et trop embrouillés. Écoutez-moi donc enfin. Il dit que, du temps de Dagobert, on commença à bâtir une foule de monastères, et qu'on trouva parmi les laïques des hommes d'une grandes dévotion. Il ajoute ensuite que Riquier fut de ce nombre. Mais remarquez qu'il ne dit pas que ces laïques soient nés sous Dagobert ; il dit seulement qu'ils parurent sous le règne de ce prince. Il faut donc entendre qu'il y en avait plusieurs qui étaient nés avant Dagobert, et qui étaient alors parvenus à un âge avancé. Vous êtes en droit de dire : « Vous prétendez avec raison qu'on rencontra plusieurs laïques d'une grande dévotion ; nous ne vous le contestons pas, et je rends même grâce à Dieu d'avoir mérité de trouver un patron parmi eux. Mais puisque vous faites tant que de publier l'excellence de la vie du bienheureux Riquier, je voudrais que vous m'apprissiez aussi le lieu de sa naissance. » Sur le champ l'illustre auteur [1] obéissant à vos ordres, et reprenant les choses de plus haut, dit en rhétoricien [2] et assez brièvement que Riquier était né dans le village de Centule de la province de Ponthieu. Et, si vous lui demandez si sa naissance était humble parce que sa famille était obscure, il répond avec un excès d'indignation, qu'il brilla comme Lucifer qui se lève au milieu des ombres. Alors, si vous semblez craindre que sa brillante origine et que l'illustration de sa race n'aient été nuisibles à ses vertus, par ce qu'il est plus difficile de s'humilier lorsqu'on paraît avec éclat aux yeux du monde, fâcheux docteur, éloignez ces pensées de votre esprit. Voici ce qu'il ajoute : « Il fut moins illustre par cette noblesse d'origine, précieuse aux yeux des hommes, que par la pureté de ses mœurs et par la sainteté de sa vie ; c'est-à-dire, il se distingua tellement par la noblesse de son caractère, que sa personne parut avec éclat au milieu de ses compatriotes, et tel que paraît Lucifer au milieu des ombres de la nuit. Mais ne pensez pas qu'un sang aussi généreux ne puisse que difficilement se placer parmi la milice céleste [3] ; et sachez que cet homme, en méprisant la noblesse de sa race [4], obéit avec tant d'humilité et de soumission aux préceptes divins, que l'excès de sa religion corrigea l'excès de son élévation ; et qu'en montrant de la douceur envers tout le monde, il fut constamment d'une grande urbanité, sans jamais témoigner d'arrogance.

Ce point étant établi, revenons sur l'époque à laquelle il a vécu ; car il semble absurde qu'on le croie né du tems de Dagobert. En effet, nous lisons dans les gestes de ce prince que S. Riquier a été converti par la prédication des serviteurs de Dieu, qu'il a médité la loi divine après sa conversion, qu'il a annoncé avec ardeur la parole de J.-C. [5] ; qu'après avoir fini ses longues méditations, étant allé voir sa sainte *commère* Rictrude [6], il bénit lui-même son fils

---

1. Alcuin.
2. *Rhetorice.* Ce mot, pour Hariulfe, était un éloge.
3. Que, né d'un sang si haut, il ait saisi plus difficilement les armes de la milice céleste.
4. *Contempto generis supercilio.* Hariulfe trouve le mot quelquefois.
5. Le texte dit : *Verbum Dei annuntiaverit.*
6. Richtrudis.

le bienheureux Mauront, et terrassa l'ennemi qui voulait le tenter ; que le roi Dagobert, excité par sa renommée, alla voir cet homme de Dieu, qu'il lui demanda avec instance sa bénédiction et qu'il se recommanda à ses prières. Nous apprenons encore que ce Mauront, dont nous venons de parler, fut employé à la cour de Dagobert, et qu'on lui confia la garde de la bulle ou du sceau de ce prince. Or remarquez que Mauront avait été baptisé dans son enfance par Riquier prêtre de J.-C. ; enfin nous savons que ce fut Cadoc[1] qui convertit par ses pieux sermons le jeune Riquier, et que le roi Dagobert, lorsqu'il alla voir celui-ci, le trouva presque dans l'âge de la décrépitude. Si tous ses faits sont vrais, comme il est facile à tout lecteur de s'en convaincre en les méditant, ils ne peuvent tous avoir eu lieu sous le seul règne de Dagobert, et par conséquent le récit d'Albin est inexact[2].

Nous sommes entrés dans ces détails par anticipation, car nous nous attacherons à suivre scrupuleusement l'ordre des tems. Je prie néanmoins mes frères d'user envers moi de charité et de me pardonner d'avoir fait entendre ma voix après la voix éloquente du vénérable Albin.

Le pays où est né notre saint patron est arrosé de tous côtés par des sources d'eaux vives[3] ; il est planté de bois[4], il offre aux troupeaux d'excellents pâturages et produit en abondance du blé et des autres grains. Il est favorable au commerce et au transport des marchandises. L'air y est très sain et avantageux à la beauté et au développement du corps. Les hommes y sont robustes et propres à supporter les fatigues de la guerre[5]. On n'y trouve point de cités[6], mais il

---

1. *Chayodocus*.

2. Ces deux dernières lignes de la traduction laissent à désirer. Hariulfe n'accuse pas Alcuin d'inexactitude. Il dit simplement : *quæ omnia sic esse ipsorum gestorum evidens ratio manifestat*.

3. Le Scardon qui prenait sa source non loin de l'abbaye et autrefois plus haut, la petite rivière de Drucat qui se jette dans le Scardon ; plus bas, la fontaine de l'Hermitage absorbée aujourd'hui par le château d'eau qui dessert Abbeville.

4. Cela était vrai alors.

5. Hariulfe a aimé le pays qu'il vante.

6. Abbeville ne fait donc pas exception dans cette estime des lieux voisins de Centule.

renferme des châteaux forts[1] et des bourgs aussi riches que des villes[2]. Telle est la patrie de saint Riquier qui se distinguait par la noblesse de son sang aussi bien que par la douceur de ses mœurs, et qui faisait déjà présager la sainteté de sa vie future ; car sa conduite au milieu du monde annonçait d'avance les saintes œuvres qu'il pratiqua dans la suite.

1. Qu'entendait-on par ces châteaux forts, *munitionum castris exceptis* ?
2. Hariulfe oppose les *oppida* aux villes, *urbes,* et il dit qu'il n'y avait pas d'*urbes*. Le marquis Le Ver traduit assez exactement *oppida* par bourgs. Abbeville pouvait être un *oppidum,* sinon dès lors, du moins au temps d'Hariulfe, fin du xie siècle.

CHAPITRE VI

De l'arrivée et de la prédication des saints d'Irlande

Riquier était encore dans la jeunesse, et n'avait point quitté l'habit séculier, lorsque le Christ voulu l'instruire de ses préceptes divins. Dans le tems que le roi Sigebert gouvernait avec la reine Brunehaud la France orientale, après avoir fixé sa cour dans la ville de Metz, deux prêtres ornés de toutes les vertus et d'une piété remarquable, arrivèrent d'Irlande dans le pays de Ponthieu. L'un se nommait Cadoc, l'autre, dont le vrai nom a été altéré, à cause de sa prononciation barbare, est maintenant connu sous celui d'Adrien. On sait qu'à la même époque où ces hommes pieux abandonnaient leurs familles pour suivre J.-C., l'Hibernie a produit une multitude de saints, au nombre des quels se distingue le bienheureux Colomban, scot d'origine, et dont les pieux entretiens et la vertu éclatante ont illustré toute la Gaule. On pense que les deux premiers prêtres dont nous avons parlé, avaient passé la mer avec lui, et qu'ils étaient arrivés ensemble dans nos contrées. Le rapport des tems que nous avons fixés plus haut vient à l'appui de cette opinion. En effet personne n'ignore que S. Colomban vint en France du tems du roi Sigebert et de la reine Brunehaud, son épouse; il faut donc nécessairement que S. Riquier soit né sous le règne de Clotaire, prédécesseur de Sigebert, puisque ces saints personnages, arrivés sous le règne de ce dernier, trouvèrent Riquier encore jeune. Quand je dis qu'il était encore jeune, j'entends seulement qu'il était dans l'âge où le corps et l'esprit sont actifs et entreprenants, car, du reste, on ne voyait en lui aucun défaut naturel à la jeunesse. Mais revenons à notre histoire.

Les saints prêtres ne tardèrent pas à annoncer la parole de Dieu dans le bourg de Centule et se montrèrent les dignes soldats de J.-C. Mais les peuples grossiers, peu accoutumés à leurs sermons, et ne pouvant souffrir, dans leur âme infectée du poison du démon, d'entendre prêcher de nouvelles croyances, sont saisis de fureur et forment le dessein de les chasser en les accablant d'outrages. Ils ne savaient pas que le seigneur leur envoyait à travers les mers des rayons du vrai soleil, parce qu'ils n'étaient pas encore dignes d'ouvrir leurs yeux à la lumière. Aussitôt que Riquier, encore laïc, a découvert ce complot criminel, il protège les serviteurs de Dieu et s'oppose à la fureur de la populace. Il les arrache d'autorité à ses coups comme un noble pouvait le faire et les accueille avec respect dans sa maison. Le lecteur peut juger par là que le pays ne reconnaissait, après le roi, personne d'aussi puissant que celui qui déployait une telle autorité, en sauvant ainsi les hommes du Seigneur. Il fait donc à ses hôtes l'accueil le plus gracieux, il les fait coucher[1], il place la table, il les fait manger et mange lui-même avec eux ; car, au milieu de ce repas charnel, ces pieux héros ne cessent de le repaître de la nourriture de l'ame. Tout à coup Riquier, pour le salut du quel le Seigneur avait en effet député ses ministres, verse des larmes et pousse des sanglots ; et, devenant, comme dit l'écriture, son premier et son propre accusateur, il confesse que sa jeunesse lui a fait commettre bien des fautes. Mais la semence du Seigneur n'était pas tombée sur un sol pierreux où elle se dessèche, ni sur le chemin où elle est foulée aux pieds des passants, ou devient la proie des oiseaux, mais sur une terre excellente, labourée intérieurement par une main invisible, et qui plus tard, ainsi qu'on le verra, doit produire au centuple la graine qu'elle a reçue, et enrichir des miliers de personnes par sa grande fertilité. Dès ce jour, Riquier prit l'habit de religion et crût de plus en plus en sagesse et en vertu. Les saints prêtres d'Irlande, après avoir achevé leur tâche sur cette terre, et mérité la palme de l'immortalité, remplissent maintenant de joie les demeures célestes qu'ils habitent, illustrent de leurs dépouilles sacrées l'église de Centule fondée en quelque sorte par leurs soins, et la soutiennent encore dans sa ruine par leurs prières. Quoi que nous venions de parler de leur mort, le lecteur saura que jusque dans leur vieillesse ils ont vécu à Centule dans la pratique des saintes œuvres.

1. Ce qui semble induire qu'au temps d'Hariulfe ou à celui de Colomban on mangeait couché. *Note du marquis Le Ver.*

CHAPITRE VII

De la vie austère de S. Riquier

Je vais maintenant, sans plus m'écarter de mon sujet, parler de la vie que S. Riquier a menée après sa conversion. A peine l'esprit divin l'a-t-il éclairé, qu'il s'opère en lui un changement absolu, qu'il n'est plus ce qu'il était et qu'il devient ce qu'il n'était pas. Je vais raconter des choses étonnantes, qui seraient au dessus des forces de l'homme, si le Seigneur n'habitait en lui. Il se soumit à une austérité si grande et à une pénitence si rude, qu'il renonça sans retour à tous les mets capables de flatter le palais des hommes; en effet, depuis sa conversion jusqu'à sa mort, il s'abstint entièrement du pain de froment, d'huile, de légumes et, à plus forte raison, de viande et de poisson, de vin et de toute boisson préparée. Mais, comme la matière de notre corps ne peut subsister sans nourriture, il rétablissait ses forces, épuisées par les jeûnes continuels, en mangeant un peu de pain d'orge mêlé de cendres et en buvant de l'eau trempée de ses larmes. Car pour rendre ses jeûnes plus austères, il ne se contentait pas d'un pain d'orge pure, que tout le monde sait être d'un goût amer, mais il mêlait des cendres à son pain, parce qu'il se reconnaissait cendres depuis le péché de notre premier père, *(sed quia cinerem se protoplasti peccato cognoverat*[1]*) ;* et il n'aurait pas voulu pour sa boisson d'une eau pure qui n'aurait pas été trempée de ses larmes. La pâleur de son visage déposait, du reste, de la continuité de ses veilles. Je parle sans exagération en avançant qu'un homme qui se soumettait à une si dure pénitence, aurait affronté les

---

1. *Protoplasti*, « Adam, notre premier père. » Le marquis Le Ver a cru devoir expliquer ainsi le mot par une intercalation que j'ai enlevée du texte de sa traduction.

tourments de la persécution sous Néron ou sous Trajan. En effet, ceux qu'on voulait alors contraindre à renier J.-C. ne souffraient guère que pendant trois jours ou une semaine tout au plus, tandis que celui-ci souffrit le martyre pendant tout le cours de sa longue vie. Si les fidèles examinent avec équité laquelle des deux choses est la plus méritoire, ils diront qu'il n'y a pas un moindre mérite à réprimer, pour l'amour de Dieu, sa chair par des macérations continuelles, qu'à braver le glaive des gentils pour la défense de sa foi.

CHAPITRE VIII

De son ordination

En croissant ainsi tous les jours en vertu, et en faisant de son corps une hostie vivante, sainte et agréable au Seigneur, Riquier se rendit bientôt digne d'exercer le ministère sacré et de continuer lui-même l'œuvre des apôtres. Il fut fait prêtre lorsqu'il eut été initié aux mystères divins; et celui qui, par ses actes de piété, s'était rendu sans tache aux yeux du Christ, put toucher d'une main pure le corps sans tache de notre Sauveur, et mérita l'honneur d'être compté parmi les soldats de J.-C. Ce vénérable serviteur de Dieu honora sa profession par une grande humilité; il s'acquitta de ses devoirs avec une vraie charité, et répandit par la prédication la parole du Seigneur. Il arracha avec le fer, ainsi que fait un bon cultivateur, les ronces et les péchés du champ fertile de l'évangile, et arrosa les cœurs arides de la rosée céleste du salut éternel. La clémence divine accrut encore sa foi par le succès dont elle couronna ses prédications au milieu des habitants du Ponthieu. S. Riquier devint cher et respectable aux yeux de tous, parce qu'il donna lui-même l'exemple de la conduite qu'il recommandait dans ses sermons, et qu'il marcha toujours le premier dans le chemin qu'il montrait aux autres. Il s'empressait de répandre sur les pauvres toutes les sommes qu'il recevait de la piété des fidèles. Il lui paraissait indigne de s'occuper du lendemain de la vie, à lui qui soupirait pour les richesses de l'éternité. Il distribuait donc ce qui lui était apporté par les hommes, afin d'obtenir ce qui lui avait été promis par la divinité. Heureux échange! Celui qui donnait avec joie des choses légères et d'une courte durée, devait recevoir par un heureux retour des biens sans prix et sans fin. Il se montra toujours le consolateur empressé du pauvre, le refuge du voyageur[1], le défenseur de la veuve, le père de l'orphelin et de l'enfant délaissé. De sorte qu'on peut avec raison lui appliquer ce passage du bienheureux Job : « J'étais l'œil de l'aveugle, le pied du boiteux, le père de l'orphelin, et je m'instruisais avec un soin extrême des choses que je ne savais pas[2]. » C'est pourquoi les infirmes accouraient vers lui de toutes parts. Il les accueillait avec joie et leur procurait leur guérison par ses saintes prières. En faisant un signe de croix, il redonnait aussitôt la vue aux aveugles, et, par la vertu de ses oraisons et par l'imposition de ses mains, il rendait le mouvement aux paralytiques. Tantôt avec une prière adressée au ciel, il chassait les démons des corps qu'ils tourmentaient ; tantôt il les mettait en fuite par la vertu seule de son commandement, et souvent il suffisait de sa présence pour opérer ce miracle.

1. Les routes n'étaient pas sûres sans doute au temps de Riquier. Dans tous les cas, Hariulfe entend que le saint exerçait l'hospitalité.
2. Job, 29, 15. — Note du marquis Le Ver, prise dans le Spicilège.

CHAPITRE IX

Du miracle des Lépreux

Il n'évitait jamais l'abord des lépreux et des ladres[1] ; au contraire on le voyait les embrasser comme ses frères, ranimer avec des bains leurs membres malades et ensuite se baigner lui-même dans leurs eaux. Il opéra par la vertu de sa profonde humilité et de sa piété ineffable un miracle étonnant et inouï. Lorsqu'il poussait la mortification de sa chair jusqu'à laver son corps avec ces eaux infectées de venin, non seulement il n'en éprouvait aucun mal, mais les lépreux eux-mêmes, qui étaient déjà sortis du bain, se trouvaient par un effet de la Providence et par les mérites du saint, entièrement guéris de leur mal. Il suivit exactement ce précepte du prophète « Reçois dans ta maison les pauvres et les vagabonds ; couvre leur nudité de tes propres vêtements, et garde-toi de mépriser ton frère[2]. Il ne se contentait pas de réparer les forces affaiblies de ceux qui le visitaient en leur donnant de la nourriture, mais il les consolait encore par ses discours pleins de charité. S'il se montrait le consolateur des affligés, il ne craignait pas de s'ériger en censeur austère des orgueilleux ; il relevait les uns par la douceur de sa miséricode, et abaissait les autres par la sévérité de sa censure. Il était au-dessus de toute crainte terrestre celui que la crainte de la puissance divine fortifiait intérieurement. Il brava continuellement les menaces des riches pour demeurer toujours fidèle à son devoir d'apôtre de

---

1, Le marquis Le Ver avait relevé dans le cartulaire de l'Hôtel-Dieu de Montreuil la « cérémonie observée pour séparer les ladres de la société. » Une note marginale de sa traduction (copie de la bibl. d'Abb.) renvoie à cet extrait mais ne le reproduit pas. M. Charles Louandre l'a connu et inséré en partie dans les notes de ses *Souvenirs et paysages, pp. 53-55*.

2. Isaie, 58, 7. — Note du marquis Le Ver d'après d'Achery.

la vérité. Il n'était point comme un frêle roseau agité par les vents, en présence de la louange ou du blâme des hommes, mais inébranlable sur le sol de la vérité, il méprisait, selon la parole de l'apôtre, les jugements humains. Il marcha avec fermeté dans le sentier du seigneur, sans se laisser écarter à droite par les menaces terribles des puissants, et sans se laisser détourner à gauche par les caresses insidieuses des flatteurs. C'est pour quoi il ramena à son Dieu une foule de brebis égarées de cette province de Ponthieu, et mérita ainsi une gloire éternelle.

CHAPITRE X

De sa charité envers les captifs, et de son passage en Bretagne

Le peuple, voyant sa profonde dévotion envers le Christ, commença à lui témoigner beaucoup de respect, et à lui apporter un grand nombre d'aumônes, qu'il se plaisait à distribuer aux pauvres et qu'il employait surtout à la rédemption des captifs [1], parce qu'il était plein de l'amour de Dieu et du prochain. Il délivrait les uns des chaînes du démon par ses discours et ses exhortations ferventes, et les autres de la captivité corporelle par l'abondance de ses pieuses largesses; afin que ceux-là, devenus libres d'esprit, se réjouissent dans le Seigneur, et que les autres, devenus libres du corps, se tournassent vers Dieu. Non seulement le grand saint Riquier illustra les Gaules par ses saintes œuvres et par ses lumineuses prédications, mais franchissant comme Lucifer [2] les plaines liquides de l'océan, il porta encore jusques dans les pays étrangers le flambeau du jour parmi les ombres de la nuit. C'est ainsi qu'il répandit à son arrivée sur les contrées de la Bretagne située au-delà des mers, la lumière pure de la vérité, pour disperser les ténèbres épaisses de l'ignorance, et pour délivrer dans ce pays, comme dans celui d'où il était parti, les uns de la servitude du démon, les autres de la captivité corporelle. Il versa dans le cœur des premiers la parole de Dieu, et paya aux autres la dette de la charité, pour leur procurer, au lieu d'une rédemption temporelle, la liberté de toute une éternité.

1. Quels pouvaient être ces captifs ? des prisonniers de guerre soumis à rançon ? des victimes du droit d'épaves, du droit de *lagan* ? des criminels ? Riquier, en ce dernier cas, dans la tradition et dans l'esprit d'Hariulfe, se montrait d'une charité supérieure à celle même de notre temps. Il ne peut être question d'esclaves suivant la loi romaine ou de serfs suivant celle du moyen âge. Hariulfe dit bien *captivorum* non *servorum*. V. d'ailleurs pour la différence au chapitre XIII.

2. Hariulfe aime cette comparaison de l'étoile du matin. Nous l'avons déjà rencontrée au Chapitre IV et appliquée à Riquier.

CHAPITRE XI

De son arrivée a Sigetrude et du miracle de la neige

Il existe dans le Ponthieu un village nommé Sigetrude[1], où le vénérable Riquier avait coutume de recevoir l'hospitalité, lorsqu'il se disposait à traverser l'océan, soit pour se livrer à ses saintes prédications en Bretagne, soit pour travailler à la rédemption des captifs. La dame de cette terre se nommait Sigetrude et avait donné son nom au pays. Je vais maintenant rapporter ce qui arriva dans ce village un jour que le saint confesseur de J.-C. y était venu. Il y était descendu pendant l'hiver à son retour de Bretagne, et y fut surpris par la nuit avec les captifs qu'il avait rachetés. Il demanda l'hospitalité pour lui et pour ses compagnons à la sénatrice[2] dont nous avons parlé, et qui la leur refusa, soit qu'elle ne connût pas encore la vertu ni le mérite du saint, soit, comme on le raconte, qu'étant affligée d'une mauvaise nouvelle qu'elle avait reçue, elle fit peu d'attention à sa prière. L'homme de Dieu, persuadé que personne ne lui donnerait asyle, et voyant que l'heure avancée ne lui permettait pas de continuer sa route avec ses compagnons qu'il avait délivrés, et dont la troupe était nombreuse, se mit à parcourir tout le village et découvrit un large fossé qui pouvait recevoir et cacher un assez grand nombre de personnes. Il s'y retira avec les siens et y passa la nuit. Mais admirez la sagesse de Dieu ! Elle ne souffrit pas que la dame de Sigetrude accordât, pour une seule nuit,

---

1. Sorrus. — Marquis Le Ver. — Sorrus est aujourd'hui du canton de Montreuil (Pas-de-Calais). Nous retrouverons ce lieu au chapitre XII, qui suit, et au livre III, chapitre III.

2. A la dame. « Ce terme *(Senatrix)* disparait après l'époque mérovingienne. On peut donc croire que ce passage a été emprunté à un recueil des miracles de Saint-Riquier fort ancien. » — *Note de M. Lot.*

l'hospitalité à ceux qui la lui demandaient, afin que l'opération divine qui se préparait eut son plein effet. Voyez aussi tout le mérite que notre saint avait aux yeux du Seigneur, puisqu'il obtint de lui non seulement une maison mais encore tout un domaine. La nuit donc que le bienheureux Riquier et ses compagnons étaient couchés dans le fossé, il tomba une si prodigieuse quantité de neige que tout le pays en fut, pour ainsi dire, surchargé. Tout ce qui était à l'air devint bientôt blanc, tandis que le seul espace occupé par le fossé où dormaient nos voyageurs fut épargné par la neige. Celle même qui était chassée par le vent et qui, par sa finesse, pénétrait jusques dans l'intérieur des maisons, ne put atteindre des hommes qui manquaient de domicile mais qui étaient abrités par la protection divine. Le matin étant venu, les habitants du village se lèvent, et s'efforcent de se frayer un passage pour eux et pour leurs troupeaux à travers une montagne de neige ; et, lorsque le soleil vient éclairer la nature, ils trouvent S. Riquier et sa suite entièrement secs et sans aucune trace de neige. Ce prodige excita leur surprise et leur admiration, et leur fit reconnaître que celui qui avait été si miraculeusement protégé, était véritablement l'adorateur et le bien-aimé de Dieu. Aussitôt que la dame eut connu tout le pouvoir dont notre patron jouissait auprès du Seigneur, elle conçut une vive inquiétude pour lui avoir refusé l'hospitalité ; mais, dans la suite, elle eut tant d'affection pour lui qu'elle lui fit une donation irrévocable de sa terre de Sigetrude. Dieu, véritablement admirable dans ses saints, et fidèle à ses promesses, n'abandonna pas un bon serviteur dénué de tout secours humain ; et, au moment même qu'il ne lui permettait pas de trouver une seule maison pour asyle, il lui accordait déjà le village tout entier.

CHAPITRE XII

D'une fontaine qu'il fit couler a Sigetrude par la seule vertu de ses prières

Lorsque S. Riquier combattait sur la terre pour cueillir la palme des cieux, il s'arrêtait souvent dans le village de Sigetrude, chez la dame dont nous avons parlé, en allant en Bretagne[1] ou en revenant de ce pays. Cette dame qui avait su se concilier son amitié, parce qu'elle se montrait très assidue et très attentive à suivre la loi du seigneur, le conjura un jour avec tant d'instance d'obtenir de la miséricorde divine, par ses saintes prières, qu'une source se formât au milieu du village qui manquait d'eau, que le saint se mit aussitôt à prier Dieu selon son désir. Après sa prière il enfonça son bâton dans la terre, et il en jaillit tout-à-coup une fontaine, qui subsiste encore aujourd'hui, en témoignage de l'efficacité des prières du serviteur de J.-C. Quoiqu'elle coule sans interruption, elle ne se répand jamais dans la campagne ; mais elle se perd à peu de distance de sa source. Je pourrais dire beaucoup de choses sur le village et sur sa fontaine, mais j'évite ces détails pour passer à d'autres objets.

1. Il s'agit toujours de la *Britannia* qui est maintenant pour nous la Grande-Bretagne.

CHAPITRE XIII

DE SA PROPHÉTIE

Mais outre tant et de si grands miracles que notre Seigneur opéra par le moyen de son serviteur, celui-ci fut tellement pourvu de la grâce du S. Esprit qui fait tout et qui voit tout, qu'il fut doué non seulement d'une grande sagesse, mais encore de la connaissance de l'avenir. Je vais en rapporter un exemple. Après avoir fait un long séjour en Bretagne, pour se livrer à ses prédications, il lui vint tout-à-coup dans la pensée, par l'effet de l'inspiration du S. Esprit, qu'il avait laissé dans la Gaule quelques-uns de ses frères dans la servitude[1]. Cette idée l'accablant de douleur, il dit aux siens : « Hélas ! tandis que je viens délivrer ceux-ci, je laisse en mon pays plusieurs des miens dans la servitude ; et je sais qu'ils doivent bientôt mourir. Hâtez-vous donc de monter sur un vaisseau et de leur donner la liberté avant leur mort. » Ses disciples exécutent ses ordres avec lenteur ; ils arrivent néanmoins dans sa patrie, trouvent ses esclaves sains et saufs et les affranchissent, ainsi qu'ils en avaient reçu la commission. Mais ces hommes, devenus libres, meurent quelque tems après, comme l'avait prédit S. Riquier. O bonté infinie de J.-C. ! Notre Sauveur éclaire l'esprit de son serviteur et lui découvre la mort prochaine des siens, afin que ceux-ci profitent des trésors de sa miséricode, et qu'en mourant il ne restent pas sous le joug de la servitude. Depuis ce tems Riquier ne retint aucun des siens dans l'esclavage, mais il leur donna à tous la liberté, afin de montrer envers les hommes qui lui appartenaient autant de douceur et de bienveillance qu'il en témoignait aux étrangers, et afin d'accumuler pour lui, par sa conduite envers ceux-là, les mêmes trésors qu'il amassait par sa manière d'agir envers les autres.

---

1. *Sub servitute reliquisse in Gallia.* Ici, en effet, il ne doit plus s'agir de captifs mais de serfs.

CHAPITRE XIV[1]

DE LA CONSTRUCTION DU MONASTÈRE DE CENTULE

En dissipant les ténèbres de l'ignorance et de l'erreur, S. Riquier avait rempli beaucoup de pays du nom de J.-C.; il avait converti une foule de païens; il leur avait enseigné la foi et en avait engagé plusieurs à embrasser la vie religieuse. Mais après de longues fatigues, sentant qu'il ne pouvait plus se livrer aux travaux de la prédication, et que cependant il brûlait encore du désir de se livrer à la pratique des choses saintes, il se rendit dans son pays natal, au milieu des terres qu'il avait reçues de ses ancêtres (et que nous avons désignées sous le nom d'alleu ou de patrimoine) pour y consacrer le reste de ses jours au service de Dieu. Depuis longtemps il avait fait en lui-même l'offre de ses biens à J.-C., et y avait bâti un monastère, pour attirer des serviteurs au seigneur et leur donner la vie spirituelle sur le sol paternel où il avait reçu le jour. Ce lieu qui a été conservé par la Providence, subsiste encore dans sa gloire au milieu du village[2] de Centule, et renferme un grand nombre de religieux. Lorsqu'il eut achevé de bâtir ce couvent, qu'il avait construit, non pour faire admirer de vastes bâtiments ou de superbes murailles, mais pour sanctifier des hommes d'une bonne famille, il y établit des moines qu'il fit venir de diverses provinces, et les captifs qu'il avait rachetés qui imitaient ses vertus. Il dirigeait leur conduite, purifiait leurs cœurs, leur enseignait plus par son exemple que par ses discours à s'élever des abîmes de la terre aux sommets

---

1. M. Lot marque ce chapitre des chiffres XV, un chapitre XIV devant le précéder et manquant, dit-il.

2. Hariulfe a écrit *in villa Centula*. Le marquis Le Ver persiste à traduire par village. — Hariulfe entendait sans doute dire plus pour le Centule du XIIe siècle.

des cieux, et les gouvernait avec le titre d'abbé. Une foule de nobles francs, que la réputation de sa sainteté attirait vers lui, embrassaient avec ardeur les voies du salut ; tandis qu'il se réjouissait lui-même de voir ses disciples renoncer au monde et ne tourner leurs regards que vers le ciel. Souvent il était ravi en extase et disait : « Mon âme a eu soif du Dieu fort et vivant. Quand viendrai-je, et quand paraîtrai-je devant la face de Dieu[1] ». Puis il ajoutait : « Je paraîtrai devant tes yeux avec la justice ; et je serai rassasié, lorsque j'aurai été témoin de ta gloire[2] ». Toujours éclairé par les lumières de l'Esprit saint et assisté de la grâce de J.-C., il se livra avec d'autant plus d'ardeur au service de Dieu, qu'il se sentit plus près du jour de la récompense. Il épuisa son corps par des jeûnes continuels, il mortifia sa chair, il supporta de longues veilles, il redoubla ses prières, il affermit sa charité, il se fortifia avec l'espérance et se couvrit des armes de la foi. Ne rendant jamais le mal pour le mal ; ne flattant et ne méprisant personne, il marcha le premier dans le chemin de la vérité qu'il avait enseigné aux autres par ses prédications. C'est ainsi que l'homme de Dieu couvert du casque du salut, ceint du glaive de la parole de J.-C., entouré de toute part de la cuirasse de la justice, armé du bouclier de la foi, et chaussé dans la préparation de la paix évangélique, marcha au combat contre notre vieil ennemi ; et après avoir repoussé avec l'écu impénétrable de la foi tous les traits enflammés que celui-ci lui lançait, remporta tous les jours de nouveaux triomphes et déposa dans l'église du Christ les dépouilles de son adversaire terrassé. Il fut aussi redoutable à l'ennemi du genre humain que profitable aux hommes, à un grand nombre des quels il procura le salut. Il est donc juste qu'il soit loué en J.-C. par un grand nombre de personnes, puisqu'il fut le rédempteur d'une foule de mortels, par le mérite de notre sauveur. Il montra en effet tant d'ardeur à ramener les âmes à Dieu, que tout en présidant à son monastère, il parcourut, tout à l'entour, les églises, les châteaux, les villages[3] et même les maisons de tous les

---

1. Psaume 41, 2. — Note du Spicilège.
2. Psaume 16, 17. — Même remarque.
3. *Per vicos.* — *Vicus* et *villa* présentent donc à cette date le même sens pour le marquis Le Ver.

fidèles, pour embraser leur cœur de l'amour de la patrie céleste. [L'histoire de sa vie est d'un plus haut prix que celle de ses miracles, par ce qu'il acquit au roi des cieux un peuple nombreux; et le bien produit par les prédications est sans contredit préférable aux prodiges. Néanmoins il ne laissa pas que d'en opérer plusieurs de très-étonnants, selon l'opportunité des tems ou la convenance des choses, lorsque la clémence divine lui accorda cette faveur.]

CHAPITRE XV[1]

DE SAINTE RICTRUDE SA COMMÈRE[2]

Une dame illustre nommée Rictrude, qui jouit maintenant du bonheur céleste, envoya un jour son fils nommé Mauront à notre S. abbé, qui lui administra le baptême. Mais lorsque cet enfant fut de retour auprès de sa mère, l'esprit malin tenta l'homme de Dieu. Riquier s'étant rendu à cheval auprès de Rictrude qui depuis longtems s'était consacrée au Seigneur, se disposait, après plusieurs pratiques religieuses et plusieurs entretiens salutaires, à retourner chez lui sur son cheval. La dame l'avait reconduit, selon l'usage, en demandant sa bénédiction pour son enfant, qu'elle portait dans ses bras et qui venait d'être régénéré dans les eaux du baptême, et le vénérable cavalier avait pris l'enfant pour le bénir ou pour l'embrasser, lorsque l'ancien ennemi de tous les justes, qui portait envie à la gloire et à la vertu du S. homme et à la piété future de cet enfant, rendit le cheval furieux, le fit cabrer, ruer et courir par la campagne avec une rapidité extraordinaire. La mère, effrayée à cette vue, détourna les yeux pour ne pas être témoin de la mort de son fils, que le serviteur de Dieu portait pendant que son cheval était transporté de fureur; et toute la famille fit retentir l'air de ses cris et de ses lamentations dans la crainte où elle était de la mort de l'enfant ou de la chute de l'homme de Dieu. Mais la main de J.-C. qui souleva Pierre dans sa frayeur et l'empêcha d'être englouti dans les ondes, soutint l'enfant dans sa chute et le déposa à terre sans blessure. En

---

1. XVI dans le texte fourni par M. Lot. — Des remarques analogues s'appliqueraient aux chapitres suivants jusqu'à la fin du premier livre.

2. *Commater*. Elle est appelée commère de S. Riquier, par ce que celui-ci avait baptisé son enfant.

effet le serviteur de Dieu fit une prière, et l'enfant arriva à terre sain et sauf comme s'il eut été un petit oiseau, et le cheval revint à sa douceur naturelle. La mère prit alors dans ses bras son enfant qui n'avait aucun mal et qui lui souriait. Néanmoins, depuis ce tems, le serviteur de Dieu ne voulut plus aller à cheval et préféra monter un âne doux et facile à conduire. Il se souvenait de notre Seigneur qui se servit d'un âne et non d'un cheval lorsqu'il marcha à la rédemption du genre humain. A son divin exemple, S. Riquier n'eut plus qu'un âne pour monture dans les longs voyages qu'il entreprit pour ses prédications. C'est ainsi que par la miséricorde divine, la tentation de l'esprit malin tourna à l'honneur du saint, et que l'orgueil du cheval fut pour notre patron une leçon d'humilité.

CHAPITRE XVI

D'un aveugle qui recouvre la vue

Un jour que S. Riquier, voulant passer la rivière d'Authie, s'était assis en attendant le retour de la barque, un pauvre aveugle du Ponthieu, qui témoignait, ainsi que ses compatriotes, beaucoup de vénération pour lui, ayant appris qu'il se trouvait dans le voisinage, se fit conduire à ses côtés, et, l'appelant à grands cris son très-cher père et le seigneur de son pays, il le conjura de lui rendre la vue. L'homme qui témoigna toujours la plus tendre compassion au mal d'autrui fut touché du sort de cet aveugle et s'avança vers lui avec bonté. Lorsqu'il fut à son côté, il approcha ses doigts de ses lèvres sacrées et, ayant frotté de sa salive les yeux de l'aveugle, il renouvela l'exemple donné par notre Seigneur et rendit la vue au patient. Il existe encore un village et une église[1] qu'on appelle Dom Riquier par amour pour le saint. Jamais le tems ne fera oublier les grands miracles que nos compatriotes racontent de notre patron. Ils rapportent que, quand il travaillait en ces lieux à la rédemption des captifs, s'il arrivait que la barque sur laquelle il devait passer à son retour l'Authie ou la Canche se fît attendre trop longtems, il traversait alors la rivière à pied sec, sans le secours de personne. [Un jour[2] qu'il revenait de la Bretagne avec une foule de captifs qu'il avait délivrés, il aperçut tout à coup, en se retournant, une troupe de scélérats qui voulaient maltraiter ses compagnons. Craignant pour eux beaucoup plus que pour lui-même, il invoqua la divinité et la pria de les tirer des mains de ces

---

1. *Villa et ecclesia, quæ ob ejus amorem Domnus Richarius dicitur.* — Probablement Dourier.
2. A remarquer les crochets suivant une remarque déjà faite.

mauvaises gens. La providence exauça aussitôt sa prière et le transporta avec ses compagnons de l'autre côté de l'Authie, au pied d'une forêt qui en est voisine. Le lieu où il se reposa après avoir échappé aux hommes qui le poursuivaient, fut nommé Maisoutre [1], en mémoire de la puissance céleste qui l'avait transporté de l'autre côté de la rivière.] Mais il n'entre pas dans notre dessein de rapporter tous les prodiges que les fidèles lui attribuent; passons donc à des faits plus certains [2], que nos sages ancêtres ont eu soin d'insérer dans son histoire, pour servir d'exemple à ceux qui viendraient après lui.

En quelque part qu'il se rendit, il récitait en tout tems les psaumes, ou prêchait aux hommes leur salut. Il n'est pas étonnant en effet que celui qui portait constamment le Christ dans son cœur, l'eut sans cesse à la bouche. C'est par notre divin Sauveur qu'il se montrait à tout moment le consolateur charitable des malheureux et l'austère censeur des puissants. Il adoucissait la misère des uns en compatissant à leurs peines; il réprimait l'orgueil des autres en les réprimandant avec sévérité.

1. *Moxultrum.*
2. A des faits plus certains. *Proinde ad certiora veniamus.* Ces mots après des récits de miracles étonnent un peu sous une plume religieuse du douzième siècle.

CHAPITRE XVII

De l'arrivée du roi Dagobert auprès de lui

Tant de bonnes œuvres ne furent pas ensevelies dans le silence ; mais, par la volonté de Dieu, qui glorifie ceux par qui il est glorifié, la douce odeur de la sainteté de notre patron se répandit dans toutes les contrées voisines, et parvint jusqu'aux grands et aux hommes puissans du royaume. Le roi Dagobert lui-même désira de voir Riquier, à cause du bien qu'il en entendait dire. Ce très-puissant prince, à la prière de l'illustre Gislemar, vint un jour en Ponthieu pour visiter l'homme du Seigneur, et pour se recommander à ses prières. Le serviteur de J.-C. l'affermit par sa bénédiction dans le sentier de la sagesse, et le réprimanda en même tems avec liberté et avec toute l'autorité que lui donnait sa qualité de prêtre. Il l'avertit de ne pas s'enorgueillir de la puissance temporelle, de ne pas placer son espoir en des richesses fugitives, de ne pas se laisser éblouir par les vains propos des flatteurs, de ne pas se réjouir d'honneurs passagers ; mais plutôt de craindre la puissance divine et de louer la gloire infinie du Seigneur, de ne faire aucun cas de la puissance et de la gloire humaines, qui soudain s'évanouissent comme une ombre et disparaissent comme l'écume de l'eau, au premier souffle de la tentation ; de penser surtout avec crainte que les grands tourments sont réservés aux grands[1], qu'on exige plus de quiconque a plus reçu[2], et que celui qui peut à peine rendre compte de lui seul à Dieu, au jour du jugement, pourra difficilement lui rendre compte de tant de milliers d'hommes qui sont placés

---

1. Sag. 6, 7.
2. Luc 12, 48.

sous sa conduite ; c'est pour quoi l'on doit plutôt craindre de commander que d'obéir : celui qui obéit répond envers Dieu de lui seul, tandis que celui qui commande est responsable de tous ceux qui vivent sous son autorité. Le roi reçut avec bonté cette remontrance, car il vécut sagement, et, satisfait de cette assurance que la vérité donnait au saint prédicateur, il l'invita à dîner avec lui. Riquier, imitant l'exemple du Sauveur qui allait volontiers aux repas, se mit à table avec le Roi, afin de profiter de l'occasion de prêcher devant lui ; et, pendant tout le jour et toute la nuit, il présenta, au milieu des joies du festin, les mets salutaires de la parole divine. Le roi, enchanté de la douceur et de la pureté de ses mœurs aussi bien que de la force de ses discours, conçut de l'amitié pour lui, et lui fit tant d'honneur qu'il lui donna le jour même quelque partie de ses revenus pour servir à l'entretien des luminaires de la maison de Dieu. [Pensant avec raison qu'ayant été éclairé par la prédication lumineuse du saint, il devait à cause de lui éclairer la maison du seigneur, et répandre sur l'église l'éclat qu'avait reçu sa foi. Il se souvenait de ce commandement : « Que votre lumière brille ainsi devant les hommes » ; et de cet autre des psaumes : « Nous verrons la lumière dans la lumière, c'est à dire dans la lumière de la foi, qui, lorsqu'elle brille en dedans, doit répandre son éclat au dehors »]. Il lui donna aussi, après lui avoir fait la confession de ses fautes et en avoir reçu l'absolution, un territoire en Ponthieu, nommé Campagne [1], où sont trois villages, qui depuis ce tems ont fait service à notre S. Patron, et, après la mort de celui-ci, au monastère de Centule jusqu'à nos jours. Le premier de ces villages se nomme Hautvillers [2], le second Ribemont [3] et le troisième Valeri [4].

1. *Campania.* « Campagne-lès-Boulonnais, région naturelle s'étendant à la fois sur les *pagi* de Thérouanne et de Ponthieu. » — *Note* de M. Lot.
2. *Altvillaris.* Dans des notes distinctes que je possède du marquis Le Ver, un des trois villages formant le territoire nommé Campagne et donné à saint Riquier par Dagobert, reparaît au chapitre III du livre III. — Peut-être Hautvillers près d'Abbeville. — Marquis Le Ver. — Cette attribution irait peu avec la situation donnée au territoire de Campagne.
3. *Rebellismons.* Ribemont. — Reparaît au livre III, chapitre III ; plus tard tenu à vie par un vassal de l'abbaye, Agenard, sa femme et ses enfants, — livre IV, chapitre XXI.
4. *Valerias.* Lieu rappelé aux chapitres II et III du livre III ; en propriété entière encore et sans partage de bénéfice en 831. — Cédé plus tard à vie par l'abbé Gervin à Agenard, ainsi qu'à sa femme et à ses enfants, — livre IV, chapitre XXI.

CHAPITRE XVIII

De l'ordination de l'abbé Ocioald; et de la retraite de S. Riquier dans le désert

L'homme de Dieu se voyant en grand honneur parmi les hommes, songea à les fuir, afin d'obtenir, en méprisant les pompes du monde, les gloires de l'éternité. En effet les plus grands revêtus de toute espèce de dignités, imitant l'exemple du roi, recherchaient avec ardeur son entretien. Mais, n'ayant plus de pensées que pour le ciel, et supportant avec peine leur empressement, il soupira après la solitude, pour échapper à tant d'hommages que lui rendaient les hommes pourvus d'honneurs, pour se consacrer plus librement à Dieu seul, et pour goûter les jouissances contemplatives [1]. Il ne sentait que de l'adversion pour les choses temporelles. Mais comme l'église qu'il avait fait bâtir à Centule ne pouvait ni ne devait rester sans abbé, en se dépouillant de cette charge, il la remit à l'un de ses disciples nommé Ocioald, qui était d'une piété solide et éprouvée. Après s'être acquité de ce devoir avec dévotion, [c'est à dire, après s'être pénétré de ces mots que le seigneur adressa à Marie qui se trouvait assise à ses pieds, et qui entendait intérieurement la parole de la vie : « Marie a choisi la meilleure part, et celle qui ne lui sera jamais enlevée; » après, dis-je, avoir médité ses paroles]; il se dévoua entièrement à la contemplation de Dieu, et chercha une solitude où il pût en secret ne s'occupper que des choses célestes et se sanctifier dans le Seigneur qui devait bientôt l'attirer à lui. Gislemar, homme illustre [2], plein de zèle pour la religion

---

1. *Contemplativos fructus.*
2. C'est lui qui a déjà engagé le roi à venir visiter saint Riquier.

du Christ, et Mauront, fils de Ste Rictrude, qui jouissait d'un grand crédit auprès du roi Dagobert, à cause de son insigne noblesse, et qui avait alors la direction et la garde de toutes ses terres et de tous ses bois [1], donnèrent une retraite à notre saint patron, au milieu de la forêt de Cressy, dans un lieu qui se nomme aujourd'hui Forêt-Montier [2], qui est à dix mille pas de Centule, et où jamais personne n'avait jusqu'alors habité. C'est dans cet endroit qu'il se mit à construire, en l'honneur de Notre Dame Ste Marie, un monastère à J.-C. Je ne veux pas laisser ignorer au lecteur que, dans la suite, Mauront, après avoir renoncé aux pompes et à l'habit du monde, se retira au milieu des moines de Forêt-Montier, et qu'après avoir été leur directeur, il quitta cette vie pour entrer dans le royaume des cieux, tant fut efficace la bénédiction qui lui avait été donnée dans son enfance par S. Riquier, à la prière de sa mère.

---

1. M. Lot dit qu'Hariulfe doit à l'histoire de sainte Radegonde cette identification fausse du forestier du roi et du fils de sainte Rictrude.
2. *Forestis-Cella.*

CHAPITRE XIX

Comment il mortifie son corps dans la solitude

Le grand confesseur de Dieu, le vénérable père Riquier, entra dans sa solitude, accompagné seulement de Sygobard, distingué par la plus haute noblesse [1]. Il se contenta d'une petite cabane grossièrement construite, pour y passer le reste de sa vie, car il ne voulait rien posséder des richesses d'un monde qu'il méprisait. C'est dans ce lieu qu'il mortifia sa chair avec tant d'austérité et qu'il s'imposa des jeûnes et des veilles d'une si longue durée que ses os desséchés tenaient à peine à leurs articulations. Il ne pouvait que difficilement guider ses pas tremblants, même avec le secours d'un bâton, et il avait entièrement oublié la terre pour ne plus s'occuper que du ciel. Plus il se trouvait éloigné du monde, plus il se croyait près de Dieu. Il terrassait tous les jours dans sa solitude celui par qui Adam fut vaincu dans le paradis. Marchant sur l'aspic et le basilic, il écrasait chaque jour la tête du serpent. Méprisant tout ce qui tenait au tems et ne soupirant que pour l'éternité, il affermissait, par des prières continuelles, ses pas dans le chemin qui conduit à la vie. Cependant cette colonne de lumière, enfermée dans les profondeurs de la sollitude, ne put tellement se cacher, que ses rayons éclatans ne se répandissent au loin. C'est pourquoi on voyait de toute part l'aveugle, le sourd, le muet, le boiteux, le lépreux, le paralytique, et toute sorte de malades, accourir vers lui ou s'y faire porter. Il les guérissait par la vertu de ses saintes prières; et tous ceux qui venaient à lui affligés de quelque maladie ou tourmentés de quelque peine d'esprit, il les renvoyait chez eux sains et pleins de joie. Mais ce n'est

---

1. On ne connaît cependant ce religieux que par sa fidélité à Saint-Riquier.

pas une chose étonnante qu'un homme chéri de Dieu fût fréquenté par les hommes, puisque les animaux eux-mêmes, qui sont privés de la raison, se montraient empressés à le servir. Car s'il lui arrivait, ce qui était rare, de chercher quelque nourriture pour soutenir ses forces, les oiseaux, qui de leur nombre remplissaient la forêt, descendaient avec si peu de crainte auprès de lui et se posaient si volontiers sur ses genoux et sur ses épaules, qu'on les aurait pris, non pour des animaux déraisonnables, mais pour des enfants qui vont fêter affectueusement leur père. Le saint leur présentait des miettes dans sa main, et ceux qui, par la dureté ou la mauvaise qualité de leur chair, ne pouvaient servir de nourriture aux hommes, semblaient caresser les autres et les attirer avec leurs chants et leurs ailes. [Mais je n'ai pas le dessein de raconter en détail tous les mérites de S. Riquier; il me suffit d'exposer en peu de mots la sainteté de sa vie, car autrement je craindrais de nuire par la longueur et la fatigue de mes récits à la renommée qu'il s'est acquise par ses belles actions. Je laisse cette tâche à de plus habiles que moi, et je me contenterai de raconter comment son âme pure est montée dans les cieux].

CHAPITRE XX

De son passage a J.-C.

Tant qu'il n'a été question dans mon histoire que de la vie du saint, un plaisir pur a rempli mon cœur; je me suis réjoui comme s'il eut été vivant, en racontant ce qu'il avait fait pendant qu'il habitait sur la terre. Il me semblait naviguer sous des vents favorables, et en parcourant avec délices les actions de notre père chéri, je croyais entendre les chants joyeux avec lesquels les matelots s'encouragent à ramer. Mais à présent, mon esprit, qu'entreprends-tu ? Tu gardes le silence. Raconteras-tu la mort du juste ? Mais n'appelle pas mort ce qui fut pour le saint une seconde naissance. Car, s'il est mort au monde, il est né à J.-C. dans les cieux. Il est misérable de trop aimer le séjour de la mort[1], et, après avoir essuyé les dangers, de ne pas vouloir contempler le port. Tu dois te réjouir avec notre saint patron qui, sauvé du naufrage du monde, habite une demeure fixe et vit dans la gloire de notre Seigneur. Je dis que sa demeure est fixe par ce qu'elle est céleste et éternelle et qu'elle ne peut être enlevée par les incursions des ennemis. Sèchons nos larmes et suspendons nos douleurs, car nous allons parler non de sa mort, mais du voyage de notre père qui fut véritablement heureux, parce que, méprisant le monde, il ne forma de vœux que pour ce voyage. Bannissons donc le chagrin pour annoncer sans regret la gloire du grand S. Riquier.

Sentant que le jour de sa vocation était proche, et voyant qu'il allait obtenir le bonheur qu'il attendait depuis si longtems, et que bientôt il serait pour toujours réuni à Dieu qu'il avait toujours aimé, S. Riquier appela auprès

---

1. *Loca mortis,* la terre. Hariulfe entend la vie terrestre elle-même.

de lui son compagnon Sygobard, et lui dit : « Je sens, mon fils, que ma fin est prochaine et que je dois voir bientôt le roi que j'ai si longtems désiré. Puisse-t-il être aussi propice à son serviteur qu'il est désirable à ses saints. Mais toi, mon fils, prépare une tombe pour y déposer mon corps. Qu'elle soit simple et modeste et qu'elle renferme ce qui, de corruptible, va devenir en ce jour au dessus des atteintes de la corruption, et ce qui, de mortel, doit passer à l'état d'immortalité. Mets tous tes soins, mon fils, à te trouver prêt lorsque cette heure, qui vient aujourd'hui pour moi, arrivera pour toi dans la suite. Je vais où nous allons tous. Que le Seigneur répande sur son serviteur sa miséricorde, et qu'il me protège lui qui jadis m'a délivré du pouvoir de l'ennemi. Puisse celui qui fut mon consolateur dans cette vie se montrer libéral envers moi pendant toute l'éternité. Le disciple fondit en larmes en entendant ces paroles ; cependant il s'apprêta à exécuter les ordres de son maître. Il fendit un bois en deux[1], le creusa et l'adapta en pleurant au corps du vénérable Riquier. Il remplit ce cercueil de ses pleurs avant de le remplir des membres du saint. Lorsqu'il eut achevé son ouvrage, il déposa la bière en la place qui lui avait été désignée. Mais pendant que le fils préparait à son père de tristes funérailles, celui-ci sentait son mal s'aggraver, et il lui restait à peine un souffle de vie. Il ne cessait pas néanmoins de prier le Seigneur ou de chanter ses louanges. Enfin, le VI des calendes de mai, après avoir fortifié son corps avec le salutaire viatique du corps et du sang de J.-C., il rendit le dernier soupir au milieu de ses prières et de ses actions de grâce, et fut déposé par son disciple dans le cercueil, à l'endroit même qu'il avait choisi.

---

1. *Lignum inveniens fidit*. Peut-être un tronc d'arbre qu'il trancha, fendit et creusa, suivant une pratique des peuples du Nord. Voir au musée de Copenhague les cercueils danois du temps des Wikings.

CHAPITRE XXI

De sa gloire céleste découverte a Sygobard

Je vais raconter un prodige admirable. Au milieu des obsèques de son père, le disciple fut tout à coup accablé par le sommeil et eut une vision, dans la quelle il crut être transporté au milieu d'une cour magnifique, enrichie des ornements les plus précieux. Il vit une lumière plus brillante que celle du soleil, et au milieu de cette lumière le bienheureux Riquier qui lui apparut avec un visage empreint de joie et de beauté et qui lui dit : « Voici Sygobard, mon frère, la demeure que le Seigneur m'a préparée. Au lieu de cette habitation grossière que j'avais sur la terre, j'en possède une très-belle dans les cieux. Celle que j'ai quittée était méprisable, celle où je suis entré est glorieuse ; l'autre était obscure, celle-ci est resplendissante de lumière ; la première était pleine de fumée, ici je ne respire que les plus douces odeurs. » [Car, pour ne pas passer sous silence un genre particulier de souffrance que notre saint s'infligeait au milieu de toutes ses autres mortifications, je dois dire que, s'il avait froid, il éloignait le feu ; si, au contraire, il avait chaud, il le ranimait, non pour produire de la chaleur, mais pour s'ensevelir dans un nuage de fumée au moyen du bois vert qu'il jetait sur son foyer]. Le disciple, après son réveil, acheva plein de joie les obsèques qu'il avait commencées. Dieu avait voulu, pour consoler le fils, lui découvrir la gloire de son père. Le soldat de J.-C. fut enterré, ainsi qu'on l'a vu, dans le lieu où il avait le plus combattu pour son roi.

CHAPITRE XXII

De la translation de son corps a Centule

La noblesse et la sainteté du bienheureux Riquier qui l'avaient rendu très illustre dans le pays ne permettaient pas que son corps restât longtems dans l'endroit qu'il n'avait choisi que parce qu'il était désert et éloigné de toute habitation. Cependant ses précieuses dépouilles reposèrent dans le cercueil de bois qu'il avait fait construire, pendant cinq mois et douze jours, c'est à dire depuis le vi des calendes de mai jusqu'au vii des ides d'octobre. A cette dernière époque, les frères du monastère de Centule, que le saint, comme on l'a dit, avait fondé lui-même, vinrent avec son successeur l'abbé Ocioald, homme d'une grande dévotion, lever son vénérable corps, qu'ils trouvèrent préservé de toute corruption, de même que son cœur avait été garanti de tout amour du monde. Après avoir chargé sur leurs épaules, avec tout le respect qui était dû à un aussi grand confesseur, la terre qui le renfermait[1] et qui était plus précieuse que l'or, ils l'apportèrent à Centule, précédés et suivis d'une foule de religieux et d'hommes du peuple. Il était juste que le monastère qui renfermait ses disciples, fut décorée de sa sépulture. L'ami et le glorieux

---

1. La terre qui la renfermait. Cette traduction n'est pas très satisfaisante. Hariulfe dit simplement : *glebam omni auro cariorem*. Entendait-il par cette glèbe le corps même du saint devenu terre ou la terre qui avait touché le cercueil ? Serait-il défendu de tenir compte de ces lignes de Ciceron citées par Freund : *Priusquam in os injecta gleba est, locus ille, ubi crematum est corpus, nihil habet religionis; injecta gleba, tum et illic humatus est, et gleba vocatur; ac tum denique multa religiosa jura complectitur.* Le mot *gleba*, prenait le sens de tombeau et cette signification qui ne s'était pas perdue peut-être à travers les siècles, pouvait s'appliquer à un cercueil. Il y a mieux et Du Cange lève les indécisions. *Gleba*, dit-il, avec un exemple pris dans Grégoire de Tours, *corpus, cadaver.*

confesseur de J.-C. fut ainsi enterré le vii des ides d'octobre, dans son église, qu'il avait bâtie déjà depuis longtems, en l'honneur de Notre Dame Ste Marie, mère de Dieu. Près de sa tête est maintenant élevé l'autel de S. Pierre, prince des apôtres. S. Riquier reposa dans ce nouveau tombeau 150 ans et plus, jusqu'à ce que les saints religieux, qui, au bout de ce tems, gouvernaient notre monastère, et, entre autres, le vénérable abbé Angilbert d'heureuse mémoire, l'en eussent déplacé avec les honneurs qui convenaient à son éminente sainteté. J'exposerai ailleurs, avec l'aide de Dieu, la manière dont se fit cette translation. Dans sa seconde demeure le saint fit, par la volonté de notre Seigneur qui sait glorifier ses fidèles, des miracles nouveaux et nombreux, que le ciel permit pour faire paraître au grand jour la foi de ceux qui le prient et faire briller aux yeux de tous les mérites de son serviteur, qui célébra toute sa vie, ainsi qu'on l'a dit, les louanges de J.-C. Louez donc le Seigneur dans ses saints[1] dont il veut que les actions soient écrites, pour servir à l'instruction et à l'édification de la postérité.

---

1. Psaume 150, 1.

CHAPITRE XXIII

Des miracles opérés sur son tombeau

Un homme rachitique et d'un corps débile, mais d'une foi robuste, s'étant rendu souvent sur le tombeau du saint pour y faire ses prières, obtint sa guérison tout à coup et s'en retourna bien portant, de malade qu'il était venu. En mémoire de ce miracle, on suspendit pendant longtems ses béquilles dans l'église de S. Riquier. Souvent des frénétiques et des personnes possédées du démon, après avoir été conduites par leurs parents sur la tombe du saint, étaient, par la grâce de Dieu, délivrées aussitôt de la présence de l'esprit malin. Un jour que des hommes, liés et enchaînés, étaient conduits sur la chaussée publique qui passe près de l'église de notre patron, ils se mirent à crier, dès qu'ils aperçurent le temple de Dieu : « Saint Riquier, délivrez-nous. » Et aussitôt leurs chaînes se brisent et les laissent en liberté. Une maladie affreuse, qu'on appelle le charbon ou le lézard venimeux, affligea un moine de Centule, qui, malgré la gravité du mal, ne désespéra pas de la vie par la confiance qu'il avait en notre patron. Il se rendit sur son tombeau avec les autres frères, pour y chercher un remède à sa maladie, et, après y avoir fait sa prière, il fut aussitôt guéri, et tout le couvent fut préservé de cette peste.

Mycon diacre et moine [1]

Chaque année nous ramène, comme aujourd'hui [2],
La fête du grand S. Riquier, qui habite

---

1. Les poésies inconnues de ce moine ont été publiées récemment par M. Ludwig Traube (*Poetæ lat. aevi Carol.*, t. III). — Rappelé par M. Lot.
2. Le marquis Le Ver a devancé ainsi l'usage assez fréquent aujourd'hui de donner dans les traductions en prose la figure rythmique des vers.

Les demeures célestes. Il mena une vie pauvre pour l'amour
    De J.-C., afin de devenir le compagnon des anges.
Il travailla avec ardeur à la délivrance des captifs.
    Il fut le protecteur des malheureux et le père des pauvres.
Je ne puis raconter toutes les actions de sa vie,
    Ni exposer les grandes leçons qu'il nous a données.
Les miracles, qui s'opèrent fréquemment dans ce saint lieu,
    Publient assez sa grandeur et ses louanges.
Il est né dans le pays où il repose maintenant,
    Et il a mérité par sa sainteté que ce lieu fût
Préservé de la destruction. Nous et nos frères sommes restés
    Sains et saufs, par son intercession et par la grâce de J.-C.
C'est pourquoi nous célébrons en ce jour, dans notre reconnaissance,
    Les louanges et les mérites de S. Riquier.
Que nos chants plaisent donc à tous
    Et surtout à notre Seigneur.
Prions avec ferveur notre saint patron
    D'être à la fois notre épée et notre bouclier ;
Afin qu'armés de nos prières nous puissions triompher
    De tous les ennemis de l'église catholique.
Accorde-nous cette grâce, toi, souverain régisseur du monde ;
    Tu peux tout ce que tu veux [1] ;
Je te la demande aussi dans ces vers, à toi notre père
    Et notre patron [2], dont la fête sera toujours pour nous un jour de bonheur.

---

1. *Sit tantum velle, poscimus, o Domine*. La traduction plus exacte serait : Que tu veuilles seulement, voilà toute notre prière, ô seigneur.
2. *Et tibi festa dies...* La traduction est bien vague. En outre, maître ou guide répondrait mieux à *præceptor* que père et patron.

CHAPITRE XXIV

DE LA SUITE DES ROIS FRANCS

Puisqu'au commencement de cet ouvrage nous avons parlé des gestes des Francs, nous croyons nécessaire et glorieux en même tems d'y revenir encore. Dagobert, après la mort de son père, se vit maître de tout le royaume, mais il ne vécut pas longtems. Il eut pour fils Sigebert et Clovis. Il envoya le premier régner sur l'Austrasie avec le duc Pepin et garda avec lui Clovis qui obtint le royaume des Francs, à la mort de son père. Clovis prit pour épouse une jeune fille sage et fort belle, nommée Batilde[1], dont il eut Clotaire, Childéric et Thierri. Sous son règne, Pepin duc d'Austrasie[2] mourut, et Grimoald, son fils, fut nommé par Sigebert maire du palais et duc à sa place. Sigebert laissa en mourant un fils nommé Dagobert, qui était son héritier, mais Grimoald le fit raser et conduire en exil par Didon, je ne dis pas évêque, mais profanateur du siège de Poitiers, et plaça son propre fils sur le trône. Les Francs, en apprenant cette perfidie, sont saisis d'indignation. Ils s'emparent de Grimoald par ruse et l'envoient à Clovis, roi de France, qui, le traitant comme il le méritait, le fait enfermer dans une prison de Paris, et enfin le fait mettre

---

1. *Baldetildis.*
2. Pépin l'ancien dit de Landen. — *Note de M Lot.*

à mort. Alors Childéric, fils de Clovis, devint roi d'Austrasie et gouverna son royaume avec justice. Après la mort de Clovis, fils du grand Dagobert, Clotaire monta sur le trône et régna quatorze ans sur la France occidentale. Sous son règne Ebroin administra le duché et le palais. A la mort de Clotaire, Childéric, son frère germain fut déclaré roi de toute la monarchie, par les soins de Léger, évêque d'Autun, qui se distinguait alors parmi tous les grands du royaume par sa prudence, sa sagesse et sa piété. Cependant Ebroin, qui avait été maire du palais, désirait de faire nommer roi Thierri, frère de Childéric; mais, comme sa cruauté l'avait rendu odieux aux Francs, ils rejetèrent unanimement la proposition qu'il leur en fit. Alors Ebroin, se voyant déconcerté et arrêté dans ses projets, demanda au roi la permission de renoncer au monde et de se faire moine. Childéric y ayant consenti, il se retira à Luxeu, où, par une feinte dévotion, il se soumit quelque tems aux pratiques de la vie religieuse, afin de pouvoir épier plus librement les moyens et les circonstances d'agir contre ceux qui, en nommant le roi, avaient rendu vaine l'élection de celui qu'il avait proposé. Childéric, étant monté sur le trône, abolit tous les statuts des tyrans qu'il trouva en opposition avec les lois des anciens rois, et rétablit dans leur premier état d'équité les choses qui avaient été altérées mal à propos. Il confia l'éducation et la garde de Thierri, son frère germain, à un serviteur de Dieu; mais, pendant qu'il gouvernait la monarchie avec justice, il fut tué dans une embuscade par des traîtres, après avoir occupé le trône pendanr trois années seulement. Sa respectable mère, douée de piété et de vertu, après avoir joui des honneurs d'un royaume temporel qu'elle avait quitté d'elle-même pour prendre l'habit de religieuse dans un monastère, acquit la gloire du royaume éternel, et sortit saintement de ce monde, le VIII des calendes de fevrier. Thierri, qui survivait à Batilde, sa mère, monta sur le trône. Mais aussitôt que le perfide, le faux moine, en un mot, l'exécrable Ebroin, eut appris cette nouvelle, il abandonna le cloître, jeta l'habit, et, rétabli par le roi dans sa charge de maire du palais, fit tout le mal qui lui fut possible à ceux qui jadis avaient empêché l'élection du roi qu'il avait voulu faire. Entre tous les excès dont son extrême cruauté le rendit coupable, le plus détestable sans doute est d'avoir supplicié de tant de manières le vénérable et saint évêque Léger, qu'il égala, s'il ne surpassa même, la barbarie des princes païens à l'égard des fidèles. Voici les noms des rois qui ont occupé le trône des Francs depuis son origine jusqu'aux tems où nous sommes maintenant arrivés : Mérovée, Childéric, Clovis, Clotaire, Caribert [1], Gontran, Chilpéric, Sigebert, Clotaire, Childebert [2], Thierri, Théodebert, Sigebert, Dagobert, Sigebert, Clovis, Dagobert, Clotaire, Childéric et Thierri.

1. *Aripertus.*
2. *Hildebertus.*

CHAPITRE XXV

DE L'ABBÉ OCIOALD ET DE QUATRE AUTRES ABBÉS

Après la mort du grand S. Riquier, l'illustre Ocioald, qui avait déjà été choisi par lui pour gouverner le monastère de Centule, continua à remplir sa charge d'abbé, jusqu'à ce qu'ayant achevé le cours de sa vie sainte, il reçut de J.-C. le prix de la gloire éternelle[1]. Il ne nous est pas facile d'établir d'une manière positive quel fut son successeur immédiat. Le monastère eut des abbés recommandables par leur naissance et par leurs vertus, mais leur vie a été cachée aux yeux des hommes, quoi que leur mérite soit connu de Dieu. De ce nombre fut l'abbé Coschin, homme d'une conduite respectable et de mœurs simples et pures. Il avait été, dit-on, disciple de S. Filibert, et la sainteté de sa vie, la vaste étendue de ses connaissances l'avaient appelé à gouverner le monastère de Jumiège. Lorsque notre bienheureux patron, après avoir triomphé du siècle, était devenu un soldat émérite et se trouvait déjà près du tombeau, S. Filibert employait ses jeunes années au service du Seigneur, et commençait à porter le joug d'une austère servitude, sous le saint abbé Agile, dans le monastère de Rebais. On rapporte que ce fut par lui, qui fondait alors, dans sa vieillesse, le monastère de Jumiège[2], que Coschin fut initié à la connaissance des lois divines, et que celui-ci, après quelques autres, fut lui-même nommé pour gouverner le même monastère de Jumiège[3]. Mais pendant qu'il édifiait son

---

1. « La date d'année de la mort d'Ocioaldus est inconnue. » — *Note de M. Lot.*
2. C'est-à-dire par Filibert.
3. « Hariulf est la seule autorité qui fasse de Coschinus un abbé de Jumièges. » — *Note de M. Lot.*

abbaye par ses exhortations et par son exemple, les religieux de Centule le choisirent pour leur abbé; non qu'il ne se trouvât parmi eux des hommes dignes de remplir cet auguste ministère, mais ils n'écoutèrent dans cette circonstance que leur charité fervente et leur profonde humilité. Déjà, à cette époque, tous ceux qui avaient pu connaître S. Riquier étaient sortis de ce monde, et les religieux de Centule, guidés par l'amour qu'ils portaient à cet illustre confesseur, placèrent à leur tête un homme qui avait vécu avec le bienheureux Filibert, qui lui-même avait été l'un des amis les plus dévoués de notre patron. Ainsi, comme nous venons de le dire, l'amitié fraternelle de nos moines nomma Coschin abbé de Centule, dans le tems même qu'il gouvernait l'abbaye de Jumiège. Celui-ci, dans la vue de fournir un encouragement à la vertu et un modèle d'édification aux âmes qui lui étaient confiées, fit écrire la vie de S. Filibert, sans ornements de style, mais aussi sans mensonge et sans déguisement, afin que les esprits les plus simples pussent tirer d'une lecture claire et facile tout le fruit qu'elle pouvait offrir. Depuis l'abbé Coschin, les monastères de Centule et de Jumiège furent unis par les liens d'une charité si étroite qu'ils parurent se confondre pour ne former qu'un seul couvent de frères et n'être séparés que par la distance des lieux.

Alors ces hommes, vraiment bons et saints, ne songeaient guère à mettre en écrit les actions de leur vie, et n'étaient occupés qu'à mériter le ciel par la pratique de toutes les vertus. C'est pourquoi nous ne connaîtrions aucun abbé de ce tems, si le vénérable abbé Angelran[1] ne fût venu dans la suite à notre secours. Il plaça au nombre des anciens abbés, dont il dressa le catalogue, un nommé Guitmar[2], dont il vante la ferveur et la dévotion. Comme celui-ci a mérité un si beau témoignage de la part d'un personnage aussi illustre que l'était Angelran, il est juste que nous fassions mention, dans nos faibles écrits, d'un homme qualifié de très-saint par un abbé qui l'était lui-même. Ce Guitmar fut enterré dans la Neustrie où il repose, et où il existe une église

---

1. *Angelrannus*, Angelran ou Enguerrand, le vingt-deuxième abbé.
2. Sur saint Widmar qui fut envoyé en ambassade par Pépin le Bref au pape Paul Ier voir une note de M. Lot.

bâtie en son honneur [1]. Il ne nous appartient pas de faire l'histoire de sa piété et de sa justice ; nous laissons cette noble tâche aux chanoines qui gardent son corps. Guitmar sera donc porté sur notre liste comme ayant été le quatrième abbé de notre monastère.

Aldric fut, dit-on, le cinquième abbé de Centule. Il ne nous reste aucune trace de ses actions, et nous ignorerions même son nom, si le vénérable abbé Angelran n'eût pris soin de nous en instruire [2].

Après la mort d'Aldric l'abbaye fut gouvernée par Symphorien [3], homme juste et irréprochable, qui craignit Dieu, se sépara des pécheurs et mérita le ciel par la pureté de son âme.

Du tems de ces vénérables abbés, il s'opérait de si nombreux et de si grands miracles au tombeau du bienheureux Riquier que les événements les plus remarquables du siècle, ne paraissant d'aucune importance à côté des prodiges dont on était journellement témoin, ne furent pas jugés dignes d'être rapportés par des historiens. Peut-être aussi que la paresse d'esprit et la disette de matériaux empêchèrent qu'on ne confiât à l'écriture des choses qu'on regardait comme ne pouvant jamais être effacées de la mémoire des hommes. Non seulement on voyait arriver de grands miracles dans le lieu où reposait le corps du saint, mais il s'en opérait encore à Forêt-Montier, où notre patron avait séjourné pendant quelques tems ; et, à cette occasion, je dois avertir le lecteur qu'après la mort de l'illustre confesseur de J.-C., ce saint lieu fut entretenu d'une manière convenable et décente par des religieux, et que, comme il avait eu le même fondateur que le monastère de Centule, il eut, comme celui-ci, un abbé pour le gouverner.

Après avoir ainsi rapporté la vie de notre bienheureux patron, qui fut le principe de notre foi et de notre religion, et l'avoir insérée dans cet ouvrage pour servir à la fois à sa durée et à son ornement, nous allons suspendre nos

---

3. A Gournay en Bray suivant Jean de la Chapelle, *in villa de Gournay,* mais sous le nom de Idevert, — Hildevert, — Jean de la Chapelle l'ayant confondu avec cet évêque de Meaux, suivant la remarque de M. Lot.

4. « Le nom d'Aldric n'est connu que par ce passage d'Hariulf qui le copie sur un cat. rythmique de l'abbé Enguerrand. » — *Note de M. Lot.*

5. « Symphorien n'est connu de même que par ce passage. Cf. la note précédente. » — *M. Lot.*

travaux et laisser reposer quelque tems notre esprit, afin d'avoir plus de force pour raconter ce qui nous reste à dire. Nous finissons ce livre en remerciant Dieu le père et J.-C, son fils, du secours qu'ils nous ont prêté dans nos récits; en implorant la grâce du S. Esprit pour la tâche qui nous reste à remplir, et en demandant, dans nos prières, d'être dirigés dans nos paroles et dans nos actions, par la vertu de la S. Trinité. Puissions-nous, en la confessant, mériter la gloire éternelle. Ainsi soit-il.

Fin du Livre Premier

LIVRE II[1]

CHAPITRE I

Généalogie des princes des Francs

On a vu, dans le livre précédent, par quel homme illustre le monastère de Centule fut fondé, et par qui lui furent pour la première fois enseignées les voies de la sainteté; comme cet homme, qui fut notre premier pasteur vécut dans le monde, et comment il mérita le ciel; nous avons en même tems conduit notre histoire jusqu'à notre sixième abbé. Nous allons maintenant parler du septième, qui obtint justement de la grâce du S. Esprit ce nombre de sept, et dont le séjour au milieu des frères fut favorisé des Cieux. C'est Angilbert également cher à Dieu et aux hommes, illustre par sa naissance, remarquable par sa vertu, le nourrisson des rois et des grands, mais aujourd'hui beaucoup plus heureux encore, par ce qu'il est au milieu des anges. Comme je me suis proposé de parler quelquefois de la splendeur de notre monastère, qui fut, ainsi que je l'ai déjà fait remarquer, anobli par la sainteté de notre premier fondateur, il est juste de faire connaître la noblesse de notre septième abbé, qui, par ses soins et ses travaux, procura de grands accroissements à son église.

L'an de l'incarnation 754, lorsque Pepin gouvernait l'empire des Francs avec ses fils Charles et Carloman, Angilbert, digne à jamais des louanges de tous les hommes de bien, s'était, par la noblesse de son caractère, tellement concilié l'amitié de ces trois princes, qu'ils avaient pour lui des entrailles de

---

1. Suivant la remarque de M. Lot ce livre pourrait être intitulé Angilbert comme le premier eût pu être intitulé Saint-Riquier.

père. Ce sont ordinairement les hommes qui s'efforcent de plaire aux rois, mais, par un renversement merveilleux, c'était à lui que les rois s'efforçaient de plaire. Je pense donc faire honneur à mon livre, en rapportant ici les généalogies de ces princes. Clotaire, quatrième roi des Francs et fils de Clovis qui fut baptisé par S. Remi, eut une fille nommée Blithilde[1], qu'Ansbert, revêtu de la dignité sénatoriale, mérita d'avoir pour épouse, et dont il eut trois enfants, Arnold, Fériol et Moderic. Arnold engendra Arnoul, qui fut d'abord préfet du palais[2] sous Clotaire, père de Dagobert, et qui devint ensuite évêque de la ville de Metz. Arnoul eut pour fils Flodulfe[3], Ansegise et Gualchise, père du bienheureux Vandrille[4]. Ansegise[5] devint maire et préfet du palais après son père et engendra Pepin qui fut senieur et duc[6]. Celui-ci eut pour fils Charles qui fut aussi senieur et duc[7]. Ansegise et Pepin son fils étant morts, Charles, après plusieurs guerres et plusieurs batailles sanglantes, enleva au tyran Rainfroi le gouvernement de toute la nation des Francs et s'en empara. Poursuivant ensuite la guerre avec vigueur, il accabla par toute la France les tyrans qui lui disputaient le souverain pouvoir ; il envahit les biens de l'église pour subvenir aux frais de ses expéditions et en enrichit le fisc ; plus tard il les distribua à ses propres soldats. Il vainquit, dans deux grandes batailles, l'une en Aquitaine près de Poitiers, l'autre près de Narbonne sur les bords de la Berre, les Sarrasins qui cherchaient à se rendre maîtres de la Gaule, et les força à retourner en Espagne. Comme il ne savait céder en aucune manière à ses ennemis et que son inflexibilité ne lui permit jamais d'épargner à personne[8], la

---

1. Cette Blithilde est supposée. — Note du marquis Le Ver.
2. « Ce fut Peppin l'ancien (dit de Landem) qui fut maire du palais d'Austrasie sous Clotaire II. » — Note de M. Lot.
3. Clodulf qui fut aussi évêque de Metz. — Note de M. Lot.
4. Guandregilins.
5. Ou plutôt Ansegisile, mais on ne voit pas qu'il ait été maire du palais. — Note de M. Lot.
6. *Pippinum seniorem et ducem*. — M. Lot qui rectifie tout ce chapitre dit : « Peppin, dit d'Héristal, est Peppin le moyen et non Peppin l'ancien *(senior)*. Cette généalogie semble ignorer l'existence de Peppin de Landen. »
7. Charles Martel.
8. D'épargner à personne. Il y a là un latisme, *nullique parcere*.

postérité lui donna le nom dur de Martel *(Tudites)* ; c'est ainsi qu'on appelle une sorte de marteau d'artisan, qui écrase sous ses coups les corps les plus durs. Charles fit alliance avec Leutbrand, roi des Lombards, et lui envoya Pepin son fils, pour qu'il lui coupât le premier la chevelure, selon la coutume des fidèles, et qu'il fût son parrain. Leutbrand remplit ce devoir avec beaucoup de plaisir et renvoya le fils à son père, après l'avoir comblé de présents. Charles étant mort après une longue administration, ses deux fils Pepin et Carloman gouvernèrent pendant quelque tems, sous Childéric[1], qui n'eut de roi que le nom, l'empire des Francs, qu'ils partagèrent amiablement entre eux. Car à cette époque la dignité royale était déchue, et les préfets du palais s'étaient emparés de tout le pouvoir. Ils ne laissaient au roi que la liberté de porter un vain titre et de conserver le fantôme de la royauté, d'entendre les ambassadeurs et de leur faire, à leur départ, comme de sa propre autorité, des réponses qui lui étaient enseignées ou plutôt dictées. L'administration du royaume et la conduite de toutes les affaires, tant du dehors que de l'intérieur, avaient été usurpées par les préfets de la cour.

1. Childéric III.

CHAPITRE II

Carloman cède son duché a son frère et se fait moine

Au bout de quelques années, Carloman abandonnant à Pepin, son frère, la partie du royaume qui lui était échue en partage, et épris d'une vive passion pour la vie contemplative, se rend à Rome et s'enferme pendant quelque tems, avec dévotion, dans le monastère de S. Silvestre, situé sur le mont Soracte. Mais, comme les Francs, qui allaient en pèlerinage à Rome en l'honneur de l'apôtre S. Pierre, le troublaient souvent dans sa retraite, et, par la fréquence de leurs visites, nuisaient à l'acquittement de ses devoirs religieux, il prit le parti de changer de couvent et de se retirer au Mont-Cassin, qu'un homme d'une grande sainteté, appelé Pétronace, restaurait alors. Pepin restant ainsi seul dépositaire de l'autorité, mit sur sa tête la couronne des Francs; et, par l'ordre du pontife romain Étienne, qui se trouvait alors à Paris par la perversité des Lombards, qui l'avaient chassé d'Italie, l'indolent monarque Childéric fut déposé, rasé et contraint de mener une vie privée. Pepin avait eu de Bertrade, son épouse, deux fils Carloman et Charles.

Pendant le long séjour que le pape Étienne fit à Paris, il fut affligé d'une maladie grave, mais les SS. apôtres Pierre et Paul et S. Denis lui apparurent et lui annoncèrent qu'il recouvrerait la santé et qu'il remonterait paisiblement sur son siège. Ayant recouvré la santé, il sacra rois Pepin et Bertrade, son épouse, ainsi que leurs deux fils, pendant l'office divin et au milieu des saints mystères qu'il célébra lui-même, dans l'église de S. Denis, le jour de la grande fête de Noel [1].

---

1. Il fut sacré à Soissons, au mois de mars 752, par S. Boniface, archevêque de Mayence. Étienne ne vint en France que sur la fin de 753. — D. Bouquet. — Note du marquis Le Ver. Mais M. Lot dit : « Peppin, reconnu roi par les grands et consacré par les évêques à Soissons (novembre 751), fut sacré par le pape Étienne à Saint-Denis le dimanche 28 juillet 754... »

Pepin vécut encore douze ans[1] et laissa le trône à ses deux fils ; mais Carloman étant mort, tout le royaume passa à Charles son frère. L'illustre Angilbert, par la noblesse de son caractère et par la pureté de sa conduite, se fit tellement aimer de ce grand prince, qu'il occupa la première place dans son amitié et reçut de lui en mariage[2] sa propre fille nommée Berthe, dont il eut deux fils Arnide et Nithard. Charles ne borna pas là ses bienfaits ; il accrut encore les honneurs dont son favori jouissait à la cour et lui confia un duché de toute la terre maritime[3].

Jusqu'alors le monastère de Centule, depuis longtemps fondé par S. Riquier, avait été habité par des moines, qui servaient Dieu avec dévotion, qui se montraient riches de vertus et de sainteté, mais qui n'étaient pas amplement pourvus des biens de ce monde ; non, que les terres, les revenus ou les villages dont ils avaient été dotés par leur fondateur, eussent dépéri, mais parce qu'ils employaient tous leurs produits à soulager les pauvres au lieu de

---

1. Il mourut en 768.
2. Le mariage d'Angilbert. M. Lot établit qu'il y eut ici une interpolation due à une pieuse indélicatesse de l'abbé Anscher. La discussion de M. Lot occupe six pages de son introduction (XLVIII-LIII). Elle est trop développée à la fois et trop serrée pour que je me permette d'en introduire l'analyse dans une note. Je n'y prendrai que ces lignes : « On a démontré depuis longtemps l'impossibilité du mariage de Berthe avec Angilbert ; en admettant même que celui-ci n'eût point reçu les ordres, cette assertion soulève des difficultés chronologiques qui la rendent inadmissible. L'auteur (Anscher) a même traité les éléments qu'il a puisés dans Hariulf avec une rare maladresse, etc..... » p. LI. — « Le mariage de Berthe et d'Angilbert a été inventé pour effacer une tache de la vie de celui-ci : sa liaison avec Berthe dont il eut deux fils, Harnide et l'historien Nithard. Cette conduite, acceptée au IXe siècle, paraissait scandaleuse aux gens du XIIe. On leur aurait fait difficilement admettre pour saint un abbé qui s'en fût rendu coupable. » p. LIII. — Or Anscher poursuivait la canonisation d'Angilbert. — A propos de l'œuvre personnelle d'Anscher, les Miracles d'Angilbert, M. Lot ajoute : « Des érudits locaux, malgré leur caractère ecclésiastique et la « largeur » habituelle de leur critique (l'abbé Corblet, l'abbé Hénocque), font des réserves bien justifiées sur cet ouvrage. » Sur la question même du mariage il a déjà dit plus haut, après renvoi à Mabillon et à Bollandus : L'abbé Hénocque, « malgré de bonnes remarques de détail, se fourvoie complètement. » Enfin les habiletés de l'abbé Anscher furent vaines. « Angilbert ne fut pas mis officiellement au nombre des saints. » Ce fut un galant homme, un constructeur, un poète, et le père d'un historien dont put s'honorer le sang impérial. On ne déteste pas de voir errer autour de l'austérité de Centule la figure d'une Héloïse moins savante et plus heureuse que celle du XIIe siècle. Charlemagne n'avait pas les préjugés du terrible chanoine.

3. *Totius maritimæ terræ ducatus.*

les faire tourner à leur profit. Angilbert, après avoir été pourvu de son duché[1], s'étant rendu dans le Ponthieu, apprit par les gens du pays les signes et les prodiges de vertu que le Christ tout puissant opérait continuellement sur le tombeau de son saint confesseur Riquier, et les œuvres pies qui avaient mérité au monastère de Centule la faveur et la protection divine. Il voulut alors être témoin de ces merveilles qui sont évidemment le gage de la prédilection de Dieu, et demanda à l'empereur Charles la permission de remplir un vœu et de satisfaire le désir qu'il avait formé au fond de son cœur, de restaurer l'église de S. Riquier. Sa prière lui fut accordée avec bonté par le roi, qui lui promit que son secours et sa protection ne lui manqueraient jamais. Le prince fait aussitôt ouvrir ses riches trésors et invite son bien aimé à y puiser tout l'argent qu'il désirait et dont il avait besoin pour mettre ses projets à exécution. Après avoir embrassé tendrement son roi et son ami, le respectable Angilbert retourne en Ponthieu et à Centule, et prend dans le monastère de notre saint fondateur l'habit et l'humilité de moine. Peu de tems après, la place d'abbé devint vacante, et Angilbert, qui se distinguait entre tous les moines par sa continence et son humilité, se vit, à la prière des frères, et par l'ordre du roi, promu à cette honorable dignité[2]. Après sa nomination, le roi lui envoya des artisans très-habiles à tailler le bois, la pierre, le verre et le marbre. Et, comme il voulait accroître, par toute sortes de moyens, la richesse et la gloire du monastère de Centule, pour marquer l'amour qu'il portait à S. Riquier et la la tendre affection qu'il avait pour son ami Angilbert, il fit partir pour Rome un grand nombre de forts chariots, qui devaient rapporter de cette ville du marbre et des colonnes destinées à l'ornement dudit monastère. Il envoya, en outre, des messagers dans plusieurs royaumes et dans plusieurs villes, pour ordonner à ses sujets, ou pour prier les sujets des gouvernements étrangers, de lui envoyer les reliques des saints qu'ils possédaient en divers endroits. Si quelqu'un veut connaître quelles reliques lui furent apportées, qu'il consulte la liste que l'honorable Angilbert en a dressée lui même, et que je transcrirai tout à l'heure.

1. « Aucun document contemporain ne montre qu'Angilbert ait porté ce titre de *dux maritimæ provinciæ*. » — Note de M. Lot.
2. « Angilbert obtint l'abbaye de Centule dès 790. » — Note de M. Lot.

CHAPITRE III

De la reconstruction du monastère de Centule

Alors Angilbert, muni du secours de Dieu ainsi que du consentement et des largesses de tout genre du roi Charles, abattit l'ancien temple bâti par S. Riquier, et en fonda un nouveau avec un art remarquable. Son motif en démolissant l'ancien, était qu'il renfermait le tombeau où était déposé le corps vénérable de S. Riquier, et qu'il avait fait vœu d'élever sur ces restes sacrés une magnifique église. Le roi Charles lui accorda comme on l'a dit, sur ses propres trésors, des sommes d'argent si considérables qu'on aurait plutôt manqué, pour achever ces grands ouvrages, d'ouvriers et de matériaux, que d'argent pour les payer. Un jour qu'on érigeait les colonnes de marbre du baldaquin[1], l'une d'elles échappa des mains des ouvriers et se cassa en deux morceaux ; ce qui causa une si grande douleur à tous ceux qui étaient présents, que tous les travaux furent en ce jour interrompus. Mais, le lendemain matin, les travailleurs en revenant à leur ouvrage, et lorsqu'ils avisaient aux moyens de remédier à la fracture de la veille, furent bien surpris de voir la colonne debout sur sa base sans aucune cassure. L'ange du Seigneur était venu, et, en touchant du doigt l'endroit de la fracture, avait aussitôt rétabli la colonne dans son premier état. On montre encore la trace du doigt de l'ange, et la colonne y paraît divisée en deux à ceux qui la regardent, tandis qu'au contraire c'est l'endroit où l'adhérence du marbre est la plus forte. On commença la construction du monastère avec un grand appareil, avec un soin infini et de

1. *In butico erigerentur*. Le marquis Le Ver a traduit *buticum* par baldaquin, mais « Mabillon pense, dit M. Lot, que *buticum* est un ciboire monté sur pieds qu'on plaçait sur les autels et les tombeaux des saints. » Et M. Lot renvoie à du Cange aux mots *butta* et *buticum*. — Cependant les colonnes devaient soutenir quelque chose.

grands honneurs. Lorsque cette église magnifique fut achevée, on la consacra au Seigneur sous l'invocation de S. Riquier[1]. C'était la plus belle église de ces tems là. Elle a, vers l'Orient, une grande tour derrière le sanctuaire, et, vers l'Occident, une autre tour pareille à la première et dont elle est séparée par le vestibule. La tour du Levant est construite près de l'endroit où S. Riquier a été enterré. Son tombeau a été placé de manière que l'autel du saint se trouve du côté des pieds et dans un lieu plus élevé, et que l'autel de l'apôtre S. Pierre est placé du côté de la tête. La tour du Levant est consacrée à S. Riquier avec le sanctuaire et le baldaquin ; et la tour du Couchant est consacrée à notre S. Rédempteur. Le célèbre Angilbert a fait écrire ces vers autour du mur intérieur de cette dernière tour.

> Dieu tout puissant, qui gouvernes le ciel et la terre,
>   Dieu dont la majesté éclate de toutes parts,
> Abaisse un de tes regards du haut de ton trône glorieux ;
>   A tes serviteurs, Dieu de bonté, prête ton secours.
> Accorde la paix aux princes et le salut aux sujets ;
>   Repousse les menaces des ennemis et réprime les guerres.
> Je te conjure d'avoir pour agréable ce magnifique temple
>   Que moi, Angilbert, ai fait élever pour ta gloire.
> A l'empereur Charles, par le secours du quel j'ai tout achevé,
>   Accorde les bénédictions et les joies de ton royaume ;
> Et que celui qui, dans ce temple, élevera vers toi ses prières
>   Voie toujours ses vœux accomplis.

On voit encore aujourd'hui sur le pavé du chœur un ouvrage de marbre si beau et si achevé, que tous ceux qui le contemplent assurent qu'il n'en existe point de pareil en aucun autre endroit. Angilbert a fait graver sur le pavé du temple, devant l'autel de S. Riquier, des vers que je crois nécessaire de rapporter ici :

> Moi Angilbert, humble abbé, mû par l'amour de Dieu,
>   Ai fait faire ce pavé,
> Afin qu'après ma mort le Christ, ma vie et mon salut,
>   Daigne m'accorder le repos des saints.

---

1. Hariulfe distingue moins : *in honore Salvatoris sanctique Richarii.*

Comme l'ancienne église de S. Riquier avait d'abord été dédiée à Ste Marie, Angilbert, pour ne pas être irrévérentieux envers la mère de Dieu, lui en fit bâtir une autre, que l'on voit encore aujourd'hui, en deçà de la rivière du Scardon[1]. Il en fit encore construire une troisième, sur les bords de la même rivière, en l'honneur du S. abbé Benoît. Lorsqu'on promène la vue sur ces trois édifices, on voit au Nord la grande église, qui est celle de S. Riquier ; au Midi paraît la seconde église, qui est située en deçà de la rivière du Scardon et dédiée à la bienheureuse vierge Marie ; et l'on découvre à l'Orient la dernière, qui est la plus petite des trois. Le cloître a la forme d'un triangle ; un même toit s'étend de l'église de S. Riquier à celle de Notre-Dame, de l'église de Notre-Dame à celle de S. Benoît, et de l'église de S. Benoît à celle de S. Riquier. Les trois murs[2], en se joignant, laissent entre eux un espace triangulaire et découvert. Le monastère a été construit de manière que tous les arts et tous les ouvrages de première nécessité pussent être, conformément à une disposition de la règle de S. Benoît, exercés dans son enceinte. L'eau du torrent[3] du Scardon traverse le clos du monastère et fait tourner le moulin des moines. Après avoir ainsi décrit en peu de mots la situation de l'abbaye, je vais parler maintenant de sa dédicace, et pour cela je me servirai des propres paroles d'Angilbert, que l'on a conservées jusqu'à ce jour, et dont voici la transcription.

---

1. *Citra fluviolum Scarduonem*. Cela repris pour la forme du nom. Ce *fluviolus* coulait alors avec un peu plus d'abondance qu'à présent, prenant sa source un peu plus haut et faisant déjà tourner un moulin dans l'abbaye.

2. Les trois murs de ces églises. Hariulfe dit seulement : *Sicque fit ut...*

3. Le *fluviolus* est devenu le *torrens*.

CHAPITRE IV

Récit de l'achèvement et de la dédicace de l'église de Centule par le vénérable Angilbert

Nous Angilbert, considérant et étudiant, avec le plus grand soin et la plus vive ardeur, comment, du consentement de mes frères et de tous les fidèles de la sainte église, ainsi que de l'aveu de tous les gens de bien, nous devions, avec l'aide de Dieu, reconstruire, sur un meilleur plan, ce lieu saint dont l'administration nous a été confiée, à nous indigne, par le Dieu tout puissant et par notre très-excellent maître Charles sérénissime empereur, pour que les moines et les autres serviteurs de Dieu qui doivent l'habiter, et même nos successeurs dans la suite des tems, puissent servir dignement le Seigneur et implorer, avec plus d'efficacité, la miséricorde divine pour mon dit seigneur et pour moi, et, en même tems, pour que nos travaux tournent à notre consolation éternelle et à celle de tous ceux qui se dévouent, comme nous, au culte de Dieu, et aussi pour qu'ils servent de récompense à ceux qui prient le Seigneur; nous avons conduit cette entreprise aussi bien qu'il nous a été possible et avec toutes les lumières de notre faible raison, non pas encore ainsi que nous l'eussions voulu, mais ainsi que nous l'avons pu.

Et comme tout le peuple des fidèles doit confesser, honorer, adorer de cœur et croire fermement la sainte et indivisible Trinité, nous nous sommes appliqué, avec l'aide du ciel et de notre dit seigneur empereur, à fonder, dans ce lieu, un témoignage de notre foi et, au nom du Dieu tout puissant, trois églises principales, avec toutes leurs dépendances. La première et la plus grande est en l'honneur de notre Sauveur et de S. Riquier[1]; la

---

1. Mais ici Hariulfe dit : ... *et omnium sanctorum* sans nommer Saint Riquier.

seconde en l'honneur de Ste MARIE, mère de Dieu et toujours vierge, et des SS. apôtres, et la troisième, renfermée dans le cloître des frères, en l'honneur de S. Benoît abbé et de tous les autres SS. abbés réguliers. Les dédicaces de ces trois églises ont été faites, avec un grand appareil religieux, par douze vénérables et saints évêques, dont nous croyons devoir rappeler les noms dans cet ouvrage, en signe du respect qu'ils méritent, et pour transmettre leur mémoire à nos descendants. Ces douze prélats sont : Mégimhard [1], vénérable archevêque de Rouen, les très illustres évêques Georges, Absalon, Gerfroi, Pléon, Heldiguard [2], Théodoin, Ydelmar, Benoît et Kellan ; et les très nobles prélats Jean et Passif, légats de la sainte Église Romaine.

Le jour des calendes de janvier, ces grands personnages élus de Dieu, consacrèrent au Seigneur avec beaucoup de joie, de recueillement et de dévotion, l'autel de notre Sauveur où sont ses reliques et celles des Saints Innocents qui ont souffert pour lui ; celui de S. Riquier où sont ses reliques et celles de la Sainte Vierge ; celui de S. Pierre qui renferme les reliques de ce saint ainsi que les reliques de S. Paul et de S. Clément ; celui de S. Jean-Baptiste où se trouvent ses reliques et celles de Zacharie son père ; celui de S. Étienne, qui possède ses reliques avec celles de S. Siméon qui porta le Seigneur dans ses bras ; celui de S. Quentin, où se trouvent ses reliques et celles de S. Crépin et de S. Crépinien ; celui de la Sainte-Croix, où sont déposés des morceaux de la vraie croix ; celui de S. Denis qui possède ses reliques et celles de ses compagnons Rustique et Eleuthère ; celui de S. Maurice qui renferme les reliques de ce saint et celles des SS. Exupère et Candide ; celui de S. Laurent qui possède ses reliques et celles des SS. Sébastien et Valérien ; et l'autel de S. Martin où sont déposées ses reliques avec celles des SS. Remi, Vaast, Médard, Valeri, Loup, Servais, Germain et Éloi. Dans l'église de S. BENOÎT, l'autel de ce saint, où sont ses reliques et celles de S. Antoine et de S. Colomban ; l'autel de S. Jérôme, où sont ses reliques et celles de S. Ephrem et de S. Equice ; et celui de S. Georges, où sont les reliques de ce saint avec celles de S. Eusèbe et de S. Isidore.

1. *Megimhardus*. Probablement l'archevêque que le *Gall. Christ.* nomme Magenard. — Le Ver.
2. *Hildiwardus*.

Le vi des ides de septembre, le jour même de la nativité de la Vierge, les vénérables et glorieux évêques Georges, Absalon, Pléon et Gerfroi, firent, dans l'église de Notre-Dame, la consécration de l'autel de la Vierge, où sont déposées ses reliques avec celles des saintes Félicité, Perpétue, Agathe, Agnès, Luce, Cécile, Anastase, Gertrude et Pétronille; de celui de S. Paul, qui possède les reliques de ce saint et celles de S. Barnabé et de S. Timothée; de celui de S. Thomas, où sont ses reliques et celles de S. Ambroise et de S. Sulpice; de celui de S. Philippe, où sont ses reliques et celles des SS. Silvestre et Léon; de celui de S. André, où sont ses reliques et celles des SS. Georges et Alexandre; de celui de S. Jacques, où sont ses reliques et celles des SS. Sixte[1] et Apollinaire; de celui de S. Jean l'évangeliste, où sont ses reliques avec celles des SS. Lin et Clet; de celui de S. Barthélemi où sont ses reliques et celles des SS. Ignace et Polycarpe; de celui de S. Simon, où sont ses reliques et celles des SS. Côme et Damien; de celui de S. Mathieu, où sont ses reliques et celles de S. Marc et de S. Luc; de celui de S. Thaddée, où sont ses reliques et celles des SS. Nazaire et Vital; de celui de S. Jacques, frère du Seigneur, où sont les reliques de ce saint avec celles des SS. Protais et Gervais, et de celui de S. Mathias, où sont ses reliques et celles des SS. Hilaire et Augustin. L'autel de l'archange Gabriel, qui est situé vers la porte du Midi, fut consacrée le viii des calendes d'avril, le jour de la fête de l'Annonciation; celui de S. Michel qui se trouve à la porte du Couchant, fut consacré le iii des calendes d'octobre par le vénérable évêque Hildegualdα; et celui de l'ange Raphaël, qui est situé vers la porte du Nord, fut consacré le ii des nones de septembre par le religieux évêque Jessé, à ces SS. archanges et à toute la milice céleste.

Nous avons aussi, toujours avec l'aide de notre roi, reconstruit, depuis les fondations, le reste des murs de la même abbaye, tels qu'on les voit aujourd'hui. Et afin que les habitants de ce monastère trouvent un plus grand charme à fréquenter les offices divins et à servir le Seigneur tout puissant, nous avons, avec la coopération divine, clos en entier ce saint lieu de fortes murailles.

---

1. *Xisti* dans le texte latin.

CHAPITRE V

Des reliques qui ont été apportées de divers pays en ce saint lieu de Centule, et des chasses qui les renferment

Lorsque les églises, dont je viens de parler, eurent été bâties avec beaucoup de soin, et consacrées à notre Seigneur J.-C, à sa glorieuse mère et à tous les saints, comme nous l'avons vu plus haut, nous fûmes enflammés d'un vif désir et d'un ardent amour d'acquérir, autant qu'il nous serait possible, et avec la grâce de Dieu, quelques reliques de ces saints pour en orner le temple du Seigneur. C'est pourquoi nous travaillâmes, de toutes les forces de notre corps et de notre esprit, à rassembler, avec le secours de Dieu et avec l'assistance de notre glorieux empereur, toutes celles qui nous étaient envoyées de toutes les parties de la Chrétienté, pour les déposer dans ces lieux saints, de la manière qu'on verra ci-dessous. Nous en reçumes d'abord de la sainte église Romaine, qui nous furent cédées par le pape Adrien d'heureuse mémoire, et après lui par le vénérable pontife romain Léon. Des députés, envoyés par notre glorieux seigneur [1], nous en apportèrent ensuite de Constantinople et de Jérusalem. De vénérables pères, parmi lesquels on compte des patriarches, des archevêques, des évêques et des abbés, nous en envoyèrent aussi d'Italie, de la Germanie, de l'Aquitaine, de la Bourgogne et de la Gaule. Nous reçumes encore, du sacré palais, des parties de chacune des reliques qui y avaient été recueillies par les rois antérieurs et qui furent ensuite rassemblées en plus grand nombre par

---

1. Charlemagne.

notre dit seigneur, et que ce glorieux[1] prince voulut bien partager avec nous, pour en enrichir notre monastère. Nous avons pris soin de faire connaître ici la nature de toutes les reliques dont nous sommes certains et dont nous avons reçu les titres de la part des saints hommes dont nous avons parlé, et les noms de tous les saints, afin que nous et nos successeurs, qui voudront connaître ces choses, en glorifiions à jamais notre Seigneur J.-C, qui est béni dans tous les siècles, et qui nous fait la grâce, quoi qu'indignes, de nous accorder ces bienfaits et tous les autres dont nous avons été comblés. Mais nous n'avons pas cru devoir parler des reliques dont les noms sont incertains et qui nous ont été envoyées par les mêmes personnes. Quant aux premières, voici l'ordre que nous suivrons en les décrivant. Nous mentionnerons d'abord celles qui appartiennent à notre Seigneur et Rédempteur, à sa glorieuse mère et aux SS. apôtres ; ensuite celles qui appartiennent aux SS. Martyrs, puis celles des Confesseurs et enfin celles des SS^{tes} Vierges.

Reliques de notre Sauveur

Du bois de la croix.
De son vêtement.
De ses sandales.
De sa crêche.
De son éponge.
De l'eau du Jourdain, dont il fut baptisé.
De la pierre où il s'assit après avoir nourri 5,000 hommes du pain qu'il distribua à ses disciples.
Du temple du Seigneur.
De la chandelle qui fut allumée à sa naissance.
De la montagne des Oliviers, où il fut en oraison.
De sa table.

---

1. Le marquis Le Ver abuse un peu de cette épithète qu'Angilbert ou Hariulfe ne prodigue pas tant.

De la montagne où il fut transfiguré.
De la colonne où il fut attaché pendant qu'il fut fouetté.
De la pierre d'où il monta sur la croix.
Des clous avec lesquels il fut crucifié.
De la terre du Calvaire.
De la fiole où lui fut présenté du fiel mêlé avec du vinaigre.
De la pierre sur laquelle distilla le sang de son côté.
De son sépulcre.
De la pierre qui fut détournée de l'entrée de son tombeau, et du sépulcre des SS. Innocents qui souffrirent pour lui.
Du mont Horeb et du bois des trois tabernacles.

Reliques de la sainte Vierge Marie

Du lait de la Vierge.
De ses cheveux.
De son vêtement.
De son manteau.

Reliques des Apôtres et des Évangélistes

De la barbe de S. Pierre.
De ses sandales.
De sa cabane et de sa table.
De la table de S. Paul.
De son mouchoir[1].
De la tombe où il fut jeté.
De la croix de S. André.
De la manne de S. Jean l'évangéliste.

---

1. *De orario ejus. Orarium* signifiait bien au temps de Cicéron voile de visage, peut-être mouchoir. Mais connaissait-on bien les mouchoirs au temps d'Angilbert ? Ne s'agirait-il pas plutôt du voile de lin que les évêques portaient sur les épaules ? — Freund.

Des reliques des apôtres SS. Jacques, Philippe, Thomas, Barthélemi, Mathieu, Simon, Thaddée, Mathias, Barnabé et Timothée.

Des os de Zacharie, père de S. Jean-Baptiste.

Des reliques de S. Siméon qui prit le seigneur dans ses bras.

Des cheveux de S. Jean-Baptiste.

De son sang.

De son vêtement.

Des côtes de S. Étienne.

D'une pierre dont il fut lapidé.

Du gril de S. Laurent.

Un doigt de S. Appollinaire.

De l'éponge de S. Symphorien et du vêtement de sa mère.

Reliques des Martyrs

S. Pancrace.	S. Cassien.	S. Maurice.	S. Quentin.
Vigile.	Magne.	Candide.	Valentin.
Sisimne.	Vital.	Exupère.	Marcel.
Martyre.	Nazaire.	Victor.	Lucien.
Pamphile.	Nabor.	Innocent.	Crépin.
Les SS. Jumeaux.	Celse.	Benigne.	Crépinien.
S. Fabien.	Gervais.	Denis.	Quarante martyrs
Valère.	Protais.	Rustique.	dont nous pos-
Pergentin.	Innocent.	Eleuthère.	sédons des os,
Côme.	Laurent.	Corneille.	et beaucoup
Damien.	Tiburce.	Léger.	d'autres dont
Anastase.	Valérien.	Sixte.	nous avons du
Georges.	Hippolyte.	Firmin.	sang.
Alexandre.	Christophe.	Saturnin.	
	Félix.		

Reliques des Confesseurs

S. Hilaire.	S. Sulpice.	S. Silvestre.	S. Fortunat.	S. Front.
Martin.	Remi.	Félix.	Simplicien.	Fidèle.
Germain.	Maurille.	Isidore.	Valeri.	Astére.
Médard.	Albin.	Donat.	Vaast.	Simplicien.
Ouen.	Servais.	Benoît.	Saints que le	Faxide.
Éloi.	Jérôme.	Colomban.	pape Paulin[1]	Astoge.
Amand.	Équice.	Isaac.	fit enterrer[2],	Gislaire.
Loup.	Éphrem.	Vincent.	dont nous	Spérat.
Aventin.	Grégoire.	Antoine.	avons des	Robert.
	Augustin.	Paulin.	reliques :	Galmier.
	Léon.		S. Mégimbold	Osqualde.
			Prasce.	
			Eugène.	

Reliques des Vierges

Félicité.	Euphémie.
Perpétue.	Fauste.
Agathe.	Eufraise.
Eugénie.	Aldegonde.
Thècle.	Colombe.
Cécile.	Felicule.
Petronille.	Et Scholastique.

Voilà jusqu'à présent les noms que nous connaissons des reliques qui nous ont été envoyées par de SS. pères. Nous avons distingué celles des martyrs de

---

1. Non pas pape de l'église romaine, mais patriarche d'Aquilée, ami d'Angilbert et d'Alcuin. — Note de M. Lot.
2. Mot impropre, *condidit,* serra, fit enchâsser.

celles des confesseurs. Nous nous abstiendrons de décrire les autres reliques des saints dont les noms nous sont inconnus [1].

Après avoir enfermé, ainsi qu'on l'a dit, ces restes sacrés en grande cérémonie et avec beaucoup de dévotion, nous avons, au nom de la sainte Trinité, préparé avec soin une grande châsse ornée d'or et de pierreries, dans laquelle nous avons déposé une partie de ces saintes reliques et que nous avons fait placer, en l'honneur des saints à qui elles appartiennent, sous la crypte de notre Sauveur. Quant aux autres reliques, nous les avons déposées dans treize châsses plus petites enrichies d'or, d'argent et de pierreries, que nous avions reçues, avec les restes précieux qu'elles renfermaient [2], de la piété des vénérables pères dont nous avons souvent parlé, et nous avons fait placer ces châsses sur la croix [3] que nous avons fait suspendre à l'arcade devant l'autel de S. Riquier; le tout pour servir, dans ce saint lieu, à la plus grande gloire de Dieu et à la vénération de tous ses saints.

---

1. Ce passage devrait se trouver après la liste des confesseurs, c'est-à-dire après saint Vaast. Il a été transporté dans le spicilège, dit M. Lot.

2. Ce passage ne me paraît pas traduit très exactement. Angilbert ne dit pas que ces châsses renfermaient déjà les reliques. Il dit que le couvent distribua les reliques entre elles.

3. *Super trabem, quam in arcu corum altare beati Richarii statuimus...* Angilbert que transcrit Hariulfe emploie ici nn mot qui avait alors ou reçut depuis plusieurs significations. *Trabes in ecclesiis*, dit du Cange. *Harum ut crebra sit mentio, ita diversus fuit usus.* Le marquis Le Ver a traduit par croix. *Trabs*, poutre, est ainsi l'équivalent du grec *stauros*, poteau et subsidiairement croix.

CHAPITRE V (Suite du)

Des autels et de l'ornement de celui de S. Riquier

Lorsque les autels des saints dont nous avons fait mention furent consacrés et enrichis, comme on l'a vu, de leurs reliques, nous nous sommes appliqués avec zèle, pour la plus grande gloire de Dieu[1] et la vénération des saints en l'honneur desquels ils avaient été élevés, et avec la grâce d'en haut ainsi qu'à l'aide des libéralités que nous avions reçues de notre grand seigneur[2], de sa très noble race et des autres honorables et libres personnes, à les orner d'ouvrages d'or, d'argent et de pierres précieuses, et à les placer convenablement sur les baldaquins[3].

On compte, dans l'église du Sauveur et de S. Riquier, onze autels, deux baldaquins et deux pupitres faits d'or, d'argent et de marbre. Dans celle de Ste Marie et des SS. apôtres, treize autels, un baldaquin et un superbe pupitre. Dans celle de S. Benoît, trois autels, et dans les chapelles des anges Gabriel, Michel et Raphaël, trois autels. Ce qui fait en tout trente autels, trois baldaquins et trois pupitres. Quant aux vases et ornements sacrés, ces églises possèdent 17 croix enrichies d'or et d'argent, 2 couronnes d'or, 6 lampes

---

1. Angilbert dit : *ad laudem et gloriam domini nostri Jesu Christi ob venerationem* etc... à la gloire de notre S. J. C. pour la vénération, etc.
2. Charlemagne.
3. *Desuper ciboria.* — *Ciborium appellant scriptores ecclesiastici*, dit du Cange, *quod Ordo Romanus*, TEGIMEN *et* UMBRACULUM *altaris.*

d'argent et 12 lampes de cuivre dorées et argentées ; 3 pommes d'or, 2 calices d'or avec leurs patènes ; 1 grand calice d'or ciselé[1] avec sa patène ; 12 autres calices d'argent avec leurs patènes ; 10 offertoires d'argent ; une table enrichie d'or et d'argent vers le chef de S. Riquier ; 2 grands *ostia*[2] ornés d'or et d'argent ; 2 autres moins grands, 2 autres petits, enrichis des mêmes métaux ; une ceinture d'or, une superbe écritoire en or et argent[3] ; un couteau enrichi d'or et de perles ; un livre couvert en ivoire et magnifiquement orné d'or, d'argent et de perles ; une bourse brodée en or ; 4 encensoirs d'argent doré ; 13 hanaps[4] dorés ; un grand bassin d'argent avec des ciselures également en argent ; un coquemar[5] d'argent ; deux paires de burettes avec leurs cuvettes ; une *canne*[6] d'argent et une autre d'ivoire ; deux bénitiers[7] d'argent ; 2 *sivones*[8] d'argent, une clé d'or, une clochette[9] d'argent, 13 couronnes avec leurs lampes ; devant l'autel de S. Riquier, 6 colonnes enrichies d'or et d'argent, 3 petites croix[10] ornées d'argent ainsi que les arches où elles sont suspendues ; 3 clochers dorés, 15 belles cloches avec leur battants, 3 petites cloches ; 6 figures d'airain et une d'ivoire ; 2 candélabres dorés, 7 *ostia* dorés, 78 tentures *(pallia)* données par nous, ainsi que 200 chapes, 24 dalmatiques de soie, 6 aubes romaines ornées de franges d'or avec leurs aumusses, 260 aubes de lin, 30 chasubles de

---

1. *Cum imaginibus,* par conséquent ciselé.

2. Le marquis Le Ver reproduit le mot sans oser le traduire. L'expression semble ne se rencontrer d'ailleurs que dans la chronique d'Hariulfe. Du Cange aux mots *ostium* et *ostiolum* ne donne que ce passage et n'explique pas.

3. *Argenteum auro paratum,* orné d'or, de vermeil ?

4. Vases à deux anses et un pied. — Note du marquis Le Ver.

5. *Bocularis*. — Du Cange sous ce mot renvoie à *bauca, vasis species,* et ne cite pour *bocularis* qu'Hariulfe. — Le marquis Le Ver se risque plus que du Cange en spécifiant coquemar.

6. Espèce de vase. — Note du marquis Le Ver. — *Cantharus, poculum,* dit du Cange. — Le mot est encore bien connu par le diminutif canette.

7. *Situle*. — Du Cange ne donne en ce sens que *situlus* au masculin.

8. Peut-être des goupillons. — Note du marquis Le Ver. — *Suiones* dans l'édition de M. Lot. — Du Cange ne donne ni *sivones* ni *suiones*.

9. *Scilla, skella* ou *skilla, tintinnabulum, campanula*. — Du Cange.

10. *Trabes minores*. Voir plus haut page 74 la remarque sur *trabs*.

soie, 10 de *pallio*[1], 6 de couleur perse[2], 1 de *pisce*[3], 15 de *platta*[4], et 5 de cendato[5]; 5 étoles enrichies d'or, 10 nappes de soie à franges d'or, 5 coussins de *pallio* et 5 corporaux[6] de *pallio*.

Parmi les livres, un évangile en lettres d'or avec des plaques d'argent enrichies d'or et de pierres précieuses[7], un autre évangéliaire complet et 200 autres volumes.

Ajoutez encore beaucoup d'autres ornements en plomb, en verre et en marbre, qui se trouvent dans les sacristies[8] et dans les autres pièces de service; ainsi qu'une foule d'ustensiles qu'il serait trop long de décrire. Le prix de toutes ces richesses, évalué par nous et par les autres fidèles qui se livraient alors avec moi au service de Dieu et de S. Riquier, pouvait s'élever à quinze mille livres et plus.

Telle est l'histoire que nous a donnée S.[9] Angilbert de la construction, de la consécration et des ornements de l'église de Centule. Elle est parvenue jusqu'à nous sans altération, trois cents ans après qu'elle a été écrite, et je l'ai insérée, non sans fatigue, dans ce petit ouvrage, pour l'instruction des tems à venir. Il existait encore une foule d'autres choses instituées par lui en l'honneur du culte divin, mais, comme elles ne sont pas parvenues jusqu'à nous, soit à cause du long tems écoulé depuis, soit à cause des changements survenus dans notre église, ou encore par la volonté des abbés qui ne les ont pas conservées,

---

1. Le marquis Le Ver n'a pas traduit ce mot qui semble désigner ici une étoffe. Du Cange ne le donne pas en ce sens d'étoffe et une indignation d'Alcuin ne nous met pas sur la voie : *De palliis altaris pro nefas ! camisias sibi et femoralia faciebat.*
2. *De purpura.* On ne voit pas pourquoi le marquis Le Ver a traduit ce mot par perse.
3. Le marquis Le Ver n'a pas osé traduire. — Du Cange qui cite ce passage dit seulement : *panni species.*
4. Du Cange ne donne pour prêter sens à une traduction, mais d'un peu loin, que *plata pro argento.*
5. Demi-soie. — Marquis Le Ver. — *Tela subserica vel pannus sericus.* — Du Cange.
6. *Saga.* Le mot aurait été difficile à expliquer si on ne trouvait, au chapitre III, livre III,... *saga ad patenas ferendas.*
7. C'est l'évangile de la bibliothèque d'Abbeville dit de Charlemagne.
8. *In fabricaturis.*
9. *Sanctissimi viri Angilberti.* — Mais l'épithète *sanctissimi* qui donne à Angilbert la qualité de très saint homme ne lui donne pas celle de saint canonisé.

je ne les rapporterai pas ici. Il en est cependant quelques-unes qui sont venues à notre connaissance et dont je ferai mention, par ce qu'elles tournent à la gloire de notre saint lieu. Angilbert, après avoir dit que les ornements de l'église et les dépenses[1] du trésor pouvaient être évalués à la somme de quinze mille livres et plus, ajoute ce qui suit.

---

1. On ne peut guère traduire *impensas* que par dépenses et cependant comment équilibrer des dépenses avec l'estimation d'un trésor qui ne rapporte pas ? La comptabilité d'Angilbert eût été singulière. Je crois qu'Hariulfe voulait dire autre chose. Peut-être faudrait-il donner ici au mot *inpensa* le sens d'acquisition à prix d'argent ou plutôt celui d'*impensio, donatio*. (Ici des générosités reçues et amassées). En toutes craintes.

CHAPITRE VI

Institutions de S. Angilbert, concernant la vie des religieux

Après avoir ainsi réglé ces choses, avec le secours de Dieu[1], aussi bien qu'il nous avait été possible, et après avoir orné nos églises des reliques des saints dont il a été parlé, je m'occupai avec ardeur, sous la protection divine, des louanges à rendre au Seigneur, des doctrines à propager et des cantiques spirituels à chanter en l'honneur de J.-C.[2] ; toutes choses qui éclairent l'esprit, aussi bien que les édifices de marbre et les autres décorations réjouissent les yeux. Nous avons donc établi dans l'église de Centule 300 moines pour y vivre régulièrement, et nous avons voulu et réglé que ce nombre, qui pourrait s'accroître, ne serait jamais diminué. Nous avons institué, en outre, que cent enfants seraient élevés dans nos écoles, qu'ils seraient habillés et nourris comme les frères, et que, partagés en trois chœurs, ils assisteraient les moines dans leurs psalmodies et dans leurs chants ; de manière que le chœur de notre S. Sauveur serait composé de cent moines et de trente-quatre enfants ; celui de S. Riquier de cent moines et de trente-trois enfants, et que le chœur qui chantait devant la sainte Passion aurait cent moines et trente-trois enfants. Ces trois chœurs quand on célébrera les louanges du Seigneur[3], devront chanter, en commun et tous ensemble, les heures canoniques ; après quoi le tiers de tout le chœur réuni sortira alternativement de l'église pour vaquer aux nécessités de la vie, et reviendra ensuite à une heure fixée pour célébrer de nouveau les

---

1. *Donante Domino.* Angilbert écrit presque toujours ainsi et je crois qu'il faut sous-entendre J.-C.
2. Ici dans le texte *in laudibus Dei.*
3. *Ad divinæ laudis munia celebranda.*

louanges du Seigneur. Dans chacun des trois chœurs on veillera exactement à ce que le nombre des prêtres, des lévites et des autres clercs, demeure constamment le même. Les chantres et les lecteurs observeront une mesure réglée, pour éviter que les chœurs ne se nuisent les uns aux autres. Ils chanteront tous ensemble pour le salut de notre glorieux maître, l'empereur Charles[1], et pour la stabilité de son empire. Après l'office des matines et des vêpres, tous les chœurs se réuniront devant la sainte Passion, à l'exception de dix psalmistes qui resteront dans chaque chœur, et, sortant par la porte de S. Gabriel et par la salle de l'abbé, ils se rendront en chantant à Ste Marie, en traversant la partie occidentale du cloître ; et, après avoir fait dans cette église les prières du jour, ils reviendront par l'église de S. Benoît située à l'Orient du monastère. Puis ils monteront l'escalier de S. Maurice, et reprendront leurs places en rentrant dans l'églite de S. Riquier.

Nous voulons, en outre, qu'on observe avec dévotion de chanter tous les jours la sainte messe ; et, à cet effet, trente frères au moins officieront devant les divers autels de l'église, sans être pour cela dispensés d'assister aux deux grandes messes qui seront chaque jour célébrées dans le monastère, le matin et à midi, et dans lesquelles il sera fait mémoire du S. pape Adrien, de notre glorieux souverain[2], de son épouse et de ses enfants ; afin que, suivant la parole de l'apôtre, nous nous acquittions des prières[3] que nous devons pour les rois et tous ceux qui sont constitués en dignité sur la terre.

« Charles, par la grâce de Dieu, roi des Francs et des Lombards et patrice des Romains, à notre cher[4] et respectable Albin abbé, salut éternel en notre seigneur J.-C. Nous avons appris, etc. [5]

---

1. Ici le marquis Le Ver abrège trop. Angilbert dit : *Omnes unanimes sacrificium laudis Domino omnipenti pro salute gloriosi Domini mei Augusti Karoli.*

2. *Gloriosi domini mei Augusti Karoli.*

3. Ici Angilbert dit : *salvatori Deo nostro.*

3. *Dilectissimo*, et Charlemagne appuie encore sur ce témoignage d'amitié que la traduction abrège, mais l'épithète « respectable » est du marquis Le Ver.

5. Luc d'Achery explique en note qu'il n'a transcrit de cette charte, que la fin, le diplôme n'ayant d'ailleurs aucun rapport avec l'église de Saint-Riquier. Et dom Luc renvoie aux œuvres d'Alcuin, p. 1147.

« Mais, ne voulant pas en dire davantage, parce qu'il ne faut pas donner trop d'étendue à cette lettre, et surtout parce qu'on ne doit user que de peu de paroles avec le sage, je m'en tiendrai au petit nombre de choses que j'ai dites en peu de mots. Et, comme vous empruntez les paroles de la reine de Saba à Salomon, sur la félicité des serviteurs qui nous assistent et qui entendent les préceptes de notre sagesse, en tant néanmoins que vous approuviez cette explication, je vous dirai : Venez, assistez-nous et écoutez, afin que nous jouissions ensemble, dans des prés toujours verts, de la variété des fleurs des saintes écritures. »

Fin *(explicit)* de la lettre de Charlemagne au seigneur[1] Albin.

Le même abbé[2], appelé à Centule par le vénérable Angilbert, orna des fleurs de sa rhétorique[3] la vie de S. Riquier, qui avait été écrite avec simplicité et négligence de style. Il prouve dans la préface de son ouvrage, qu'il adresse au glorieux empereur Charles, les grands et nombreux miracles opérés par notre patron et rapportés dans l'histoire abrégée de ce S. homme. Il composa aussi des antiennes, des répons et des hymnes en l'honneur du même saint, afin que sa fête eût un office digne de lui. Il faut remarquer que, dans un de ses hymnes à la louange de S. Riquier, il dit en s'adressant à ce vénérable confesseur : « Tu as bâti deux superbes monastères, l'un près d'Abbeville[4] et l'autre à Centule. »

ÉPITAPHE DE S. RIQUIER
SUR LE DEVANT DU TOMBEAU

Une urne d'or renferme un trésor céleste.
C'est Riquier, adorateur de J.-C.
Il fut le saint pasteur de ce pays
Et Centule lui a consacré ce monument élevé.

1. Non pas « au seigneur » mais *ad Albinum magistrum*.
2. Albin *(Albinus)*.
3. Les fleurs de la rhétorique sont du marquis Le Ver. Hariulfe dit simplement *venusto sermone composuit*.
4. *Prope Argubium*. Il s'agit du monastère de Forêt-Montier, mais *Argubium* (Argoules) est loin d'Abbeville que le marquis Le Ver lui substitue malgré la distance plus grande encore de Forêt-Montier. Les quatre petits vers d'Alcuin sont rimés. *Cœnobium* a commandé *Argubium*. La simple obligation des assonances a fait faire aux chansons de gestes des concessions pareilles.

SUR LE COTÉ DROIT

Il renonça aux honneurs du monde et en obtint de magnifiques ;
    Il méprisa les richesses par amour de Dieu.
Il mortifia son corps par de grandes austérités
    Et toute la terre vit en lui un homme saint et un grand homme.

SUR LA TABLETTE

Il rendit la vie aux morts et la vue aux aveugles
    Et procura par sa ferveur la santé aux lépreux.
Il fut plein des vertus et des paroles des apôtres
    Et eut toujours à la bouche la nourriture céleste.

SUR LE COTÉ GAUCHE

Le prince Charles, en lui bâtissant avec amour ce temple
    Digne de lui, lui éleva aussi ce tombeau.
Depuis cent soixante ans environ
    Il habite ici tout entier avec les serviteurs de Dieu.

A SES PIEDS

Qu'il jouisse du royaume des cieux qu'il a mérité par ses vertus
    Et qu'il conserve la paix à celui des Francs.
        Ainsi soit-il.

ET AILLEURS

Bienheureux Riquier, protège toujours tes fidèles
Et que les demeures célestes les reçoivent à leur départ de ce monde.

Albin, nommé aussi Alcuin, abbé, lévite et moine, et auteur de la vie de S. Riquier, mourut le xiv des calendes de juin. Vers ce tems-là florissait S. Adelard, abbé de Corbie, qui, par la noblesse de son caractère et la pureté de sa vie, s'était acquis une grande considération dans toute la Gaule. Au nombre de ses amis et de ses disciples se distingua particulièrement Ratbert[1], qui nourrissait une si grande amitié pour nos moines que tout ce qu'il nous envoyait ou nous écrivait n'était pas seulement des paroles d'amour, mais respirait l'amour même et l'affection la plus vive. Témoin de la vie de

---

1. Paschase Ratbert.

S. Adélard, il dit un jour : « Réjouis-toi, Corbie. De saints monastères ont produit leur propre patron ; ainsi Arras a produit S. Vaast, et Centule le très saint Riquier, et tu vas avoir aussi ton S. Adelard. » Remarquez avec quel respect il s'exprime en parlant de l'illustre pasteur, notre patron. Il emploie pour lui le superlatif, tandis qu'il se contente de nommer simplement le célèbre évêque Vaast. Cette glorieuse qualification fut donnée à S. Riquier à cause de l'importance et du grand nombre des miracles qu'il opéra chez nous, et à cause de l'admirable pureté de sa vie, que chacun sait avoir été non seulement sainte, mais encore un miroir de sainteté. Le même Ratbert envoya à un moine de notre couvent, nommé Golland, une exposition sur l'évangile de S. Mathieu. Il avait tant de considération pour les moines de Centule qu'il leur adressait tous ses écrits, afin de leur procurer plus d'autorité par l'approbation de nos frères.

ÉPITAPHE DE S. CADOC CONFESSEUR [1]

Cette pierre couvre le corps du religieux prêtre Cadoc.
  L'Irlande l'a produit et la Gaule le possède.
Il suivit avec joie les commandements de notre Seigneur J.-C.
  Et son cœur pur méprisa les richesses de sa patrie.
C'est pourquoi il rapporta un grand nombre de bons fruits
  Et obtint le prix ineffable du royaume céleste.
Angilbert, guidé par sa piété,
  Lui érigea ce tombeau et lui fit cette épitaphe.

AUTRE [2]

Celui dont le corps est enterré en cette place
  Jouit par ses mérites du bonheur des saints.
C'est Fricor le compagnon de Caidoc ;
  Centule est heureux de le posséder.
Son austère vertu lui fit mépriser les joies de ce monde
  Et lui acquit une gloire éternelle.
Lorsque Dieu l'eut ordonné, il monta aux demeures célestes.
  Angilbert a consacré cette épitaphe à son honneur. Ainsi-soit-il.

1. Angilbert a signé cette épitaphe comme la suivante dans le dernier des vers.
2. Cette épitaphe est celle de saint Frigor appelé aussi Hadrien. Le titre a été restitué par Mabillon : *Epitaphium Frigori seu Hadriani*. — Note de M. Lot.

CHAPITRE VII

De la mort de Saint Angilbert et de sa sépulture ou de Nithard son fils et son successeur

En l'an de l'Incarnation de notre Seigneur 814, de l'indiction VI, le V des calendes de février, l'empereur Charles le Grand, de glorieuse mémoire, après avoir triomphé avec éclat, par la grâce divine, de tous ses ennemis, après avoir possédé en paix l'empire romain et les royaumes des Francs et des Lombards, sortit de ce monde pour entrer, comme nous le croyons, dans le séjour du bonheur éternel, qu'il a mérité par le respect et l'honneur qu'il s'est plu à rendre soigneusement à Dieu et aux saints. Le vénérable Angilbert, quoique brisé par la vieillesse, par l'austérité de ses jeûnes et la continuité de ses veilles, et quoique hors d'état de pouvoir marcher, assista néanmoins à l'ouverture du testament de ce grand prince, qui avait légué ses trésors aux prélats, pour être distribués en aumônes aux églises de son empire, et procura, avant de mourir, à l'église de Centule, de grands honneurs et des bénéfices considérables. Il y avait alors vingt et une métropoles entre les quelles Charlemagne avait partagé la plus grande partie de ses richesses. C'étaient les villes de Rome, de Ravennes, de Milan, de Friuli[1], de Grado[2], de Cologne, de Mayence, de Juvave[3] ou Salzbourg, de Trève, de Reims, de Sens, de Besançon, de Lyon, de Rouen, d'Arles, de Vienne, de Moustier-en-Tarentaise[4], d'Embrun, de Bordeaux, de

---

1. C'est ainsi que le marquis Le Ver traduit *Forum Julii, Friuli, Frioul.*
2. *Gradus,* Grado, dans l'état de Venise. — Note du marquis Le Ver.
3. *Juvavum,* Salzbourg. — Note du marquis Le Ver.
4. *Darantasia,* Tarentaise, Moustier en Tarentaise. — Note du marquis Le Ver.

Tours et de Bourges. Quatre abbés seulement furent admis à ce partage. Leurs noms sont Fridige, Adalong, Angilbert et Irminon. Angilbert jouissait d'une si haute considération et de si grands honneurs auprès de son prince que nous le voyons, dans l'histoire de ce tems, tenir quelquefois la cour du Roi le jour de Noël ou le jour de Pâques, honneur qui fut longtems conservé à ses successeurs par les rois qui eurent notre Gaule en partage.

Après la mort de Charlemagne, Louis, son fils, lui succéda et prit en main le gouvernement de tous les états que son père avait possédés. Dès la première année du règne de Louis, le S.[1] Angilbert, accablé d'infirmités, approchait de la demeure des bienheureux. Le Père éternel qui devait bientôt attirer à lui un de ses enfants chéris, l'affligeait de pénibles souffrances, pour le rendre digne du bonheur sans fin qu'il lui préparait. Sentant son mal croître de plus en plus, et voyant qu'il allait quitter le séjour des hommes, il ordonna avec beaucoup d'humilité qu'il fût enterré devant la porte du temple dont il s'était montré sans relâche le protecteur et le bienfaiteur. Je ne parlerai pas des larmes qui furent répandues ni des sanglots qui éclatèrent à l'approche de sa mort, pour éviter que notre douleur, renouvelée par ce récit après un si long intervalle de tems, ne se fraie un passage à travers les plaintes et les gémissemens. Dans l'année même que mourut notre glorieux empereur Charles, et vingt jours après le trépas de ce prince, en l'an 814 de l'Incarnation de notre Seigneur, et de l'indiction VI, au mois de fevrier, le XII des calendes de mars, l'homme de Dieu, le vénérable Angilbert, après avoir vu célébrer autour de lui les saints mystères, enleva dans le séjour des bienheureux sa glorieuse âme, dégagée de son vase de boue, et enrichie des bonnes œuvres qu'il avait continuellement pratiquées. Ce qu'il désirait avec toute l'ardeur de ses vœux, ce qu'il avait mérité par ses vertus, il l'a obtenu aujourd'hui ; il jouit de la présence de J.-C., et il le voit tel qu'il est, dans toute sa gloire. C'est la promesse irrévocable qui nous a été faite par notre Seigneur, lorsqu'il a dit que ceux qui l'aimaient seraient aimés de son Père et de lui et jouiraient de sa vue pour prix de cet amour. Voici ses paroles : *Je me manifesterai à lui*[2],

---

1. *Sanctissimus abbas.*
2. *Qui autem diligit me etc... et manifestabo ei meipsum.* — Jean, XIV, 21.

c'est-à-dire, à celui qui m'aime et qui prouvera son amour par ses œuvres. Le corps vénérable de notre père bien aimé fut enseveli par ses fils avec un tendre respect, et enterré honorablement, avec toute la vénération qui était due au S. abbé, devant la porte de la grande église. Le lieu de sa sépulture se trouvait à l'entrée de cette basilique, de manière que personne ne pouvait y entrer sans fouler sa tombe sacrée. C'était là, comme on l'a vu un peu plus haut, qu'il avait voulu, par humilité, être déposé. Sur des tablettes de pierre placées autour de sa sépulture, étaient gravés ces vers, le premier du côté de la tête, le second du côté gauche, le troisième du côté des pieds et le quatrième du côté droit :

> Roi des rois, donne le repos à Angilbert, car tu es un saint roi.
> Loi des lois, accorde lui la vie éternelle, car tu es la souveraine loi.
> Lumière, qu'il jouisse toujours de la lumière, car tu es la lumière pure.
> Douce paix, fais qu'il goûte la paix éternelle, car tu es la paix.

Nous aurions bien des choses grandes et remarquables à dire sur cet homme vénérable, mais, comme nous ne pouvons rapporter tout ce qui se trouve dans l'histoire des Francs, concernant sa personne sacrée et sa vertu éclatante, nous prions le lecteur de se contenter, pour les louanges de Dieu et l'honneur de son saint, du peu que nous rapportons. Mais, si nous n'avons pas assez de talent pour raconter tout ce qui a rapport à sa personne, nous avons assez de discrétion pour ne pas ennuyer ceux qui nous écoutent, par une trop grande abondance de paroles. Le corps d'Angilbert reposa dans le lieu que nous avons dit pendant 28 ans, jusqu'à la 26ᵉ année du règne de l'empereur Louis, et sous celui de notre Seigneur J.-C, qui n'aura de borne dans aucun siècle, ainsi soit-il.

Maintenant que nous avons fini le récit de la vie, du zèle et de la vertu du septième abbé de l'abbaye de Centule, nous prendrons un peu de repos, afin que la douleur dont nous n'avons pu nous défendre (parce que nous sommes de faibles mortels), en rapportant l'histoire de sa mort, ait le tems de s'exhaler avec nos soupirs. Et, en outre, il me paraît convenable de consacrer, dans notre histoire, un livre tout entier et sans partage[1], à la louange de celui qui nous a témoigné un si grand amour.

Nous devons cependant dire, avant de terminer ce livre, qu'après la mort de S. Angilbert, son fils Nithard, qu'il avait eu de Berthe, fille du roi Charles, fut nommé abbé de Centule à sa place, et que, peu de jours après être entré en fonctions, il fut tué dans un combat et fut enlevé de ce monde. Il a été enseveli à côté de son père, où il repose en paix, sous le règne de notre Seigneur J.-C, qui gouverne le monde, avec son Père et le S. Esprit, dans tous les siècles des siècles. Ainsi soit-il.

---

1. Le sens est clair. Hariulfe n'annonce pas un nouveau livre. Il s'arrête pour que celui-ci ne contienne rien d'étranger aux justes louanges d'Angilbert.

Fin du Livre Deuxième

LIVRE III

CHAPITRE I

DE L'ABBÉ HÉRIC

L'an de la sainte Incarnation de notre Seigneur J.-C 814, de l'indiction VII, lorsque la France florissait sous le gouvernement du glorieux roi Louis, Héric, par la faveur de ce prince, fut nommé abbé du monastère de S. Riquier. Remarquez que sa nomination à l'abbaye de Centule eut lieu en la même année, et non pas en la même indiction, que la mort du S. abbé Angilbert ; parce que l'indiction change le 24ᵉ jour de septembre. L'abbé Héric n'a fait d'action remarquable que celle que nous lisons dans le livre des miracles de S. Riquier, à savoir qu'il céda à l'un de ses vassaux, nommé Heuton, la terre[1] de Sidrude[2], qui dépendait depuis longtems de notre couvent ; car cette terre[3] avait été donnée à notre S. Patron pendant sa vie, comme on en a la preuve dans son histoire. Voici maintenant le fait surprenant dont elle fut le théâtre lorsqu'elle eut passé en la possession de Heuton. Dans le voisinage de Sidrude était un bois, où, selon la tradition conservée parmi les habitants, se trouvait un hêtre à l'ombre duquel S. Riquier avait coutume, lorsqu'il allait en Angleterre ou qu'il en revenait, de se reposer et de faire ses prières. Lorsque Heuton eut acquis cette terre, il voulut en jouir en pleine liberté, et, un jour qu'il parcourait la campagne, ayant passé près du hêtre et en ayant remarqué la grosseur, il ordonna de le couper pour en faire du feu. Ses esclaves[4] refusèrent

---

1. Hariulfe a écrit *Villam*.
2. Sorrus, à trois kilomètres de Montreuil-sur-Mer. — V. plus haut, pp. 25-26.
3. *Villula* cette fois.
4. *Servi*. Au temps d'Hariulfe, cela voulait dire simplement serfs.

d'abord de lui obéir, en disant que cet arbre était sacré et que S. Riquier était venu souvent prier sous son ombrage ; mais Heuton, dans son orgueil, méprisa ce rapport et voulut à toute force qu'il fût abattu. L'arbre fut donc coupé et mis en morceaux. On fendit sans peine les pièces du sommet, mais ce ne fut qu'avec la plus grande difficulté qu'on parvint à fendre les deux pièces inférieures. Cependant les bucherons, en redoublant d'efforts, partagent l'avant dernier morceau, dans lequel ils trouvent comme des restes de cheveux et des rasures de barbe. Les paysans[1] témoignaient beaucoup de vénération pour ces reliques, qu'ils regardaient comme ayant été déposées par S. Riquier lui-même, mais le malheureux et sacrilège Heuton, n'en faisant aucun cas, ordonne qu'elles soient jetées et qu'on achève de fendre le dernier tronçon qui restait du hêtre ; et, voyant que la pièce résistait à tous les coups, il la fait transporter sur la place[2] qui se trouvait devant sa maison et qu'on appelle communément une cour[3] ; puis il la fait déposer, selon l'usage, devant la porte. Le même jour, un habitant du pays[4] ayant frappé de sa cognée cette pièce, comme pour faire l'essai de sa dureté, la partagea au même instant en deux parties et trouva dans l'une une croix dont la forme était gravée sur l'autre partie. Tous ceux qui furent témoins de cet événement furent frappés de terreur ; et, après avoir pris conseil entre eux, ils déposèrent les deux morceaux du hêtre, ainsi que la croix, dans la boutique d'un ouvrier[5] pour y être gardés soigneusement. La nuit étant venue, on ferme les portes de la boutique et on se livre au sommeil ; mais le matin, lorsqu'on se réveille, on ne retrouve ni les morceaux ni la croix qu'on ne revit jamais. Heuton, qui avait profané des choses sacrées, mourut le cinquième jour par l'effet de la punition de Dieu.

Héric, après avoir été abbé pendant quelques années, sortit de ce monde.

1. *Rustici.*
2. *In suæ domus atrium.*
3. *Curtem.*
4. *Villæ colonus.*
5. *In apothecam* simplement.

CHAPITRE II

Privilège de l'empereur Louis

En ce tems-là le glorieux empereur Louis, étant venu dans le Ponthieu, se rendit au temple de S. Riquier pour y faire ses prières. Alors les frères du monastère, craignant que quelqu'un de la famille d'Heuton n'usurpât la terre de Sidrude, ont recours à la majesté royale et obtiennent du prince qu'il leur confirme par un acte de son autorité royale la propriété de cette terre et de toutes celles que Charlemagne son père leur avait données et qu'ils pouvaient craindre de perdre par quelque événement imprévu, pour que les dites terres et les autres possessions fassent librement service au dit monastère, sans aucune sorte d'opposition, et ne puissent par la suite être diverties par aucun abbé futur de la domination dudit couvent, ni être transportées à des étrangers. L'empereur Louis écouta favorablement leurs prières et leur accorda pour toutes leurs propriétés une charte de confirmation ainsi conçue :

« Au nom de notre Seigneur et Sauveur J.-C, Nous Louis, par la grâce de la divine providence, empereur auguste, faisons savoir à tous les fidèles de la sainte Église de Dieu et à tous les nôtres, présents et à venir, que, Nous étant rendus dans la basilique du bienheureux Riquier, confesseur de J.-C, pour y faire nos prières, et les frères du même monastère étant venus trouver notre grandeur[1], et nous ayant priés de leur accorder une charte de confirmation pour

---

1. *Celsitudinem nostram.*

toutes les terres que, depuis ces derniers tems, ils possédaient, pour servir à leur nourriture et à leur vêtement, dans tous les districts et territoires situés dans le ressort de notre empire; par laquelle charte nous ordonnerions qu'à l'avenir aucun abbé, ni aucun de ses ministres, ni aucune autre personne dudit monastère, de quelque autorité qu'elle fût, ne pussent rien distraire ou retrancher des propriétés desdits frères, ni rien changer aux usages auxquels elles sont destinées; Nous, jugeant leur demande juste et raisonnable, avons fait dresser en faveur des serviteurs de Dieu, qui habitent actuellement ou qui habiteront dans la suite ledit monastère, cet acte de notre autorité royale par lequel nous réglons et statuons, par tous les moyens qui sont en nous, qu'aucun abbé dudit monastère ni qu'aucun de ses ministres ne puissent, quant aux biens destinés à pourvoir à la nourriture et au vêtement desdits frères et possédés nouvellement par eux dans tous les cantons et territoires du ressort de notre empire, et nommément les terres de Civinicourt[1] et Broneuil[2], Aldulfecourt[3], *Valles*[4], *Drusciacum*[5], Neuville[6], Mont-des-Anges[7], *Wiberentium*[8], *Bagardæ*[9], Courteil[10], *Crux*[11], *Langoratum*[12], *Altegia*[13], Sidrude[14], Nivielle[15],

---

1. *Civinicurtem,* Chevincourt dans le Beauvoisis.
2. *Bronoilum. Civinicurtem cum Bronolio.* Broneuil était donc voisin de Chevincourt.
3. *Adulfi curtem* (... ?)
4. Vaux. Bien des lieux s'appellent ainsi. M. Garnier nomme un Vaux, lieu détruit près de Yaucourt-Bussu. — Il y eut un Vaux près de Saint-Mauguille (commune de Saint-Riquier). *Histoire de Cinq Villes,* t. V, p. 380.
5. Drugy.
6. *Novamvillam,* Neuville près d'Oneux.
7. *Mons Angelorum,* même lieu que Nuemont (commune de Gapennes.)
8. Yvrench.
9. Baiardes près d'Yvrench.
10. *Curticella,* Courcelles.
11. Croix (... ?).
12. *Longoratum* (... ?).
13. *Altegia* (... ?).
14. Sorrus.
15. Noyelle-en-Chaussée.

Verculf[1], *Concilium*[2], *Rocconis-mons*[3], *Maris*[4], et de même quant à toutes les choses qui paraissent aujourd'hui dépendre justement et légalement des lieux ci-dessus mentionnés, en rien distraire ou retrancher, ni rien changer à leur destination, ni exiger ou lever de force aucun droit de parée[5], aucun *lidimonium*[6] ou *hostilicium*[7], ni aucune autre redevance quelconque ; mais voulons que lesdits frères possèdent et gardent ces choses de la manière et selon la teneur que nous venons d'établir, qu'ils en jouissent en paix et sans aucun trouble pendant tout notre règne et pendant les règnes de nos successeurs, afin que lesdits serviteurs de Dieu, vivant dans ledit monastère, se plaisent à implorer continuellement la miséricorde divine, pour Nous, pour notre épouse et notre race et pour la durée de tout notre empire. Et, afin que cet acte conserve pour l'avenir une autorité ferme et inviolable, Nous l'avons confirmé de notre main et y avons fait apposer notre sceau.

Signature *(signum)* de Louis sérénissime empereur.

Donné le III des nones d'avril, l'an XVIIe du règne, par la grâce de J.-C, du très pieux empereur Louis, et de l'indiction VIII. Fait au monastère de S. Valeri[8], ainsi soit-il. Durand diacre, tenant la place de Friduse, a reconnu et souscrit la charte. »

Notre très-saint patron Riquier avait possédé en paix plusieurs des terres qui sont mentionnées dans ce précepte[9] ; mais comme les frères étaient troublés dans leurs possessions par les excès de plusieurs hommes méchants et criminels, ils obtinrent de la bonté du prince ce précepte royal de confirmation. Quant

---

1. Vercourt près de Rue.
2. Conchil.
3. Roquemont près de Saint-Ouen (canton de Domart.)
4. *Maris* (... ?).
5. Droit de parée. *Jus quod dominis feudalibus competit persequendi nativos seu homines suos, si in vicini alterius dominium transierint.* — Voyez du Cange au mot *parata*.
6. Service que le serf de la glèbe doit à son seigneur. — V. du Cange au mot *litus, lidus, ledus.*
7. *Hostilitium sumitur pro præstatione ad bellorum expensas.* — Du Cange.
8. S. Gualarici.
9. *Præceptum, diploma regium, charta regia, præceptum imperiale.* — Du Cange.

aux terres qu'ils possédaient dès le tems de S. Riquier, et sur lesquels ils n'avaient aucune crainte, c'étaient [1] celles de Centule, Abbeville, *Altvillaris* [2], *Rebellis - mons* [3] et *Valerias* et beaucoup d'autres que nous ne rapporterons pas ici.

---

1. Hariulfe en sous entend d'autres, *ut sunt hæc,* dit-il ; il ne donne *Centula, Abbatis villa* et *Altvillaris* que comme exemple. Il ne dit pas non plus qu'il ne rappellera pas ces autres, mais que les frères n'ont pas trouvé utile de les nommer, n'ayant pas de crainte pour leur possession : *istic scribere non curaverunt.*

2. Hautvillers du canton de Nouvion. Du moins M. Garnier n'hésite pas pour cette attribution.

3. Ribemont suivant le marquis Le Ver ; Reaulmont suivant M. Hénocque à qui nous devons une note intéressante : « *Altillaris, Rebellis mons, Valerias.* Ces deux derniers villages mérovingiens n'étaient plus au moyen-âge que deux fiefs restreints qu'on nommait Valines et Reaulmont sur le territoire d'Hautvillers ou du Titre. — *Hist. de l'abbaye de Saint-Riquier,* t. I, p. 50, en note.

CHAPITRE III

Description du trésor, des biens et des vassaux du monastère de S. Riquier

L'empereur Louis, après avoir accordé cette charte de confirmation au monastère de Centule, manda les moines auprès de lui et les pria d'écrire tout ce qu'ils pouvaient avoir, tant dans le trésor de leur église que dans leurs maisons du dehors, et de lui communiquer cet écrit. C'est pourquoi, en l'an de l'Incarnation de notre Seigneur 831, indiction ix, on fit, à la prière de notre sérénissime empereur, la description des choses sacrées, des terres et des possessions de l'abbaye de S. Riquier, ainsi que le dénombrement des vassaux qui tenaient d'elle des bénéfices.

Il y a à Centule trois églises principales, la plus grande consacrée à notre S. Sauveur et à S. Riquier, la seconde à la sainte Vierge et la troisième à S. Benoît. Dans ces églises sont trois autels principaux, celui de notre Sauveur, celui de S. Riquier et celui de sainte Marie, composés de marbre, d'or, d'argent, de pierres précieuses et autres. Ces trois autels sont surmontés de trois baldaquins enrichis d'or et d'argent auxquels pendent des couronnes brillantes des mêmes métaux, et ornées de petites croix en or et d'autres petits ouvrages. Dans les mêmes églises sont trois pupitres fabriqués de marbre, d'argent et d'or, trente châsses en or, en argent ou en ivoire ; 5 grandes croix et 8 petites ; 21 pommes d'autel dont 3 en or et les autres en argent ; 7 pommes de bannière, enrichies d'or et d'argent ; 15 grands et 7 petits candélabres de fer, dorés et argentés ; 7 couronnes d'argent et 7 de cuivre doré ; 6 lampes d'argent et 6 de cuivre doré ; 13 hanaps d'argent suspendus, 2 coquilles d'argent également suspendues ; 3 grandes *areæ*[1] et 3 petites ; 8 encensoirs d'argent doré et un de cuivre ; un émouchoir en argent. Du côté de la tête de S. Riquier, le mur et deux *ostiola*[2] sont ornés d'argent, d'or et de pierres précieuses, et à ses pieds sont 6 *ostiola* parés d'or et d'argent. Il y a encore 4 autres *ostiola* pareils à ceux-ci. Devant l'autel du saint sont élevées 6 grandes colonnes de cuivre dorées et argentées ; elles portent une *trabs*[3] également en cuivre doré et argenté. On voit encore autour de l'autel et du chœur trois petites *trabes* en cuivre, dorées et argentées et supportant 17 *arcus*[4] de cuivre ornés d'or et d'argent, entre lesquels sont placées 7 figures de bêtes, d'oiseaux et d'hommes ; et devant ces figures sont suspendus en l'air 5 cercles d'argent ; les autres cercles sont en laiton.

Les mêmes églises possèdent un évangile en lettres d'or renfermé dans une boîte d'argent enrichie de perles et de pierreries ; deux autres boîtes ornées d'or et d'argent, contenant chacune un évangile, et un étui argenté pour les renfermer ; 4 calices d'or, 2 grands et 13 petits en argent, deux patènes en or, 4 grandes et 13 petites en argent et une en orichalque ; 4 offertoires[5] en or, 60 en argent et un grand en ivoire orné d'or et d'argent ; une grande et 4 petites coupes en argent et une autre en orichalque ; 4 *tutelli*[6] en argent, deux paires de burettes et leurs cuvettes en argent ; un hanap en argent pour boire, un bénitier en argent, 2 autres en cuivre et en airain et un autre argenté ; une *canne*[7] d'argent et une autre d'étain ; une table en ivoire, 2 autres plus grandes et 2 autres plus petites dorées et argentées, une autre table en

---

1. Le marquis Le Ver n'a pas osé traduire ce mot que du Cange n'explique pas sûrement : AREÆ *inter vasa ecclesiastica recensentur apud Hariulfum,* lib. III. *Sed,* ajoute-t-il, *ibi videtur legendum* ARCÆ.

2. Sur ce mot voir plus haut, page 76.

3. Voir plus haut, page 74, la remarque sur *trabs.*

4. Quelquefois, dit du Cange, *per* ARCUM *nihil aliud significari existimo quam coronas quæ offerri solent.*

5. Accessoire du calice et de la patène, sur lequel on allait à l'offerte. — Note du marquis Le Ver.

6. Peut-être des custodes. — Note du marquis Le Ver. — Du Cange s'avance moins, et, citant ce passage d'Hariulfe, il dit simplement : *forte legendum cutelli seu cultelli.*

7. Gobelet ou timbale. Equivalent classique dans du Cange, *cantharus* ou *poculum.*

cyprès et argentée ; 2 clés d'argent et une autre en orichalque doré ; une baguette [1] faite d'or, d'argent et de cristal ; une *præparatio* [2] *baculi* en cristal ; 40 chasubles brunes, 5 de soie noire, 3 de soie perse, une d'argent, 20 chasubles demi-soie, 5 de soie jaune, 3 de soie couleur de coing, une autre fleur de pêcher, et 4 autres de *cendal* [3] ; une chape brune brodée en or, une autre de soie ; 31 dalmatiques ; 15 rochets en soie, 11 autres en laine ; une aube de soie, deux autres de soie perse ; un rochet pectoral ; 14 fanons à franges d'or pour l'offerte, 3 autres de brandée [4], et 15 de demi-soie ; 4 corporaux pour supporter les patènes ; 78 tentures [5] ; 49 soutanes [6], 20 autres soutanes, une autre ornée de soie ; dans le tabernacle une nappe de lin brochée de soie pour couvrir la sainte table ; 6 tapis, 3 courtines ; 4 coussins de soie et 6 autres coussins dont 2 de soie, et 4 de demi-soie ; une soutane [7] dominicale de lin ; 2 aiguillettes en or ; 2 gants bruns brodés d'or et deux gants de lin ; 2 fanons manuels [8] brochés d'or ; un capuce orné d'or, et un autre brodé de soie ; 2 mouchoirs [9] et 377 chapes.

Parmi les livres on remarque d'abord les livres canoniques, qui composent une bibliothèque entière, où sont enfermés 72 livres en un seul volume. Il y a encore une autre bibliothèque partagée en 14 volumes.

On remarque parmi les ouvrages de S. Jérôme son livre sur Isaïe, et un autre livre sur le même ; ses livres sur les Psaumes ; l'Exposition du Lévitique, ses opuscules sur Jérémie, sur les 12 Prophètes, sur l'Ecclésiaste, sur le Cantique

---

1. Ou crosse. — Note du marquis Le Ver.

2. Du Cange n'a rencontré ce mot en ce sens que dans Hariulfe, et, citant le passage, il dit simplement : *forte pro ornamentum*.

3. Espèce d'étoffe demi-soie. — Note du marquis Le Ver.

4. Espèce d'étoffe en soie. — Note du marquis Le Ver. — *Species panni serici*, dit aussi du Cange qui cite ce passage et que le marquis Le Ver interprète sans doute.

5. Le latin dit *pallia* ; mais *pallium* n'a pas ici la signification de manteau. — Note du marquis Le Ver.

6. Le texte dit seulement *Vestimenta*.

7. *Vestimentum*. — Note du marquis Le Ver.

8. Voir dans du Cange *fanones offertorii*.

9. *Facitercula*. — *Faciterculum*, dit du Cange, *idem quod facitergium*.

des Cantiques et sur Ezechiel ; son Livre Épiscopal ; ses Commentaires sur S. Mathieu, son Exposition sur S. Marc ; son livre des Hommes illustres, son livre sur tout le Psautier, sur les 2 Épîtres de S. Paul aux Galates et aux Ephésiens ; sur les Épîtres du même à Tite et à Philémon ; le livre entier de ses Lettres ; le Psautier de la Vérité hébraïque ; son livre contre l'hérétique Jovien ; son Apologétique à Pammachius ; ses Questions sur la Genèse et son livre des Lieux saints ; son livre nommé Antiomenon[1] ; celui des Sept Vengeances de Caïn ; celui sur la Sortie d'Egypte des enfants d'Israël ; ses livres sur Isaac, sur *Hosanna* ; son livre du Séraphin et du Calcul ; sur la Mort du roi Ozias ; sur l'Enfant prodigue ; sur la Nature des choses et sur la Rhétorique ; (tous ces ouvrages ne forment qu'un volume) ; l'Évangile écrit en grec et en latin. Ce qui forme en tout 22 livres.

Parmi les œuvres de S. Augustin : son Hexameron contre les Manichéens et les autres hérétiques ; les Décades des Psaumes ; ses Lettres ; toute l'Exposition sur l'Évangile de S. Jean ; une autre Exposition d'Augustin faite dans sa jeunesse ; Sur le sermon de notre Seigneur sur la montagne ; Des dix Plaies ; Des dix Commandements ; le tout en un volume. Sur l'Épître de l'apôtre S. Jean ; la Concordance des Évangiles ; De la Cité de Dieu ; Enchiridion ; De la nature et de l'origine de l'âme ; De la Doctrine chrétienne ; le Miroir de S. Augustin ; ses Confessions ; l'Hypomneosticon ; Des dix Cordes et du Lien conjugal ; De l'Art musical, De la conservation de la Virginité ; ses Sermons ; Des douze Abus ; Les Demandes d'Orose et les Réponses d'Augustin, en tout un volume. Contre les hérétiques ; Du Combat du chrétien ; Du Blasphême de l'esprit ; Interprétation de Rufin ; Des 12 Bénédictions des Patriarches formant un volume. De la Trinité ; De la vue de Dieu ; De la Création du premier homme ; Des définitions des Dogmes de l'Église ; Les lettres de S. Fulgence ; le tout en un volume. Du Maître ; De la sainte Virginité, et des Académiciens, en un volume. Ses Opuscules ; ses Lettres à Pélage et à Valentin et les Réponses de S. Prosper, en un volume. Interprétation d'Augustin, de Julien et de Paul, et Des parties de l'Oraison, en un volume. En tout 29 livres.

---

1. Le texte de d'Achery donne Antiomenon ; mais celui de M. Lot donne Antiomeron.

Parmi les livres de S. Grégoire, l'Exposition sur Ezéchiel, 3 volumes; la Morale, 5 volumes; 40 Homélies, 2 volumes; Pastoral, Dialogue, Registre, Ordre ecclésiastique; Livre de Parterius; Sur ses Paroles. En tout 15 livres.

Parmi ceux de S. Isidore : ses livres des Étymologies; Des Roues, Des Préambules; des Roues et des Offices, un autre livre des Préambules, un autre des Roues; ses Traités sur le Pentateuque, sur les Rois, sur Ruth et sur Esdras; et ses Sentences, 2 volumes; ses Synonymies. En tout 9 livres.

Parmi ceux d'Origène : ses Homélies sur la Genèse, 2 volumes; son Commentaire sur le Cantique des Cantiques. En tout 4 livres.

Parmi ceux de S. Hilaire; son Traité sur la foi de la sainte Trinité; les Questions d'Hilaire, de Cyprien, d'Alcime Avite, de Jérôme, d'Augustin, sur le Pentateuque, 1 volume, et 2 livres en tout.

Parmi ceux de S. Chysostome : son Commentaire sur l'Épître aux hébreux; 33 Homélies; De la Componction du cœur contre les Novatiens; Du Jeûne; 62 Sermons et la Vie de S. Ambroise; 1 volume, et 7 livres en tout.

Les Commentaires de Cassiodore sur le Psautier; 14 livres de Fulgence, qui les distingue chacun par une lettre particulière.

Parmi les livres de Bède : du Temple de Salomon; 30 Questions sur le livre des Rois, avec l'Exposition du Juste sur le Cantique des Cantiques, 1 volume. Sur les Proverbes de Salomon, sur le livre de Tobie; sur Marc, Luc et les Actes des apôtres; Sur les Lettres canoniques; Sur les 5 livres de Moyse; Sur l'Apocalypse, sur Abacuc, avec des gloses sur le Pentateuque; De la nature des choses; Des Tems; en tout 16 livres.

Parmi les ouvrages de divers auteurs : De l'Autorité de la loi divine par Jules; Extraits des livres de S. Augustin par Eugippe; du S. Esprit par Paschase; sur l'Apocalypse par Primase; Les 4 livres de Timothée; le Traité de Peregrin contre les hérétiques; Les lettres de Théophile aux évêques de toute l'Egypte, 1 volume; l'Exposition d'Arnobe sur tout le Psautier; Les 8 livres de S. Grégoire de Nazianze et les Homélies de S. Augustin sur la Joie et sur la Grâce, 1 volume; Sur le Lévitique par Athanase; en tout 8 livres.

Parmi les canons : les Canons des Apôtres et du concile de Nicée; 12 Conciles et les Décrétales des apôtres, 1 volume; Recueil de Canons de divers conciles,

2 volumes ; des Canons et des Institutions de 87 ecclésiastiques par Cécile Cyprien, 1 volume ; Des livres à admettre et à rejeter, par le pape Gélase ; des Lettres de divers auteurs au nombre de 55, 1 volume ; Homéliaire des SS. Pères pour toute l'année, par Jérôme, Augustin, Grégoire, Origène, Léon, Jean, Fulgence, Bède, 1 volume ; Homélies des SS. Pères pour toute l'année, 3 volumes ; Homélies de Ste Agnès ; De la Consolation philosophique de Boèce ; De la génération d'Adam et des gestes des Francs par Grégoire de Tours ; Exposition de Philippe sur Job ; Gloses des SS. Pères sur les Psaumes, 3 volumes ; De l'Incarnation de notre Seigneur par Cassien ; Exposition de Juste sur le Cantique des Cantiques ; le Livre de l'évêque Eucher sur les Éclipses de lune et de soleil ; les Vies et les Passions des SS. apôtres, martyrs, confesseurs, et des saintes vierges ; les collations de divers Pères en 18 volumes ; l'Exposition et le Prognosticon de Julien Pomère en 2 volumes ; l'Exposition de Pélage sur les 13 Épîtres de S. Paul ; l'Exposition d'un autre auteur sur l'Épitre aux Romains ; Gloses tirées des dits des Pères, 3 volumes ; Gloses des Pères, 3 volumes ; le Livre du pape Martin ; 6 exemplaires de la Règle de S. Benoît ; Règles d'Augustin, de Fructueux et d'Isidore ; Homélies de Césaire, évêque d'Arles ; l'Exposition de la foi catholique par S. Jérôme ; les Dits d'Isidore sur les hérésies des Juifs et des chrétiens et sur les philosophes et les poètes ; les Épîtres de Cyrille, de Léon, de Denis et de plusieurs autres, sur la Raison ou Cycle Paschal ; les Cycles, 1 volume ; Disputes sur la loi entre le juif Simon et le chrétien Théophile ; Du jour du Jugement par Ephrem ; De la foi de la Trinité à Charles par Albin (Alcuin) ; De l'Incarnation de notre Seigneur par le même ; les Lettres de Charles à l'empereur des Grecs ; 7 Psautiers ; Questions des 7 Arts ; Recueil sur S. Mathieu ; Recueil Scotaïque dont le premier chapitre traite de la charité et dont le dernier commence par ces mots *Curre ne parcas ;* le Livre des Étincelles ; en tout 70 livres.

Les volumes de tous ces ouvrages ecclésiastiques, qui ont rapport à la divinité, sont au nombre de 195.

Parmi les grammairiens : Donat ; Pompée ; le Traité de Probus sur les pieds et les syllabes ; Priscien ; Comminien ; Servius ; Victorin Mar... ; Diomèdes, Longin ; Taduif ; Cicéron, 2 livres de la Rhétorique ; 4 volumes en tout.

Prosper, Aratus, Sedulius, Juvencus ; les Épigrammes de Prosper, les Vers de Proba, la moitié de Fortunat, 1 volume. Quintus Serenus des médicaments ; les Fables d'Avien ; Virgile et ses Églogues avec des gloses ; Althelme ; un poème sur l'Ancien et le Nouveau Testament, et les Vies en vers de Côme et de Damien, 1 volume. En tout 26 livres.

Parmi les livres des anciens qui ont écrit sur les gestes des rois ou sur la géographie : Josèphe en entier ; Pline le Jeune sur la Vie et les Mœurs des empereurs ; l'Épitome de Trogue Pompée, Æthicus, sur la description du monde ; l'Histoire d'Homère ; Dictys de Crète et Darès de Phrygie ; l'Histoire de Socrate, de Sozomène et de Theodorite ; les livres du juif Philon, 1 volume ; l'Histoire ecclésiastique d'Eusèbe ; la Chronique de S. Jérôme, 2 volumes ; l'Histoire de Jornandès[1], de la Somme des tems et de l'origine et des actions des Romains, 1 volume ; la Loi Romaine ; le pacte de la Loi Salique ; en tout 15 livres. Un volume renfermant des sermons sur la Nativité de notre Seigneur, sur les fêtes de S. Etienne et des SS. Innocents ; le *Bodanique ;* Parties de Donat avec des gloses ; le Livre *Logon* ou des Sermons Grecs et Latins ; l'Histoire de la Bibliothèque ; la Passion de notre Seigneur en tudesque et en latin ; ce qui forme 6 livres.

Les livres qui servent à l'autel sont : 3 Missels Grégoriens ; un Missel Grégorien et Gélasien, arrangé pour les tems modernes par Albin ; 5 Lectionaires d'Épîtres et d'Évangiles entremêlés et mis en ordre ; 19 Missels Gélasiens ; 4 textes d'Évangiles ; 1 Évangile écrit en entier en lettres d'or ; 1 Lectionaire complet arrangé par Albin, 6 Antiphonaires ; en tout 35 volumes.

Tous ces volumes réunis montent au nombre de 256, en ne comptant pas chaque livre en particulier, mais seulement les volumes qui les réunissent, car nous avons vu qu'un seul volume renfermait plusieurs livres. Si nous comptions tous les livres, leur nombre s'élèverait à plus de 500. Ce sont là les richesses d'un cloître et les biens de la vie céleste, qui nourrissent l'âme de douceur et par lesquels cette sentence salutaire : « Aime la science des Écritures, et tu

---

1. Dachery et M. Lot donnent de ce nom la forme Jordanis.

n'aimeras pas les vices[1] » trouve son accomplissement chez les moines de Centule.

Nous allons maintenant indiquer les richesses extérieurs du monastère de Centule, et faire une énumération sommaire des villages qui en dépendaient du tems de S. Riquier. Celui qui voudra connaître les revenus de ces villages, aura recours à l'état qui en a été dressé[2] ; car je ne puis, à cause de la longueur de cet ouvrage, les rapporter ici. Voici les noms de ces villages : *Buniacus, Valles, Drusiacus, Novavilla, Gaspannæ, Guibrentium, Bagardas, Curticella, Crux, Civinocurtis, Haidulficurtis, Maris, Nialla, Langradus, Alteia, Rocconis-mons, Sidrudis, Concilio, Buxudis, Ingoaldicurtis*[3]. Dans ce nombre, il y en avait quelques uns, mais peu, où des hommes qui devaient le service militaire à S. Riquier, possédaient plusieurs bénéfices. Voici maintenant les villages de la seigneurie de ce saint, qui n'offrent aucun partage de bénéfice ou de seigneurie : *Pontias, Altisgnico, Tulino, Durcaptum*[4], Abbeville, Forêt-Montier, *Majocch*[5], S. Medard, Ailly, Longueville, Hautvilliers, *Rebellis-mons, Valerias*[6]. Ces derniers étaient moins des villages que des petites villes, et, pour ainsi dire, des villes, qui étaient à l'abri de toute insulte de la part d'un ennemi.

Forêt-Montier possède trois églises, la première dédiée à S. Marie, la deuxième à S. Pierre et la troisième à S. Riquier. Dans ces églises sont :

---

1. Ou plutôt : « Aime les livres qui renferment la science, et etc. ». — Note du marquis Le Ver dont la nécessité ne s'explique pas bien.

2. Cet état, qui serait intéressant ici, existe encore, en résumé du moins, et M. Lot reproduit en appendice des livres d'Hariulfe, d'après le manuscrit du Vatican, les *Acta Sanctorum* des Bollandistes, les *Acta Sanctorum Ord. S. Bened.* de Mabillon et les Annales de l'Ordre de S. Benoit. Jean de la Chapelle a donné aussi, avec le dénombrement des lieux possédés par l'abbaye en 831, un état abrégé des cens ou redevances qu'elle percevait alors. M. Lot a bien voulu rappeler la publication que j'ai faite du curé d'Oneux.

3. C'est-à-dire Buigny, Vaux (il y avait un Vaux près de Saint-Mauguille — *Histoire de Cinq Villes*, V, pp. 376, 380), — Drugy, Neuville, Gapennes, Yvrench (?), Bayardes, Courcelles, Croix (peut-être Croix-au-Bailly), Chevincourt, ... (?), Mers (on trouve aussi Mersmont dans la prévôté de Saint-Riquier, — *Histoire de Cinq Villes*, t. V. p. 139, — Noyelles (en Chaussée), ... (?) Authie, Roquemont, Sorrus, Conchil, Bussu, ... (?)

4. C'est-à-dire Ponches, ... (?), Tully (?), Drucat.

5. Mayoc près du Crotoy.

6. C'est-à-dire Ribemont, Valines, peut-être le fief Valines sis à Ouville.

5 autels avec des ornements en or et en argent ; une couronne d'argent ; une petite châsse ornée d'or ; 3 croix dorées ; une châsse ornée d'or et de pierreries ; une petite croix en argent doré, et 6 autres croix dorées ; 5 pommes dorées ; un baldaquin avec des ornements en or et en argent ; 6 candélabres enrichis d'or et d'argent ; un éventail doré, une fourchette dorée ; une coupe en argent ; 2 tablettes d'ivoire dorées ; 3 grands calices dorés ; 4 petits calices en argent ; 8 offertoires d'argent, et 3 offertoires dorés ; une cruche en argent ; une boîte dorée pour renfermer l'évangile ; 15 chasubles d'un grand prix ; 5 dalmatiques ; 2 petites chasubles en soie ; 3 rochets de demi-soie ; 4 autres rochets en laine ; 27 aubes ; 9 étoles ; 14 fanons ; 2 *boculares*[1] ; 2 vases à coquille ; 6 sandales avec leurs chausses ; 51 volumes. Le village de *Dulcianæ-Vallis*[2] appartient à l'église, est habité par 30 chanoines possédant 4 villages[3], savoir ceux d'Eghod, de S. Vigile et deux fermes, ainsi que l'église de S. Martin, et jouissant en outre de quelques revenus dans les autres villages de S. Riquier.

La petite abbaye ou chapelle nommée *Botritium*[4] est dans le Térouannais et possède un autel avec des ornements, 3 croix dont 2 dorées et une argentée ; 18 châsses, un encensoir, 2 beaux candélabres, 2 vases d'airain, 4 calices d'argent, 2 patènes d'argent, une autre dorée, une coupe en argent, un offertoire, une couverture ou tapis, une chasuble, 1 dalmatique, 1 missel, 1 lectionaire, 1 antiphonaire, 1 homiliaire, 1 passionaire et 1 psautier. Elle a 10 chanoines qui possèdent le village de *Teones* et celui de *Neudus*[5], 2 églises, le village d'*Albitrium*, celui de *Guadannia*[6], et beaucoup d'autres revenus dans les terres de S. Riquier, dont ils dépendent.

Il y a encore une autre chapelle dans le canton de l'Amiénois nommée Encre, où se trouvent 10 belles châsses, 3 croix, 2 chasubles, 2 dalmatiques,

---

1. Espèce de vase. — Note du marquis Le Ver.
2. Nom que je puis rapprocher d'aucun autre. — Comment cependant un lieu qui fut habité par trente chanoines peut-il être à présent inconnu ?
3. *Villas IV*, mais où ces lieux d'Eghod et de S. Vigile ?
4. Dans le Térouannais, mais où ?
5. *Teones* et *Neudus*, où et quels noms modernes représentent ces lieux ? Nœux peut-être le second.
6. Même remarque pour ces lieux.

2 beaux candélabres, les livres de la Genèse, de l'Exode, des Nombres, des Rois, des Prophètes et des Proverbes de Salomon ; 1 missel, 1 lectionaire, 1 antiphonaire. Dans cette chapelle sont 12 chanoines qui, pour leur nourriture, ont la dîme, la none et un moulin. Elle dépend de l'abbaye de Centule, et possède 180 métairies [1] en plein rapport, les villages de *Flamiriaca, Catiacus-villa Montes, Vadimiacus* et *Loacas* [2], qui tous dépendent de Centule.

Nous allons maintenant rapporter les noms de ceux qui tenaient des bénéfices de S. Riquier. Chacun d'eux, avec les chevaliers qui étaient sous leurs ordres, servaient noblement notre abbé et les ministres de son église, sur terre et sur mer, et partout où les frères de ce S. lieu en avaient besoin. Les possesseurs de ces bénéfices étaient : Heligaud, Mainfroi, Itier, Hubert, Bertuin, Algual, Berland, Ratuin, Gislold, Lantgère, Hardrad, Algode, Gerolde, Israël, Harbert, Amalbert, Droptulfe, Milon, Rodin, Guthée, Grinaire, Helmeric, Béringaire, Adalelme, Adlric, Heriulfe, Godéard, Teustsin, Sigefroi, Hildegarin, Helmeric, Otlaric, Hildeland, Landric, Regueguard, Gualcerdée, Rohingue, Gautier, Ingelbert, Fredenert, Ombert, Gualbert, Madelguaire, Egfroi, Tredicon, Erembold, Odelric, Guandelmar, Leodric, Ermenard, Frameric, Boson, Guntselme, Zacharie, Gosbert, Hatton, Harfroi, Flodène, Guandelmar, Regemfroi, Gualcary, Odilon, Godefroi, Herembold, Restrude, Adicon, Amalfroi, Adelfroi, Ingranne, Dieudonné, Fronulfe, Regembert, Aschelon, Béraire, Frameric, Odfulque, Ermengaire, Eginbold, Guaringande, Bonothe, Gondacher, Eude, Amalric, Altmare, Lambert, Raimbert, Fulchramne, Hysail, Onulfe, Emlin, Béron, Regemland, Alguin, Roger, Leutbrand, Berlaic, Salomon, Méginaire, Guilgerad et Donatien. Tels sont les chevaliers qui faisaient service à l'abbaye de S. Riquier, et qui accompagnaient l'abbé ou ses prévôts dans leurs expéditions. Ils venaient habituellement à notre monastère, aux jours des fêtes de S. Riquier, de Noël, Pâques et de la Pentecôte, chacun habillé et paré avec soin, et selon son pouvoir. Leur nombreux cortège aurait fait prendre notre église pour la cour du roi.

---

1. *Mansi Vestiti.* — Note du marquis Le Ver.
2. *Flamiriaca, Catiacus-villa, Montes, Vadimiacus, Loacas,* où ces lieux ?

Il serait long et trop fatigant de décrire ici les villages, les terres, les possessions et les revenus ressortissant de S. Riquier ; je n'entrerai donc pas dans ces détails, d'autant mieux que nous possédons chez nous le livre qui en donne le dénombrement, et que celui qui voudra les connaître pourra le consulter.

CHAPITRE IV

DE L'ABBÉ HÉLISACAR[1]

Après la mort de l'abbé Héric, l'illustre Hélisacar, qui fut aussi, dit-on, recteur du monastère de Jumiège, fut nommé à sa place, à cause de cette tendre affection, dont nous avons parlé, qu'il nous portait et que nous lui rendions. Il se distingua par sa grande piété et s'acquitta avec tant d'austérité des devoirs de la religion, que du moment qu'il entra dans notre monastère, il en fit défendre l'entrée à toutes les femmes. Il se rendit donc agréable au Seigneur par la sainteté de sa vie et fut constamment chéri du S. confesseur Riquier, ainsi qu'on peut en juger par la suite des événements.

Enfin, il mérita que le Seigneur opérât[2], sur le tombeau de notre S. patron, plusieurs grands miracles, dont la plupart tournent à la gloire de Dieu. Et nous ne devons pas oublier que le Seigneur tout puissant, en permettant ces miracles, ne considère pas seulement les mérites de ses saints ou la foi de ceux qui les demandent, mais qu'il considère encore quelquefois la dignité de ceux qui en sont témoins. J'entends par dignité la pureté des cœurs et non cette élévation engendrée par les honneurs du monde ; car, non seulement la pusillanimité de la foi de ceux qui demandent des miracles est un obstacle à ce qu'il s'en opère, mais encore nos péchés, qui nous rendent hideux aux yeux de Dieu, nous

---

1. Il apparaît comme abbé de Saint-Riquier en 822. — Note de M. Lot sur ce chancelier de Louis le Pieux.

2. *Deo præstante, magna obtinuit fieri miracula.....* Plus bas *omnipotens Deus*. L. V. emploie trop souvent dans sa traduction le mot Seigneur qui ne représente pas toujours la même personne divine. Ici le sens ne peut faire doute. Il pourrait être douteux ailleurs. La remarque est faite pour d'autres cas.

rendent indignes et incapables de les voir. Ce grand et vénérable abbé mérita donc, par la pureté de sa vie, que le Seigneur très saint et tout puissant le fît témoin des miracles qu'il opéra par les mérites de son très fidèle serviteur Riquier. Voici ce qui est arrivé.

Un riche habitant de la Bourgogne n'avait point de fils et ne possédait qu'une seule fille, qui était tombée en paralysie, et qu'il avait menée en plusieurs lieux saints, pour obtenir sa guérison. Enfin, averti par une vision, il prit, avec une suite nombreuse, le chemin du vénérable temple de S. Riquier, et y arriva le jour de la fête de ce saint, le VII des ides d'octobre, dans l'espérance de rendre la santé à sa fille ainsi qu'il en avait reçu l'avertissement du ciel. Mais, comme l'usage établi par l'abbé Hélisacar ne permettait alors à aucune femme de toucher le seuil du monastère, sa fille ne put être admise dans l'intérieur et fut obligée de rester en dehors sous des tentes qui lui furent dressées. Le même jour, et après la célébration de la grande messe, les frères, pour satisfaire leur charité et pour rendre honneur à ce malheureux père, lui envoyèrent leur bénédiction avec du vin[1] de S. Riquier. Alors, aussitôt que cette fille paralytique, qui n'avait jamais pu proférer une parole ni porter avec sa main un morceau à sa bouche, eut bu de ce vin, elle recouvra si promptement la santé, et une santé si bien affermie qu'elle se mit sur le champ à sauter, en remplissant de joie tous ceux qui la voyaient, et qu'elle s'en retourna, non dans l'équipage d'une malade mais dans celui d'une personne bien portante, montée sur un cheval, et laissant tout le monde pénétré d'amour et de vénération pour le saint.

Dans le petit village de *Villare*[2], vivait une prostituée nommée Olgie, qui détournait les âmes de leur salut, et qui, punie de Dieu, comme elle le méritait, avait tous les membres contractés et tordus, à tel point que son visage lui-même était tourné et regardait par derrière. Ses voisins, ayant pitié d'elle, la

---

1. *Ex vinatico.* Mot du bas latin. *Vinaticum*, dit du Cange, *ut vinagium* dans un de ses sens, c'est-à-dire *vinum benedictum, sacrum orationibus et reliquiarum alicujus sancti tactu.*

2. Villers. Bien des lieux portent ce nom. Il y avait un Villers près des murs mêmes de l'abbaye, un autre près de Bersaque, lieu détruit aussi, entre Saint-Riquier et Millencourt. — *Histoire de Cinq Villes*, V, p. 393. — Il y a Villers-sous-Ailly, non loin encore de Saint-Riquier.

conduisirent au grand médecin Riquier, qui la guérit aussitôt complètement. Mais, quoique son corps fût en parfaite santé, son esprit était languissant et malade lorsqu'elle se replongeait dans ses anciennes habitudes. Ses nouvelles fautes n'échappèrent pas à l'œil vigilant de la Divinité ; et, comme le crime avait recommencé, le châtiment recommença avec lui. Elle retomba dans son premier état. Tous ses membres se tordirent, et, de plus, elle fut privée de l'usage de la parole. Ses parents, ne désespérant pas encore du pouvoir du médecin, la reportèrent auprès de notre patron. Elle fut de nouveau guérie, mais avertie en même tems que, si elle retombait dans sa faute, elle serait punie sans plus de rémission. Il existe un grand nombre de faits de cette nature et de cette importance que nous pourrions rapporter, mais comme ils sont décrits en détail dans un livre que nous possédons dans nos archives, je m'en tiendrai aux deux faits que je viens de raconter, et je passerai à d'autres objets.

CHAPITRE V

De l'abbé Ribbodon, et de la translation de S. Angilbert

Le vénérable Hélisacar n'exerça pas ses honorables fonctions pendant un grand nombre d'années, il fut enlevé de ce monde corrompu [1], et l'illustre Ribbodon, devenu abbé à sa place, illustra par ses vertus le monastère de Centule. Ce fut sous son administration, l'an de l'Incarnation de notre Seigneur 840, indiction III, que mourut, après 26 ans de règne, l'auguste empereur Louis d'heureuse mémoire [2]. Parmi ses actions remarquables, on remarque le voyage qu'il fit, dit-on, à Constantinople [3], d'où il rapporta des reliques magnifiques et précieuses, qu'il partagea entre les lieux saints pour leur attirer la vénération de la postérité. Et, comme alors l'abbaye de S. Riquier ne le cédait à aucune autre de l'Église des Gaules [4], en honneur, en grandeur et en dévotion, elle fut gratifiée d'une grande partie de ces reliques, à savoir : une chaussure de notre Seigneur, de la pointe de la lance qui avait percé son côté, de 10 pierres qui avaient servi à lapider S. Étienne premier martyr et qui étaient encore teintes de son sang, et enfin d'une fiole remplie de ce sang précieux.

L'empereur Louis avait eu, de la reine Ermengarde, trois fils, Lothaire, Pepin et Louis ; et, de l'impératrice Judith, un prince qui fut depuis le glorieux roi Charles. Après la mort de leur père, les frères eurent de grands démêlés

---

1. Il mourut vers 840. — Note de M. Lot.
2. *Divæ memoriæ*. Le successeur de Charlemagne n'est plus inférieur aux successeurs d'Auguste. Hariulfe n'a voulu dire sans doute que de sainte mémoire.
3. Ce voyage est supposé. — Note du marquis Le Ver.
4. *Gallicanæ Ecclesiæ*.

entre eux, au sujet de l'empire [1] que chacun d'eux convoitait. Au milieu de ces conjonctions et de ces débats, il fut réglé qu'ils se battraient ensemble, et que celui-là serait roi et [2] empereur qui remporterait la victoire. Lothaire, ayant Pepin dans son parti, marcha donc avec une nombreuse armée contre ses frères Charles et Louis, et arriva, dans l'Auxerrois, près d'un endroit nommé Fontenai, où les Francs, aidés des nations qui leur étaient soumises, se livrèrent une bataille sanglante et horrible, gagnée à la fin par Louis et Charles contre Lothaire mis en fuite.

Ribbodon était alors abbé de Centule. Cet homme pieux, voyant le corps du S. abbé Angilbert reposer dans un lieu qui servait de passage obligé à toutes les personnes qui se rendaient à l'église, et souffrant avec peine qu'un si grand homme fût journellement foulé aux pieds par le peuple, pensa qu'il était plus convenable de placer l'homme de Dieu dans la maison de Dieu. Il leva donc ses membres sacrés et les transporta le jour des nones de novembre dans la basilique de S. Riquier. Angilbert avait reposé 28 ans à la porte du temple, et cependant, par la faveur de la providence qui, en cette occasion fit briller aux yeux de tous les mérites de son serviteur, son corps se trouva être aussi entier et aussi frais que s'il venait seulement d'être privé de la vie. On assure même qu'il répandit une odeur délicieuse. Les histoires des Francs qui ont été écrites à cette époque sont un sûr garant de la vérité de ce fait qu'elles rapportent. Il nous en est tombé une entre les mains, qui, après avoir parlé d'Angilbert sous d'autres rapports, raconte ce prodige de la même manière que nous venons de le faire. Après la mort de l'empereur Louis, fils de Charlemagne, ses trois fils Lothaire, Louis et Charles, se disputèrent entre eux au sujet de son royaume [3]. Tandis que chacun d'eux cherchait à s'en emparer, on fixa un jour où leurs différents devaient être jugés, et ce fut celui des nones de novembre. Ce jour-là il se fit un grand tremblement de terre que l'on sentit dans presque toute la Gaule. C'était le jour même qu'on transportait dans l'église de Centule

---

1. La qualité d'empereur.
2. On lit dans le texte *rex vel imperator*, mais l'auteur emploie presque toujours la conjonction *vel* dans l'acception de la conjonction *et*. — Note du marquis Le Ver.
3. Hariulfe se répète un peu ici.

le corps du vénérable Angilbert, qui, sans avoir été embaumé, était resté intact depuis 28 ans qu'il avait été enterré. L'histoire, dont nous avons parlé plus haut, raconte la même chose ; seulement, après avoir dit quelques mots de la noblesse de ce saint, elle ajoute : « Il était d'une assez bonne famille pour ce tems-là. Angilbert, Madhelgaud et Richard étaient du même sang, et jouirent avec raison d'une grande considération à la cour de Charlemagne. Angilbert eut de Berte, fille de cet empereur, Harnide, mon frère, et moi Nithard. Il construisit à Centule des ouvrages magnifiques en l'honneur du Dieu tout puissant et de S. Riquier. Il gouverna d'une manière admirable la famille qui lui avait été confiée et mourut dans son abbaye, après avoir mené une vie pleine de prospérités. » Ce Nithard, fils de S. Angilbert[1], passe pour avoir succédé à son père, après le décès de celui-ci ; mais il ne gouverna l'abbaye que peu de jours, ayant été tué à la guerre. Il mérita d'être enterré à côté de son père. Lorsque le corps d'Angilbert[2] eût été transféré dans l'église, des personnes pieuses déposèrent le corps de Nithard dans le sarcophage de son père. Voici l'épitaphe qui fut gravée sur le tombeau du S. abbé, après sa translation opérée par les soins du vénérable Ribbodon.

> Ce tombeau renferme le corps de l'abbé Angilbert, dont la mémoire
>   Sera éternelle ; son âme est dans les cieux.
> Il mourut le XII des calendes de mars.
>   Il construisit le temple qui renferme son tombeau.
> Il fut en grande estime à la cour[3] de l'empereur Charlemagne,
>   Il se rendit célèbre par sa science et vécut l'ami des princes.
> Il voulut être enterré devant la porte du temple,
>   Mais Bibbodon l'a fait enlever et déposer ici,
> Vingt huit ans[4] après sa mort,
>   Son corps ayant été trouvé intact.

1. Le texte ne dit pas de saint Angilbert mais *domni Angilberti*.
2. Ici *sancti Angilberti* « du saint » sinon « de saint ».
3. L'épitaphe ne dit pas à la cour mais au temps, ou sous le règne, *sub tempore*.
4. Deux fois dix plus huit ans.

CHAPITRE VI

Privilège de Lothaire

Les trois princes Lothaire, Louis et Charles, après la bataille sanglante qu'ils se livrèrent et dont nous avons parlé, partagèrent entre eux l'empire des Francs. Lothaire eut le royaume des Romains avec toute l'Italie, la France orientale, qui de son nom fut plus tard appelée Lorraine, et toute la Provence. Le même prince, à l'âge de 18 ans, et avant la mort de son père, avait été sacré empereur. Louis, outre la Norique qu'il possédait, eut l'Allemagne, la Thuringe, l'Austrasie, la Saxe et le royaume des Huns. Charles obtint en partage la moitié de la France occidentale, toute la Neustrie, la Bretagne, la plus grande partie de la Bourgogne, la Gothie, la Gascogne et l'Aquitaine[1]; et, comme le monastère de S. Riquier se trouvait dans ses domaines, il l'honora par de grands privilèges et l'enrichit par les donations considérables qu'il lui fit. C'est ce que nous expliquerons dans la suite, avec l'aide de Dieu. Dans le même tems, un duc, nommé Hugues, donna au bienheureux Riquier quelques-unes de ses terres, pour obtenir le salut de son âme; et, après avoir consommé sa donation, il alla trouver le roi Lothaire pour le prier de munir du sceau de son autorité l'abandon qu'il venait de faire des villages de Rollenicourt[2] et *Botritium*[3], afin qu'à l'avenir notre grand saint les possédât sans contradiction. Dans le dénombrement que nous avons fait plus haut, sont compris ces deux villages comme faisant service à l'abbaye de Centule; mais il est constant

---

1. Partage de Verdun, 843.
2. Rollencourt, dans l'arrondissement de Saint-Pol, non loin d'Hesdin (Pas-de-Calais).
3. *Botricium* dans le Térouennais comme la charte de Lothaire va le dire.

qu'ils nous avaient été enlevés par quelqu'un, lorsqu'ils nous furent restitués par le duc Hugues. Lothaire accueillit avec bonté la prière de ce duc, qui avait épousé Ermengarde sa fille [1], et confirma par ce précepte de son autorité la donation que son gendre venait de nous faire [2].

« Au nom de la sainte et indivisible Trinité, Lothaire par la volonté de la providence divine, roi des Francs. En accueillant avec bonté les demandes justes et raisonnables des serviteurs de Dieu, nous remplissons les devoirs de notre dignité royale et nous croyons acquérir plus facilement la gloire du bonheur éternel. C'est pourquoi nous faisons savoir à tous les fidèles présents et à venir de la sainte église de Dieu, que le duc Hugues, qui nous a constamment donné des preuves de sa fidélité, et les moines du monastère de S. Riquier, grand confesseur de J.-C, ayant recours à notre grandeur, ont demandé notre confirmation impériale [3] en faveur de certains villages [4] de la dite abbaye de S. Riquier, que le duc Hugues a cédés, pour le salut de son âme, au service et à l'usage des dits frères, afin qu'ils ne puissent jamais être distraits de leur dit monastère par leurs abbés ni par toute autre personne inférieure en dignité ; Nous, écoutant favorablement leurs prières, pour l'amour que nous portons à Dieu et à son grand S. Riquier, et aussi à cause de l'affection que nous ressentons pour notre bien aimé gendre le duc Hugues, voulons qu'il soit connu de tous que nous leur avons accordé leur demande. Nous avons, en outre, fait dresser à ce sujet cet acte de notre volonté royale, par lequel nous accordons et confirmons aux dits moines, consacrés au service de J.-C. dans le dit lieu de Centule, la propriété des villages situés dans le canton de

---

1. Erreur grave que relève M. Lot : « Hariulf confond ici, dit-il, avec l'empereur Lothaire Ier, le roi de France occidentale du même nom qui régna de 954 à 986. Lothaire Ier n'a pas eu de fille du nom d'Ermengarde. »

2. « L'éditeur fait observer que cette charte est de Lothaire, père de Louis V surnommé le fainéant, et que ce duc Hugues est Hugues Capet, qui commença la troisième race de nos rois. » — Note du marquis Le Ver. Par ces mots : l'éditeur..... M. Le Ver marque bien son intention de publier sa traduction.

3. *Imperiali præceptione pleniter firmaremus.* « Ce sont peut-être ces mots, dit M. Lot, qui ont occasionné l'erreur d'Hariulf, à moins qu'il n'ait ici corrigé le texte, ce qui est plus probable. »

4. *Villas.*

Thérouenne, à savoir, le village de *Botritium* en entier et celui de Rollenicourt avec toutes leurs dépendances et toutes les choses qui paraissent justement et légitimement leur appartenir, ainsi qu'il a été statué par ledit duc et par l'abbé dudit monastère; de manière qu'il ne soit permis à personne d'enlever ou distraire rien des terres desdits villages, ni de les convertir à d'autres usages, et que personne n'en puisse exiger sous aucun prétexte aucun droit de parée[1], aucun *lidimonium* ou *hostilicium,* ni tout autre droit quelconque; mais qu'ainsi qu'il a été dit par nous et statué par le susdit duc, que lesdits moines en ce tems-ci, comme au tems à venir, les possèdent en paix et en jouissent sans trouble, afin qu'ils se plaisent à implorer sans cesse la miséricorde divine pour notre salut, pour celui de notre épouse et de notre race, et pour la stabilité de notre royaume. Et afin que cet acte jouisse par la suite d'une autorité ferme et inviolable, nous l'avons confirmé de notre propre main, et y avons fait imprimer notre sceau. Passé à Compiègne, dans le palais du roi, l'an de l'Incarnation de notre Seigneur 843, indiction VI, la 21e année du règne du glorieux roi Lothaire[2]. Signature du glorieux roi Lothaire. Moi Adalberon, notaire royal, à la place du seigneur Adalbéron, archevêque de Reims et archichancelier, ai reconnu la charte. »

---

1. *Nec paratas aut lidimonium aut hostilicium.* Nous avons emprunté plus haut à du Cange l'explication de ces mots, v. p. 93.

2. « Compiègne, 974, dit M. Lot. Hariulf a changé la date d'année et l'indiction sous l'empire de la même idée. » — La confusion des deux Lothaire.

CHAPITRE VII

De l'abbé Louis

En l'an 844 de l'Incarnation de notre Seigneur, la quatrième année du règne de Charles, indiction vi, sous le pontificat de Sergius, Ribbodon, abbé de Centule, étant mort, l'illustre Louis, doué de la sagesse de Dieu et de celle des hommes, prit à sa place l'administration du monastère. Il était du sang royal[1], et répandit sur la religion l'éclat de sa naissance. Et de même que ses parents, ses *cognats* ou ses frères, brillaient par la pourpre et le diadème, de même il brillait par sa vertu aux yeux du Seigneur. Mais avant qu'il fût abbé, les frères de notre monastère avaient eu recours à la piété du roi et lui avaient communiqué le précepte que le divin empereur Louis leur avait accordé en faveur de leurs terres, le suppliant de leur en accorder un semblable en confirmation du premier. Le glorieux Charles, roi de la France Occidentale, auquel ils s'étaient adressés, avait accueilli leur prière, et, répandant sur eux ses faveurs, leur avait accordé cet acte de son autorité :

« Au nom de la sainte et indivisible Trinité, Charles, roi par la grâce de Dieu. En accueillant avec bonté les demandes justes et raisonnables des serviteurs de Dieu, nous remplissons les devoirs de notre dignité royale et nous croyons obtenir plus facilement les trésors de la félicité éternelle. C'est pour quoi nous faisons savoir à tous les fidèles présents et à venir de la sainte Église de Dieu, que les religieux du monastère de S. Riquier, illustre confesseur de J.-C., s'étant rendus auprès de notre grandeur royale, nous ont présenté un précepte de notre très illustre seigneur et père Louis, César Auguste, de glorieuse mémoire, par lequel il céda, à l'usage et au profit desdits religieux,

---

1. Il était petit-fils de Charlemagne par sa mère Rotrude, etc. — M. Lot.

certains villages de ladite abbaye de S. Riquier, qui leur avaient été rendus, et leur en confirma la donation, en défendant aux abbés et toute personne placée sous leur autorité, d'en rien enlever ou distraire. Lesdits religieux prièrent ensuite notre grandeur de confirmer de nouveau et de renouveler, par un rescrit de notre excellence, le précepte impérial de notre dit seigneur et père. Nous avons donc consenti à leur demande, et voulons que chacun sache que nous leur avons accordé tout ce qu'ils désiraient. Nous avons, en outre, fait dresser cet acte spécial de notre volonté, par lequel nous concédons et confirmons à l'usage et au profit des religieux consacrés au service de J.-C, dans ledit monastère, les villages sus-mentionnés, à savoir, ceux de Civinicourt, avec Broneuil, d'Aldulficourt, de *Valles,* de Drusci, Neuville, du Mont-des-Anges, (Nubilimont [1]), de Guibrence, *Bagardas,* Courteil, Croix, *Langoratum, Allegia,* Sidrude, *Niviella,* Verculf, *Coucilium, Rocconis-mons,* Maris [2], et tout ce qui aujourd'hui paraît justement et légitimement appartenir aux lieux sus-mentionnés, ainsi qu'il a été statué par notre dit seigneur et père ; de manière que personne ne puisse rien prendre ou diminuer de ces dites terres, ni les convertir à d'autres usages, ni en exiger, sous aucun prétexte, aucun droit de parée ; de *lidimonium* ou de *hostilicium,* ni aucun autre droit quelconque ; mais au contraire qu'à présent et à l'avenir, lesdits religieux possèdent lesdits villages en paix et en jouissent sans aucun empêchement, ainsi qu'il a été dit et statué par le pieux empereur, notre père ; afin que les religieux, consacrés au culte de Dieu dans ledit monastère, se plaisent à implorer sans cesse la miséricorde divine pour le salut de notre dit seigneur et père, pour notre bonheur et celui de notre épouse, pour notre race et la stabilité de notre royaume [3]. Et afin que cet acte de notre autorité obtienne pour l'avenir un caractère inviolable, nous l'avons confirmé de notre propre main, et y avons fait apposer notre sceau [4].

1. Nuelmont, Nuëmont, commune de Gapennes. — Une chapelle y rappela le miracle du chapitre XXII de ce livre. — V. *Histoire de Cinq Villes,* t. VI, pp. 49-50.

1. Pour tous ces noms voir plus haut, pp. 92 et 93 et p. 102.

2. Ces actes se reproduisent les uns les autres. Hariulfe les enregistre avec la plus évidente satisfaction pour constater les droits anciens de l'abbaye.

3. *Annuli nostri impressione assignari jussimus.*

« Signature du glorieux roi Charles. Moi, Méginaire, notaire, à la place de Louis, l'ai reconnu et soussigné. Donné le xii des calendes de juin, l'an iv du règne de notre sérénissime roi Charles, indiction vi. Fait dans le palais du roi à Compiègne, au nom de Dieu *féliciter*. Ainsi soit-il. »

L'abbé Louis, au commencement de la cinquième année du règne de Charles, députa les moines de l'abbaye, dont il venait de prendre en main l'administration, auprès de ce glorieux prince, pour obtenir de lui une charte de confirmation en faveur de certaines terres que ledit abbé avait acquises et qu'il tenait de la munificence royale. Ces religieux, obéissant à l'ordre qu'ils avaient reçu, supplièrent de nouveau le roi Charles de confirmer une seconde fois, par un acte de son autorité, la charte qui leur avait été accordée par son père, et celle qu'il avait lui-même dressée nouvellement. Le roi consentit avec bonté à ce qu'ils demandaient, et rappela, dans un second privilège, les terres qu'il avait déjà confirmées dans un premier, en y en ajoutant de nouvelles, dont l'abbé désirait la confirmation, à savoir, celle de Forêt-Moûtier, avec toutes ses appartenances, et d'autres terres que la charte va faire connaître. Cette charte est ainsi conçue :

« Au nom de la sainte et indivisible Trinité, Charles, roi par la grâce de Dieu. En accueillant & (voyez la charte précédente)... Les moines du monastère de Centule, c'est-à-dire, de l'illustre Riquier, confesseur de J.-C., s'étant rendus auprès de la sérénité de notre grandeur, par la bonté et avec la permission de notre bien-aimé cousin, Louis, abbé dudit monastère, etc... (comme dans la charte précédente). Nous avons, pour l'amour de Dieu et aux instances de notre dit vénérable et bien-aimé cousin, l'abbé Louis, accueilli favorablement leurs prières, et voulons qu'il soit connu de tous que nous leur avons accordé tout ce qu'ils désiraient. Et, en outre, nous avons fait dresser cet acte de notre autorité, par lequel nous concédons et confirmons auxdits religieux les terres déjà mentionnées de Civinicourt avec Broneuil et Arguevilliers[1], d'Adulfecourt, de Vaux, de Drusci, de Neuville, du Mont-des-Anges, de Guibrence, *Bagardas*, Courteil[2], Croix, *Langoratum*, d'Authie, nommée aussi

---

1. *Argovillare*, où ?
2. Ou Courcelle, *Curticella*.

Abbatissa[1], de Conseil, Verculf, avec les biens de Regnier-Ecluse, avec toutes ses appartenances, de Rocconis-Mons, avec les blés et les terres d'Asflaire[2], comprenant le Champ Sacré, de Petronutius, en y ajoutant, après la mort d'Hegfroi, la métairie qu'il possède à titre précaire, de Nigelle, de Sidrude, la chapelle du village de *Maris*, avec les métairies qui en dépendent ; et de plus le couvent de Forêt-Moûtier avec toutes ses appartenances[3], que le vénérable abbé Louis a acquises pour lesdits religieux, et qui consistent en la terre d'Argouve[4], avec la ferme de *Romamgilis*[5], avec les *bénéfices* de Nortbert et de Guicbaud, compris dans la même ferme ; et celle de Bonelle[6], avec les *bénéfices* d'*Angaltius* et de Godolard, y compris S. Vigile, Bernai, Accinicourt et Euholt[7] ; Et dans le canton de Beauvais, au lieu nommé Gellis[8], 6 setiers et 8 arpents de vigne, 2 setiers à Rivirtsicourt[9], et 6 arpents de vigne au même lieu ; 2 setiers à Quentvic[10] et ma métairie à Maisoutre[11] ; 3 setiers à Asc[12], une métairie à Avesnes[13] ; sous la condition, néanmoins, que ceux qui possèdent maintenant des *bénéfices* dans les lieux ci-dessus désignés, les garderont jusqu'à leur mort, ou jusqu'à ce qu'ils aient obtenu, en échange, des *bénéfices* situés autre part, à moins que l'abbé ne les leur retire, pour cause de faute commise

1. Le texte de M. Lot donne *Abbatisham*.
2. In *Asflariis* dans le spicilège de d'Achery, in *Masflariis* dans le texte de M. Lot. La seconde leçon doit être la bonne, *Masflariæ* répondant à Mouflières que nous retrouvons plus loin au chapitre IX.
3. Pour tous ces lieux voir plus haut les notes des pp. 92-93 et 102.
4. *Argubius*, Argoule ?
5. *Romamgilis*, où ? près d'*Argubius* sans doute.
6. *Bonella*...
7. La situation de ces lieux, sauf celle de Bernay (canton de Rue), est inconnue maintenant.
8. *Gellis*, comment traduire ce mot ?
9. *In Rivirtsicurte*, ces deux derniers lieux dans le Beauvoisis.
10. *In Quentvico*. Quentovic, lieu dont le port fut détruit par les Normands et dont la situation a donné lieu à tant de discussions.
11. *In Mosultro*, Mesoutre.
12. *In Asco*, où ce lieu ? Il y a bien Ascq dans le département du Nord, mais...
13. *In Avisnis*. Bien des lieux s'appellent Avesnes. Le plus rapproché de Saint-Riquier est Avesnes, aujourd'hui commune de Vron (canton de Crécy).

envers lui ; dans lequel cas les frères rentreront dans ces biens sans aucune formalité ; et sous la condition que lesdits religieux entretiendront, à leurs frais et sous leurs ordres, les 12 chanoines de ladite église de Forêt-Moûtier. Quant au bois qui semble appartenir à la même église et que l'on nomme la Forêt, ledit abbé y prendra à discrétion tout le bois qui sera nécessaire à la consommation de sa dite abbaye. Et tout les biens qui semblent appartenir justement et légitimement aux villages ci-dessus mentionnés seront, etc. [1]

« Signature du roi Charles glorieusement régnant. Moi, Jonas, diacre, ai reconnu et soussigné, à la place de Louis. Donné le v des calendes d'octobre de l'an 5 du règne du glorieux roi Charles, indiction VII[2]. Fait à Compiègne, dans le palais du roi, au nom de Dieu *féliciter*. Ainsi soit-il. »

---

1. Le marquis le Ver omet la fin de ce diplôme, à cause des répétitions peut-être de l'acte qui précède dans ce même chapitre, mais aussi, plutôt, par ce que d'Achery n'a pas donné cette fin que l'édition de M. Lot a reproduite.
2. 24 novembre 844. — M. Lot.

CHAPITRE VIII

Enlèvement et replacement du corps de S. Riquier

Lorsque Louis était abbé de Centule un grand nombre de monastères, situés près des bords de la mer, et beaucoup de villages perdirent leur ancien état florissant, par suite de la crainte que leur inspirèrent les féroces Danois, qui, dans ces tems désastreux, infestaient l'embouchure de la Seine. Nos religieux furent tellement effrayés des courses de ces corsaires qu'ils prirent le parti d'abandonner le couvent et de sauver dans leur fuite, non seulement le trésor de l'église, mais encore ce trésor plus précieux et plus sacré, le corps de notre saint patron. Les frères, après l'avoir enlevé et après avoir laissé quelques-uns des leurs pour la garde du lieu saint, se dispersèrent et furent près de trois semaines absents du monastère. Enfin, par la volonté de Dieu, les Danois se retirèrent et gagnèrent d'autres royaumes; les frères rapportèrent le corps du saint dans son tombeau. Tous les habitants du pays accoururent au devant de lui et se livrèrent à de grands transports de joie, de ce qu'il leur était rendu. Le Tout-Puissant, pour accroître l'amour que les habitants du Ponthieu portaient à S. Riquier, opéra deux grands miracles à son retour. Un gentilhomme nommé Gotselme, tombé en paralysie, était privé de l'usage de tous ses membres ; mais, à l'arrivée du S. confesseur, s'étant avancé au devant de lui, en se faisant porter par les siens, il se sentit délivré de tout mal et il recouvra une santé parfaite, aussitôt qu'il eut aperçu sa litière. Une autre personne, nommée Magimbert, et d'une condition obscure, était hydropique et incapable de faire aucun travail ; on était obligé de le porter pour le faire changer de place, car il ne pouvait faire aucun mouvement. On l'engagea à se rendre au devant du saint qui revenait, et on lui promit qu'il obtiendrait par là son entière guérison ; et, comme il s'y refusait, en alléguant l'impossibilité de s'y transporter lui-même, on le porta et on le mena au devant de notre patron. Lorsque la procession des frères qui rapportaient leur précieux trésor passa auprès du malade, il s'écria que quelqu'un venait de marcher sur lui, et au même moment, lui ayant semblé qu'il était trempé dans l'eau chaude, il fut entièrement guéri.

CHAPITRE IX

Du comte et abbé Rodolphe

Quelques années après, l'abbé Louis étant mort[1], l'abbaye de Centule eut pour chef un personnage remarquable, nommé Rodolphe. Il était du sang impérial et possédait la sagesse du monde unie à la philosophie divine. Comme il était oncle du glorieux roi Charles[2], et que, malgré la noblesse de son extraction, il méprisait le monde et se consacrait entièrement au Seigneur, il fut élu abbé par les frères de Centule dont il partageait les pieux sentiments. Lorsque, à la prière du roi, il eut été revêtu de cette dignité, il fut encore choisi par ce prince, son neveu, pour gouverner le comté de la province maritime[3]; par ce que, non seulement il était doué, ainsi qu'on l'a dit, d'une piété solide, mais aussi par ce qu'il possédait la sagesse humaine. Ainsi, pendant que notre monastère était illustré par la présence de l'abbé Rodolphe, le comté de celui-ci florissait sous son administration[4]. Notre église s'enrichit par ses largesses de six nouvelles terres[5] dont les noms sont rapportés plus bas. A l'exemple de ses prédécesseurs, il députa les moines de son abbaye auprès du roi, pour le prier de leur confirmer, par un acte de son autorité, ces terres nouvellement acquises, et d'autres terres anciennes sur lesquelles existaient des craintes pour l'avenir.

---

1. Le 9 janvier 867. — Note de M. Lot.
2. « Rodolphe était frère de Judith, seconde femme de Louis le Pieux et mère de Charles le Chauve. Il ne succéda pas à l'abbé Louis à sa mort mais dès 846. » — M. Lot.
3. Le Ponthieu. — Note du marquis Le Ver.
4. Hariulfe dit plus nettement : *ornabatur... monasterium Hruodulpho abbate; refulgebat res publica Hruodulpho comite.*
5. *Villas:*

Les frères, d'après ses ordres, se rendirent auprès de la majesté royale et lui présentèrent la supplique dont ils étaient porteurs. Le prince leur fit un bon accueil et leur accorda cette charte de confirmation :

« Au nom de la S^{te} et indivisible Trinité, Charles, roi par la grâce de Dieu. En accueillant les prières des serviteurs de Dieu, etc. (comme dans la charte précédente)... De la volonté et avec la permission de notre bien-aimé oncle Rodolphe, recteur de l'abbaye de Centule, les moines de ladite abbaye, etc... [1]; Nous avons, par l'avertissement de Dieu, et aux instances de notre dit oncle, l'abbé Rodolphe, accueilli favorablement leur demande, et voulons qu'il soit connu de tous que nous la leur avons accordée. Nous avons, en outre, fait dresser cet acte de notre Révérence, par lequel nous ordonnons que les villages déjà mentionnés, c'est-à-dire, ceux de Civinicourt, avec Broneuil, d'Archevillers [2], de Hardulficourt, de Vaux, de Drugy, avec l'église de Caours [3] et ses dépendances, de Neuville, du Mont-des-Anges [4], de Guibrence, de Bagardas, de Courteil, de Croix, de Langorat, d'Authie, qu'on nomme aussi *Abbatissa*, de Verculf, de Conseil [5], avec la métairie de Vertun [6], que Teutdrad a cédée à S. Riquier en vertu d'un échange; le village de Nialla avec la maison de Filcariis [7], celui de Roquemont avec les champs et les terres de Masflariis, du Champ-Sacré, et de Pierrenuce [8]; le village de Sidrude avec toutes ses dépendances, et, en outre, ce qu'un nommé Ragembert possédait à titre de bénéfice en échange de la terre de Forêt-Montier [9], que lesdits frères ont possédée jusqu'à ce jour en vertu de notre charte délivrée avec raison sur leur demande et du

---

1. M. Lot a publié tous les passages omis par d'Achery et par conséquent non traduits par Le Ver.

2. *Arcovillare*.

3. *Ecclesia Cardordense*. M. J. Garnier ne donne pas ce mot dans les origines du nom de Caours.

4. Ou Nubilimont. — Le Ver.

5. *Concilium*, Conchil.

6. *In Vertunno*, Verton.

7. Feuquières.

8. *In Petronutio*, Pernes.

9. Pour tous les autres noms rapportés ci-dessus voir plus haut, pp. 92-93 et p. 102.

consentement de notre dit oncle Rodolphe ; ledit bénéfice comprenant Argoube avec ses dépendances, *Longus superior* [1], *Spania* [2], Hardivillers [3], Habacourt [4] et *Hambiaca - Villa* [5], une église avec deux métairies et une ferme nommée *Ponticulis* [6], et, dans la terre de *Buxidis* [7], une maison avec toutes ses appartenances ; ordonnons donc que toutes ces terres et tout ce qui paraît aujourd'hui y avoir été justement et légitimement ajouté et changé, appartiennent aux religieux dudit monastère, de la même manière que notre seigneur et père, etc...

« Signature de Charles, glorieux roi. Moi, Enée, notaire, ai reconnu et souscrit, à la place de Louis. Donné le II des calendes de mars, indiction III, et la 16e année du règne du glorieux roi Charles. Fait à Germigni, au palais du roi, au nom de Dieu, *féliciter*. Ainsi-soit-il. »

Le vénérable Rodolphe, abbé et comte, après avoir gouverné pendant quelques années son abbaye et les provinces maritimes, fut appelé auprès de Dieu et sortit de ce monde [8], pour goûter les joies du paradis, qu'il avait méritées par la sagesse de son administration. Les frères, que sa perte plongeait dans la douleur, envoyèrent aux églises [9] et aux autres lieux consacrés au Seigneur, une circulaire pour leur faire part de sa mort, et pour le recommander à leurs prières. Je n'ai pas cru devoir passer ce fait sous silence, parce que cette lettre qu'ils ont insérée dans leur obituaire a été conservée jusqu'à nos jours avec les anciens monuments de notre couvent, et qu'elle offre encore

---

1. Long.
2. Espagne, Épagne.
3. *Hadardi-Villarem.*
4. *Habacurtem,* où ?
5. Où ?
6. Où ?
7. Bussu. Voir d'ailleurs plus haut, pages dites.
8. Il mourut le 6 janvier 866. — M. Lot.
9. Le mot *ecclesia* est presque toujours employé pour signifier une abbaye. — Note du marquis Le Ver.

aujourd'hui une lecture agréable aux frères. Elle est ainsi conçue [1] :

« Les frères du monastère de S. Riquier de glorieuse mémoire à tous les soldats de J.-C. Nous demandons instamment à votre paternité de recevoir en frères les noms de nos morts et de nous envoyer ceux des vôtres, comme aussi de marquer exactement le jour de l'arrivée de notre messager, afin que nous ne puissions être induits en erreur par ses mensonges. Celui-ci vous instruira des noms de ceux qui remplissent chez nous les fonctions d'abbé, de prévôt et de doyen. Le seigneur Rodolphe, notre comte et abbé, est mort le VIII des ides de janvier. C'est pour quoi nous vous recommandons d'implorer pour lui la miséricorde divine, afin qu'un jour vous obteniez la même faveur, et qu'il soit admis au nombre des justes par la vertu de vos saintes prières. Nous avons pensé qu'il était juste de prier continuellement le Seigneur, et avec une vraie piété filiale, pour celui qui se montra à notre égard un père tendre [2] et plein de sainteté. »

---

1. M. Lot rappelle que cette lettre a été reproduite par M. Léopold Delisle dans les *Rouleaux des morts du IXe au XVe siècle*.

2. Le marquis Le Ver paraphrase un peu. Hariulfe dit simplement *patrem piissimum*.

CHAPITRE X

De Helgaud comte et abbé

Après la mort de Rodolphe le comte Helgaud eut la conduite du monastère de Centule. Il passa de son comté à la direction des âmes [1]. Avant d'être abbé et moine il avait servi le monde et avait laissé d'une femme, avec laquelle il avait été marié, un fils, nommé Herluin, qui fut comte [2] et qui hérita de son pouvoir temporel, sans hériter de sa servitude monastique. Si maintenant l'on demande pourquoi Helgaud fut à la fois comte, recteur et abbé, nous rapporterons la raison que les anciens en ont donnée. Vers ce tems-là, par la permission de Dieu et par l'exigence des péchés du peuple chétien, la nation féroce des Danois et d'autres nations barbares envahissaient fréquemment le territoire des Francs et s'efforçaient d'expulser leurs rois et leurs princes qu'elles brûlaient d'exterminer. Les petites provinces [3] de Ponthieu et de Vimeu n'avaient alors que peu ou point de châteaux et de places fortifiées et offraient ainsi aux ennemis une libre entrée en France. On peut en voir la preuve dans les deux exemples rapportés dans cet ouvrage, lorsque nous avons dit que le seigneur Nithard, fils de S. Angilbert, avait été tué à la guerre, et lorsque nous avons raconté la translation que la crainte fit faire, sous l'abbé Louis, du corps de notre S. patron Riquier. En effet les anciens ont assigné pour cause

---

1. Hariulfe dit mieux : *Ex sæculari comitatu transsit ad animarum ducatum ;* mais il joue sur les mots comté et duché, ce que ne semble pas avoir remarqué le traducteur.

2. « On ne connaît point de comte de Ponthieu de ce nom au ixe siècle. Hariulf introduit ici deux personnages du xe. Helgaud, comte de Montreuil, apparaît en 925. Il fut tué par les Normands en 926. Son fils Herluin lutta comme lui contre les Normands et fut tué en 945. Celui-ci eut pour fils Roger, dont on perd la trace à partir de 957. » Etc. — M. Lot.

3. *Provinciolæ.*

de la mort de Nithard, qui fut revêtu des deux charges temporelle et spirituelle, la part qu'il eut à une expédition militaire, où il se trouva parce qu'il n'avait pas renoncé au monde [1], et où il fut tué par les ennemis. Comme l'arrivée de ces peuples féroces inondait la France d'un déluge de maux, le roi des Francs et les grands du royaume chargèrent du soin de calmer cette tempête l'abbé de Centule, qui jouissait d'une grande considération et d'un pouvoir étendu, tant à cause du grand courage des habitants de ce saint lieu qu'à cause de l'immensité de leurs revenus et de la multitude des chevaliers qu'ils avaient dans leurs familles et qui leur permettaient d'entreprendre des choses grandes et difficiles. En effet, il suffisait, pour donner une idée avantageuse de sa noblesse, d'annoncer qu'on sortait du monastère de S. Riquier. Des ducs, des comtes, des fils de ducs et des fils de comtes, et même des fils de rois, y étaient élevés; et tous les personnages du plus haut rang, qui occupaient les premières dignités du royaume, tenaient à honneur d'avoir un parent dans cette abbaye. Voilà donc pourquoi plusieurs de nos abbés ont été à la fois abbés et comtes. Ils se faisaient distinguer par la noblesse de leur famille, et fidèles observateurs de la sainte règle sous laquelle ils vivaient, ils marchaient, sous les yeux de Dieu, à la tête des armées.

Helgaud fut donc à la fois abbé et comte. Mais, ô douleur! pendant qu'il administrait le monastère de Centule, il céda pour un certain tems, à titre de bénéfice, la terre de Rollenicourt et quelques autres que nous venions de recevoir du duc Hugues. Il existe à ce sujet une charte précaire que nous avons fait dresser, et qui tourne à notre louange, quoi qu'elle soit pour un sujet de peine. Helgaud, après avoir été pendant quelques années abbé de Centule, mourut sans transmettre le gouvernement de son comté aux abbés ses successeurs, parce que son fils Herluin hérita de sa qualité et de ses droits de comte. Je dois ajouter, à l'honneur du comte Helgaud, que les réglements qu'il a promulgués dans son comté sont encore aujourd'hui suivis, connus et conservés, dans toute la province.

1. Est-ce bien cela qu'Hariulfe a voulu dire en écrivant : *non relicto regulari ordine ?*

CHAPITRE XI

Du seigneur Guelfon abbé, et de la translation du chef de S. Riquier

Après la mort de Helgaud, nous fûmes gouvernés par Guelfon[1], qui était du sang royal et qui se montra comme un père à notre égard. Ses talents et son intégrité sont au dessus de la peinture que j'en pourrais faire, et l'on verra éclater la bonté naturelle de son cœur, dans les faits qui vont suivre. Il fut grand admirateur et serviteur dévoué de S. Riquier ; il se montra bienveillant envers toutes les personnes placées dans sa dépendance et jouit constamment de l'amitié des princes. Sa sagesse consommée et la pureté de sa foi lui conservèrent le titre d'abbé du monatsère de Sainte-Colombe de Sens, quoiqu'il fût devenu abbé de Centule. Mais nous allons rapporter ce qui se passa sous son administration, afin de faire mieux ressortir la noblesse de son caractère.

En l'an 864 de l'Incarnation de notre Seigneur, indiction XII, au mois d'octobre et le VI des calendes de novembre, le glorieux chef de S. Riquier fut transporté, par les soins de cet abbé et par ceux des frères, de la châsse de bois qui le renfermait dans une châsse d'argent, ornée d'or et de pierreries. Cette châsse de bois avait été fabriquée du tems que les barbares dévastaient notre patrie ; et les frères y avait renfermé la tête du saint, afin de pouvoir plus facilement l'emporter dans leur fuite et la transférer dans les lieux où ils auraient été contraints de se réfugier. Mais la tranquilité étant revenue, et les ennemis ayant été mis en fuite, le vénérable moine Odulfe qui avait la garde

---

1. « Guelfon, fils de Rodolphe, abbé laïque de Saint-Riquier, succéda à son père en 866. » — M. Lot.

de notre S. patron[1], et qui veillait pour sa gloire avec un zèle infatigable, avait, avec les trésors de l'église, orné magnifiquement d'or, d'argent et de pierreries, une châsse, dans laquelle on déposa le chef de S. Riquier, qui fut alors tiré de celle de bois qui le renfermait depuis longtems. Un nommé Gérald, l'un des serviteurs du monastère, et qui, depuis plus de dix-huit mois[2], était privé de la vue, s'étant trouvé présent à cette translation, et s'étant prosterné à terre en priant, recouvra tout-à-coup la lumière au moment où l'on plaçait l'auguste tête de notre patron dans sa nouvelle châsse. Le vénérable[3] gardien Odulfe enferma aussi, avec le chef de S. Riquier, beaucoup de reliques appartenant à d'autres saints dont nous parlerons plus bas. Mais je vais auparavant revenir à nos rois, dont la piété a répandu sur notre monastère de magnifiques bienfaits.

1. La périphrase n'est pas désagréable pour portier, *ædituus*.
2. *Ante annum et dimidium*.
3. *Memoratus*. Le marquis Le Ver enchérit sur les épithètes.

CHAPITRE XII

Des rois, et des reliques que le gardien Odulfe obtint de différents lieux [1]

Le lecteur se rappelle que nous avons dit plus haut que Louis, fils de l'empereur Louis, obtint, après une sanglante bataille, livrée entre lui et ses frères, les royaumes de Norique, d'Allemagne, d'Austrasie, ainsi que ceux des Saxons et des Huns. Après avoir régné avec fermeté pendant quarante-trois ans, ce prince se voyant sur le point de mourir, partagea son empire entre ses trois fils. Il donna à Carloman la Norique ou Bavière et *Marchas*[2], pour tenir en bride les Slaves et les Lombards. Il abandonna à Louis la Thuringe, l'Austrasie, la France et la Saxe ; et Charles eut l'Allemagne et *Curguala*, c'est-à-dire, le comté de Cornouailles[3]. Ce partage eut lieu après la fête de Pâques, en l'an de l'Incarnation de notre Seigneur 865, indiction XII. Louis régna encore onze ans après, puis il mourut[4].

En l'année que ce prince fit le partage de son royaume, Odulfe qui était gardien de l'église de S. Riquier, alla trouver le vénérable Hilmerad, évêque d'Amiens, pour le prier de lui donner, en l'honneur de Dieu et pour l'amour des frères, quelques-unes des reliques dont il était possesseur. Le

---

1. Le marquis Le Ver a négligé ce titre que je traduis du Spicilège et de l'édition de M. Lot.
2. Le marquis Le Ver n'a pas traduit ce nom, mais sa table des lieux il dit : *Marchæ*, les Marches contre les Esclavons et les Lombards.
3. *Id est comitatum Cornugalliæ.* « Explication inepte, dit M. Lot. *Curguala* désigne le canton de Coire *(Curia)* habité par des populations romanes, d'où le nom de *Churvalchen* (Welches de Coire) que leur ont donné les Germains. »
4. 28 août 876. — M. Lot.

prélat, dirigé par la grâce céleste, y consentit avec bonté et lui indiqua le jour où il devait les envoyer chercher. Odulfe, à l'époque fixée, envoya à Amiens son disciple le prêtre Samuel, qui, aux ides de juin [1], rapporta à Centule les restes sacrés qu'il avait reçus des mains de l'évêque. Ils consistaient en la chasuble dont était revêtu S. Firmin lorsqu'il mourut pour le Christ, en quelques os provenant des genoux des SS. martyrs Fuscien, Victoric et Gentien, et en une partie du bout d'un doigt du fameux confesseur de J.-C, S. Honoré.

Nos frères allèrent en grande procession au devant de ces reliques, et se prosternèrent à terre pour les adorer. Puis, les ayant reçues avec beaucoup de joie et en grande cérémonie, ils les déposèrent dans la châsse qui renfermait la tête de S. Riquier.

En la même année, Odulfe alla trouver les religieux de S. Josse, et les pria de lui donner des reliques de leur saint. Ceux-ci, ravis de posséder quelque chose qui pût faire plaisir aux moines de Centule, lui accordèrent la moitié d'un doigt de S. Josse, que nos frères reçurent, selon la coutume, avec beaucoup d'honneurs, et qu'ils placèrent, le jour des ides de décembre [2], dans la châsse dont nous avons parlé.

L'année suivante, Odulfe obtint des religieux du monastère de Fontenelle, qui venait d'être peuplé, des cendres et des os des SS. Vandrille et Ansbert. Ces reliques furent apportées à Centule le II des ides de février [3]. Elles furent reçues honorablement par nos frères et enfermées dans la châsse de S. Riquier.

Il pria aussi une abbesse qui se rendait à la cour du roi Charles à Valenciennes de lui faire avoir des reliques du glorieux martyr Sauve. Celle-ci se souvenant, à son retour de la prière qui lui avait été faite, obtint des religieux qui habitaient le monastère de ce saint, dont le recteur, nommé Hugues, était son fils, une partie des précieux restes du S. martyr, c'est-à-dire de son sang et de ses cheveux, ainsi qu'un morceau de la manche du vêtement qu'il portait lorsqu'il subit la mort pour J.-C. Ces restes précieux furent apportés à Centule

---

1. Le mercredi 13 juin 865. — M. Lot.
2. Le mercredi 13 décembre 865. — M. Lot.
3. Le dimanche 12 février 866. — M. Lot.

le IV des nones de mai [1], et reçus avec respect par nos frères, puis déposés par eux dans la châsse dont nous avons parlé.

En l'an 866 de l'Incarnation de notre Seigneur, indiction XIII, le même gardien de notre monastère obtint, à la recommandation de Hilmerad, prévôt de S. Lucien martyr, de Hudon, évêque de Beauvais, quelques-unes des reliques que celui-ci possédait. Le messager qui fut à cet effet envoyé près de lui, en rapporta des cheveux et un morceau de l'habit de S. Lucien, ainsi qu'un os du corps de S. Just. Ces reliques arrivèrent à Centule le II des ides de juin [2]. Nos frères les reçurent avec beaucoup de respect et en chantant des hymnes à leur honneur ; puis ils les placèrent à côté de la tête de S. Riquier, patron du Ponthieu.

1. Le jeudi 2 mai 866. — M. Lot.
2. Le mercredi 12 juin 866. — M. Lot.

CHAPITRE XIII

Privilège de Louis en faveur de la terre de Civinicourt [1]

L'année suivante, 867 de l'Incarnation de notre Seigneur, indiction xv, lorsque le vénérable abbé Guelfon administrait avec modestie et justice le monastère de Centule, il arriva que la terre de Civinicourt eut beaucoup à souffrir du fréquent passage des gens de guerre à pied et à cheval. C'est pourquoi le sage recteur, craignant que cet abus ne vînt à passer en usage et ne portât un grand préjudice à la dite terre, se rendit auprès du roi Louis, qui avait été fait roi par son père depuis environ trois ans, et le pria de défendre, par un acte de son autorité, qu'à l'avenir aucun homme de pied ou de cheval entrât dans le village de Civinicourt pour y loger. Le roi accueillit avec bonté la demande de notre vénérable abbé, et lui accorda ce précepte :

« Au nom de notre seigneur, le dieu éternel, et de notre sauveur J.-C, Louis roi par la miséricorde divine, faisons savoir à tous les fidèles de la sainte église et à nos sujets présens et à venir, que le vénérable abbé Guelfon, notre bien aimé cousin, ayant recours à notre sérénité, nous a priés de faire dresser un précepte de notre autorité, pour tirer de l'oppression le village de Civinicourt, appartenant aux religieux de S. Riquier, et pour défendre à toute personne allant à la guerre ou en revenant, de prendre un logement dans ledit village, et aussi pour que ledit village reste exempt et libre de tout logement et puisse vaquer aux services qu'il doit à ses seigneurs. Nous, pour l'amour de Dieu, par respect pour l'abbaye de Centule, pour le salut de notre âme, et à cause de l'affection que nous portons audit abbé Guelfon, notre bien aimé cousin, avons

---

1. Jean de la Chapelle nomme cette terre Chevincourt. Ce lieu est dans le Beauvoisis.

déféré à sa demande, et arrêtons ce qui suit. Nous voulons donc et ordonnons, par ce précepte de notre autorité, que personne de notre royaume n'entre dans le village de Civinicourt, pour y loger, sans la permission desdits religieux, et que ledit village reste, sans aucune contestation, exempt de la charge de tout logement ; et nous condamnons à payer 30 livres d'argent quiconque, sans la permission desdits religieux, agira contre la teneur de notre précepte. Et afin que cet acte de notre concession demeure à l'avenir inviolable pour tous, nous y avons fait apposer notre sceau. Audacher, notaire à la place de Gauzlin, l'a reconnu et souscrit. Donné le III des calendes de janvier, indiction xv, la deuxième année du règne du glorieux roi Louis. Fait au palais de Compiègne, au nom de Dieu, *féliciter*. Ainsi soit-il [1]. »

---

[1]. M. Lot ne conteste pas l'authenticité de ce diplôme mais il en discute sérieusement la date et le lieu d'émission. — *Introduction* pp. XXXVII-XXXIX.

CHAPITRE XIV

Du même Odulfe et des reliques acquises par lui

Aux mêmes année et indiction, le gardien du monastère de S. Riquier, Odulfe, demanda aux frères de Sens de l'abbaye de Ste Colombe, en présence de notre abbé Guelfon, qui, par la grâce de Dieu, était aussi abbé de Ste Colombe, de lui accorder, avec le consentement de celui-ci, des reliques de leur sainte. Quelques-uns de ces frères se trouvaient alors à Centule. Ceux-ci lui en promirent volontiers, si le Christ leur faisait la grâce de retourner sains et saufs dans leur couvent. Lorsqu'ils y furent arrivés et qu'ils eurent fait part aux autres religieux de la demande qui leur avait été adressée par ceux de Centule, il leur fut répondu avec beaucoup de dévotion que, si le monastère de Ste Colombe possédait quelque chose qui pût faire plaisir et honneur à celui de S. Riquier, il était prêt à l'accorder à ce dernier. On envoya donc à Centule un os de l'épaule de la sainte, vierge et martyre. Ces reliques furent reçues avec beaucoup de vénération par nos frères, qui, en chantant des hymnes à leur honneur, les déposèrent dans la châsse qui renfermait le chef de leur illustre patron.

En la même année la vénérable abbesse Hruodum [1], qui affectionnait les religieux de Centule, leur apporta des reliques des SS. pères Arator, Paul, Maur et Sauve, confesseur évêque, qui furent enfermées le 11 des calendes d'avril [2] dans la châsse de S. Riquier.

En la même année, un de nos frères, nommé Samuel, ayant eu le bonheur d'entrer à S. Denys, obtint d'un prêtre de Paris un petit os du corps de S. Vit,

---

1. Personnage inconnu, dit M. Lot.
2. Le lundi 31 mars 867. — M. Lot.

qu'il envoya à Centule, et qui fut déposé, le xv des calendes de mai¹, dans ladite châsse de S. Riquier.

Lorsque le pape Nicolas gouvernait l'église de Rome, un moine de notre abbaye, nommé Ansegise² et doué d'une grande sagesse, porta de la part du glorieux roi Charles un message à ce souverain pontife, pour la commune utilité de la Ste Église catholique. Ansegise fut reçu avec magnificence par cet illustre personnage, et reçut, pour prix de son message, de saintes reliques que le pape obtint d'un romain par prières ou à prix d'argent. C'était le corps presque tout entier de S. Jean martyr, un bras du pape S. Urbain, un bras de S. Alexandre, cinquième pontife de l'église; la tête de Ste Félicité avec des reliques de ses quatre fils, et une multitude d'autres restes sacrés qu'il serait trop long de décrire. Le moine Ansegise rapporta avec lui ces trésors pour en enrichir son monastère. Tous les frères allèrent au devant de ces saintes reliques et témoignèrent, en se prosternant jusqu'à terre, la profonde vénération qu'ils leur portaient. Ensuite ils les déposèrent, le jour des calendes de décembre³, dans ladite châsse de S. Riquier.

Le vénérable Odulfe obtint encore d'un ministre de S. Maurice⁴, qu'il trouva en Ponthieu, un morceau de la tête de ce S. Martyr et une partie de la chemise ensanglantée de S. Exupère, que celui-ci portait lorsqu'il fut martyrisé. Ces précieuses reliques furent reçues avec vénération et enfermées avec le chef de notre patron.

---

1. Le jeudi 17 avril 867. — M. Lot.
2. Une note de M. Lot établit que cet Anségise devint archevêque de Sens.
3. Le lundi 1er décembre 867. — M. Lot.
4. Peut-être Saint-Maurice d'Agaune (Valais), dit M. Lot.

CHAPITRE XV

PRIVILÈGE DE CHARLES EN FAVEUR DE LA TERRE DE D'HASLOAS[1]

En l'an 868[2] de l'Incarnation, indiction 1, et la vingt-huitième année du règne du glorieux roi Charles fils de Louis Ier, le vénérable Guelfon, père de Centule, pria sa majesté royale de confirmer à son monastère, par un acte de son autorité, la possession du village de Hasloas, situé sur la rivière de la Somme, afin qu'aucun abbé ni toute autre personne, ne puisse en rien distraire, ni y changer rien au préjudice de l'usage des frères. Le glorieux roi consentit à sa demande et lui accorda ce précepte :

« Au nom de la sainte et indivisible Trinité, Charles, roi par la grâce de Dieu ; en accueillant favorablement les demandes justes et raisonnables qui nous sont faites par nos fidèles, en faveur des lieux saints qui leur sont confiés, nous croyons fermement travailler à notre bonheur dans cette vie et à notre félicité éternelle dans l'autre. Nous faisons donc savoir à tous les fidèles de la sainte Église et à nos sujets présens et à venir que notre amé Guelfon, vénérable abbé de Centule, où repose le sacré corps de Riquier, illustre confesseur du Christ, et où réside une congrégation de religieux consacrés au service de Dieu, est venu supplier notre grandeur d'accorder aux dits religieux une charte de confirmation, au sujet du village de Hasloas appartenant à ladite abbaye de Centule, des usines et pêcheries qui dépendent de ce village et

---

1. Sous ce nom, dans ses tables, le marquis Le Ver dit simplement : village sur la Somme dans l'Amiénois. — M. Lot (table) dit : Arleux, dépendant de Bray-sur-Somme. — Arleux est nommé en français par Jean de la Chapelle dans le dénombrement de 831 reproduit en partie par lui.

2. « Erreur, dit M. Lot. La 28e année de Charles Le Chauve va du 21 juin 867 au 20 juin 868 ; la date du diplôme qui suit montre qu'il est de 867. »

généralement de toutes ses appartenances, le tout situé dans l'Amiénois, sur la rivière de la Somme. Nous, déférant à sa juste demande, avons fait dresser et remettre aux dits frères ce précepte de notre grandeur, par lequel nous voulons et ordonnons qu'ils possèdent et gardent en paix, sans qu'aucun abbé puisse leur rien contester ou enlever, toutes les choses qu'ils ont acquises, et qui leur ont été confirmées par notre père et par nous, ainsi qu'il appert par les chartes qui leur ont été délivrées ; et leur confirmons, en particulier, par ce précepte, la propriété du village de Hasloas, avec ses maisons et édifices, terres, forêts, prés, eaux, cours d'eau, moulins et pêcheries, avec les serfs des deux sexes qui résident audit village, et tout ce qui paraît justement lui appartenir ; de manière qu'aucun recteur dudit monastère ne puisse rien distraire ou retrancher de ces propriétés, ni les faire servir à l'usage de ladite abbaye[1] ; afin qu'ils vaquent plus librement au service de Dieu et qu'ils implorent, par des prières continuelles, la miséricorde divine pour nous, pour notre épouse et nos enfants et pour la stabilité de notre royaume ; et afin que ce précepte de notre autorité royale conserve toute sa force pour les tems à venir et demeure inviolable pour tous, nous l'avons confirmé de notre propre main, et y avons fait apposer notre sceau. Signature de Charles roi très-glorieux. Frotgaire notaire au défaut de Gozlin l'a reconnu et souscrit. Donné le VII des ides de décembre, indiction I, l'an 28 du règne du glorieux roi Charles. Fait à Kiersi[2], dans le palais du roi, au nom de Dieu, *feliciter*. Ainsi soit-il. »

1. Il faudrait : ni les faire servir à autre chose qu'à l'usage, etc.
2. Quierry, 7 décembre 867. — M. Lot.

CHAPITRE XVI

Donation de Vallis-Villa[1] par le roi Charles

Le puissant roi Charles ne se contenta pas d'accorder aux frères la confirmation qu'ils lui avaient demandée au sujet de leurs terres et de leurs villages, il leur céda encore de son plein gré, pour satisfaire l'amitié qu'il leur portait et en considération de leur mérite, ce qu'aucun d'eux n'avait demandé, soit qu'ils ne sentissent pas la nécessité d'accroître leurs revenus, soit qu'il ne leur parût décent d'adresser de nouvelles demandes à un prince qui venait déjà de les honorer de ses bienfaits. Le roi Charles donna au monastère de Centule, pour le salut de son âme, une terre située dans le Beauvoisis, et qui se nomme *Vallis*. Voici l'acte de cette donation :

« Au nom de la sainte et indivisible Trinité, Charles roi par la grâce de Dieu. Tout le bien que nous pouvons faire aux lieux consacrés au service de Dieu, nous profite dans cette vie, et nous fait obtenir plus facilement les joies du bonheur éternel. Nous faisons donc savoir à tous les fidèles de la sainte Église et à tous les nôtres présens et à venir, qu'à cause de l'amour et de l'honneur que nous portons à S. Riquier, illustre confesseur de J.-C, il a plu à notre grandeur, pour obtenir l'absolution de nos péchés, de céder et abandonner quelques uns de nos biens aux usage et profit des religieux du monastère de Centule, où repose le corps dudit confesseur de J.-C, et où le vénérable Guelfon est abbé, à savoir dans le Beauvoisis, dans un village nommé *Vallis*, une terre faisant partie de notre domaine et renfermant 130 bonniers de terres ensemencées, 30 journaux de vigne, 21 journaux de terre labourable,

---

1. Vaux dans le Beauvoisis.

2 journaux et 48 bonniers de pré, 20 journaux de bois, 5 journaux et 2 bonniers de bois taillis, 110 bonniers de marais, 1 bonnier d'aulnoie, 1 moulin et 4 petites métairies dont chacune contient 3 journaux de terre et 2 autres petites métairies de 3 journaux et demi chacune [1]. C'est pourquoi nous avons fait dresser et remettre aux dits religieux cet acte, par lequel nous leur donnons et cédons en totalité et à perpétuité lesdites choses et terres, avec les maisons, édifices, vignes, terres, forêts, prés, pâturages, eaux, cours d'eaux et moulins, avec les serfs des deux sexes qui résident sur ces terres, et généralement tout ce qui paraît justement leur appartenir ; de manière qu'aucun recteur dudit monastère ne puisse en rien distraire etc. (comme ci-dessus)... Et nous avons fait apposer notre sceau à cette charte. Signature de Charles roi très-glorieux Moi, Frotgaire, notaire, au défaut de Gozlin, l'ai reconnue et souscrite. Donné le VI des calendes d'avril, indiction I, et la 28e année du règne du glorieux roi Charles [2]. Fait à Senlis, au nom de Dieu, *feliciter*. Ainsi-soit-il. »

1. Ce passage me paraît un peu arbitrairement traduit quant à la dénomination des mesures d'une contenance indéterminée d'ailleurs dans du Cange. Le texte est : ..... *seticum habentem quadrellos CXXX, et de vineis bunuaria XXX, et de arabili terra bunuaria XXI, et de pralo bunuaria II et quadrellos II, et de marisco quadrellos CX, et de alnido bunuarium I, et farinarium I, et mansellos IV (habet unusquisque bunuaria III), et alios mansellos II (habet unusquisque bunuaria III et dimidium).* — Il est peut-être impossible en effet d'évaluer maintenant ces mesures. Du Cange a cité justement le passage d'Hariulfe. *Seticus* n'obtient de lui que cette définition : *seticus, modus agri*; et il n'accorde à *quadrellus* que cette autre trop facile : *quadrellus, modus agri minutior.* Quant à *bunuarium* ou *bonnarium* (bonnier) il n'est pas plus précis : *modus agri certis limitibus seu bonnis definitus.*

2. 27 mars 868. — M. Lot.

CHAPITRE XVII

Donation de Bersaccas[1], et privilège du même prince Charles

Le vénérable Guelfon, aimé de Dieu et chéri de tout le monde, ayant appris la munificence du roi en faveur de notre couvent, puisa dans l'amour qu'il portait à ce prince son parent assez de confiance et de hardiesse pour l'engager, au nom de Dieu et de S. Riquier, à accorder encore aux moines de Centule quelque chose qui pût à la fois lui mériter la protection de Dieu et tourner à l'honneur de l'abbaye de S. Riquier. Il obtint ce qu'il désirait, et le prince donna à notre monastère un village qui en est voisin et qu'on nomme Bersaccas. Voici l'acte de cette donation :

« Au nom de la sainte et indivisible Trinité, Charles, roi par la grâce de Dieu. Dans la confiance où nous sommes qu'en répandant nos bienfaits sur les saints lieux consacrés au service de Dieu, nous méritons les prières des religieux qui les habitent, et attirons sur nous les faveurs du ciel ; nous faisons savoir à tous les fidèles de la sainte Église catholique et à nos sujets présens et à venir, qu'aux instances de Guelfon, abbé du monastère de S. Riquier, nous cédons, par cet acte de notre autorité, audit monastère, pour subvenir à l'entretien de son luminaire, un lieu nommé *Bersaccas*, situé dans le Ponthieu, non loin du susdit monastère, et certains autres biens qui sont reconnus lui appartenir ; sous cette condition que des lampes seront, par les frères dudit couvent, allumés devant l'illustre confesseur Riquier et devant les reliques des autres saints. C'est pourquoi nous avons fait dresser et remettre auxdits frères

---

[1]. Bersacles et Bersacques dans Jean de la Chapelle. Pour ce lieu, entre Millencourt et Saint-Riquier, voir *Hist. de Cinq Villes*, t. V, pp. 157, 179, 241, 260, sutout 390, enfin 431-432.

cette charte par laquelle nous leur donnons toutes les choses susdites avec l'église bâtie dans ledit lieu, avec les bois, prés, pâturages, moulins, eaux et cours d'eau, et tout ce qui paraît justement appartenir audit lieu de *Bersaccas*; ordonnant que du revenu dudit *Bersaccas* on fasse clairer trois lampes devant la tête du bienheureux Riquier et devant les reliques des saints qui sont renfermées avec elle, et qu'au quatrième jour des nones de décembre, anniversaire de la translation de ces saintes reliques, ceux qui percevront ledit revenu donneront, en l'honneur desdits saints, un repas magnifique[1] aux religieux consacrés au culte de Dieu dans ledit monastère. Et nous prions le ciel, en présence dudit Riquier et de ses compagnons, de ne permettre à personne d'enlever ledit lieu de *Bersaccas* au service du culte divin, ou de s'en approprier les revenus, mais au contraire que le susdit lieu reste à jamais consacré à l'usage auquel nous l'avons destiné, et que lesdits religieux, jouissant en paix de notre bienfait, allument lesdites lampes et donnent tous les ans ledit repas, ainsi que nous l'avons réglé. Nous recommandons aussi nous, notre épouse, nos enfants et notre royaume, aux prières desdits frères. Et afin que cette charte ne puisse être altérée, nous l'avons confirmée de notre propre main, et y avons fait apposer notre sceau. Signature de Charles roi très-glorieux. Moi, Hildebold, chancelier ai reconnu et souscrit ladite charte au défaut de Gozlin. Donné le IV des calendes de juin, indiction I, et la 28e année du règne du très-glorieux roi Charles. Fait au palais de Kiersi au nom de Dieu[2]. Ainsi soit-il.

1. Copieux suffirait : *refectio cibi et potus congruæ opulentiæ*.
2. Quierry, 29 mai 868. — M. Lot.

CHAPITRE XVIII

Des miracles de S. Riquier

Mais revenons aux œuvres de notre S. patron, afin d'attirer à notre ouvrage une plus grande estime, en y faisant briller la gloire de Dieu. Une pauvre femme, ayant apporté au tombeau de S. Riquier, son fils âgé de quatre ans et dont le corps était tout contrefait depuis deux ans, vit aussitôt son enfant guéri. Il y avait dans le village de Fleuri, du district de Vilcassin[1], un pauvre vieillard qui, depuis sa naissance, était privé de l'usage de la parole. D'après une vision qu'il obtint de la miséricorde divine, il alla trouver le grand médecin, le jour de sa fête, et fut guéri. Un enfant né dans le Rouennois et nommé Dodiger, était contrefait et avait tous ses membres tordus. Son père, qui connaissait par la renommée les prodiges de S. Riquier, le conduisit à ce saint le jour de sa fête, et comme il avait eu la foi, son espérance ne fut pas trompée, car son enfant fut guéri par la grâce de la divinité, pendant qu'il le portait dans ses bras au milieu de notre église. Il arriva vers le même tems qu'une troupe de Danois, qui revenaient du palais du roi Charles, et qui regagnaient la mer Britannique, s'arrêta dans notre monastère. Mais qu'on ne croie pas qu'ils étaient aussi barbares que ceux qui avaient ravagé notre pays ; ils s'étaient rendus sous la conduite d'Ansleic à la cour du roi, peut-être pour remplir une mission pacifique. Après qu'ils furent entrés dans notre abbaye, qui se trouvait sur leur chemin, ils se mirent à faire leurs prières, car ils étaient chrétiens. Mais l'un d'eux, qui avait persévéré dans les erreurs du paganisme et qui avait suivi ses compagnons, ne témoignait aucun respect envers Dieu ni

---

1. *In villa Floriaco in Wilcassino.* Fleury en Vexin.

envers ses saints ; au contraire il parcourait avec curiosité les différentes parties de la demeure sacrée et cherchait à insulter ceux de notre communion. Mais le ciel, en le châtiant, changea sa conduite criminelle et le fit bientôt devenir chrétien pour son bien, de peur que le Diable, qui le dominait auparavant, ne le conduisit à sa perte. En effet lorsqu'il fut sorti, après avoir visité la basilique, et qu'il fut arrivé sur le bord de la mer pour s'embarquer, tout son courage commença à l'abandonner ; il éprouva des malaises par tout le corps et sentit son âme tourmentée d'inquiétude. Déjà la mort venait fermer ses yeux, lorsque ses compagnons découvrirent par des sortilèges [1] la cause de son mal, et apprirent qu'il provenait de ce qu'étant payen il était entré dans l'église de S. Riquier. Lui-même avoua qu'il lui semblait que c'était là la raison de sa maladie. Alors il promit que, s'il recouvrait la santé, non seulement il ne chercherait plus la mort des chrétiens, mais qu'il embrasserait encore leur culte. Il fit tendre [2] en outre quatre fils d'argent et un fil d'or, tous égaux à sa taille, et pria qu'on les envoyât à S. Riquier en signe de dévotion, et qu'on y joignit autant de flambeaux [3] qu'il avait compté d'autels dans l'église. A peine avait-il manifesté cette pieuse intention qu'il sentit, par la grâce de Dieu, tout son mal le quitter, sans jamais dans la suite en éprouver de nouveau aucune atteinte.

1. ... *sortilega indagine quæsiverunt pro qua re tam fortiter torqueretur.* — Les religieux de Saint-Riquier et Hariulfe croyaient donc que l'on pouvait découvrir, et sans péché, les choses secrètes par des sortilèges.

2. Tendre, c'est le mot du texte : *tendere fecit*.

3. *Addito tot candelarum numero.....* Il s'agit simplement de cierges.

CHAPITRE XIX

De l'abbé Carloman et de la donation de Durcaptus[1] a l'abbaye de Saint-Riquier

Après la mort du saint abbé Guelfon, nos religieux choisirent, pour remplacer cet homme de bien, un autre homme de bien du sang royal, nommé Carloman. Il était fils du glorieux roi Charles ; et l'éclat de sa noble origine était rehaussé par la pureté de sa vie et la ferveur de sa religion. Du moment qu'il fut entré dans les ordres sacrés, il se fit remarquer par une humilité si touchante et si vraie qu'il ne conçut jamais de mépris pour ses inférieurs et qu'il se rendit aussi digne de son saint ministère par sa vertu qu'il l'était déjà par l'illustration de sa naissance[2]. Alors le gouvernement de notre abbaye n'était pas au-dessous de la dignité d'un fils de roi ; elle abondait en richesses, son pouvoir était respecté, ses ressources étaient étendues, et les services que lui faisaient une foule de chevaliers l'élevaient au-dessus de la dignité des évêques. A peine Carloman fut-il abbé de Centule qu'il se rendit auprès du roi Charles, son père, pour le prier de répandre sur nous de nouveaux bienfaits. Le prince, à l'arrivée de son fils, l'embrasse, accueille sa prière, et, contre l'usage du pouvoir séculier, se félicite d'avoir un fils moine et abbé qui certes aurait mérité les honneurs d'un duché et ceux mêmes d'un royaume. Le père se réjouit de ce que son fils a méprisé les biens périssables ; le fils est au comble de la joie de voir que son père accueille avec empressement ses prières. On a vu dans la liste que nous avons donnée plus haut des chevaliers qui tenaient des biens de

---

1: Drucat, aujourd'hui du canton nord d'Abbeville.

2. Sur ces lignes M. Lot, dans une note que j'abrège, dit : Hariulfe se trompe. Guelfon mourut le 14 novembre 881. — Charles le Chauve lui avait enlevé l'abbaye vers 869 pour la donner à son fils Carloman, mais dès 873 Guelfon était rentré en possession de sa dignité et la conserva jusqu'à sa mort.

l'abbaye de Centule[1], qu'un chevalier nommé Hongaire avait reçu, à titre de bénéfice, de l'abbé Héric, le village de *Durcaptus*; mais, ce chevalier étant mort sans laisser d'héritier, l'étendue de notre pouvoir, la crainte et le respect que nous inspirions à tout ce qui nous entourait, donnèrent assez de confiance à l'abbé Carloman pour demander à son père un acte de son autorité qui ordonnerait que ledit village de *Durcaptus* ferait à l'avenir service à l'abbaye de S. Riquier, sans pouvoir jamais être distrait, à titre de bénéfice ou autrement, du domaine des frères. Voici quel était le motif de cette demande. Le roi avait donné, du vivant de l'abbé Guelfon, le village de Bersaccas au monastère de Centule, et il avait été stipulé, dans la charte de donation, que, du revenu dudit village, trois lampes seraient continuellement entretenues allumées devant le chef de notre illustre patron; mais notre vénérable abbé Carloman pensa que ces trois lampes placées à la tête du saint ne suffisaient pas, qu'il fallait encore en allumer trois autres à ses pieds, et qu'en outre on devait établir, devant chaque autel, une lampe qui brûlerait toute la nuit. Ce qui fut exécuté, car le roi accorda à son fils toutes ses demandes, par cet acte qu'il fit dresser :

« Au nom de la sainte et indivisible Trinité, Charles, roi par la grâce de Dieu. En accueillant favorablement les prières de nos sujets, la justice exige que nous ne rejetions pas celles de nos propres enfants. C'est pourquoi nous faisons savoir à tous les fidèles de la sainte Église et à nos féaux présens et à venir, que notre bien-aimé fils Carloman, abbé du couvent de S. Riquier, ayant recours à notre grandeur, nous demanda en suppliant de consentir, par un précepte de notre autorité, qu'un village dudit monastère, nommé *Durcaptus,* que le chevalier Hongaire possédait à titre de bénéfice, fût assigné, avec toutes ses appartenances, au susdit monastère, pour servir au culte divin et à l'entretien du luminaire du grand S. Riquier. Nous, ayant déféré à la demande juste et raisonnable de notre dit fils, avons fait dresser et remettre à l'autel de ladite église cet acte de notre autorité, par lequel nous cédons à la susdite abbaye les choses ci-dessus relatées avec toutes leurs appartenances, avec les terres cultivées et incultes, les bois, les prés, les pâturages, les moulins, les eaux et les cours d'eau, et généralement toutes leurs dépendances, sous la condition que

---

1. Dans le chapitre III de ce livre III.

lesdits religieux feront brûler jour et nuit, aux pieds de leur dit patron, trois lampes d'huile, pour notre salut, pour celui de l'âme de feue notre très-chère épouse Hermentrude, et pour le salut de notre dit fils bien aimé, Carloman, et celui de ses frères ; et, en outre, voulant qu'une lampe soit allumée, chaque nuit, devant chacun des autels de ladite église, nous avons donné auxdits frères la métairie et le moulin du village d'Encre[1], pour servir à l'entretien desdites lampes ; ajoutant à ces donations, en faveur des mêmes frères, premièrement, deux moulins du village d'*Hasloas*[2], qu'un notaire possédait à titre de bénéfice, lequel village nous avions déjà cédé en entier à ladite abbaye, ainsi que celui d'*Anisceias*[3], qui est à la porte dudit monastère ; et secondement les choses que possédaient les nommés Atton et Otger, dans le village d'*Hamingi-Mons*[4]. C'est pourquoi nous voulons et ordonnons qu'aucun abbé de Centule, ni aucun recteur de cette abbaye, ne puissent rien distraire des biens que nous concédons auxdits frères, ni changer en rien l'usage auquel ils sont destinés ; mais que lesdits biens restent à jamais, et sans aucune opposition, affectés au service desdits frères, afin que par là nous puissions obtenir, à la prière de l'illustre Riquier, confesseur de J.-C., la miséricorde de Dieu pour nous, pour le repos de l'âme de notre dite chère épouse Hermentrude et pour le salut de notre dit fils. Et afin que cet acte de donation et de confirmation demeure par la suite inviolable aux yeux de tous, nous l'avons confirmé de notre propre main et y avons fait apposer notre sceau. Signature du glorieux roi Charles. Hildebold notaire l'a reconnu et souscrit, au défaut de Gozlin. Donné le XVIII des calendes de février[5], indiction III, la 30ᵉ année du règne du roi Charles, et la 1ʳᵉ année de son avènement au trône de Lothaire. Fait dans le palais d'Aix-la-Chapelle, au nom de Dieu, *feliciter*. Ainsi soit-il. »

1. Encre, Ancre, *Incra*, *Encra*, *Ancra* ; aujourd'hui Albert, chef-lieu de canton de l'arrondissement de Péronne.

2. Voir plus haut chapitre XV.

3. *Villam Anisceias*. Le marquis Le Ver n'a pu traduire le nom de ce lieu si voisin de l'abbaye, *ad portam ipsius monasterii*.

4. Le marquis Le Ver qui ne traduit pas ce nom ne donne pas non plus dans sa table la situation du lieu.

5. 15 janvier 870. — M. Lot.

CHAPITRE XX

Des rois francs, et du payen Guaramond, sous lequel notre église fut brulée

Après les immenses bienfaits, à nous accordés, comme on l'a vu, par le roi Charles, il me paraît juste de rapporter en peu de mots le bonheur qui suivit ce prince dans ses entreprises, afin de montrer par quelles récompenses Dieu reconnaît les libéralités faites à notre monastère. En l'an 36 de son règne, Charles, étant arrivé, en parcourant l'Italie, à l'église des apôtres S. Pierre et S. Paul, pour y faire ses prières, fut élu empereur par le peuple romain, et fut sacré par le pape Jean, le VIII des calendes de janvier de l'an 875 de l'Incarnation de notre Seigneur. Après son sacre, il retourna dans la Gaule, et travailla à fonder les lieux saints, ainsi qu'à accroître les richesses de ceux qui existaient déjà, et qui aujourd'hui publient dignement la louange et la gloire de J.-C. En l'an 38 de son règne et au commencement de la 3e année de son avénement à l'empire, le même prince parcourut de nouveau l'Italie; mais, comme à son retour, il avait déjà franchi le Mont Cénis, il mourut le III des nones d'octobre, indiction x, en 877 de J.-C. Son fils Louis lui succéda au trône. Carloman[1], fils de Charles et abbé de Centule, termina aussi ses jours, après les avoir consacrés à la pratique de la vertu[2].

---

1. A la marge du mss. se trouve une note conçue en ces termes : Au lecteur ; nous tenons pour vrai et certain tout ce que nous avons raconté de Carloman, quoique sa conduite postérieure envers son père ait été si criminelle que celui-ci lui fit crever les yeux. Mais nous ignorons quelle fut l'occasion d'un si terrible châtiment ; nous désirons seulement qu'on le cherche et qu'on le rapporte. — Note du manuscrit d'Hariulfe, traduite par le marquis Le Ver.

2. L'abbé Carloman mourut en 880. — M. Lot.

> La fortune te préparait, Carloman, un sceptre d'or,
> A toi qui fus illustre par ta naissance et par la pureté de ta vie,
> Mais, dédaignant l'avenir brillant qui t'était promis,
> Tu jouis maintenant de la gloire du royaume céleste.
> Voilà la récompense que tu prépares à tes saints, ô divin Jésus !
> Ils te trouveront ceux qui t'auront cherché.

Louis, frère de Carloman, mourut au palais de Compiègne le v des ides d'avril [1], n'ayant pas encore achevé la 2e année de son règne.

Aucune histoire ne nous fait connaître, d'une manière positive, les noms des successeurs du vénérable Carloman ; nous savons seulement que deux hommes illustres Herbert, et Hédénold, furent vers cette époque abbés de Centule, mais nous n'avons pu trouver nulle part combien d'années Hugues[2] et Girard, tous deux célèbres par leur piété et leur vertu, avaient eu l'admistration de notre monastère, ni en quel tems ils étaient morts.

Après la mort de Louis, ses fils, Louis et Carloman, se partagèrent son royaume. Sous le règne de ces princes, Dieu permit qu'une multitude innombrable de barbares envahissent la France, sous la conduite de leur roi Guaramond[3], qui, après avoir réduit sous son horrible domination plusieurs royaumes, voulut aussi s'emparer de la France, à la persuasion d'un nommé Esimbard[4], qui était franc d'origine, et qui avait excité contre lui la colère de Louis, et qui, traître envers le pays qui lui avait donné naissance, exhorta des peuples féroces à entrer dans notre patrie. Comme cet événement est non seulement consigné dans l'histoire, mais qu'il est encore rappelé et célébré tous les jours par nos compatriotes, nous n'en parlerons que brièvement, en conseillant à ceux qui voudraient obtenir de plus amples détails à ce sujet, de ne pas consulter notre écrit, mais de s'en rapporter à l'autorité des anciens. A

---

1. « Louis Le Bègue mourut le 10 avril 879 ». — M. Lot.

2. « Peut-être le célèbre Hugues l'Abbé qui posséda l'abbaye de Sainte-Colombe de Sens de 882 à 886..... » — M. Lot.

3. M. Lot croit pour le roi « Gormont » à un fondement historique.

4. Par contre il estime le personnage d'Isembart entièrement fabuleux.

l'approche de ces nations barbares qui ravageaient tout sur leur passage, le moine Jérémie, trésorier de S. Riquier, homme d'une naissance illustre et doué de la sagesse du cloître et de celle du monde, prit le parti de se sauver pour mettre sa vie en sureté; car il craignait que les ennemis dont on annonçait partout l'arrivée ne le fissent mourir s'ils le trouvaient, ou ne le forçassent à être témoin de la mort des autres. Le moine Jérémie fabriqua donc un coffre d'une certaine grandeur, qu'il entoura de liens de fer pour qu'il fût plus difficile à ouvrir. Ensuite, du consentement de l'abbé et des frères, qui se disposaient aussi à prendre la fuite, il choisit dans le trésor et parmi les ornements de l'église ce qu'il y avait de plus précieux et l'enferma dans son coffre. Depuis le S. abbé Angilbert notre couvent s'était enrichi tous les jours de plus en plus; ses propriétés du dehors s'étaient accrues aussi bien que les trésors de son église. La crainte fit enlever beaucoup de choses que je ne désigne pas ici, parce qu'il serait trop long et trop laborieux de les détailler. On enleva aussi plusieurs objets qui sont bien plus précieux que l'or et que les royaumes; je veux parler de la bottine que notre Seigneur porta dans son enfance et qui avait une coudée de long; de la pointe de la lance dont un soldat perça le côté de ce divin maître qui était mort pour notre salut; (c'est de cette blessure que sortirent les sacrements de l'église); des deux fioles qui contenaient le sang de S. Étienne, premier martyr, et des dix pierres ensanglantées dont les juifs se servirent pour le faire mourir. Quant aux reliques des SS. Innocents, des apôtres et des martyrs, le même Jérémie en enleva un si grand nombre qu'à l'exception du corps de S. Riquier, le reste pouvait compter pour peu de chose. Il emporta ensuite avec lui ces dépouilles sacrées ainsi que les ornements les plus précieux de l'église et déposa le tout dans l'abbaye de Ste Colombe à Sens, qu'il préféra à tout autre lieu, à cause de cette douce union qui, depuis l'abbé Guelfon, régnait entre ce monastère et celui de Centule. Et c'est à cause de cette ancienne amitié, aussi bien qu'à cause du trésor sans prix qu'il apportait, qu'ayant résolu de se fixer entièrement dans ce saint lieu, il fut, à la mort de l'abbé, choisi par les frères et établi recteur de Ste Colombe. Et comme il remplissait, à la louange de tous, les fonctions de son nouvel office, le clergé et tout le peuple, après la mort de l'évêque de Sens, le nommèrent pour occuper le siège épiscopal, et il fut sacré archevêque de cette ville. Lorsqu'il se vit ainsi élevé en dignité, il lui parut convenable, d'après la suggestion de ses clercs, de faire transporter dans son église les reliques ci-dessus mentionnées, afin d'honorer à jamais, de la possession de ces gages sacrés, l'église à laquelle il était redevable de son élévation. Mais laissons-là ces tristes détails, et passons à ce qui nous reste à dire.

Les ennemis, à leur arrivée, prennent terre sur nos côtes et débarquent dans notre pays. Ils parcourent le Vimeu et le Ponthieu, renversent les églises, égorgent les chrétiens et remplissent tous les lieux par lesquels ils passent de morts et de sang. Enfin, ne pouvant abattre l'église de S. Riquier à cause de sa grandeur et de la solidité de sa construction, ils la livrent aux flammes, après en avoir enlevé tous les meubles que les frères y avaient laissés en partant.

Mais le roi Louis, s'étant rendu dans le Vimeu à la tête de son armée, remporta sur ces barbares une victoire décisive[1], où leur roi Guaramond perdit la vie, et où tous ses soldats furent tués ou obligés de prendre la fuite. On rapporte que Louis mourut d'une rupture causée par les efforts qu'il fit dans cette bataille en combattant. Son frère Carloman monta sur le trône à sa place, et, après avoir régné trois ans et demi, il mourut le VIII des ides de décembre de l'an de notre Seigneur 884, indiction II, d'une blessure que lui avait faite une bête extraordinaire dans la forêt d'Iveline[2], sur le mont Éric[3]. Après la mort de ce prince, le roi Charles, qui était fils de Louis II, et que nous avons vu plus haut roi des Allemands et de Cornouaille, se vit maître de toute la monarchie des Francs et des Romains, en l'an de notre Seigneur 885, indiction III. Ce prince marqua beaucoup de respect envers Dieu et donna une partie de ses revenus pour reconstruire les églises qui avaient été détruites par l'invasion des payens.

Le Dieu tout puissant, qui n'a jamais laissé sans récompense le service qu'on lui a fait, vint au secours du roi Charles pour le purger de ses crimes et le rendre digne de sa miséricorde. Ce prince, par la permission du Seigneur

---

1. Bataille de Saucourt 881.
2. *Euvelina saltus* est la forêt de Rambouillet actuelle. — M. Lot.
3. « Peut-être Montlhéry. » — M. Lot.

qui a pitié de qui bon lui plaît et qui endurcit le cœur de qui il veut, eut une vision qui lui découvrit les supplices éternels réservés par la justice divine aux âmes des pécheurs. Cette vue fit une impression si profonde sur son esprit qu'il témoigna dans la suite la crainte la plus vive de mériter un châtiment aussi terrible. Cet événement qui a été rapporté par nos ancêtres mérite d'être consigné ici, puisqu'il frappe de terreur ceux qui l'entendent raconter et qu'il peut servir ainsi à leur conversion. Mais que personne n'aille nous accuser d'ineptie si nous décrivons la vision du roi Charles. Nous y sommes portés par un double motif; d'abord pour faire voir comment Dieu, dans sa miséricorde, jeta l'épouvante dans le cœur du roi pour le sauver, et ensuite pour exiter à la pénitence le lecteur frappé de terreur à notre récit. Voici donc quelle fut cette vision.

CHAPITRE XXI[1]

Vision de Charles

Vision qu'obtint l'empereur Charles. Au nom du souverain Dieu, roi des rois, moi Charles, par la grâce divine, roi des Germains, patrice de Rome et empereur des Francs. Dans la nuit d'un dimanche, après l'office de nocturne, lorsque j'étais couché et que je cherchais à goûter les douceurs du sommeil, j'entendis une voix terrible qui me criait : « Charles, ton âme va sortir de ton corps ; tu verras les jugements de Dieu et l'avenir que tu te prépares, et ensuite, au bout de quelques moments, ton âme rentrera en toi. » Aussitôt je fut ravi en esprit, et celui qui me transportait était d'une blancheur éblouissante ; il tenait à sa main un peloton de fil de lin resplendissant de lumière comme une comète. Il se mit à le délier et me dit : « Prends le fil de ce peloton brillant, lie-le et noue-le fortement au pouce de ta main droite, car c'est avec lui que tu vas être conduit dans le labyrinthe des peines éternelles. » Ayant dit ces mots, il marche devant moi avec rapidité en tournant le peloton enflammé. Il me conduit dans des vallées profondes et ardentes, percées de puits remplis de poix, de soufre, de plomb, de cire et de graisse brûlante. Là je vis les prélats de mon père et de mes oncles ; et leur ayant demandé en tremblant quel crime ils avaient commis pour souffrir de pareils tourments, ils me répondirent : « Nous étions les évêques de ton père et de tes oncles, mais, au lieu de les exhorter, comme nous devions le faire, eux et leurs peuples, à la

---

1. Dans son étude, *la Divine Comédie avant Dante,* Charles Labitte a rappelé cette vision qui eut « une grande célébrité au moyen âge. » Il renvoie au continuateur de Bède, puis à d'autres, mais il a oublié Hariulfe. — Pour l'origine, probablement politique, de la légende, voir M. Lot, *Introduction,* pp. XXVIII-XIX.

paix et à la concorde, nous avons semé la dissention entre eux, et nous avons été les auteurs d'un déluge de maux. Voilà pourquoi nous brûlons dans ces gouffres du Tartare, avec tous les autres homicides et voleurs. C'est ici que viendront un jour tes évêques et la foule de tes satellites, qui tombent aujourd'hui dans les crimes que nous avons commis ». — Tandis que j'écoutais ces paroles, saisi de terreur, accourent soudain des diables d'une affreuse noirceur qui veulent saisir avec leurs griffes de fer le fil que je tenais à la main ; mais ils s'efforcent en vain de le tirer à eux, les rayons enflammés du peloton les forcent à lâcher prise. Alors ils courent après moi pour me saisir dans leurs griffes et me précipiter dans les puits de soufre ; mais mon guide, qui portait le peloton, jeta sur mes épaules une partie du fil qu'il mit en double, et m'entraîna fortement après lui. De cette manière nous grimpâmes sur de très-hautes montagnes de feu, d'où coulaient des fleuves et des torrents enflammés, ainsi que toutes sortes de métaux fondus et bouillants. Là, je trouvai une multitude innombrable d'âmes appartenant aux hommes et aux princes de mon père et de mes frères, ou à mes propres serviteurs. Elles étaient plongées dans la fournaise, les unes jusqu'aux cheveux, d'autres jusqu'au menton et d'autres jusqu'au nombril. Aussitôt qu'elles m'aperçurent, elles crièrent en poussant des hurlements affreux. « Lorsque nous vivions, nous aimions avec toi, avec ton père, avec tes frères et avec tes oncles, les combats, les meurtres et les rapines, où nous pouvions satisfaire notre cupidité. C'est pour cela que nous souffrons des tourments horribles, dans ces fleuves de métaux fondus et de feu. » Pendant que j'écoutais ces mots en tremblant, j'entendis derrière moi d'autres âmes qui criaient : « Les plus puissants souffriront les plus terribles supplices. » Je me retournai et je vis sur les bords d'un fleuve bouillant, des fournaises de poix et de soufre, pleines de dragons, de scorpions et de serpents d'une grandeur effroyable, et où se trouvaient quelques-uns des princes de mon père, de mes oncles, de mes frères et des miens, qui me dirent : « Malheur à nous ! Tu vois, Charles, quels affreux supplices nous endurons à cause de notre malice et de notre orgueil et des mauvais conseils que nous avons donnés à nos rois et à toi même, pour assouvir notre cupidité. » Pendant que ces malheureux exhalaient ainsi leur douleur, en poussant ces gémissements, les dragons coururent sur moi pour m'engloutir dans leurs gueules ouvertes et pleines de feu, de soufre et de poix ; mais mon conducteur m'attacha fortement avec le fil qu'il mit en trois, et éloigna ces gueules enflammées, avec les rayons étincelants du peloton. Puis il m'entraîne avec violence et nous descendons ensemble dans une vallée qui, d'un côté, était couverte de ténèbres et brûlante comme le feu d'un four ; mais qui, de l'autre côté, présentait un aspect agréable et délicieux au dessus de toute expression. Je me tournai vers la partie ténébreuse et enflammée, et j'y aperçus quelques rois de ma race livrés aux plus cruels tourments. Frappé d'épouvante à cet aspect, je crus me voir au même moment plongé dans ces horribles supplices par de noirs géants qui embrasaient de mille feux cette partie de la vallée. Ma frayeur redouble, et mes yeux éclairés par le fil ardent du peloton, je vois une petite lumière briller de ce côté, et deux fontaines qui coulaient, dont l'une était bouillante, et l'autre limpide et tiède. Deux tonneaux étaient auprès. Lorsque je m'avançai vers cet endroit en guidant mes pas avec mon fil, je portai mes regards sur le tonneau qui contenait de l'eau bouillante, et je découvris au milieu Louis, mon père, qui y était plongé jusqu'aux cuisses, et qui, en proie à la plus vive douleur et accablé de désespoir, m'adressa ces paroles : « Seigneur Charles, ne crains rien ; je sais que ton âme reviendra habiter ton corps. Dieu a permis que tu vinsses ici pour être témoin des supplices que j'endure avec tous mes compagnons que tu as vus, pour l'énormité de mes fautes. Je passe un jour dans ce tonneau d'eau bouillante et le lendemain dans cet autre rempli de la liqueur la plus délicieuse. C'est aux prières de S. Pierre et de S. Remi le patron de notre royale race, que je dois cet intervalle de bonheur. Mais si tu viens à mon aide, ainsi que mes fidèles évêques et abbés et tout le clergé, avec des offrandes, des psalmodies, des veilles et des aumônes, je serai promptement délivré de ce tonneau d'eau brûlante ; car mon frère Lothaire et mon fils Louis ont été tirés de ces supplices par les prières de S. Pierre et de S. Remi, et maintenant ils habitent dans le paradis de Dieu. » Il ajouta : « Regarde à ta gauche. » Je me retournai, et j'aperçus deux tonneaux profonds remplis d'eau bouillante. « Ils te sont réservés, me dit-il, si tu ne te corriges et ne fais pénitence pour les crimes que tu as commis. « Je me sentis alors saisi d'horreur. Mon compagnon, qui vit mon esprit tout troublé, me dit : « Suis-moi, à droite, vers cette partie délicieuse de la vallée, qui est le paradis. » Je découvris en marchant une clarté immense et, au milieu d'une foule d'illustres monarques, Lothaire, mon oncle, qui était assis sur une pierre de topaze d'une grandeur extraordinaire. Il était couronné d'un diadème précieux, et près de lui se tenait Louis son fils, la tête ornée d'un diadème semblable. Lorsqu'il m'aperçut il s'avança vers moi et me dit avec douceur : « Charles, mon successeur à l'empire des Romains, viens à mes côtés. Je sais que tu es descendu dans le lieu des tourments, où ton père et mon frère sont plongés dans les bains qui leur ont été destinés ; mais, par la miséricorde de Dieu, ils seront bientôt tirés de leurs supplices, à l'aide des prières de S. Pierre et de S. Remi, à qui le Seigneur a accordé le souverain apostolat sur les rois et sur la nation des Francs, et dont le secours et la protection ont seuls conservé à notre race le royaume et l'empire. Mais apprends que le sceptre échappera de tes mains et qu'après l'avoir perdu tu ne vivras que peu de tems. » Alors Louis se tourna vers moi et me dit : « Louis, le fils de ma fille obtiendra, par le droit de sa naissance, l'empire romain que tu possèdes aujourd'hui. Il dit, et je crus être en présence du jeune Louis. Alors Lothaire, son aïeul, me dit en me regardant : « Que cet enfant soit tel à tes yeux que fut l'enfant que le Seigneur établit au milieu de ses disciples en disant : *Voilà pour qui sera le royaume des cieux : Je vous dis que les anges voient continuellement la face de mon père qui est dans les cieux.* Rends donc à cet enfant le sceptre de l'empire, par le moyen du fil que tu as entre les mains. Alors dénouant le fil qui était attaché au pouce de ma main droite, je lui donnai tout l'empire par ce fil. Aussitôt le peloton devint dans sa main aussi éclatant que la lumière du soleil. Après quoi, mon âme fatiguée et contrite rentra dans mon corps. Ainsi que tout le monde sache que, d'après la destination de Dieu, l'empire romain tout entier doit revenir au jeune Louis[1], et que tous mes efforts pour le retenir seraient inutiles, car tel est l'arrêt de la Providence. Dieu, qui gouverne les vivants et les morts, achèvera et consolidera cette œuvre, car son royaume est éternel et son empire durera dans tous les siècles des siècles.

---

1. C'est cette prédiction surtout qui laisse deviner les mobiles de la légende. Charles le Gros a été déposé en 887. L'auteur de la vision, remarque M. Lot, désire que l'empire soit recueilli par Louis, fils de Boson roi de Bourgogne et de la fille de l'empereur Louis II.

Ici finit la vision de Charles. Ce prince après l'avoir eue, ne vécut que peu de tems et mourut. Mais revenons maintenant à l'histoire de Centule.

Le peuple chrétien qui échappa au fer des gentils, et tous les fidèles qui gémissaient de voir éclipsée la splendeur de l'abbaye de S. Riquier, travaillèrent à ce que ce saint lieu ne fût pas entièrement détruit, et que la gloire vivifiante de J.-C, et la mémoire de ses saints y fussent de nouveau célébrée, aussi bien que les circonstances pouvaient le permettre. Les ateliers, le cloître et toutes les habitations des religieux avaient été renversés, mais les autels et les murs de l'église n'avaient éprouvé aucun dommage. On conçut l'espoir de réparer tout le mal qui avait été commis. La richesse des villages et des revenus de Centule rendait cette tâche plus facile. Ces ressources, jointes au zèle et à l'activité des fidèles, firent que le couvent fut bientôt disposé de manière à pouvoir recevoir des religieux. Les toits furent couverts en planches et non en plomb comme auparavant. Une congrégation, composée de clercs et de quelques moines, y célébra de nouveau les louanges de Dieu et des saints, sous la direction d'un clerc, nommé Gerbert, qui prit le titre d'abbé. Ce dernier, pendant le peu de tems que dura son administration, vendit, donna ou laissa prendre beaucoup de villages, de fermes et de revenus; puis il mourut à *Buxis*[2], village qui lui avait été cédé pour servir à sa subsistance. Cependant les moines, sous la conduite de cet abbé, remplissaient exactement leurs devoirs religieux et se montraient fidèles et attachés aux intérêts de l'abbaye. Le peuple des environs leur témoignait beaucoup d'égards et de respect; ce qui était cause que le pouvoir et le crédit des clercs diminuaient considérablement. Enfin les moines, se voyant, du consentement des clercs ou malgré eux, les maîtres de disposer du couvent comme bon leur semblerait, s'efforcèrent d'obtenir de Gerbert, qu'il renonçât au monde et qu'il s'assujetît à leur habit et à leur genre de vie; mais celui-ci, tenant moins à son titre d'abbé qu'aux plaisirs du monde, ils usèrent d'une grande bonté à son égard, et lui accordèrent ce village de *Buxis*, dont nous avons parlé, et où il mena une vie privée, sans vouloir

---

1. Bussu, canton d'Ailly-le-Haut-Clocher.

jamais se faire moine. Les frères firent alors tout leur possible pour chasser les clercs de l'abbaye.

A la mort de Gerbert, le moine Fulchéric prit le gouvernement des clercs et des moines ; car ceux-ci, par la grâce de Dieu, l'emportaient tellement sur leurs compagnons, qu'ils voulurent avoir pour chef un moine et qu'ils y réussirent.

CHAPITRE XXII

Enlèvement de S. Riquier par Arnoul de Flandre

Après que la justice divine eut permis, pour nous punir de nos péchés, que la France fut désolée par les payens dont Guaramond était le chef, qu'une multitude de lieux saints fussent détruits et que la splendeur et la gloire de Centule fussent en grande partie anéantie, tout fut en confusion dans la Gaule. Le trône resta privé de ses rois, et les grands ainsi que le peuple, semblables aux fils de Bélial, se livraient au désordre et à la rapine. En effet les ducs et comtes, qui jouissaient de quelque pouvoir, s'emparaient de ce qui était autour d'eux et s'occupaient continuellement à ravager ou à conquérir les provinces voisines. Ils s'efforçaient même de se rendre maîtres du royaume. Arnoul, comte de Flandre, l'un de ces pillards, commit un grand nombre d'excès; et, lors qu'il se fut emparé du château royal de Montreuil, il soumit tout le Ponthieu à sa domination. Ces actes de violence, qui lui étaient familiers, lui fournirent le moyen d'enlever le corps de S. Riquier et les reliques de plusieurs autres saints dont il voulait enrichir son propre pays. Il s'empara aussi, dans le même tems, du corps de S. Valeri, et le fit transporter et garder à Montreuil, avec le corps de notre illustre patron. Au bout de quelques années, le moine Fulchéric, qui avait succédé au clerc Gerbert, abbé des clercs, dans la charge de recteur de Centule, se rendit au château de Montreuil, parla au gardien des deux corps dont nous avons fait mention, et obtint, avec des peines infinies et après les plus instantes pières, que celui de l'illustre Riquier lui fût rendu. Au milieu d'une nuit indiquée d'avance, Fulchéric monte à cheval; et, pendant que tous les habitants sont livrés au sommeil, il se rend à la porte de l'église; mais le gardien, redoutant la colère de ses maîtres aussi bien que la fureur du peuple (car il est incroyable combien notre bienheureux confesseur était aimé et vénéré de tous) sort de l'église et parle à Fulchéric en ces termes : « Vaincu par vos prières et par la crainte du Seigneur, je vous rendrai le corps de votre saint, mais, si l'on apprend que j'ai fait cette restitution, il est certain que je courrai risque de perdre la vie. C'est pourquoi il est nécessaire, quand vous vous en retournerez avec votre précieux fardeau, que je crie de toutes mes forces au voleur, afin de ne point paraître votre complice ; et, pendant ce tems-là, vous précipiterez votre fuite avec les restes sacrés de votre patron. De cette manière vous recouvrerez l'objet de vos vœux et vous vous mettrez vous-même à l'abri de toutes les poursuites. » Ce plan étant arrêté, le gardien rentre dans l'église et apporte le corps de S. Riquier. Mais, tandis qu'il le présente à Fulchéric, le cheval sur lequel celui-ci était monté, plie aussitôt les genoux jusqu'à terre, incline la tête profondément et adore à sa manière l'illustre confesseur de J.-C. Notre abbé, comblé de joie à la vue de ce miracle, s'empare du corps du bienheureux père et précipite son retour. Lorsque le gardien le vit à une lieue de distance, il fit semblant de s'être levé pour quelque nécessité, et, après avoir allumé son flambeau, il se mit à jeter les hauts cris et à dire que le corps de S. Riquier venait d'être volé. A cette nouvelle, tout le couvent entre en rumeur. Le peuple est furieux et les princes restent pétrifiés. Les soldats et la populace se mettent aussitôt à la poursuite du voleur, et, comme le cheval de Fulchéric était d'une blancheur éclatante, il fut aisément distingué dans sa fuite, au milieu de l'obscurité de la nuit. Il lui restait encore une longue course à faire, il était presque épuisé de fatigue, et ceux qui couraient après lui commençaient à l'atteindre, lorsqu'il plut au Seigneur d'opérer un prodige, en signe de la protection qu'il accordait à son saint. Lorsque Fulchéric fut arrivé au village qu'on appelait jadis le Mont-des-Anges, mais qui prit à cette occasion le nom de Nubilimont[1], l'air devint si dense, et un brouillard si épais enveloppa tellement ceux qui étaient à sa poursuite, que non seulement, il ne leur fut plus possible de l'apercevoir, mais encore qu'ils

---

1. *Nubilimons*, dans le langage populaire Nuëmont. — Sur le territoire de Gapennes. — Une chapelle, dédiée à la Vierge, avait été élevée en ce lieu. — *Histoire ecclésiastique de l'archidiaconé de Ponthieu* par le P. Ignace.

ne purent se distinguer les uns des autres. Ils rencontrèrent alors tant de difficulté à poursuivre leur marche, qu'ils reconnurent que c'était Dieu même qui les arrêtait. Voyant donc que ce serait pour eux une peine inutile que de chercher à avancer encore (et d'ailleurs les habitants de Centule venaient déjà à leur rencontre) ils revinrent sur leurs pas, la tristesse dans le cœur. Mais notre abbaye ne jouit pas longtems du recouvrement de son patron. Le même Arnoul, dont nous avons parlé, s'empara de nouveau du corps de S. Riquier, et, devenu plus méfiant, il ne le laissa pas dans le Ponthieu, dans la crainte de le perdre une seconde fois; mais, choisissant un lieu sûr et voisin de sa résidence, il le fit déposer, avec celui de S. Valeri, dans le monastère de S. Bertin, où notre patron resta plus longtems qu'ils n'étaient restés l'un et l'autre à Montreuil. C'est ainsi que, par la violence d'Arnoul, notre couvent fut privé, pendant de longues années, de la présence de son bienheureux père.

CHAPITRE XXIII

DE L'ABBÉ INGELARD

Enfin Dieu, touché et apaisé par nos prières, daigna, par le retour des pères, relever le courage des enfants qui gémissaient chaque jour du trésor qu'on leur avait enlevé. Arnoul de Flandre était mort, et son fils, nommé aussi Arnoul [1], lui avait succédé par le droit de naissance. La monarchie des Francs restait sans roi et était gouvernée par l'illustre duc Hugues [2], fils de Hugues le Grand. Hugues, souffrant avec peine les hostilités et les dissentions qui désolaient la patrie, et indigné de voir enlever les corps des saints et les choses sacrées qui servaient d'ornement aux églises, par la violence ou la fraude des factieux, s'occupait avec ardeur des moyens de guérir les maux de la France; lorsque le ciel permit qu'il eut, une nuit, pendant qu'il reposait, une vision qui fit cesser toutes ses incertitudes et qui l'encouragea à achever, avec fermeté, ce qu'il avait pieusement, mais timidement, commencé. Le bienheureux Valeri lui apparut et lui parla ainsi, par l'ordre de Dieu : « Que fais-tu ici ? lui dit-il » — A ces mots, Hugues lui demanda qui il était : « Je suis, répond le saint, Valeri jadis abbé du monastère de Leuconai [3], et je viens, par le commandement de Dieu, te faire cette recommandation. Le vénérable

---

1. La traduction du marquis Le Ver supprime ici une génération. Arnoul (le vieux) est mort, *et ejus potestatis hærede nati filio substituto, dicto similiter Arnulfo,* etc. Cet Arnoul II était bien le petit-fils, non le fils, du ravisseur des reliques.

2. Hugues Capet.

3. Le marquis Le Ver a traduit Leuconai en s'écartant assez du texte que donnent d'Achery et M. Lot : *Legonaci monasterii,* ce qui correspondrait à *Legonacus.* On sait que ce lieu s'est trouvé dit aussi *Leuconaus.* Le traducteur a été influencé par un souvenir.

confesseur et bienheureux prêtre Riquier est captif avec moi depuis plusieurs années. La malice d'Arnoul nous a chassés de notre demeure, et il plait à Dieu que tu prépares et exécutes notre retour, afin que tu ramènes, par la vue et la présence de nos corps, la joie dans le cœur de nos serviteurs accablés de tristesse, et que tu rendes heureux, par notre replacement, ceux qui se réjouissent de nous avoir, après Dieu, pour patrons. Obéis donc sans retard ; chasse les clercs de nos abbayes[1], et fais que les moines y vivent régulièrement unis comme auparavant, sous la même règle. Si tu exécutes ce que je te prescris, je te promets, de la part de Dieu, que, par les mérites de S. Riquier et par mes prières, tu seras élevé à la royauté, et que tes enfants et tes petits-enfants, qui seront français d'origine, occuperont le trône après toi, jusqu'à la septième génération. » Le duc voulut aussitôt exécuter les ordres que Dieu lui avait transmis par la bouche de son saint. Il fit venir ses conseillers et leur demanda comment on pourrait trouver un homme digne de gouverner Centule et capable de relever la gloire de cette abbaye. Quelques membres de son conseil, qui connaissaient assez bien les habitants du Ponthieu, lui proposèrent cet avis : « Corbie, dirent-ils, possède un homme d'un grand caractère, et auquel tu peux, suivant nous, confier l'exécution de tes projets. Il appartient à une famille noble et sera soutenu par un grand nombre de vaillants chevaliers ; et tous ceux qui habitent dans le voisinage de Centule et même dans la province ne se refuseront pas à prêter leur appui à l'un de leurs voisins, qui travaillera pour le service de Dieu. » Le duc, réjoui du conseil salutaire qu'il recevait, envoie aussitôt des députés d'un rang distingué, pour prier l'abbé de

[1]. On remarquera dans ce chapitre l'antagonisme persistant des clercs, c'est-à-dire des frères ou associés libres, et des moines soumis par de stricts vœux. On a vu, chapitre XXI, qu'après une première réparation des bâtiments ruinés par les Normands, une congrégation « composée de clercs et de quelques moines » y reprit le service de Dieu sous la direction d'un « clerc. » Au clerc Gerbert a succédé le moine Fulchéric dans le rectorat de la congrégation. En ce présent chapitre saint Valery dit à Hugues Capet : Chasse les clercs de nos abbayes, etc... Le moine Fulchéric n'a reçu qu'un titre équivalent à primat ou prieur. — Voir la fin du chapitre XXI. — Il ne décide que par des exhortations un petit nombre de clercs à accepter l'ordre monastique : *cujus suggestu et hortatu aliqui clericorum monachilem ordinem susceperant.* Nous verrons encore dans le chapitre XXIV les moines et les clercs mêlés se précipiter au devant des reliques de saint Riquier. Tout le monastère rentra cependant bientôt sous la règle, l'abbé Ingelard augmentant le nombre des religieux.

Corbie de ne mettre aucun empêchement ni aucun retard à l'élection qu'il venait de faire d'Ingelard pour abbé du monastère de S. Riquier. Le vénérable recteur de Corbie ayant donné son consentement, on fait venir le jeune et élégant Ingelard, qui fréquentait encore les écoles et qui remplissait alors les fonctions du sous-diaconat. Il est conduit en présence du duc qui lui confie la pénible mais glorieuse tâche de rétablir notre couvent dans son ancien état de splendeur. Ensuite il est, selon l'usage, sacré abbé, et il vient prendre possession de son abbaye, escorté d'une troupe de moines et de chevaliers. Le vénérable abbé Fulchéric était mort le VIII des ides de novembre, et avait, par ses exhortations, obtenu de plusieurs clercs qu'ils prissent l'habit de moine. L'abbé Ingelard, à son arrivée à Centule, fit tout son possible pour améliorer l'état de notre monastère et répara le cloître, non pas tel qu'il était anciennement, mais tel qu'on le voit aujourd'hui. Il donnait, jour et nuit, ses soins à la religion, augmentant le nombre des religieux et gouvernant avec sagesse le saint lieu qui lui avait été confié. Rien ne paraissait difficile à sa bonne volonté et à son zèle ; et, en effet, les richesses que possédait Centule, tant en villes qu'en villages et en revenus de tout espèce, lui permettaient de conduire à la perfection ses nobles entreprises.

CHAPITRE XXIV

Retour de S. Riquier

Lorsque le duc Hugues vit que le monastère était en grande partie restauré et qu'il offrait une habitation décente aux serviteurs de Dieu, il songea à achever ce qui lui restait encore à faire pour rétablir le S. confesseur Riquier dans son ancienne demeure. Il se conduisit avec sagesse ; il envoya des députés en Flandre pour engager Arnoul à faire replacer les corps des saints dans les lieux d'où ils avaient été enlevés. Mais Arnoul ne voulut pas d'abord y consentir, pour le regret que lui aurait causé la perte d'un si précieux trésor, et il répondit qu'il ne pouvait être tenu de rendre les saints qu'il n'avait point enlevés. Les députés, à leur retour, ayant instruit Hugues du refus du comte, le duc rassembla une troupe de soldats assez imposante et forma le projet d'aller lui-même chercher les saints où ils étaient déposés, pour les rapporter dans les lieux qu'ils occupaient anciennement. Mais Arnoul, réfléchissant qu'il pourrait lui être funeste d'en venir aux mains avec les français qui avaient la justice de leur côté, se repentit de n'avoir pas consenti à ce qui lui avait été demandé et envoya des députés au duc Hugues, pour le prier d'épargner sa province et de faire partir des hommes d'un caractère respectable, pour venir recevoir les corps des saints et les rapporter paisiblement aux lieux qui leur seraient indiqués. Ce comte Arnoul avait fait fabriquer des litières ornées d'argent, sur lesquelles avaient été déposés, par ses ordres, et avec beaucoup de respect, les bienheureux confesseurs. Sur celle de S. Riquier, notre glorieux patron, il avait fait écrire ces vers :

> Sachez tous ce que le comte Arnoul
> A fait en l'honneur de Dieu.
> Celui qui a fabriqué ce lit pour le grand S. Riquier
> Y a enfermé les membres sacrés de cet illustre confesseur [1].

Des personnages recommandables par leur rang ayant été envoyés à Arnoul, les saints furent enfin rendus à nos frères, qui firent, à cette occasion, éclater leur joie, et qui glorifièrent le Seigneur par des chants et par de saintes larmes; tandis que ceux qui se voyaient priver de leur plus précieux trésor étaient en proie à la douleur et poussaient des hurlements affreux. Mais qui pourrait peindre les cris d'allégresse qui éclatèrent et les larmes délicieuses qui coulèrent, lorsque le duc Hugues, et tous ceux qui attendaient de loin, aperçurent les reliques des saints? La joie devint si grande qu'elle arrêta les cris, et que le cœur put à peine la contenir. Nos frères, après avoir reçu les châsses tant désirées des illustres confesseurs de J.-C., prirent un peu de repos; mais ensuite les plus considérables du peuple, et tous ceux qui avaient une réputation de sagesse, ayant prié le duc de faire jurer à nos religieux que rien n'avait été enlevé des corps des saints et qu'on n'y avait rien changé, ceux-ci prêtèrent avec joie ce serment, et l'on se disposa à reporter en grande cérémonie les saintes dépouilles dans leurs anciennes demeures. Cependant, le bruit d'un si heureux retour s'étant répandu dans la province, tous les habitants sortirent aussitôt de chez eux. Les hommes et les femmes de toutes les conditions, les jeunes gens et les vieillards, les moines et les clercs, les artisans et les ouvriers, tout le monde enfin se précipita au-devant des saints. Celui qui n'aurait pas suivi les autres aurait été tenu pour criminel. Enfin, le second jour du mois de juin, S. Valeri fut reporté à son ancienne place, et, le lendemain matin, nous replaçâmes S. Riquier dans la sienne. L'illustre Hugues porta notre patron sur ses épaules, l'espace d'une lieue, se rendit à l'église, pieds nus et le visage baigné de larmes, et déposa sur son autel le bien aimé de J.-C. Pendant cette

---

1. Le marquis Le Ver n'améliore pas beaucoup les vers d'Arnoul en y retranchant ou en y ajoutant.

cérémonie les chœurs et tout le peuple ne cessèrent de rendre grâce à Dieu et de chanter les louanges de notre Sauveur.

Le replacement de S. Riquier eut lieu le III des nones de juin de l'an 981 [1] de l'Incarnation de notre seigneur J.-C., indiction IX. Mais nous croyons essentiel de rapporter les miracles qui accompagnèrent cet heureux retour. En ce tems-là, les bleds jaunissaient les champs et promettaient aux laboureurs une récolte abondante. Pendant la nuit qui fut entre le jour où se fit le replacement de S. Valeri et le jour où celui de S. Riquier eut lieu, le duc Hugues resta, avec son armée et le peuple, au milieu des champs qui étaient, comme on l'a dit, couverts de moissons magnifiques et abondantes. On fit la cuisine dans la campagne ; on y apprêta des repas ; les hommes s'y reposèrent ; on y construisit des étables pour les chevaux ; le grand nombre des personnes qui allaient et venaient, ou qui se couchaient, fatiguaient le sol ; les animaux le foulaient aux pieds, paissaient de côté et d'autre, et l'espoir du cultivateur paraissait détruit ; mais personne ne s'en affligeait, par ce que le recouvrement du grand patron rendait insensible à toutes les pertes qu'on pouvait éprouver. Le tems de faire la moisson arriva. O miracle ! ces blés qui avaient été foulés aux pieds et détruits produisirent une récolte si abondante, que les champs qui avaient été préservés de tout dégât par les haies et les murs qui les entouraient, parurent stériles en comparaison de ceux qui avaient souffert.

1. « Cette translation est de 980 et non de 981. » — M. Lot.

CHAPITRE XXV

Lettres du pape Jean[1]

L'abbé Ingelard, apprenant des autres et voyant par lui-même le grand nombre des terres que ses prédécesseurs Gerbert et Fulchéric, qui avaient gouverné les clercs, avaient données et distraites du domaine de S. Riquier, ou que des seigneurs puissants avaient usurpées en silence et sans opposition, mit tout son zèle à faire restituer à notre couvent tout ce qui lui avait été enlevé, et il y réussit en grande partie, avec l'aide de Dieu. Quelques personnages, enorgueillis de leur puissance, qui se plaisaient à la rapine, rendirent, malgré eux, ce qu'ils avaient pris, ou même ne voulurent jamais le rendre. C'est pourquoi notre sage abbé eut recours, non seulement à la piété du roi en la personne du duc Hugues, mais il implora en outre l'autorité du pontife romain. Lorsqu'il eut fait de Centule un séjour digne de recevoir des moines et qu'il eut éprouvé la dureté des cœurs des gens du pays qui refusaient de rendre au saint ce qu'ils lui avaient enlevé, il alla à Rome et raconta au souverain pontife comment les payens, dans leurs incursions, avaient dévasté le couvent de S. Riquier, et comment les grands du royaume des Francs l'avaient délégué auprès du S. Siège, pour travailler à réparer le mal qui avait eu lieu. Puis il le pria de venir à son aide en déclarant excommuniés tous ceux qui refuseraient de rendre les biens dont ils s'étaient injustement emparés. Le pape prit la part la plus vive au malheur des frères et lui accorda avec bonté ce qu'il demandait, en gémissant avec lui sur la destruction d'une abbaye

---

1. M. Lot discute ces deux lettres et les déclare inauthentiques. Les noms des destinataires, entre autres considérations, les rendent, en sens divers, chronologiquement inadmissibles. — *Introduction*, p. XXXVI.

aussi célèbre. Les brefs qu'il lui remit pour être montrés aux envahisseurs étaient conçus en ces termes :

AUX COMTES

« Jean, évêque, serviteur des serviteurs de Dieu, à Arnoul, comte, à Baudouin, comte, et à sa mère, au vicomte Gozbert et à Ildiarde, nos bien-aimés fils spirituels, salut de toute manière et bénédiction apostolique. Nous vous avertissons d'éviter le mal et de vous attacher au bien, afin que vous méritiez la miséricorde de Dieu et la vie éternelle. C'est pour quoi nous vous mandons, à vous nos bien-aimés, de rendre, pour l'amour de Dieu tout puissant, tous les biens que vous avez usurpés sur l'abbaye de S. Riquier. Si vous les rendez, vous obtiendrez la bénédiction de S. Pierre et la nôtre ; mais si vous n'obtempérez pas à notre avertissement, sachez que, par l'autorité de Dieu tout puissant et par la nôtre, vous êtes excommuniés et maudits et séparés de la Sainte Église et de la communion de tous les chrétiens, à moins que vous ne nous donniez satisfaction ».

AUX ÉVÊQUES

« Jean, évêque, serviteur des serviteurs de Dieu, à Gui, vénérable évêque [1], à Foulque, vénérable évêque d'Amiens, à Baudouin, évêque de Thérouenne, nos bien-aimés fils spirituels, gracieux salut et bénédiction apostolique. Si vous avez la santé et le contentement, nous en sommes aussi joyeux que vous. Nous vous mandons d'aider, au nom de l'amour de Dieu, par respect pour S. Pierre, et par déférence pour nous, l'abbé Ingelard à réparer le mal souffert par le couvent du S. confesseur Riquier. Vous ne manquerez pas, en outre, d'envoyer à tous les chevaliers qui ont envahi les biens dudit couvent vos lettres d'excommunication, pour les forcer à rendre audit lieu tout ce qu'ils lui ont pris. Vous prouverez que vous aimez véritablement la sainte Église Romaine, en faisant ce dont nous vous prions, aussitôt que vous en aurez eu connaissance ».

1. De Soissons. — Note du marquis Le Ver.

CHAPITRE XXVI

DE LA CONDUITE PRUDENTE DE L'ABBÉ INGELARD

L'abbé Ingelard, étant muni des mandements et de la bénédiction apostolique, revint dans la Gaule et présenta aux comtes les ordres qui leur étaient adressés de la part du siège apostolique. Quant aux lettres des évêques, il en fit usage contre les personnes d'un rang inférieur et obtint un heureux résultat; car ceux qui refusaient de se soumettre à l'autorité de l'église de Rome, et de rendre à S. Riquier les biens qu'ils lui avaient enlevés, étaient frappés d'excommunication. Cette conduite sage réussit parfaitement à notre abbé. Il recouvra sur les usurpateurs beaucoup de terres et de revenus dont il enrichit son couvent. Le monastère de Centule rentra de cette manière dans la jouissance des villages de Rollencourt[1] et de Botrice[2], situés dans le Térouennois, qu'on a vus plus haut aliénés par Helgaud abbé et comte[3], de Guatènes[4] aussi dans le même territoire, de celui de *Buxis*[5], situé dans le Ponthieu, et qui avait été accordé à l'abbé Gerbert, pour y mener une vie privée, et d'une foule d'autres biens dont l'énumération serait fastidieuse. Le même abbé reprit aussi à des possesseurs illégitimes et fit restituer à S. Riquier beaucoup

---

1. Rollencourt dans le Térouennois, dit simplement le marquis Le Ver. Nous avons déjà rencontré ce lieu dans le chapitre VI de ce livre III. Je me suis trop avancé alors, je pense, en écrivant : Rollencourt dans l'arrondissement de Saint-Pol, etc. Le Rollencourt de Centule ne peut être identifié avec le village voisin d'Hesdin.
2. Bours.
3. Voir aussi en ce livre chapitre X, vers la fin.
4. *Guatenas*, Guatènes dans le Térouennois, dit simplement Le Ver. — *Table*.
5. Bussu, nous l'avons vu.

l'églises qui appartenaient jadis à notre monastère, et que les clercs avaient récemment usurpées[1]. Au nombre de ces églises était celle de Berelle[2], mais elle nous fut rendue avant les restitutions opérées par le zèle d'Ingelard. C'est par de tels actes et par le vif intérêt que cet illustre abbé témoigna constamment à notre abbaye, qu'il s'attira l'estime et le respect de tous les honnêtes gens, ainsi qu'on peut en voir une preuve dans la lettre que lui écrivit l'évêque de Reims et que nous insérons ici, en considération de ses bonnes œuvres :

« Arnoul[3], par la grâce de Dieu, archevêque de Reims, à notre bien-aimé abbé Ingelard, mille saluts[4]. Nous avons appris avec quelle fidélité vous avez travaillé dès votre jeunesse à la vigne du Seigneur. Faites donc qu'après avoir supporté le poids du jour et de la chaleur, vous ne soyez pas frustré de la récompense de votre travail, de ce denier si glorieux. Nous sommes instruit, en effet, que vous avez réparé en entier votre abbaye, rendue autrefois déserte par les incursions des payens, mais devenue florissante aujourd'hui par votre sagesse et votre persévérance. Mettez donc tous vos soins à conserver à votre monastère l'église de Berelle ; et prenez garde que personne ne trouve l'occasion de vous enlever un bien que Dieu a rendu à votre charité. Soyez vigilant à retenir à votre usage ce que la Providence a remis en votre pouvoir. Avec la permission de Dieu, notre protection ne manquera pas aux richesses que vous amassez. Adieu ».

Honoré de l'estime de tous les hommes de bien, le vénérable Ingelard voyait tous les jours augmenter la haute considération et la réputation de sagesse qu'il s'était acquises, en réparant, avec le secours du ciel, et par la force de sa propre vertu, le mal infini qu'on nous avait fait.

1. Toujours l'hostilité contre les clercs.
2. *Berella*, Berelle, église rendue, etc., dit simplement le marquis Le Ver. — *Table*.
3. On lit à la marge du manuscrit : « Cet Arnoul, archevêque de Reims, était fils du roi Clotaire, mais, ayant voulu livrer le royaume des Francs aux Lorrains, il fut déposé par un concile rassemblé à cet effet par l'ordre de Hugues, aujourd'hui roi mais alors simplement duc des Francs. Godismanne, évêque d'Amiens, et Ingelard, abbé de Centule, y assistèrent. — Note traduite par le marquis Le Ver.
4. Mille saluts. Le marquis Le Ver traduit par cette forme familière la forme insolite : *affluentiam totius salutis*.

CHAPITRE XXVII

D'Abbeville, d'Encre et de la maison de S. Médard [1]

Mais comme sur cette terre il n'est rien de parfait, surtout dans un âge où tout est corrompu et perverti, cet abbé dont nous parlons, après nous avoir fait recouvrer un grand nombre de biens que nous croyions perdus pour nous, ne se fit pas scrupule d'en donner, d'en distraire et d'en usurper une foule d'autres que nous possédions en paix ; soit qu'il se crût obligé, par les liens de la parenté ou par les services qu'on lui avait rendus, à faire ces libéralités, soit qu'il nous fût avantageux de céder des terres incultes, qui pourraient par la suite devenir habitables et fertiles. Ajoutez à cela que les rois de France, dans le même tems, nous enlevèrent des propriétés considérables, dont ils firent des châteaux forts, en les entourant de fossés et de murailles.

1. Domart.

CHAPITRE XXVIII

Arrivée du saint évêque Vigor de la Normandie dans le Ponthieu

Notre monastère était donc redevenu florissant par les bénédictions abondantes du ciel; et S. Riquier procurait, par ses mérites, le salut à beaucoup de pécheurs. Les corps des saints avaient été, par la permission de Dieu, et pour la perpétuelle sauve-garde de notre abbaye, rendus à notre vénération et à celle de nos successeurs; et ils offraient à l'ombre de leur présence et de leur intercession un abri sûr et tranquille contre les orages du siècle. L'un des plus remarquables de ces saints était le célèbre pontife Vigor, qui, par la grâce du Seigneur, illustrait alors notre saint lieu comme il l'illustre encore aujourd'hui. Mais, puisque nous avons mérité, aux yeux de la Providence, la possession de ce grand prélat, il est juste, en reconnaissance de tous les bienfaits dont la bonté de Dieu et de notre seigneur J.-C. nous a comblés, de raconter, au moins en peu de mots, comment nous avons acquis les reliques de ce grand saint.

Lorsque le corps vénérable du bienheureux Vigor reposait encore au milieu de son diocèse, il arriva que la Normandie fut tellement ravagée par les incursions des barbares, que, non seulement la gloire des princes, mais encore celle de l'église fut indignement souillée. En ce tems-là, un clerc nommé Avitien, qui était marguillier de l'église de Bayeux, voyant que son pays manquait de tout, et que les églises ne recevaient plus les offrandes qu'on apportait jadis avec dévotion aux saints de Dieu, réfléchit en lui-mêmes aux moyens d'échapper à la misère de la vie présente, regardant d'ailleurs sa patrie comme ruinée sans ressource par les ravages et les fureurs de la guerre. Après avoir fait ses réflexions, il crut qu'il lui serait avantageux, et permis en même tems, d'emporter le seul trésor qui restât à son église ; c'était le corps sacré du bienheureux Vigor. Il jugeait avec vérité qu'en quelque lieu qu'il se rendît, il serait bien reçu avec ces précieuses dépouilles. Mais les fidèles doivent croire, dans leur piété, que cette résolution de sa part lui fut inspirée d'en haut, puisque la providence éternelle avait destiné au Ponthieu les restes sacrés de cet illustre prélat. Avitien enleva donc furtivement le corps de S. Vigor et résolut, dit-on, de le porter à Arras, pour le vendre avantageusement. Il se mit en route dans cette intention, et arriva à Centule, qui depuis longtems était le lieu le plus célèbre de toute la province et que le bienheureux père et éminent confesseur Riquier avait honoré de ses prédications, illustré par sa vie, qu'il protège maintenant de son patronage et qu'il réjouit par la présence de son corps. Le clerc, arrivé chez nous, descend dans la maison d'un nommé Bernard qui était son cousin ; et, connaissant tout le prix du trésor qu'il portait, il supplie son hôte de lui garder, avec soin et fidélité, la valise qui renfermait les ossements du saint, jusqu'à ce qu'il se remît en route. Bernard la reçoit et cherche, pour la cacher, un endroit où les voleurs ne pourraient pas pénétrer, quoique d'ailleurs personne ne connût les richesses que cette valise renfermait. Or il y avait dans le couvent de S. Riquier un coffre qui servait à renfermer les objets d'un grand prix qu'on n'osait pas garder chez soi et qu'on voulait mettre en sûreté. Le clerc trouva cette cachette excellente ; mais, aussitôt que la valise y fut déposée, la bonté divine commença à opérer ce qu'elle avait prévu de toute éternité. En effet Bernard, ayant par hasard ouvert le coffre pour y prendre quelque chose dont il avait besoin, vit avec surprise l'intérieur briller d'une clarté si vive qu'on eût dit que le feu y avait été mis. Il prit la fuite saisi d'étonnement et persuadé que son compagnon avait confié à sa garde quelque chose de divin. Il appelle alors le clerc et lui demande quel est l'objet qu'il lui a remis. Celui-ci, effrayé de se voir découvert mais ne voulant pas néanmoins cacher une chose que le Dieu tout puissant avait fait connaître, déclara que la valise renfermait des reliques d'un haut prix et d'un grand mérite. En même tems il conjura son hôte de ne la livrer à personne. Il n'avait point découvert son secret, mais la puissance céleste l'avait seule divulgué. On rapporte que plusieurs religieux, en faisant à l'écart leurs prières dans l'église, avaient vu des lumières allumées par la main divine, à l'endroit où se trouvait le coffre en question. Mais nous omettrons les faits incertains pour ne parler que de ceux qui sont avérés. Un jour, une femme, qui ignorait ce que renfermait le coffre, étant venue se mettre auprès pendant qu'on célébrait l'office divin, s'appuya [1] dessus pour se reposer. Mais, quoique sa conscience ne lui reprochât rien, car elle ignorait que ce fût un mal de se reposer ainsi, il plut néanmoins à la justice d'en haut d'opérer un miracle pour venger l'injure faite au saint, et pour faire briller aux yeux de tous ses mérites et sa dignité. Le feu prit au vêtement qui couvrait les fesses de cette femme [2], et la força, en présence de tous, de sauter en bas du coffre et de quitter la place où le feu avait pris à son vêtement. On s'écria alors que le coffre renfermait sans doute quelque chose de merveilleux.

En ce tems-là Ingelard gouvernait le monastère de Centule. Lorsqu'on lui eut rapporté le prodige que Dieu venait d'opérer, il ordonna qu'on s'informât sans retard à qui appartenait la valise qui avait donné lieu à un événement aussi extraordinaire. Ayant appris quel en était le possesseur, il le fit venir en sa présence, et lui ayant demandé la raison du prodige qui avait eu lieu, celui-ci répondit que la valise était bien à lui, et que ce qui pouvait être la cause du miracle lui avait été confié en dépôt et ne lui appartenait pas. Ensuite il ajouta : « Puisque la divine providence a fait éclater un prodige aux yeux des autres, je vais vous rapporter celui dont j'ai été témoin. » Il raconta donc ce qu'il avait tenu secret jusqu'alors, et dit qu'en ouvrant le coffre ses yeux avaient été frappés du plus vif éclat. Des événements si extraordinaires excitant au plus haut degré l'attention de l'abbé Ingelard, il veut connaître à fond la chose et demande qu'on lui amène l'homme qui avait apporté ce qu'on avait déposé dans le coffre. Le clerc était absent en ce moment, mais, lorsqu'il fut de retour, il fut introduit auprès de l'abbé, qui l'exhorta avec douceur à lui confier son secret et lui dit savoir fort bien que la valise renfermait quelques saintes reliques; mais il ajouta qu'il voudrait connaître le nom et la dignité du saint. Le vénérable Ingelard lui promit, en outre, de lui accorder tout ce qu'il

---

1. *Membra super illam injecit.* On verra qu'elle s'était assise sur le coffre.
2. Le marquis Le Ver ne pouvait traduire plus modestement : *vestis a parte natium accensa cœpit ardere.*

lui demanderait s'il lui découvrait la cause de ces miracles ; puis il l'exhorta à considérer que la volonté du ciel s'était déclarée, et que certainement elle n'aurait pas fait connaître la présence d'un objet si précieux, si elle ne nous en eût pas destiné la possession. Le clerc, gagné par les promesses qu'on venait de lui faire et conseillé par la puissance céleste, annonça qu'il avait apporté avec lui le corps de S. Vigor évêque de Bayeux. Alors notre abbé le tenta par des présents et lui acheta les ossements du saint, moyennant un prix considérable. Ensuite il assemble les frères et, s'étant couvert de ses plus beaux ornements, il va, suivi du chœur de l'église et d'une foule nombreuse et pleine de joie, relever en grande cérémonie les restes sacrés de S. Vigor et les déposer, comme un trésor descendu des cieux, dans une place honorable de la basilique de S. Riquier. Les arrêts de la providence, qui avait voulu enrichir les habitants du Ponthieu et la communauté de Centule de la possession d'un si grand confesseur, ne laissèrent pas un long tems s'écouler sans montrer de quel mérite était le saint qu'elle avait envoyé à notre église. L'invocation de son secours au milieu des dangers et des incendies était si efficace, et sa protection éclatait si fortement aux yeux des hommes, que, quand le feu prenait quelque part et exerçait ses ravages, sans pouvoir être éteint par aucun secours humain, il suffisait d'approcher les reliques de S. Vigor pour arrêter ses progrès et pour lui faire abandonner aussitôt les corps qu'il commençait à brûler. Les habitants de Centule ont été mille fois témoins de ce miracle. Ils ont recours au même expédient dès que la nécessité l'exige ; et ils espèrent qu'il leur réussira jusqu'à la fin des siècles, par J.-C., notre seigneur. Ainsi soit-il.

CHAPITRE XXIX

Translation de S. Mauguille

Parmi les biens que le vénérable Ingelard procura, par sa sage administration et par sa piété, au monastère de Centule, il faut compter l'acquisition que fit ce pieux abbé, de la dépouille mortelle du bienheureux confesseur Mauguille. Il y a dans le Ponthieu un bourg nommé Montreuil[1], où ce saint reposait depuis sa mort ; mais, ayant été transporté, par les soins des fidèles, dans l'église de S. Riquier à Centule, des moines prétendirent qu'il était indigne d'avoir de la vénération pour les restes d'un homme dont on ne connaissait pas la vie. A la suite de cette contestation, ils voulurent le transporter dans une petite mais ancienne église, placée sous l'invocation de ce saint confesseur et située sur le territoire de Centule, afin qu'il fût dans sa propre demeure et que personne ne se vît contraint de le vénérer. Ce projet fut exécuté ; mais, lorsque S. Mauguille eut été placé dans son nouveau logement, Dieu qui regarde les humbles, et qui, ayant vu jadis Lia méprisée à cause de sa laideur, la rendit féconde, afin que celle dont le visage faisait horreur se fît au moins aimer par le grand nombre de ses enfants ; Dieu, dis-je, voyant que l'ignorance où l'on était au sujet de la vie de son saint empêchait qu'il ne fût aimé autant qu'il le méritait, voulut opérer des miracles éclatants sur la place même où il avait été déposé, afin de découvrir aux yeux de tous la grandeur des mérites de son bienheureux serviteur.

---

1. Le marquis Le Ver eut dû traduire Monstrelet. — *Vicus in pago Pontivo qui vocatur Monasteriolus.* — « Montrelet ou Monstrelet-Saint-Mauguille, dit l'abbé Corblet qui tire ce nom de *Monstroledus,* lieu détruit près de Boufflers, dans le canton de Crécy, ne doit pas être confondu avec Montrelet du canton de Domart. » — *Hagiographie du diocèse d'Amiens,* t. III, p. 228. — Monstrelet de Boufflers eut une église. — *Hist. de Cinq Villes,* t. VI, pp. 394 et 400.

Les noms des aveugles, des sourds, des boiteux et des infirmes de tout genre, guéris par la vertu de S. Mauguille, et le récit de leur guérison rempliraient des volumes; en effet, le nombre de ces cures merveilleuses était si grand que deux poutres[1] suffisaient à peine pour porter les offrandes de ceux qui avaient recouvré la santé. Ces offrandes consistaient en béquilles, en figures de cire, représentant des yeux ou des membres, en liens pour les pieds et en quantité d'autres objets rappelant par leurs formes une foule d'infirmités et qu'il serait trop long de décrire.

Lorsqu'il fut devenu évident pour tout le monde que le saint était grand aux yeux de Dieu, l'abbé Ingelard chercha à porter les moines au repentir d'avoir méprisé, comme un chose vile, la précieuse perle de la providence, et les engagea à rapporter en grande cérémonie, et avec un cœur contrit et humilié, celui qu'ils avaient rejeté à cause de l'obscurité de sa sainteté, mais que la puissance divine recommandait à notre amour et à notre vénération.

Les frères s'assemblèrent donc et se rendirent, en procession et avec beaucoup de recueillement, à la petite église dont nous avons parlé. Là, après avoir fait pénitence et adoré le seigneur qui se montre admirable et plein de gloire dans ses saints, ils reprennent le corps de S. Mauguille et le replacent dans l'église de S. Riquier, où il est conservé encore aujourd'hui. Cet événement eut lieu du tems du seigneur Ingelard; mais, puisque nous sommes à parler de ce bienheureux confesseur, ajoutons dès à présent ici ce qui arriva à son sujet longtems après ce vénérable abbé, dans la crainte de commettre plus tard un oubli et de priver la postérité de connaître des choses dont il lui importe d'être instruite. La coutume s'établit dans la suite de porter tous les ans, à la fête du bienheureux Mauguille, qui arrive le III des calendes de juin, ce saint confesseur, en procession, à la chapelle où il avait été jadis enterré. Tous les villages des environs accouraient à cette cérémonie et montraient beaucoup de joie à célébrer cette solennité. Un jour, après la célébration des offices, dans la chapelle en question, et au moment que la procession se disposait à revenir avec le corps de S. Mauguille qu'elle avait porté avec elle, les frères furent accueillis, au

---

1. Il s'agit bien de deux poutres, *duae trabes*.

sortir du lieu saint, par une pluie si abondante et par un orage si violent que le jour devint plus affreux que la plus sombre des nuits. On portait, selon l'usage, devant les reliques sacrées deux cierges qui restèrent allumés, malgré le vent et la pluie, jusqu'à ce que le saint eût franchi les limites de la paroisse où il avait vécu, voulant illustrer par un miracle le pays qui lui avait appartenu. Un grand s'était emparé avec violence et injustice d'une terre dépendant de la chapelle du bienheureux Mauguille; et, un jour que, selon l'usage établi, on avait transféré le saint dans cette chapelle et qu'on le rapportait à Centule, après la célébration des offices, les frères ne purent jamais le faire passer les limites du territoire qui lui avait appartenu. Dieu rendit vains tous leurs efforts; les dépouilles sacrées devinrent d'une pesanteur excessive et se refusèrent au transport, en présence de tout le peuple qui les accompagnait. Plusieurs assurèrent que le saint était irrité de l'usurpation de son domaine et que sa lourdeur était un signe de son indignation. L'événement prouva la vérité de cette assertion. En effet, l'envahisseur s'étant présenté et les frères l'ayant prié de rendre au saint ce qu'il lui avait enlevé, celui-ci, redoutant la vengeance divine, se rendit aux instances qui lui étaient faites et restitua ce qu'il avait pris. Après cette restitution on retourna au saint; on souleva sa litière et l'on n'éprouva plus d'obstacle à le transporter.

Voici les reliques des saints, qui, sans compter celles que nous avons décrites, enrichissent l'abbaye de Centule. Les premières et celles que l'on vénère le plus sont celles du saint abbé et bien aimé père Riquier, notre fondateur; celles qui occupent la seconde place dans notre vénération sont celles de S. Vigor; viennent ensuite celles de Cadoc, vénérable apôtre de la parole divine, puis celles de S. Mauguille dont nous venons de parler. Nous avons aussi beaucoup de vénération pour celles du compagnon de Cadoc, que nous appelons Hadrien. Nous possédons encore les restes sacrés du bienheureux abbé Angilbert, des bienheureuses vierges et martyres de J.-C., Elevare et Sponsare, dont la protection nous est assurée. Ces bienheureuses vierges, ainsi que nous l'avons appris des anciens, furent les compagnes de la bienheureuse Macre; et toutes trois souffrirent le martyre ensemble pour J.-C., par l'ordre du persécuteur Rictiovare.

L'abbé Ingelard fut favorisé de ces saints et comblé de bienfaits par la providence. Sous lui vécurent, à Centule, plusieurs religieux d'une grande vertu qui observèrent scrupuleusement la règle et qui aidèrent leur vénérable chef dans ses travaux. Tels furent Angelran, qui fut surnommé le sage et qui lui succéda, Gui, abbé de Forêt-Moutier, Arnoul, abbé de S. Josse, Hubert, abbé de Forêt-Moutier, et Gautier, surnommé Grimution, abbé de S. Sauve.

CHAPITRE XXX

Des biens engagés, sous le règne de Lothaire, a Notker évêque de Liège

Sous le règne de Lothaire, quelques terres qui nous appartenaient, étant trop éloignées de nous, pour être facilement inspectées, furent engagées par notre abbé à Notker[1], alors évêque de Liège, pour le prix de 33 livres d'argent, et à la condition que cet évêque en jouirait pendant 30 années, au bout des quelles on lui rendrait, à lui ou à son église, la dite somme de 33 livres et l'église de Centule rentrerait dans la jouissance de ses biens. L'acte de cet engagement est conçu en ces termes :

« Au nom de la sainte et indivisible Trinité, Notker, par la grâce de Dieu seul pontife un *peu prévoyant*[2] de l'église de Liège, aux fils présens et à venir de l'église catholique, notre mère, qui font profession de garder la foi. Nous faisons savoir la convention qui a eu lieu entre l'abbé Ingelard et nous. Le dit Ingelard, abbé de S. Riquier, possédait quelques terres situées dans notre diocèse, savoir, 5 métairies, dans le village d'*Hair*[3], 5 autres dans celui de *Farmale*[4], une dans celui de *Bursis*[5] et une autre à *Gledèle*[6]; les quelles il nous

---

1. Notker, évêque de Liège de 972 à 1008. — M. Lot.
2. Pourquoi M. Le Ver a-t-il souligné ces mots ? *Aliquantulum providus*, cela veut dire quelque peu prévoyant, ce qui sort peut-être des formules ordinaires mais s'explique.
3. Village de l'évêché de Liège dit simplement Le Ver. — *Table.*
4. Farmale de l'évêché de Liège, dit simplement Le Ver. — *Table.*
5. Village de l'évêché de Liège. — *Id., ibidem.*
6. *Id.*, de l'évêché de Liège. — *Id., ibidem.* Ce lieu se retrouve nommé Glemdène dans le livre IV, chapitre III.

a engagées, pour le prix de 33 livres d'argent que nous lui avons payées sur le trésor de S. Lambert ; et à cette condition que nous, ou nos successeurs, nous jouirions des dites terres pendant 30 années sans aucune opposition, en prenant seulement l'usufruit et les autres revenus, sans toucher aucun autre profit illégitime. Et, au bout des dites années, du jour que le dit abbé, ou son successeur, nous remboursera, à nous ou à nos successeurs, l'argent que nous lui avons prêté, il rentrera sur le champ, et sans aucune contradiction, dans les terres à nous engagées. C'est pourquoi nous avons fait écrire cette charte, afin que ce traité soit connu de nos descendants ; et nous avons voulu qu'elle fût confirmée par notre signature et par les signatures de nos féaux, tant clercs que laïques, qui nous ont assisté, ainsi que l'a demandé le dit abbé Ingelard. Signatures de Notker évêque, de Godescalc prévôt, de Nithon, de Sicon, d'Ecbert, de Frédéric, de Gautier, chevalier, de Butson chevalier ; et du côté du dit abbé, signatures d'Ingelard abbé, d'Angelran moine, de Duodelin moine, de Senard, chevalier, d'Héribert chevalier, de Ruethelin chevalier. Fait à Liège, en public, le v des calendes de novembre, de l'an de l'Incarnation de notre Seigneur 989, indiction XII,. et la première année de l'empereur Henri[1]. »

L'abbé Ingelard étant de retour au couvent écrivit à l'évêque Notker, pour le prier de confirmer de nouveau l'acte qu'ils avaient passé ensemble et de prononcer anathème contre tout évêque à venir qui voudrait l'enfeindre, afin qu'il restât inaltérable, non seulement par l'autorité de l'écrit, mais encore par la crainte de l'excommunication. La lettre qu'il écrivit à ce sujet était conçue en ces termes :

« Au très-illustre évêque Notker, l'abbé Ingelard, ainsi que toute la congrégation de Centule, persévérance dans la vertu et dans les bonnes œuvres. Puisque votre bienveillance infinie qui s'étend de tous côtés est parvenue jusque sur nous, en nous épargnant la vaine fatigue d'aller au loin inspecter certaines terres appartenant à S. Riquier et situées dans votre diocèse, nous vous en rendons grâce, et nous vous offrons les prières et les vœux que nous adressons pour votre salut et celui des vôtres. Nous sommes prêts aussi à

---

1. Date véritable 28 octobre 984, dit M. Lot qui renvoie à son livre *Les derniers Carolingiens*.

vous rendre tous les bons offices que vous pourriez désirer de nous. Et, puisque vous voulez bien supporter avec nous un lourd fardeau, nous vous recommandons de faire défricher ce qui est inculte et de faire reconstruire ce qui est démoli, afin que notre église, en rentrant dans ses biens, les trouve améliorés par vous[1]. Nous vous conjurons aussi de défendre, en vertu de l'autorité qui vous est confiée, à toute personne d'apporter aucun changement à ce qui est réglé entre nous; afin que (Dieu veuille nous en préserver!) si quelqu'un de vos successeurs faisait un mauvais usage des choses dont la jouissance a été par vous légitimement acquise, nous n'éprouvions pas de perte en vous rendant l'argent que vous nous avez prêté. Nous vous mandons ces choses, non par le désir de rentrer avant le tems prescrit dans les biens que nous vous avons engagés, mais, comme Dieu permet quelquefois, ainsi que le dit l'écriture, que l'impie règne pour commettre le crime, nous cherchons à éloigner toute espèce de difficulté pour l'avenir. Que J.-C.[2], qui, pitoyable à notre misère, daigne abaisser sa main toute puissante jusqu'à nous, et, qui racheta, au prix de sa mort, les crimes de notre vie, veuille, pieux pasteur, vous

1. Condition ou recommandation à remarquer peut-être.
2. Par un changement de style qui montre en Ingelard un lettré et fait supposer en l'évêque un correspondant capable de goûter des rythmes, l'abbé a écrit cette fin d'acte en vingt et un petits vers d'allure rapide, un dactyle et un spondée :

> Cunctipotentis
> Dextera Christi,
> Qui, miseratus
> Nostra caduca,
> Missus ab alto
> Venit ad ima,
> . . . .

C'est l'unique fois sans doute que des intérêts positifs ont mis un peu d'azur sur un grave parchemin. L'abbé et l'évêque semblent deux dignitaires d'esprit qui traitent les affaires de bonne humeur. Les vers d'Ingelard sonnent un peu, malgré leur timbre plus haut, comme des clochettes

> Dans les prés fleuris
> Qu'arrose la Seine.

L'évêque, avec son *aliquantulum providus*, ne parait pas s'en faire trop accroire. Et l'on peut douter que l'abbé compte beaucoup sur toutes les améliorations qu'il demande au profit des terres engagées, défrichements, reconstructions, etc.

prendre, dans ce monde, sous sa protection, et vous faire la grâce de consacrer au bien toute votre vie ; afin que vous méritiez, lorsque vous serez affranchi des liens de la chair, d'hériter du royaume des cieux. »

Le vénérable évêque accueillit avec bonté cette demande ; et, dans la vue d'empêcher ses successeurs de violer en rien le traité conclu, il répondit à notre abbé en ces termes :

« Notker[1], évêque de Liège, à son très-cher Ingelard, abbé. N'ayant jamais désiré, et ne désirant en aucune manière, d'acquérir aucun bien par un sacrilège ; pour ne pas laisser (Dieu veuille détourner ce mal) à nos successeurs un bien criminellement acquis, nous nous rendons volontiers à votre désir ; et nous jugeons bon de vous accorder ce que la prudence vous porte à nous demander, c'est-à-dire d'empêcher que mon successeur ne viole le traité que nous avons fait ensemble. C'est pour quoi nous mandons à tous les fidèles de la sainte Église, présens et à venir, que, du jour que vous, ou l'un de nos successeurs, vous nous rembourserez, à nous ou à l'un de nos successeurs, 33 livres d'argent, l'église de S. Riquier rentrera aussitôt, sans aucun empêchement, dans la jouissance de ses biens. Et nous avons, par l'autorité de Dieu, de Ste Marie, la mère de notre Seigneur, des SS. apôtres Pierre et Paul, et du bienheureux Lambert, martyr de J.-C., prononcé anathème contre toute personne qui voudrait contrevenir à notre convention. »

---

1. Ou Notger. — Note du marquis Le Ver. — D'Achery et M. Lot donnent en effet *Notgerius*.

CHAPITRE XXXI

Du village nommé Mater-Mortua [1]

Il y a dans le territoire de Liège un village nommé *Matermortua,* qui appartient à l'église de S. Riquier, et que l'abbé Ingelard abandonna, à cause de son éloignement, à un chevalier, pour être possédé par lui et par son héritier seulement, leur vie durant. Cette cession se fit moyennant le prix de cent sous d'argent et un cens annuel de 25 sous que ledit chevalier s'obligea d'acquitter exactement. La charte qui fut faite a cette occasion est conçue en ces termes :

« Au nom de la sainte et indivisible Trinité. Nous, Ingelard, par la volonté de Dieu abbé de Centule, faisons savoir à tous les fidèles présens et à venir de la sainte Église, qu'un chevalier nommé Hubert s'est rendu auprès de nous et nous a prié instamment de lui vendre une terre nommée *Matermortua* et située dans le royaume de Lothaire. Nous avons consenti à sa demande ; et nous lui avons cédé, à lui, à son épouse nommée Alguide et à leur héritier seulement, la dite terre, pour le prix de cent sous d'argent qu'il nous a comptés ; sous la condition que le survivant des trois en jouira sans aucun empêchement, et qu'il nous paiera tous les ans, au carême, un cens de 25 sous d'argent. Mais, attendu qu'il était encore incertain sur celui qui serait l'héritier sus-mentionné, ledit chevalier nous a demandé un délai de deux années que nous lui avons accordé pour nous le faire connaître ; nous laissons donc un blanc pour écrire le nom du susdit héritier qui s'appellera .....[2] et que la

---

1. Y aurait-il près de Liège un village nommé Mortemer ? — Note du marquis Le Ver. — Et simplement dans sa *table :* « village dans le diocèse de Liège ».
2. A la marge du mss. on lit le nom d'Alguide. — Note du marquis Le Ver.

différence des caractères d'écriture ne fassè pas taxer la charte de fausseté. Et afin qu'elle soit inviolable à l'avenir, nous voulons la confirmer de notre propre main et de celle des nôtres. Signatures de l'abbé Ingelard, d'Adier doyen et moine, d'Ingelran moine, d'Otbert archidiacre de Liège, d'Albold archidiacre, de Jean archidiacre. Fait au monastère de S. Riquier, le iv des ides de mars et la onzième année du règne de Robert [1]. »

1. 12 mars 1007. — M. Lot.

CHAPITRE XXXII

De la cession d'un moulin et de la mort d'Ingelard

Sur les bords de la rivière du Scardon sont bâtis plusieurs moulins dont l'un nommé le moulin de *Mirumdolium*[1] a été, ainsi que le produit du four banal, cédé, pour un tems, par notre abbé, à l'un de ses parents, nommé Regnier, pour servir à sa subsistance. Il est encore beaucoup de choses qu'il a rachetées, ou bien qu'il a envahies sur les terres et les villages du S. lieu, dont le détail serait fastidieux, et que nous omettrons comme étant tout à fait inutile[2]. Mais nous ne devons pas oublier de dire que l'abbé Ingelard, après avoir réparé l'habitation des frères et rétabli la congrégation des moines qu'il gouverna pendant longtems, mourut le jour des nones de juin[3]. Il mérita d'avoir sa sépulture, qu'on voit encore aujourd'hui, dans le monastère de notre S. patron Riquier.

> C'est ici que repose la dépouille mortelle de l'abbé Ingelard,
> En attendant le jour où la trompette divine doit réveiller les morts.
> Il descend d'une race de héros
> Et fut consacré à J.-C. par le baptême.

---

1. Peut-être de la Mirandole ? — Note du marquis Le Ver. — Je n'ai rencontré nulle part *de la Mirandole,* mais j'ai relevé souvent *Mirandeul, Mirandœul, Mirandeuil.* Le moulin de Mirandeuil s'est appelé aussi *le Petit Moulin.* — *Histoire de Cinq Villes,* t. V, pp. 230, 375, 397, 398. — J. de la Chapelle a écrit *Mirandœul juxta Montigny.* — *Cronica abbreviata,* p. 71 de l'édition de 1893.

2. Hariulfe ne dit pas cela avec cet entier détachement, mais *quia non omnia profutura speramus,* parce que nous n'espérons pas que toutes ces remémorations puissent servir, — sans doute à recouvrer les biens perdus.

3. « On ignore la date d'année de la mort d'Ingelard ». — M. Lot.

> Il commença par être moine et devint dans la suite
> Recteur des moines de l'abbaye de S. Riquier
> Qu'un ennemi barbare avait remplie de ronces et d'épines,
> Et que ce pieux abbé répara depuis les fondements.
> Juin faisait sa cinquième révolution
> Lorsque la mort lui fit éprouver le sort réservé à tous.

Il eut pour successeur un de ses moines appelé Angelran, qui fut surnommé le Sage. Mais comme ce livre est déjà trop long, nous ne parlerons de lui que dans le livre suivant, d'autant que sa vie a déjà été écrite par un des frères. Nous ne commencerons donc à rapporter ce qui le concerne que dans notre quatrième livre, afin de paraître, comme dans l'évangile, conduire le quadrige des justes, avec l'aide de notre Seigneur J.-C., à qui soient toute gloire, toute louange, tout honneur et tout pouvoir, avec son père de toute éternité et le S. Esprit, dans tous les siècles des siècles. Ainsi soit-il.

Fin du Livre Troisième

LIVRE IV

CHAPITRE I

De la naissance du seigneur Angelran, et de sa science [1]

Toute la terre se réjouit maintenant de sa délivrance, que le fils de Dieu est venu lui apporter en se faisant homme ; mais il est des pays qui goûtent un bonheur de plus, c'est d'avoir possédé de ces hommes à qui leur sainteté et leur science ont fait donner avec justice le nom de pasteurs. Le doux pays du Ponthieu [2] a obtenu ce précieux avantage, en donnant le jour à une foule de grands hommes. Il vit naître jadis cet astre éclatant, le bienheureux Riquier, dont le patronage et les restes sacrés font la joie et la gloire de Centule ; et, après un grand nombre d'autres, que nous avons fait connaître, il a produit le fameux Angelran de glorieuse mémoire, qui surpassa en réputation tous ses contemporains, et qui a laissé un souvenir impérissable partout où est parvenue sa renommée.

Le vénérable Angelran naquit de parents assez obscurs aux yeux du siècle, mais libres et nourris dans la crainte du Seigneur. On présagea avant sa naissance quelles seraient un jour sa science et sa sagesse. Sa mère vit, la nuit, pendant son sommeil, une guirlande qui sortait doucement de son sein, et qui, entourant tous les murs de Centule, lui attirait les louanges et l'admiration de tous. Après qu'elle eut raconté la chose à son mari, celui-ci, éclairé par l'Esprit saint, assura que c'était là le présage d'une race illustre que le Seigneur

---

1. M. Lot renvoie pour « Enguerrand » à l'*Histoire littéraire*, VII, 351-355, et à l'abbé Corblet, *Hagiographie*, I, p. 566.
2. *Dulcis Pontiva provincia.*

leur accordait dans sa bonté et qui répandrait sur tout le monde l'odeur de ses bonnes œuvres.

Angelran montra, dès sa naissance, un naturel excellent, une intelligence profonde, et fit paraître dans son enfance un zèle infatigable à s'instruire. On augurait déjà de lui ce qu'il serait un jour. Il est écrit que *l'âme du juste est le siège de la sagesse*. Or, la sagesse de Dieu est J.-C., et le jeune Angelran, en se montrant insatiable de connaissances, annonçait qu'il serait un jour le sanctuaire de la sagesse. Ayant préféré aux plaisirs du monde le service de Dieu, il prit la robe monacale dans le cloître de S. Riquier ; et les dons du Seigneur se multipliant en lui, en même tens qu'il avançait en âge, il orna des fleurs de la sainteté l'habit qu'il offrait aux regards des hommes. L'humilité, qui est la mère et la nourrice de toutes les vertus, habitait en lui ; il se distinguait par son obéissance et sa soumission aux ordres de ses chefs, et il nourrissait dans son cœur cette douce charité qui ne sait haïr personne. Comme il étonnait ses maîtres par ses progrès dans les sciences, il obtint du vénérable abbé nommé Ingelard la permission de fréquenter les écoles les plus éloignées ; imitant en cela l'industrieuse abeille qui va recueillir sur différentes fleurs le suc qu'elle apporte dans ses cellules pour en composer un miel délicieux. Enfin il eut pour maître le vénérable évêque de Chartres, dont on vantait partout l'expérience et l'esprit cultivé ; et pour instituteur un homme non moins célèbre, le savant Fulbert. L'un lui servait de guide et de protecteur, et l'autre lui enseignait la morale et les belles-lettres. Le vénérable prélat se félicitait de la tâche qu'il avait à remplir et voyait ses soins récompensés par l'application et les succès de son élève. Lorsqu'il le trouva assez instruit dans la grammaire, la musique et la dialectique, il renvoya à Centule son disciple chéri, qui déjà était honoré du sacerdoce et qui fut reçu, comme un trésor, par notre pieuse congrégation. Angelran mit dès lors en usage les vastes connaissances qu'il avait acquises et devint la perle de la science. Il fit restaurer plusieurs livres et en fit transcrire plusieurs autres, qui ne l'avaient jamais été. Il fut chargé d'instruire les enfants et de partager entre eux les richesses de la sagesse. Il illustra son pays et fit envier à tous les lieux voisins le bonheur et la gloire de Centule.

CHAPITRE II

Comment on le fit connaitre au roi, et comment il fut fait abbé de Centule

En ce tems-là, le roi Robert, qui était doué d'une grande sagesse, occupait le trône de France après la mort de Hugues son père. Voici comment Dieu permit que l'illustre Angelran fût connu de ce prince. Pendant qu'Angelran fréquentait encore les écoles de diverses parties de la France, Robert, ayant formé, par dévotion, le projet d'aller à Rome, cherchait partout des hommes qui fussent imbus de la connaissance de tous les devoirs qu'exige le service de Dieu. Tout le monde lui ayant recommandé le vénérable Angelran comme étant l'un des hommes qu'il souhaitait, le roi, après avoir terminé ses préparatifs de départ, se met en route, et se fait accompagner de notre savant religieux dont la conduite avait toujours été irréprochable[1]. Pendant le voyage, les trésors, qui jusqu'alors étaient restés cachés, sont mis au grand jour ; les prédications se succèdent et les cœurs s'épanchent. Le roi admire les discours de son compagnon, la pureté de ses mœurs, la sincérité de son langage et la droiture de son cœur. Ce qu'on raconte de son voyage nous paraît digne d'être consigné dans cette histoire ; car tous les rapports s'accordent à prouver qu'Angelran sut si bien, pendant tout le chemin, servir, de son propre fonds, Dieu et le roi, qu'il n'eut jamais besoin du secours d'aucun livre. Comment la chose a-t-elle pu se faire ? C'est ce que les ignorants ne pourront jamais imaginer, mais c'est ce qui mérite d'être recherché par les savants. Les voyageurs, après être arrivés à Rome, en repartirent et eurent un heureux retour.

---

1. Le roi roi Robert ayant fait deux voyages à Rome, on ne sait, remarque M. Lot, si Angelran l'accompagna en 1010 ou en 1016.

C'est donc à l'occasion de ce voyage qu'Angelran fit la connaissance du roi qui chercha dès lors les moyens de tirer notre illustre religieux de son obscurité. Celui-ci cependant était retourné à Centule ; et, notre abbé étant venu à mourir, les frères, d'un accord unanime, choisirent, pour les gouverner, celui que Dieu avait de toute éternité destiné à cette honorable fonction. Le roi, se félicitant alors d'avoir trouvé le moyen d'élever Angelran, se rendit en hâte dans notre abbaye. Aussitôt qu'Angelran eut appris sa nomination, son esprit fut saisi d'une crainte salutaire ; il ne savait ce qu'il devait faire. L'élection unanime des religieux (car il ne faut tenir aucun compte de la faible opposition que marquèrent quelques personnages enorgueillis de leur noblesse) le forçait, pour ainsi dire, d'accepter le titre d'abbé ; et l'autorité royale elle-même allait bientôt intervenir pour obtenir de lui son consentement. Mais Angelran, qui aimait mieux obéir que commander, se trouvait absolument indigne de l'honneur qui lui était décerné. Il prit le parti de s'enfuir dans les bois et de s'y cacher. Le roi, à son arrivée, le fait demander, mais, apprenant qu'il est sorti du couvent et qu'il vit dans des lieux sauvages, il admire sa résolution, il loue son humilité et ordonne qu'on aille sur le champ à sa recherche et qu'on le lui amène. Des soldats partent alors et volent sur les traces du serviteur de Dieu, en prenant des informations auprès de tous ceux qu'ils rencontrent. Ils parcourent toute la forêt d'Oneulx[1] ; ils se pressent, ils cherchent de tous côtés, enfin ils trouvent le soldat de J.-C. Ils l'emmènent et le présentent au roi. Robert, plein de joie, entre dans l'église, et, en présence d'une foule de nobles et de gens obscurs, il donne à Angelran le gouvernement de l'abbaye, par les cordes qui pendaient aux tableaux[2]. Ensuite il lui ordonne de presser sa consécration. C'est ainsi que cet illustre moine fut mis à la tête de notre couvent. Il avait imité notre Seigneur, qui, lorsque le peuple voulut le faire roi, s'enfuit sur la montagne ; de même il se retira dans une caverne, pour se défendre de l'orgueil que son élévation aurait pu lui causer.

1. *Olnodiolum.* — Parmi les formes du nom d'Oneux M. Garnier, qui a d'abord identifié le lieu avec l'*Anisceias* de 870 d'Hariulfe, à tort probablement, (voir plus haut, livre III, chapitre XIX) a trouvé successivement, tantôt *Onnodium*, tantôt *Olnodium*. — *Dictionnaire topographique du département de la Somme.*

2. *Per funes ad signa pendentes.* A remarquer peut-être ce mode d'investiture. — *Ad signa,* quid ?

CHAPITRE III

Renouvellement d'un traité entre l'abbé Ingelard et l'évêque de Liège, Notker

Qui peut raconter d'une manière digne de lui les bienfaits de notre abbé après qu'il eut pris possession de sa charge ? Ne manquer jamais à personne, faire devant Dieu et devant les hommes tout le bien dont il était capable, corriger avec douceur les fautes des personnes placées sous sa conduite et encourager leurs bonnes qualités par son exemple et par ses discours ; rechercher toujours ce qui est bon, éviter avec soin le mal ; telle fut la constante occupation de toute sa vie. Sa bienveillance ne se contenta pas seulement de travailler au salut des âmes ; elle s'étendit encore sur les choses terrestres, et elle se plut à orner d'embellissements le lieu saint qui lui était confié. Il éleva de nouveaux murs, il revêtit les autels d'or et d'argent, et augmenta, autant qu'il put, le nombre des vases sacrés de J.-C. Son esprit sage se plaisait aux bonnes œuvres, et son âme pieuse se repaissait d'exercices religieux. Cependant Notker, évêque de Liège, à qui le vénérable abbé Ingelard avait engagé quelques biens appartenant à S. Riquier, était mort, et, après deux autres prélats qui lui avaient succédé, le siège épiscopal venait d'être occupé par le vénérable Durand[1]. L'abbé Angelran alla trouver ce dernier et le pria de renouveler le traité que leurs prédécesseurs avaient fait, afin de lui conserver toute sa force. L'évêque, déjà prévenu à ce sujet par le seigneur Ebal, évêque de Reims[2], accueillit volontiers la demande de notre abbé, et rendit ce nouvel arrêté :

---

1. Évêque de 1021 à 1025. — M. Lot.
2. Archevêque de 1021 à 1033. — M. Lot.

« Au nom de la sainte et indivisible Trinité, Durand, par la grâce de Dieu, pontife de la sainte église de Liège, à tous les fidèles de la religion chrétienne, présents et à venir, savoir faisons qu'Angelran, abbé de S. Riquier confesseur de J.-C., nous a demandé de renouveler par écrit la convention qui avait été faite entre son prédécesseur et Notker, évêque de ce S. siège. En effet, son susdit prédécesseur avait emprunté au trésor de S. Lambert 33 livres d'argent, en nous engageant en retour certaines terres de S. Riquier, à savoir 5 métairies dans le village d'*Hair*, 5 autres dans celui de *Farmale*, une autre dans celui de *Bursis* et une autre dans celui de *Glemdene*[1]; sous la condition que, du jour où nous serions remboursés, lui ou ses successeurs rentreraient, sans opposition, dans ce qui leur appartient. Nous avons donc fait ce qu'il demandait, et nous avons renouvelé, par cette présente charte, ce qui avait été statué par nos prédécesseurs. Fait à Liège en public le xiv des calendes d'octobre, de l'an 1022 de l'Incarnation de notre Seigneur[2], et en la 19e année du règne de l'empereur Henri. Signature de Hezelon comte ; signature de Humbert clerc, de Wathon clerc, de Hildrad clerc, d'Adelard laïque, de Libuin laïque.

---

1. Pour tous ces lieux voir plus haut livre III, chapitre XXX. — Seulement, *Gledela* de ce chapitre XXX s'appelle ici *Glemdena*.

2. 18 septembre 1022. — M. Lot.

CHAPITRE IV

Comment Angelran fit l'acquisition de l'église de Scabellivilla

Après le renouvellement de ce traité, Angelran revint au monastère. Il alla aussi en Normandie, et, ayant eu l'occasion de voir le marquis Richard[1], il le pria de faire quelque largesse à S. Riquier pour obtenir le salut de son âme. Richard, sachant que notre abbé était un homme sage et fort attaché à notre couvent, l'écouta avec bonté, et céda, par sa main, à S. Riquier, outre une chasuble d'une pourpre précieuse, l'église de *Scabellivilla*[2]. Voici la teneur de cet acte de donation :

« Au nom de la sainte et indivisible Trinité, nous Richard, par la grâce de Dieu, duc des Normands ; faisons savoir à tous les fidèles de la sainte Eglise, qu'Angelran, abbé du monastère de Centule où repose le vénérable confesseur S. Riquier, a demandé à notre clémence de faire quelque aumône à ce grand saint. C'est pour quoi, de l'avis et consentement de nos féaux, nous avons résolu de donner audit saint et à ses serviteurs l'église qui est située à *Scabellivilla*. Ledit abbé et les frères ont promis de leur côté, sous l'attestation du présent chirographe, que, par amour pour notre père, pour nous, pour notre mère, notre épouse et nos enfants, la congrégation de Centule serait augmentée d'un membre, de manière que celui-ci venant à mourir serait aussitôt et à perpétuité remplacé par un autre. Il nous ont promis, en outre, qu'à compter de ce jour, nous et nos fils, nous serions à jamais associés de ladite congrégation, et participerions à toutes les bonnes œuvres qui s'y

---

1. *Colloquio marchionis Richardi usus.* Richard se dira plus loin *Northmannorum dux*, mais la fin de la charte donne encore *Richardi marchionis*.

2. Église en Normandie, dit simplement le marquis Le Ver. — *Table*.

font. Et afin que cette donation conserve toute sa force pour l'avenir, nous avons, à son appui, fait lancer, en notre présence, un anathème terrible par l'archevêque et quelques évêques assistés de leurs prêtres, qui se trouvaient alors à notre cour; et avons de plus fait dresser cette charte que nous avons voulu signer de notre propre main.

« Signature de Richard marquis, de Robert archevêque, de Gonnoride, leur mère, de Judith, de Richard fils, de Robert fils[1], de Guillaume fils, de Malger[2] (Mauger). Fait à Rouen, le II des ides de mars. »

Robert lui-même, archevêque de Rouen, plein de considération pour Angelran, lui donna une superbe tapisserie, qui orne aujourd'hui notre église.

---

1. *Pueri*. C'est aussi la qualification de Guillaume qui suit.
2. Nous avons dans ces noms presque toute la famille de Richard II duc de Normandie. M. Lot pense que beaucoup des souscriptions ont dû être ajoutées après coup sur l'original que copiait Hariulfe.

CHAPITRE V

Dissertation sur S. Vigor

Puisque nous sommes entrés dans la Normandie, il faut que nous y restions quelque tems pour rapporter un fait essentiel à notre histoire. Nous avons dit[1] que, sous le seigneur Ingelard, le corps vénérable du S. évêque Vigor avait été transporté de la Neustrie à Centule. Rendons grâce à Dieu de tout notre cœur d'avoir mérité de faire cette précieuse acquisition. Tranquilles maintenant sur la possession de ce présent du ciel, par les bénédictions que ce corps sacré a répandues sur nous, nous allons répondre aux attaques des personnes qui s'efforcent de ravaler un bien aussi précieux. Nous sommes en effet certain de les réfuter, avec l'aide de Dieu, par des raisons plausibles, pourvu toutefois qu'on veuille bien nous écouter sans prévention. Nous ne nous adresserons à personne en particulier, mais nous répondrons à tous nos adversaires à la fois. Lorsque quelqu'un d'entre nous vient à parler du corps de S. Vigor avec les Neustriens ou ceux de Senlis, ces derniers prétendent qu'il repose chez eux, parce qu'il fut leur évêque ; et les autres assurent, au contraire, qu'ils le possèdent ; de sorte que les véritables possesseurs de ce trésor, que nous tenons de la bonté de Dieu, paraissent être incertains. Il est donc essentiel d'éclaircir ce point de controverse, en prouvant que nous avons dans notre église le corps du bienheureux évêque. Que si nos adversaires citent des miracles éclatants à l'appui de leurs prétentions, nous leur opposerons des miracles bien plus grands encore, pour soutenir les nôtres. Mais la foi chrétienne reconnaît que Dieu opère des miracles, non seulement aux endroits où reposent les corps des saints, mais encore partout où l'on en demande au ciel avec ferveur. Venons-en

---

1. Livre III, chapitre XXVIII.

donc franchement à notre sujet, et prouvons que nous possédons le corps du S. prélat, malgré tous les grands miracles qui peuvent s'opérer ailleurs. Nous prenons à témoin de notre sincérité J.-C., qui est la vérité même, et l'illustre évêque qui jouit maintenant du bonheur des cieux et dont les propres paroles viendront à l'appui de nos discours.

Les Neustriens ou Normands cherchent à se prévaloir de ce que leur évêque n'était pas bien gardé ; mais nous leurs répondrons : *que si le Seigneur ne veille pas lui-même à la garde de la ville, c'est en vain que celui qui est chargé de la conserver, fera preuve de vigilance*[1]. Mais cédons-leur ce point et passons à un autre, car les trésors qu'ils possédaient jadis et qu'ils ont aujourd'hui perdus, sont une assez grande punition pour eux. Maintenant fermons la bouche aux habitants de Senlis qui se montrent orgueilleux du corps du saint qu'ils se vantent d'avoir. Dans les premiers tems que Centule fut honoré de la possession de ce corps, qu'on venait de lui apporter, nos frères ne connaissaient aucun détail de la vie de S. Vigor ; celui qui leur remit ces restes sacrés ne leur apprit que le nom du saint, le rang qu'il avait occupé et le siège épiscopal qu'il avait gouverné ; et il se tut sur tout le reste. Mais, lorsque le vénérable Angelran, surnommé le sage, eut succédé à l'abbé Ingelard, qui venait de mourir, il eut besoin d'aller en Normandie, par le motif que nous avons rapporté ; et, après avoir terminé ses affaires, il s'informa auprès des clercs du pays et des religieux de S. Ouen, s'ils connaissaient un saint nommé Vigor. Ceux-ci, qui le connaissaient parfaitement, témoignèrent un grand étonnement de ce que notre abbé ignorât la vie d'un si illustre confesseur ; et ils lui firent l'histoire de sa naissance, de sa vie et de ses dignités. Alors le vénérable Angelran leur demanda à voir la vie elle-même de ce saint évêque, qu'on avait écrite, en les priant, en même tems, de lui permettre d'en prendre une copie. Ceux-ci y consentent volontiers et apprennent de notre abbé, avec une extrême surprise, que l'église de Centule, faisant partie de l'abbaye de S. Riquier, possède le corps de S. Vigor lui-même[2]. Les moines de S. Ouen lui disent

---

1. Psaume CXXVI. — Note de M. Lot.

2. *Cœnobio, inquit, Centulæ in monasterio domini mei sancti Richarii hujus sancti corpus habetur.* Quelle distinction Hariulfe fait-il dans cette phrase entre *cœnobium* et *monasterium* ?

alors : « Révérend père, examinez ces ossements. Si vous ne trouvez pas de menton, c'est une preuve qu'ils sont en effet de lui ; car cet os doit manquer nécessairement à ses saintes reliques, puisque nous le possédons par une faveur de la divinité. » Aussitôt qu'Angelran, qui apportait avec lui la vie de S. Vigor, fut de retour au couvent, il s'empressa de vérifier ce qu'on lui avait enseigné. Il examina les restes sacrés du bienheureux évêque, et il trouva tous ses ossements à l'exception de l'os du menton qui manquait. L'histoire, qu'il avait apportée avec lui, et qui faisait mention du jour de la mort du saint, fixait cette époque au jour même de la Toussaint qui venait d'être instituée dans l'église ; ce qui évita à notre abbé l'embarras de placer la fête du S. évêque dans le calendrier. Cependant il régla qu'elle serait, en outre, célébrée le lendemain de la Toussaint, mais non d'une manière digne de ce grand confesseur de J.-C.[1] Après ces preuves que nous venons de donner et qui, nous l'espérons, seront suffisantes[2], nous reviendrons à la vie du seigneur Angelran, sauf à reparler plus tard de S. Vigor, au sujet duquel nous produirons des arguments sans réplique.

1. Le marquis Le Ver eût dû traduire : « ce qui fut fait, mais non d'une manière digne..... *Factumque ita est, sed non sic*, etc.
2. L'argument des Normands ne paraît pas clair dans la traduction : *Neustriani tamen, qui et Northmanni, sui episcopi non bene custoditi arguendi videbantur*. Cela veut dire : Les Normands doivent être accusés d'avoir mal gardé l'évêque ; ils ont pour excuse ce verset : *Nisi Dominus custodierit civitatem*..... Cédons-leur sur ce point.

CHAPITRE VI

De la fermeté du seigneur Angelran, et de la donation de Comitis-Villa (Conteville)

Le vénérable Angelran s'appliqua toujours, avec beaucoup d'ardeur et de fatigue, à faire rentrer à l'usage de notre monastère les biens qui en avaient été enlevés dans des tems de désolation, ou par la fraude sous l'administration de son prédécesseur. La constance et la fermeté de son caractère fléchissaient l'orgueil des grands, parce qu'en s'armant de sa sainteté, il ne craignait aucune puissance. Angelran[1] lui-même, comte de Ponthieu et fils de Hugues avoué de S. Riquier, l'avait choisi, à cause de sa vertu, pour baptiser un de ses fils, et il redoutait sa censure, parce qu'il connaissait son inflexibilité à l'égard de ceux qui portaient un cœur corrompu. Les chevaliers du Ponthieu avaient conservé l'antique usage de se réunir tous à Centule, le jour de la fête du bienheureux Riquier, et de faire leur cour à ce grand saint comme au seigneur du pays et au protecteur et avoué du salut de ses habitants ; et, lorsque le comte Angelran venait à cette solennité, ce qu'il n'avait garde d'oublier, ainsi que toutes les autres fois qu'il venait au monastère, il demandait avec tant d'empressement au vénérable abbé si l'on avait enlevé quelque chose au saint lieu, qu'on eût dit que c'était, non un comte qui s'informait auprès d'un moine de l'état des biens du couvent, mais un esclave[2] qui s'adressait à son maître. S'il arrivait à quelqu'un de ne pas écouter les remontrances de l'abbé, celui-ci

---

1. C'est l'Enguerrand de l'*Art de vérifier les dates*. — Note du marquis Le Ver. — Et M. Lot : « Enguerrand Ier, avoué de Saint-Riquier, comte de Ponthieu depuis 1033. Mort après 1045. »
2. Un esclave est peut-être un peu fort ; serviteur suffirait.

qui portait le plus vif intérêt à son monastère et qui pouvait dire *le zèle de la maison du Seigneur me ronge*[1]*,* s'emportant aussitôt, l'appelait infidèle et ravisseur et l'excommuniait, à moins qu'il ne fît le serment de s'amender. Cette fermeté de caractère nous fut très profitable, et fit que, tant qu'il vécut, on n'enleva rien au S. lieu. Ce que nous rapportons pour montrer qu'il serait bon, puisque nous ne trouvons plus, dans ce siècle, de bienfaiteurs, de ne souffrir, au moins, aucun déprédateur. Non seulement le vénérable Angelran ne souffrit aucune usurpation, mais il nous procura encore des restitutions et des donations. Le comte Angelran, excité par ses exhortations, légua un village à S. Riquier, et fit dresser un acte de cette concession, qu'il fit confirmer par l'autorité royale, et dont voici la teneur :

« Au nom de la sainte et indivisible Trinité, moi Angelran, fais savoir à tous les fidèles de la sainte Eglise, que, pendant le séjour de l'excellent roi Robert à Compiègne, je lui ai présenté à confirmer la charte d'une donation que j'avais faite à S. Riquier. J'ai en effet cédé à ce saint un village situé dans le Ponthieu et nommé *Comitis-Villa* (Conteville), sous la condition que moi, tant que je vivrai, et, après moi, un de mes héritiers seulement, que je ferai connaître de mon vivant, nous retiendrons ce village en payant, le jour de la fête de S. Riquier, qui se célèbre le VII des ides d'octobre, 12 deniers de cens ; et que, si l'héritier par moi désigné négligeait de faire ce paiement, il serait forcé de l'effectuer sous peine de perdre son bénéfice. J'ai présenté cette concession au roi et aux grands de son royaume, et j'ai demandé qu'elle fût confirmée par l'autorité royale. Signature du roi Robert, de la reine Constance, du duc Henri, de Robert, d'Eudes, du comte Angelran. Fait au palais de Compiègne, le jour des nones d'avril[2]. »

---

1. Psaume LXVIII. — Note de M. Lot.
2. « La date de cet acte se place entre 1017 et 1027. Pfister, Robert II, p. LXXVII, n° 56. » — Note de M. Lot.

CHAPITRE VII

De l'amour qu'Angelran portait a ses subordonnés, et de la restitution de Noguerias [1]

Un chevalier nommé Hubert, qui possédait une terre de S. Riquier, à titre de bénéfice, mit à l'épreuve la constance du vénérable abbé Angelran. Quelques-uns de ses parents, ayant eu, pour un certain tems, la jouissance [2] du village *Noguerias,* appartenant à S. Riquier, il prétendit posséder ce village par droit d'hérédité. L'abbé soutint le contraire, mais le chevalier ne voulant pas céder, il s'en suivit une contestation qui causa beaucoup de peines au vénérable Angelran. On a pu dès lors connaître combien était vive l'affection qu'il portait aux frères, car il ne cessa de combattre, avec toute l'autorité des lois divines et humaines, le chevalier Hubert et tous ceux qui s'efforçaient d'envahir les biens du couvent. Instruit par l'exemple de notre seigneur et Dieu, et embrasé de cet amour qui lui faisait offrir sa vie pour sauver ses brebis, il affronta mille dangers pour conserver les terres et les villages de Centule, et ne craignit pas de s'exposer aux embûches des méchants. Celui qui n'hésita pas de souffrir, lorsqu'il le fallut, mille outrages pour sauver le temporel des personnes confiées à sa garde, se serait certainement sacrifié pour elles, s'il eut été nécessaire. Il faisait peu de cas de la vie lorsqu'il s'agissait du salut des âmes de ceux qui lui étaient soumis. Les tyrans n'avaient pas poussé l'atrocité jusqu'à vouloir épargner les corps pour tuer les âmes [3], mais ils avaient poussé la cupidité

---

1. Noyelles-en-Chaussée.
2. Jean de la Chapelle dit que ses prédécesseurs avaient reçu « Noielles » *nomine pignoris.* — chapitre XXII de l'édition de 1893.
3. Traduction un peu large pour *ut corpora perimendo animas effugarent.*

jusqu'à vouloir plonger les frères dans la misère pour s'enrichir de leurs dépouilles; et, comme notre courageux abbé s'opposait, avec une fermeté inébranlable, à toutes leurs déprédations, il eut à souffrir une foule de mauvais traitements, et fut même frappé d'un coup d'épée. Mais, nous pouvons le confesser, il montra un cœur de lion ; et, armé de sa conscience, il brava toute la rage de ses adversaires. La charité occupait la première place dans son cœur et en bannissait toute crainte. Il combattit Hubert sans relâche et jusqu'à ce qu'il l'eût vu dépouillé du village de *(Noguerias),* par un jugement des grands du royaume, prononcé en présence du roi[1]. Mais quel mortel ne se laisse aller, dans l'occasion, à la cupidité ? Le roi Henri[2], que cette passion entraînait, s'empara, après le jugement qui déposséda Hubert, du village qui avait fait le sujet du procès, et jouit pendant cinq années de son revenu. Enfin, vaincu par les remontrances réitérées du vénérable Angelran, et maîtrisé par la crainte des jugements de Dieu, il nous le rendit et nous fit, à cette occasion, une charte qu'il est utile de rapporter ici :

« Au nom de la sainte et indivisible Trinité, Henri, par la grâce de Dieu roi des Français, à tous les fils de l'église catholique, qui s'intéressent au spirituel et au temporel. Nous faisons connaître à tous présents et à venir, la cession que nous avons faite à S. Riquier, pour notre salut et celui de nos successeurs. Un chevalier, nommé Hubert, jouissait par usurpation d'une terre appartenant à S. Riquier, et appelé *Noguenaria*[3]. Ses ancêtres s'étaient appropriés, sous le prétexte d'une donation, tout ce qu'ils avaient tenu à titre précaire dudit S. Riquier. Celui-ci ayant donc voulu envahir ladite terre, comme lui appartenant en propre, en fut quelque tems empêché par les réclamations de l'abbé et des frères, et finit par être entièrement débouté de ses prétentions, par un jugement rendu devant nous. Alors nous avons gardé ladite terre et nous en avons joui pendant cinq années. Au bout de ce terme, songeant à notre

---

1. Pour la condamnation à mort et l'exécution de cet Hubert voir plus loin chapitre IX. Mais cette condamnation, rappelée si loin, doit être postérieure au jugement qui remet Angelran en possession de Noyelles.
2. Henri Ier (1031-1060). — M. Lot.
3. Nouvelle forme du nom.

salut, et nous rendant aux instances de la congrégation de Centule, nous l'avons restituée à ladite congrégation. Le comte Angelran, avoué de S. Riquier, nous présenta aussi une requête que nous avons accueillie favorablement, et par laquelle il a demandé qu'aucune nouvelle coutume ne fût dorénavant introduite dans ses domaines. Et afin que ces dispositions soient religieusement respectées par nos successeurs, nous avons fait prononcer anathème par Hezelin, évêque de Paris, et par tous les français qui étaient auprès de nous, sans en excepter l'abbé de S. Riquier, contre toute personne qui oserait violer cet acte et compromettre encore une fois notre salut. C'est pourquoi nous défendons expressément par notre autorité et par celle de tous nos évêques, à tout malfaiteur, d'usurper ladite terre de *Noguenaria,* afin que nous ne soyons pas mis au nombre des réprouvés. Et pour que personne n'ignore notre volonté, nous avons fait écrire cette charte, pour qu'elle pût être montrée à tous. Fait l'an 1035 de l'Incarnation de notre Seigneur, la troisième année du règne du roi Henri. L'abbé Angelran a souscrit; le moine Rolland a souscrit; Gautier, Algise, le comte Angelran, Hugues son fils[1], le vicomte Godefroi, Oylard, Robert ont souscrit. Ils sont tous témoins de l'excommunication lancée par tous les évêques, et en particulier par Hezelin, évêque de Paris. Que celui qui à l'avenir violera cette charte soit damné avec Datan et Abiron. Ainsi soit-il. »

On a vu plus haut que le seigneur Ingelard avait volontairement cédé pour un temps, pour cause d'amitié ou de parenté, le moulin qui est sous Montigni, et qu'on nomme le moulin de *Mirumdolium,* à Regnier, chevalier. A la mort d'Ingelard, le seigneur Angelran, ayant voulu faire rentrer ce moulin à l'usage de notre couvent, Regnier s'efforça de le retenir, mais en vain. Voyant que toute résistance de sa part était inutile, il supplia notre abbé de lui permettre à lui et, après lui, à son fils et, après son fils, à son petit-fils, de jouir dudit moulin, qui retournerait après leur mort, à l'abbaye de Centule. L'abbé consentit à cette proposition, qu'il confirma par la charte qui suit :

Au nom de la sainte et indivisible Trinité, Angelran, abbé de Centule. Nous faisons savoir aux fidèles de la sainte Eglise de Dieu, présens et à venir, qu'un

---

1. « Hugues II, fils d'Enguerrand Ier lui succéda vers 1045 et mourut le 10 novembre 1052. » — M. Lot.

chevalier, nommé Regnier, nous a revendiqué un moulin situé sous Montigni, et qu'il prétendait lui avoir été donné par nous. Mais, après avoir trouvé sa réclamation sans fondement, nous avons déféré à une nouvelle demande de sa part, et nous avons consenti de céder ledit moulin à lui et à deux de ses héritiers, savoir, à Gautier son fils et au fils que ledit Gautier aurait de son épouse légitime, à charge par eux de payer un cens à notre couvent; et de manière que si ledit Gautier venait à mourir sans laisser d'enfants, l'abbaye rentrerait de suite dans sa propriété. Mais s'il laisse un héritier issu d'un légitime mariage, celui-ci succédera à son père et aura, sa vie durant, la jouissance dudit moulin; lesdits preneurs s'engageant à nous payer, tous les ans, 4 sous d'argent, à la fête de S. Riquier, qui a lieu le VII des ides d'octobre. A la mort du troisième héritier, nous rentrerons de suite dans la jouissance de notre propriété. Et afin que ce traité reste inviolable, nous l'avons fait signer par nos frères et par nos fidèles. Signature d'Angelran abbé, d'Angelran avoué, de Hugues son fils, d'Oger, d'Urson, de Robert, d'Herbert, de Guernon, de Raoul, de Godefroi, d'Arnoul, d'Oylard. Fait au couvent de Centule, le VII des calendes de février, la 12ᵉ année du règne de Henri.

CHAPITRE VIII

Charité d'Angelran envers les pauvres

Malgré l'attention continuelle qu'il portait à toutes les choses du monastère, Angelran trouvait encore le loisir de venir au secours des pauvres. La charité, qui était sa compagne inséparable, le rendit, avec l'aide de Dieu, le plus ferme appui des malheureux. Il sortait souvent de l'abbaye pour chercher à répandre ses bénédictions. Et, lorsqu'on le croyait dehors pour quelque affaire particulière, il n'était occupé qu'à des actes de bienfaisance. Il portait quelquefois avec lui un petit sac que sa charité avait eu soin de remplir; et, lorsqu'il voyait venir un pauvre de son côté, il s'empressait de tirer quelques pièces d'argent qu'il jetait à terre, sans être aperçu. Si le pauvre venait à passer outre, il l'appelait à lui et lui demandait ce que pouvait être ce qu'il apercevait à terre. Celui-ci, qui ignorait cette feinte, répondait : « Seigneur, ce sont des pièces de monnaie. » Alors l'honnête et pieux trompeur lui disait de s'en aller et d'emporter le présent que lui faisait le ciel. O grand homme, vraiment digne de Dieu! O vertu au dessus de tout éloge! Angelran consumait toute sa vie à des actes de piété, et les faisait dans le secret pour éviter la louange qu'il méprisait. Mais considérons un moment notre méchanceté et la corruption de notre cœur. Nous aimons à être loués, lors même que nous ne faisons pas le bien; et, s'il nous arrive de faire un peu de bien, nous voulons être préconisés par tout le monde. Nous ne brillons ni par nos actions ni par notre vertu, et nous extorquons l'honneur réservé seulement aux saints pour nous en couvrir comme d'un vêtement. C'est le comble de la misère que de n'être pas saint et de s'arroger le prix de la sainteté. Le véritable adorateur de Dieu, l'illustre Angelran, vertueux, bienveillant, hospitalier et toujours humble, se montra constamment le héros de la charité. Mais ce serait un oubli sacrilège que de ne pas parler de ses talents et de son esprit. Par l'ordre de son précepteur, le vénérable Fulbert, évêque de Chartres, il mit en vers élégants la vie de l'illustre confesseur de J.-C. Riquier[1], que les anciens avaient écrite avec beaucoup de détail. Il n'y ajouta rien d'étranger, et s'attacha à suivre partout le sens littéral des auteurs qui lui servaient de guides. Seulement il rapporta, à la suite des anciens miracles de notre patron, les nouveaux que le Seigneur avait opérés, par les mérites de ce grand saint, et dont Angelran lui-même avait été témoin. Après avoir décrit les anciens miracles, il dit : « Je vais maintenant raconter ceux que j'ai vus de mes propres yeux[2]. » Ensuite il fait récit de la translation de S. Riquier, que nous avons consignée plus haut dans cette histoire[3]. Nous allons maintenant rapporter nous mêmes quelques-uns des miracles qui furent opérés par cet illustre confesseur, après son replacement, miracles dont Angelran atteste avoir été témoin, et qui prouvent combien il était grand aux yeux de Dieu, puisqu'il a mérité de voir de si grandes choses.

---

1. Les bénédictins sont sévères pour Angelran : « Son génie l'aïant porté à la versification, il a beaucoup cultivé ce genre d'écrire. Mais il n'y a pas mieux réussi que les autres Versificateurs ses contemporains. » — *Histoire littéraire*, t. *VII*, p. *353*.
2. Vers d'Angelran :
   Nunc ea complectar proprius quæ vidit ocellus.
3. Livre III, chapitre XXIV.

CHAPITRE IX

DES MIRACLES DE S. RIQUIER QUI ARRIVÈRENT AU TEMPS D'ANGELRAN

Il existait près du couvent un puits extrêmement profond, mais entièrement à sec ; et, comme personne n'en approchait, son ouverture s'était bientôt couverte d'une forêt de broussailles, qui, en cachant le précipice, pouvait causer la perte des passants. Un jour, à l'époque de la fête de notre S. patron, qu'on célébrait tous les ans et qui attirait une foule considérable, un homme et une femme, qui n'en connaissaient pas le danger, marchèrent sur les broussailles du puits et tombèrent au fond. Aussitôt que cette nouvelle se fut répandue, tout Centule fut plongé dans la consternation de voir la fête de son patron souillée de la mort de deux personnes. On descend aussitôt un homme au fond de l'abîme pour en retirer les cadavres de ces deux malheureux. Mais ô prodige ! Ceux qu'on croyait fracassés et en lambeaux sortent pleins de vie et sans la moindre blessure ! Leur présence fut un spectacle merveilleux pour toute la multitude ; car il était évident qu'ils avaient été préservés par les mérites du saint dont la fête, en exitant leur dévotion, avait conduit leurs pas à Centule. — On célébrait, selon l'usage de l'église, le dimanche des Rameaux, que le peuple appelle Pâques fleuries[1], lorsqu'un clerc, en dînant au réfectoire avec les moines, avala une arête de poisson. Il commença dès le soir même à souffrir de cet accident et chercha en vain à rendre cette arête par le vomissement. Le lendemain, il ressentit des douleurs aiguës ; le troisième jour son mal empira, et, le quatrième, se sentant près de mourir, il fit prier l'abbé de venir le voir et lui demanda la faveur d'être enterré dans le cimetière des frères. Le cinquième

---

1. Pâques fleuries. *Dominica palmarum, quam vulgus Pascha Floridum vocitat.* — L'expression existait donc déjà du temps d'Hariulfe.

jour qui était le jour de la cène du Seigneur, ainsi que les chrétiens sont dans l'usage de le nommer, se voyant déjà entre les bras de la mort, il demanda à être transporté près de l'autel du bienheureux Riquier, pour recommander son âme à Dieu, avec les mérites de son grand saint. Des esclaves[1] l'ayant porté à la place qu'il avait indiquée, des hommes libres, moyennant une récompense qu'il leur donna, le soulevèrent, et, après l'avoir déposé sur l'autel, ils allaient se retirer, lorsque le médecin céleste commença tout-à-coup à opérer. Le malade se sentit comme fomenter avec de l'eau chaude, et recouvra sur le champ la santé. — Un ouvrier en bois nommé Engelguin, qui servait notre église dans les choses de son métier, et qui réparait les vieux toits et en construisait de neufs, selon le besoin, monta au clocher pendant les fêtes de Pâques, et, après avoir renoué la corde rompue de la cloche, il s'en retournait, lorsque le plancher sur lequel il avait coutume de marcher et de se tenir, étant venu à manquer sous ses pieds, il tomba par le trou où l'on monte les cloches. Il aurait péri d'une mort affreuse, si la main de Dieu, qui ne voulut pas que la maison de son saint fût souillée du sang d'un homme, ne l'eût soutenu dans sa chute. Car il faut apprendre à ceux qui l'ignorent que l'intérieur du temple est garni d'une espèce d'escalier, construit depuis longtems avec des pierres posées en saillie, et muni, par le soin de nos prédécesseurs, d'une rampe de bois, afin qu'on y puisse monter sans danger. L'ouvrier tomba sur cet escalier et dut son salut aux mérites de S. Riquier. — La fête de notre patron approchait, mais les pluies continuelles qui avaient lieu paraissaient devoir empêcher les habitants de la province de s'y rendre. Un jour que les moines étaient réunis, l'un d'eux se mit à se plaindre, en disant que personne ne viendrait à la fête, parce que la pluie retiendrait tout le monde. Un autre, qui avait plus de confiance en la divinité, répondit au frère qui se désespérait : « L'écriture sainte nous apprend que notre Seigneur a accordé à ses serviteurs le pouvoir d'ouvrir et de fermer les cieux à leur volonté ; et, loin de croire que notre patron soit privé de cette vertu, je pense au contraire qu'il peut, en ramenant le beau tems, rendre les chemins faciles et agréables à ceux que la dévotion

---

1. Gens de service suffirait : *Domesticis ergo hinc inde gestantibus*.....

peut attirer chez nous ». Lorsqu'on fut à la veille de la fête, les nuages se dissipèrent, et l'air devint si pur que ce fut un prodige de voir ce ciel, qui le jour d'auparavant paraissait se fondre en eau, briller en ce moment du plus vif éclat et remplir de joie toute notre contrée. Les habitants des environs accoururent en foule à la fête de S. Riquier, et, après lui avoir payé le tribut de leur dévotion, il s'en retournèrent chez eux. Mais à peine chacun s'était renfermé dans sa maison, que des torrents de pluie vinrent, pour ainsi dire, nous menacer d'un nouveau déluge, afin de nous apprendre à tous que la sérénité des cieux avait été produite non par le hazard, mais par les mérites de notre patron, qui, après les trois jours que dura sa fête, laissa revenir le mauvais tems. — Un jour des brigands étant entrés à Civinicourt, village qui nous appartient [1], enlevèrent de force deux de nos hommes ; et, comme ils voulaient les contraindre à donner ce qu'ils n'avaient pas, ils les attachèrent avec des chaînes de fer, et furent assez impies pour vouloir les garder. Ces deux malheureux, chargés de fers, ne cessaient d'implorer à leur secours le Seigneur et ses saints et principalement leur patron, le grand S. Riquier. La fête de cet illustre confesseur de J.-C. étant arrivée, ils l'invoquent de nouveau au milieu de leurs longues souffrances, et aussitôt leurs liens sont brisés, et ils redeviennent libres. — Mais je ne dois pas oublier de raconter comment le ciel se déclara au sujet de cet Hubert dont il a été parlé plus haut [2]. Hubert s'efforçait de nuire, par tous les moyens imaginables, au seigneur Angelran qui s'opposait avec fermeté à ses prétentions orgueilleuses et à ses impies usurpations. Il fit saisir un des serviteurs de S. Riquier, et, autant par méchanceté de caractère que par haine pour notre vénérable abbé et par le plaisir de l'outrager, il ordonna que le moine fût jeté dans une horrible prison, qu'il fût chargé de fers et accablé de tant de coups qu'on eut lieu de croire que son intention était, non seulement de le menacer de la mort, mais encore de la lui faire subir effectivement. Comme aucun secours humain, au défaut de celui d'Angelran, ne s'offrait à ce malheureux, il eut recours à la toute puissance divine qu'il invoqua au nom des mérites de S. Riquier. Sa prière fut entendue ; ses liens se

---

1. Voir plus haut, livre III, chapitre II, p. 92 et chapitre VII, p. 116.
2. Voyez plus haut, livre IV, chapitre VII, pp. 202-203.

dessérèrent et tombèrent d'eux-mêmes, et il put lever les fers qui tenaient auparavant ses mains enchaînées. Il lui restait encore à sortir de sa prison, malgré les verrous et les grilles, et la garde qui le surveillait ; ce qui lui présentait des obstacles presque insurmontables. Mais celui qui tira, par le ministère d'un ange, l'apôtre S. Pierre de la prison d'Hérode, ouvrit encore, par la vertu de sa puissance, le cachot du frère, et plongea ses gardiens dans un sommeil profond, pour les empêcher de s'opposer à sa fuite. Le moine, sauvé ainsi par la grâce de Dieu, revint au couvent, offrit ses fers à S. Riquier, et chanta avec les frères les louanges du Seigneur. Quoique le vénérable Angelran attribue ce miracle aux mérites de notre S. patron, nous sommes fondés à croire que nous en fûmes redevables à la vertu d'Angelran lui-même, qui s'était rendu digne, aux yeux de Dieu, de voir arriver un aussi grand prodige par la seule considération de sa propre sainteté.

Je vais rapporter maintenant quelques bienfaits du ciel, que nous devons certainement aux vertus de notre abbé. Celui-ci avait envoyé au loin deux religieux pour quelque affaire importante. Pendant qu'ils voyagent à une grande distance du couvent, ils sont arrêtés par des voleurs qui leur prennent leurs montures et les forcent ainsi de continuer leur route à pied. Mais, lorsque ces brigands voulurent emmener les chevaux des moines, ils ne purent les faire avancer. En vain ils les frappèrent de l'éperon ou du fouet, ces animaux restèrent immobiles comme des statues. Reconnaissant alors leurs fautes, les voleurs rendirent aux nôtres ce qu'ils leur avaient enlevé. — Une autre fois, Angelran ayant envoyé des frères à la cour du roi, il leur fut volé un cheval d'un grand prix. Aussitôt qu'ils s'en aperçurent ils se mirent à la poursuite du voleur. Alors le cheval volé devint immobile et ne voulut plus avancer d'un seul pas. Le voleur qui le montait, craignant d'être arrêté et mis à mort, abandonne sa monture, prend la fuite et laisse ainsi nos frères reprendre leur coursier qui partit avec eux. — L'exécrable Hubert, qui avait fait souffrir tant de maux à notre vénérable abbé, fut condamné à mort, lui et toute sa famille, par le jugement du roi, et subit la peine qu'il n'avait que trop méritée par ses persécutions à l'égard d'un homme vertueux.

CHAPITRE X

Du seigneur Odelger, moine

L'exemple du pieux Angelran avait enflammé plusieurs cœurs de l'amour des biens célestes ; c'est pour quoi nous jugeons convenable de faire connaître combien la grâce divine a éclaté dans les actes de ses disciples, afin que celui dont nous avons déjà admiré la sainteté, brille encore de la nouvelle gloire qu'il s'est acquise, non seulement par ses propres mérites, mais encore par les mérites des personnes confiées à sa garde. Il y avait au monastère de Centule un homme d'une vie irréprochable, nommé Odelger, qui, avec l'aide de Dieu, répandait un vif éclat sur notre sainte religion, par son admirable obstinence, par sa profonde soumission et par la réserve de ses discours. Il avait été, dans son enfance, instruit des dogmes sacrés par le vénérable abbé Ingelard, et occupait, sous Angelran, la place de doyen et celle de prieur. Il était toujours livré à la lecture ou à la prière ; il conservait avec soin la simplicité et la pureté de son cœur et consacrait sa vie à la vertu, se montrant d'ailleurs intègre et très habile dans l'administration des biens du dehors. Il avait coutume, lorsque les frères se reposaient de leurs pieux exercices pour causer entre eux des choses du monde ou de celles de la religion, de se retirer dans l'église, pour s'humilier devant le Seigneur, ou chanter des psaumes à sa gloire ; et, pour n'être distrait par la rencontre ni par l'arrivée de personne, il montait dans le haut du temple, et ainsi seul, et éloigné de tout le monde, il offrait à Dieu l'holocauste de ses actions de grâce et de ses prières. Il parvint ainsi à la fin de sa vie après l'avoir passée dans la pratique de tous ses devoirs. Lorsqu'il se sentit près de mourir et qu'il se vit entouré des frères et des serviteurs du couvent, il s'écria tout-à-coup : « Voici le chœur des anges qui est présent. »

Le Dieu saint et tout puissant, voulant en effet montrer à tous avec quelle piété Odelger l'avait servi, lui faisait apparaître, à sa mort, les ministres de sa divinité, pour qu'en leur présence, et sous leurs yeux, son âme quittât son corps sans crainte et sans douleur. Comme tous ceux qui l'environnaient étaient encore stupéfaits des paroles qu'il venait de prononcer, il ajouta : « Voici le chœur des prophètes » ; et, après un moment de silence : « Voici le chœur des apôtres » ; puis : « Voici le chœur des martyrs » ; et, après une petite pause : « Voici le chœur des confesseurs » ; et enfin : « Voici le chœur des vierges ». A ces derniers mots, il rendit le dernier soupir. Il prouva dans la suite qu'il avait véritablement vu les citoyens du royaume des cieux descendre vers lui pour l'enlever. Le vénérable abbé Angelran le fit dévotement enterrer, ainsi qu'il convenait à un saint, dans la chapelle du martyr S. Vincent, qui est contiguë au cloître, et fit graver sur sa tombe l'épitaphe suivante :

> Il pratiqua la justice et fut d'une grande piété,
> Odelger, qui repose dans ce tombeau.
> Il mourut le neuvième jour de février [1] ;
> Son âme, tel est notre espoir, est au ciel.

1. Le neuvième jour de février. Erreur de traduction. *Februaria nona* pour *februariis nonis* (le mot n'est employé qu'au pluriel dans les temps classiques) les nones. Les nones désignaient le 5 de la plupart des mois parce qu'elles précédaient de neuf jours les ides. C'était le cas en février. Ici donc le 5 février.

CHAPITRE XI

Comment Dieu afflige Angelran

Parmi les monuments que la grande sagesse du vénérable Angelran éleva en l'honneur de S. Riquier, il faut compter les chants mélodieux qu'il composa, quoique nous en eussions déjà beaucoup d'anciens, et les hymnes qu'il fit à la louange de S. Valeri, abbé, et de S. Vulfran, archevêque (de Sens). Il mit aussi en vers la passion de S. Vincent martyr et la vie de la sainte vierge Austreberte. Le bruit et l'éclat de son profond savoir attirèrent vers lui plusieurs nobles qui voulurent l'avoir pour précepteur. De ce nombre furent deux personnages illustres, Gui, évêque d'Amiens, et Dreux, évêque de Thérouenne, qui se glorifièrent, toute leur vie, d'avoir été ses disciples. L'excellence de sa doctrine lui avait attiré tant d'honneur, que tout le monde l'appelait, et avec raison, Angelran le sage. Lorsque notre S. abbé eut acquis cette grande réputation de sagesse et de piété, et accompli cette parole de l'apôtre : *Nous sommes partout devant Dieu la bonne odeur de J.-C.*[1]; Dieu qui lit au fond des cœurs, voyant que son serviteur travaillait, avec un zèle infatiguable, à s'unir à lui, voulut, pour le rendre encore plus pur, et pour multiplier le nombre de ses mérites, le polir encore avec la lime de l'épreuve, et l'essayer sur l'enclume des infirmités corporelles avec son marteau de percussion[2]. C'est pour quoi il le frappa d'une paralysie si grave, qu'il ne lui fut plus possible de porter sa main à sa bouche, ni de se remuer dans son lit. Ses mains innocentes sont arrêtées

---

1. *Christi bonus odor sumus deo in omni loco.* — Hariulfe combine ici deux versets de saint Paul : *Deus..... odorem notitiæ suæ manifestat per nos in omni loco*; et : *Quia Christi bonus odor sumus Deo.* — Epître II aux Corinthiens, II, versets 14, 15.

2. *Malleo propriæ percussionis.*

dans les liens d'une puissance surnaturelle. Elles, qui s'étaient constamment exercées aux bonnes œuvres, et qui avaient évité avec soin les mauvaises, sont devenues incapables d'agir. Il n'en rendit pas moins grâce au créateur qu'il ne pouvait plus servir activement, mais qu'il glorifiait toujours dans son cœur et sur ses lèvres. Pendant sa maladie qui le tenait comme enchaîné, et qui ne lui permettait aucun travail, son autorité ne cessa jamais d'être respectée et son nom d'être vénéré. Souvent il lui arrivait de verser des ruisseaux de larmes, et, lorsqu'on le questionnait sur la cause de sa douleur, il répondait qu'il pensait en tremblant aux tourmens que le diable fait souffrir aux pécheurs dans les enfers, et que cette pensée était bien capable de faire répandre des pleurs. D'autres fois, au contraire, il paraissait transporté de joie ; et, si on lui en demandait la raison, il disait que cette allégresse était une émanation des joies des anges et du bonheur continuel des saints.

CHAPITRE XII

De la subreption de Foulques ; et de la prophétie du seigneur Angelran

Angelran étant accablé de vieillesse, il paraissait nécessaire à beaucoup de personnes de lui substituer quelqu'un pour régir le couvent. Un noble selon le monde, nommé Foulques et fils d'Angelran, comte de Ponthieu, s'efforça, avec l'appui de sa famille, d'usurper le gouvernement de Centule. Le roi de France, Henri, étant venu au pays, je ne sais pour quel sujet, Foulques profita de son arrivée et le fit solliciter par le comte de Ponthieu, son père, à l'effet d'obtenir la suprême autorité sur notre monastère. Le prince s'étant rendu à ses instances, Foulques devint le régisseur en chef de S. Riquier, sans que l'abbé Angelran en eût été prévenu. Cette faveur que venait de lui accorder le roi, lui fit espérer de se voir un jour appelé aux fonctions d'abbé, et le rendit, d'une audace insupportable. Il donna, dans le réfectoire des frères, malgré l'usage qui y était contraire, un repas magnifique à plusieurs hommes de guerre, dans la vue de se les attacher davantage et de se ménager leur appui pour parvenir aux honneurs qu'il désirait. Mais, dès que l'abbé Angelran apprend cette nouvelle, il appelle ses serviteurs et leur ordonne de le porter dans la salle du festin. Arrivé à la porte du réfectoire, il fait arrêter sa litière et lance, au nom du Dieu tout puissant, une excommunication contre tous les convives qui étaient rassemblés. Leur bande se dispersa aussitôt, et l'on vit les meilleurs d'entre eux, ceux qui avaient encore conservé quelque crainte du Seigneur, trembler à la vue du juste, comme des coupables en présence de leur juge et rester terrifiés des foudres qui venaient de tomber sur eux. L'homme de Dieu, s'étant retiré, fait appeler Foulques et lui demande d'un ai menaçant, s'il se regardait déjà comme abbé du lieu. Voyant que la honte l'empêche de répondre, il lui dit que tant que lui, Angelran, sera vivant, jamais lui Foulques ne jouira du titre d'abbé. Et en effet, quoique celui-ci eût déjà reçu de son père une autre abbaye, il ne put jamais devenir abbé tant qu'Angelran vécut; la prédiction de l'homme de Dieu ne fut point démentie. On voit ici que le saint fut animé d'un esprit prophétique et qu'il porta l'arrêt même du ciel, en assurant que, de son vivant, le titre d'abbé n'appartiendrait jamais à Foulques. Mais aussitôt après qu'Angelran fût monté dans le séjour des bienheureux, Foulques fut décoré de la dignité qu'il convoitait depuis longtems et devint abbé de Forêt-Moutier, qui est un petit monastère appartenant anciennement, ainsi qu'on l'a vu, aux frères de S. Riquier, mais qui venait d'être usurpé par les comtes de Ponthieu, qui l'avaient érigé en abbaye. Puisque nous en sommes sur ce sujet, il est bon de faire connaître à la postérité comment ce saint lieu nous a été enlevé.

Depuis la mort du bienheureux Riquier jusqu'au tems de l'abbé Ingelard, Forêt-Moutier fit partie de notre domaine; mais Hugues, d'abord duc et puis roi, nous enleva Abbeville dont il fit un château-fort pour arrêter les incursions des barbares et le donna en garde à un chevalier nommé Hugues; il démembra alors de notre domination Forest-Moutier, qu'il donna en propriété à ce même Hugues qui avait épousé sa fille nommée Gisèle. Des clercs avaient d'abord occupé ce petit couvent pour s'y consacrer au service du Seigneur, mais depuis, et à la sollicitation du chevalier Hugues, quelques moines de notre couvent s'y étaient établis, et l'un des nôtres, nommé Gui, et frère du seigneur Angelran[1], en avait été nommé abbé. Celui-ci, après avoir gouverné le monastère pendant quelques années, eut pour successeur un de nos frères nommé Hubert. Car, lorsque ce lieu saint nous fut enlevé, il fut réglé, pour l'amour et l'honneur de notre patron, que tous les abbés de Forêt-Moutier seraient pris parmi nos moines. A la mort d'Hubert, Foulques, dont nous avons parlé, et qui avait voulu usurper l'administration de notre couvent, fut nommé abbé à sa place. Mais il convient de dire, à la louange de l'abbé Gui, qu'il se rendit agréable à Dieu par la pureté de ses mœurs; et que, quoiqu'il eût été privé de la vue

---

1. *Domni Angelranni fratrem*, c'est-à-dire frère de l'abbé même.

comme le saint homme Tobie, il n'éclaira pas moins son âme des lumières de la contemplation divine. Mais, aussitôt qu'il fut affligé de ce mal qu'il reçut en rendant grâce à Dieu, il demanda à se retirer et revint à Centule, où il passa dans la pratique de ses devoirs tout le reste de sa vie. Il mourut le VIII des calendes de mai, et fut enterré à côté du saint moine Odelger, par son vénérable frère Angelran, qui lui fit cette épitaphe :

> Les caractères gravés sur cette pierre apprennent
> Que ce tombeau renferme le vénérable père Gui.
> La grâce d'une excellente vie l'a enlevé du monde ;
> Que le monde par ses prières l'élève encore.

Nous devons dire encore que cet Hugues, dont nous avons parlé plus haut, eut le titre non de comte mais d'avoué, titre qui lui faisait beaucoup d'honneur, parce que ce fut le roi Hugues lui-même qui le nomma défenseur de l'église de S. Riquier. Angelran, son fils et père de Foulques, se contenta du même titre d'avoué, jusqu'à ce que, par la permission de Dieu, il eût tué dans un combat le comte de Boulogne et épousé Adelvie, sa veuve, qui était de l'origine la plus illustre. Et c'est par ce qu'il avait épousé cette comtesse qu'il prit dans la suite le titre de comte, que ses successeurs ont, suivant l'usage qui s'en est établi, porté jusqu'à présent [1]. Mais revenons à notre Angelran, et commençons par dire que ce vertueux abbé eut un homme de bien pour successeur.

---

1. Hariulfe reviendra plus loin sur cette histoire d'Angelran (Enguerrand Ier) et sur sa prise du titre de comte. — Voir chapitre XXI, Des comtes de Ponthieu.

CHAPITRE XIII

Du seigneur Gervin abbé de Centule

Ayant découvert que Foulques, ainsi qu'on l'a vu, cherchait, par l'intercession de sa famille et par des présents en argent, à obtenir l'administration de Centule, Angelran forma le dessein de se rendre auprès du roi, pour le prier de ne pas vendre au poids de l'or la charge de diriger les âmes. Il se fit traîner sur un char, car ses infirmités l'empêchaient de voyager d'une autre manière; et, lorsqu'il fut arrivé auprès du prince, il lui parla avec force et le menaça des tourments éternels, s'il faisait une mauvaise distribution de ses faveurs. Le prince, qui était d'un excellent naturel, se repentit et lui demanda le pardon de sa faute, en lui promettant de se corriger. Peu de jours après, le ciel voulut que Richard[1], abbé de Verdun, accompagné du vénérable moine Gervin (qui était son chapelain et qui se faisait chérir de tout le monde par sa bonté et par sa vertu), se trouvât à l'audience du roi. — Mais, comme ce respectable Gervin a été le digne successeur d'Angelran dans la place d'abbé de Centule, il est bon de rapporter ce qu'il avait été jusqu'alors; car plus il sera connu, plus il sera aimé. Gervin, né à Laon et fils de Guillence et de Romilde, fut envoyé dès son enfance à l'église de Sainte Marie, métropole de la partie de la Gaule que nous habitons[2], pour y être élevé et y faire ses études. Il y était clerc alors et y servait le Seigneur. Mais pendant qu'on lui enseignait la grammaire, selon l'usage des écoles, et qu'il étudiait les poètes, il remarqua que plusieurs des vers qu'il apprenait avaient rapport à la volupté et invitaient à la connaître et

1. Richard, abbé de Saint-Vanne de Verdun (1004-1046). — M. Lot.
2. L'école de la cathédrale de Reims. — M. Lot.

à s'y livrer. Son âme chaste et simple fut souillée par des études de ce genre, et il se vit entraîner, par le feu de la jeunesse, par le poison de ses lectures et surtout par la malice du démon, aux désordres célébrés dans des chants impurs. Il rechercha, par le conseil de ses amis, les plaisirs déshonnêtes, et n'eut plus d'autres guides que les poètes qui flattaient les passions, et les jeunes débauchés qui se livraient à la volupté. Il perdit alors l'innocence et la chasteté. Mais le Dieu tout puissant, qui l'avait choisi pour être le vase de sa grâce, le fit tellement rougir de ses désordres, qu'il y renonça, et qu'en outre il fut rongé des plus cuisants remords pour s'y être livré. Il quitte les concubines, évite toutes les amorces du crime, se retire des griffes du démon, et se rend tellement maître de ses sens qu'il renonce pour jamais aux poésies des anciens, pour ne pas s'exposer à perdre son âme en apprenant des vers licencieux. Nous entrons dans ces honteux détails, non pour montrer avec quelle facilité l'homme se laisse entraîner à la volupté, mais pour faire connaître l'épreuve à laquelle Gervin soumit son âme qu'il avait destinée à devenir le sanctuaire de la pureté. Les déréglements aux quels il s'était livré furent pour lui une raison de renoncer aux études profanes ; et c'est pour quoi il ne fut jamais habile dans les sciences dont s'occupe le monde. Cependant, le peu qu'il avait appris lui facilita la connaissance des choses saintes dans les quelles il se rendit si célèbre et par ses discours et par ses actions.

CHAPITRE XIV

Comment Gervin renonce au monde et se fait moine

Après la mort de son père et de sa mère, Gervin, se voyant le chef de sa famille qui était illustre, et étant déjà chanoine de l'église de Reims, songea à renoncer au tumulte du monde pour s'attacher plus étroitement à Dieu. Mais ses deux sœurs, qui avaient été confiées à sa tutelle, contrariaient ses vœux. Heureusement que, parmi les nombreux vassaux qui tenaient de lui des bénéfices et qui le servaient, il se trouva un homme riche et honnête, qui était un chevalier d'une valeur brillante et qui se nommait Haymon. Il se déchargea sur lui des soins terrestres qui l'embarrassaient, en lui donnant tout son patrimoine et en lui faisant épouser l'une de ses sœurs, nommée Rotselline. Quant à l'autre, elle refusa la couche d'un homme et se maria à J.-C. Elle entra dans un couvent, où elle se fit religieuse. En ce tems là, vivait un homme d'une grande humilité; c'était le vénérable abbé Richard, que sa réputation de bonté et de vertu faisait aimer et respecter de tous. Gervin alla le trouver et le pria de lui conférer l'habit et la qualité de moine. Richard, instruit de la doctrine et observateur fidèle de la règle, différa et usa de délais, ainsi que le prescrit S. Benoît. Il l'éprouve, il lui annonce que la tâche qu'il veut s'imposer est rude et difficile ; il lui montre combien est étroit le sentier qui conduit à la vie. Mais, si le docteur enseignait de grandes choses, le disciple en pratiquait de plus grandes encore. Enfin Gervin dit qu'il est tems de se rendre à ses vœux, et que, pourvu qu'on lui permette d'entrer dans un cloître, il est prêt à tout souffrir, quelque durs et effrayants que soient les travaux qu'il se prépare et auquel la nature ne l'a pas accoutumé. Richard, gagné par des promesses aussi positives, lui dit : « Voici la règle, voyez si vous pouvez suivre tous les points dont ce livre vous instruira. Si vous êtes assuré de pouvoir vous y conformer, vous serez reçu ; mais, si vous ne pouvez pas ou que vous ne vouliez pas les observer tous rigoureusement, vous êtes venu libre, retirez-vous de même. »

Une année presqu'entière se passa dans ces épreuves. Enfin Gervin, les ayant surmontées toutes, reçoit l'habit de moine et entre dans la congrégation du S. confesseur et évêque Viton. Lorsqu'il fut enrôlé dans la milice de la sainte religion, il se rendit cher à tout le monde par son obéissance, ses égards et sa bienveillance envers tous. Afin de mettre son humilité à l'épreuve, on lui confia la garde des enfants. Celui que Dieu allait choisir pour pasteur des âmes devait donner d'avance des gages de son zèle futur. Lorsque le vénérable Richard vit qu'il se rendait propre à la tâche qui lui était réservée, il conçut pour lui tant d'affection qu'il le nomma son chapelain et qu'il confia à ses soins la conduite d'une foule d'objets de l'administration du couvent. Gervin nourrissait le pieux désir d'aller visiter les lieux célèbres par la naissance, la vie, la mort et la résurrection de J.-C. ; mais, tandis qu'il n'ose se découvrir au père, dans la crainte, non pas d'éprouver un refus, mais d'encourir ses réprimandes, Dieu permet que celui-ci forme les mêmes vœux que Gervin. Ainsi, lorsque Gervin priait le Seigneur de lui faire la grâce de remplir ses vœux, l'abbé témoignait le désir d'aller visiter les saints lieux de Jérusalem et de l'avoir pour compagnon. Il le prie donc de l'accompagner, afin de lui rendre le voyage plus agréable. Gervin fut enchanté de cette proposition et se hâta avec le vénérable Richard de préparer ce qu'ils devaient emporter. Gervin avait donc été ordonné prêtre lorsqu'il partit pour Jérusalem avec son abbé[1]. A son arrivée dans la citée sainte, il couvrit de ses baisers cette terre sacrée, il fondit en larmes et adressa au ciel ses prières pour notre sainte mère l'Église universelle.

---

1. « Le voyage de Richard du Saint-Vanne à Jérusalem en compagnie de Gervin eut lieu en 1027. » — M. Lot.

CHAPITRE XV

Comment Gervin fut élu et fait abbé

Richard et Gervin, après s'être acquittés de leurs vœux et de leurs prières, retournèrent dans leur pays ; mais, peu de tems après leur retour, ils se rendirent pour quelque affaire urgente à la cour du roi, ainsi que nous l'avons déjà raconté. Le roi Henri, se souvenant des menaces que lui avait faites le seigneur Angelran, supplia instamment l'abbé Richard en ces termes : « Dans notre royaume est un monastère construit avec munificence par les anciens rois ; et quoiqu'il ait été démoli, il y a quelque tems, par les païens, il n'en est pas moins encore au nombre des lieux saints les plus remarquables. Il a pour pasteur le sage Angelran, qui, parvenu au terme de sa carrière pleine de vertus, est sur le point de quitter cette terre et prie qu'on lui nomme un successeur dans la conduite des âmes. C'est pour quoi je conjure votre sainteté éminente de permettre au frère Gervin d'accepter cette charge de pasteur que je lui destine. » Le vénérable abbé, quoique ne pouvant qu'avec peine se séparer de son ami, accorde au roi ce qu'il demande et ordonne à Gervin d'accepter la grâce que le prince lui offrait. Henri lui commande alors de partir en hâte avec quelques personnes de sa cour. On fait les préparatifs de départ, on se presse, mais Gervin déclare qu'il n'entrera pas à Centule avant d'avoir été unaniment élu abbé par les frères. C'est pour quoi on envoie des personnages distingués du clergé pour annoncer cette nouvelle à Centule. Ils se présentent au vénérable Angelran ; ils lui apprennent que le roi vient de nommer pour abbé de S. Riquier un homme que l'on pense justement nommer le berger des troupeaux de J.-C., mais que le nouveau pasteur ne voulait venir qu'après avoir informé Angelran de sa nomination et l'avoir vue confirmée par les suffrages de tout le couvent.

Le vénérable Angelran, transporté de joie à cette nouvelle, dit qu'il n'avait plus souhaité qu'une chose, c'était d'avoir pour successeur un homme capable de conduire le troupeau du Seigneur. Ensuite, il fait assembler toute la communauté, lui apprend la résolution du roi qui, pourvoyant avec bonté à leurs besoins, avait choisi un homme de bien et d'une vertu solide pour les gouverner en qualité d'abbé. « Allez, dit-il, et faites moi connaître ce que vous avez résolu dans votre esprit, afin que votre congrégation jouisse bientôt de la possession d'un si grand pasteur. » A ces mots, tous les frères applaudirent et approuvèrent le choix du roi. On rédige alors par écrit le consentement qu'ils venaient de donner. Le saint Angelran résigne son pouvoir pastoral, en confessant, avec humilité, qu'il ne l'a pas exercé d'une manière digne de Dieu. Les envoyés remportent cet écrit, reviennent en hâte à Amiens et apprennent à l'évêque et à l'abbé l'élection favorable des moines de Centule et la concession faite par le saint vieillard. Gervin fut sacré abbé le jour de l'Annonciation de la naissance de J.-C., faite à la vierge par l'ange Gabriel[1]; et, le jour suivant, il arriva à Centule, où il était ardemment désiré. Lorsqu'il fut ainsi élevé à la dignité pastorale, il s'arma d'une humilité continuelle, ne faisant jamais usage de vêtements recherchés, d'une nourriture délicate, ne prenant jamais l'orgueil d'un maître, mais témoignant l'amour qu'il portait aux frères et à ses fils par l'attention où il fut toujours de vivre comme eux et de montrer la même humilité. Plusieurs moines de son monastère le suivirent à S. Riquier, par amour pour lui. C'étaient des hommes purs, instruits dans les lettres et doués de la sagesse du monde. Il choisit l'un d'eux nommé Guarin pour prévôt, et pour doyen un autre nommé Regneguard. Après avoir ainsi rapporté, en peu de mots, la naissance et l'arrivée de Gervin que Dieu nous envoya, tâchons maintenant de raconter la mort honorable du seigneur Angelran.

---

1. Amiens, 25 mars 1045. — M. Lot.

CHAPITRE XVI

Mort du vénérable seigneur Angelran

Le créateur du monde, Dieu, qui déjà avait arrêté de combler les vœux de son serviteur en l'appelant au bonheur de l'éternité, et qui l'avait rendu digne de sa grâce par cette longue maladie qui l'avait purgé de ses fautes, dans le conseil de sa sagesse par la quelle il afflige ses fils bien-aimés, aggrava le mal de son serviteur et multiplia ses souffrances qui allaient être couronnées d'une récompense éternelle. Mais pour montrer que la correction venait non de sa colère, mais de sa miséricorde il lui envoya des signes de sa bonté infinie. Le saint vieillard était toujours plongé dans l'étude de la sainte écriture, et il surmontait tous ses maux pour s'acquitter de ses devoirs de dévotion. Tantôt il récitait les psaumes avec ferveur, tantôt il méditait attentivement les préceptes divins, ou, prosterné sur son lit comme s'il eut été devant l'autel, il chantait solennellement la sainte messe ; ce qui jetait dans l'étonnement certaines personnes qui voyaient un homme, doué d'une si grande sagesse, se livrer, selon elles, à de pareilles extravagances. Mais, lorsqu'Angelran s'apercevait de leur erreur, il les jugeait simples et ignorantes du bien qu'il pratiquait. Néanmoins un jour qu'il récitait ainsi la messe couché sur son lit, le Dieu tout puissant, voulant faire connaître à ceux qui l'ignoraient, ce qui en était de cette conduite d'Angelran, lui fit éprouver une soif ardente après qu'il eut fini sa messe. Le vieillard demanda alors un peu de vin ; on lui en apporte, mais il fait signe qu'il ne veut pas le boire ; le serviteur revient en lui présentant un autre vin, mais à peine le saint homme en a-t-il goûté qu'il le rejette. Le serviteur, voyant qu'après avoir refusé deux fois le vin qui lui avait été offert il en demandait encore, dit qu'il n'y en avait pas d'autre. Alors le pieux Angelran dit :

« Apportez-moi de celui dont je viens de faire usage à la messe ». A ces mots, les assistants lui résistent en tremblant et lui répondent avec larmes : « Vénérable père, vous n'en aurez plus, à moins que celui qui vous l'a donné ne vous en donne encore ». En effet, lorsqu'on le croyait hors de son bon sens lorsqu'il disait la messe, et lorsqu'il en était venu à l'endroit où l'on fait la libation sacrée du corps du Seigneur, il se sentait restauré par une nourriture céleste que lui envoyait la Divinité. Remarquant alors que ses serviteurs avaient découvert son secret, et voulant néanmoins cacher la bonté que Dieu avait pour lui, il leur ordonna comme en colère de se retirer. C'est en effet le propre des saints de vouloir se cacher lorsqu'il font le bien, dans la crainte que les louanges qu'ils recevraient ne diminuassent, aux yeux de Dieu, le prix de leurs actions.

Pendant ce tems-là, et lorsque le bienheureux abbé était sur le point de succomber sous le poids de son mal, et que, pour cette raison, il était observé avec inquiétude par tous ceux qu'il avait élevés, il arriva une affaire pour laquelle il fut obligé d'envoyer à la cour du roi. C'est pourquoi le seigneur Gervin, qui avait déjà pris l'administration du couvent, ordonne à un frère de se charger de cette affaire. Mais celui-ci, qui voulait assister à la mort du vénérable père et lui rendre ses devoirs, chercha à s'excuser par tous les moyens qu'il put imaginer. Alors Gervin, irrité de son refus, se rendit auprès d'Angelran et lui expliqua la désobéissance du moine. Angelran fait venir ce dernier auprès de lui, lui demande pourquoi il ne veut pas exécuter l'ordre qui lui est donné et lui commande d'obéir. Comme le frère persistait dans son refus, le S. abbé, illuminé par la grâce de l'esprit prophétique, lui fit cette promesse : « Va et fais ce qu'on te prescrit; et sache que ce corps ne descendra pas dans la tombe avant ton retour. » Le frère, réjoui de cette réponse, se met en route et s'acquitte auprès du roi de la commission dont il était chargé. Enfin arriva le jour où Dieu appela à lui son serviteur. L'âme du vénérable Angelran fut portée par les anges devant le Seigneur, le v des ides de décembre; et cette pierre, qui avait été polie avec beaucoup de soin, fut placée dans l'édifice céleste. Ce lys qui avait crû arrosé, dans la vallée, par la rosée céleste de l'humilité, orne la guirlande céleste. Cette perle, qui avait déjà brillé par diverses faces, décore le diadème divin. Le moine, qui avait été envoyé auprès du roi, ayant appris, à Amiens, où il avait logé à son retour, la mort du révérend père, quitta son hôte et le repas qui était préparé (car c'était le soir et l'on était à l'heure du souper) monta à cheval et arriva en grande hâte à Centule. Il trouva le saint déjà privé de vie et placé dans l'église où les frères le gardaient avec une grande dévotion et se disposaient à le descendre dans sa sépulture. Le moine accourt auprès de son corps, lui rend ses devoirs, et, en satisfaisant ainsi à ses désirs, remplit la prophétie du père, qui lui avait promis que son corps ne serait pas mis en terre avant son retour de la cour du roi.

CHAPITRE XVII

Enterrement du seigneur Angelran

Le corps du saint fut enterré dans le temple de S. Riquier, dans l'endroit où l'on honore le martyre de S. Laurent. Le vénérable Gervin, qui lui succéda, orna tellement sa sépulture qu'elle aurait été digne de la sainteté des anciens pères, pensant avec justice qu'on devait charger d'honneur la terre du corps de celui qui, couvert du laurier immortel, chantait éternellement les louanges du Christ avec tous les chœurs célestes. Ainsi soit-il. Ces choses arrivèrent l'an de l'Incarnation du fils de Dieu 1045, indiction XIII. Notre seigneur J.-C., que notre abbé avait servi fidèlement, daigna, par des signes certains, manifester aux mortels combien les services d'Angelran avaient de prix à ses yeux et et quelle récompense il lui avait décernée dans le ciel. Une femme du Vimeu avait une fille paralytique, qui, incapable de tout travail, gisait mourante sur son grabat. La mère, ayant entendu parler de la sainteté d'Angelran, fut remplie de la foi, et, désirant la guérison de sa fille, elle la conduisit à la sépulture du saint. La malade s'assit auprès du tombeau de l'homme de Dieu, en lui offrant dévotement une chandelle que sa mère avait apportée, et ensuite se livra au sommeil. Elle se trouva guérie à son réveil ; et, en présence des frères, qui, à cette occasion, chantèrent les louanges du Seigneur, elle retourna gaiement et à pied dans le village de *Filcharias*[1], d'où elle était venue, annonçant à tous le prodige que Dieu avait opéré en sa faveur, par les mérites de S. Angelran.

---

1. Feuquières. — Voir plus haut livre III, chapitre IX, p. 123.

Gui[1], alors archidiacre, mais depuis évêque de l'église d'Amiens, qui avait été son disciple dans l'étude des lettres, décora sa tombe de cette épitaphe :

> Angelran, que couvre ce superbe monument,
>   Fut pasteur et abbé de ce monastère.
> Le chef du troupeau de l'église, l'illustre modèle des religieux,
>   Vécut pur dans le monde et dans le Seigneur.

Que celui qui veut connaître plus en détail les services qu'il a rendus au S. lieu, lise ces vers qui ont été composés ainsi, pour l'instruction et l'encouragement de la postérité :

> Voici en peu de mots les services que l'illustre abbé Angelran
> A rendus à notre monastère.
> Il a construit l'église de S. Vincent et celle de S. Benoit,
> Il a établi une maison de secours pour les infirmes.
> Il a relevé le portail depuis ses fondations.
> Il a fait construire la table de l'autel de S. Pierre
> Et fabriquer deux encensoirs d'argent.
> Il a orné d'argent pur le livre de l'Évangile
> Et celui de la vie de S. Riquier ;
> Ainsi que le livre des Épitres et celui des Évangiles.
> Il a enrichi le calice des ornemens qu'on voit aujourd'hui
> Et l'a couvert d'une patène magnifique.
> A rappeler aussi le calice dont il se servait toujours à la messe.
> Il a orné l'église d'une tapisserie et de trois manteaux du plus grand prix.
> Il a racheté et fait rentrer dans notre domaine les terres autrefois détachées,
> Telles que celles de *Noguerias*, de *Gaspannas* et de Drusi ;
> Les églises de Guibrence, de Frocourt et de Mont-Rochon,
> Et celle du Champ Sacré [2]; après de longs débats et malgré les efforts
> De plusieurs personnages qui favorisaient ses adversaires

---

1. M. Lot pense que ce Gui, frère du comte de Ponthieu, Hugues II, et évêque d'Amiens de 1058 à 1075 est l'auteur des *Carmen de expeditione Wilhelmi conquestoris*. — L'épitaphe d'Angelran n'est remarquable que par un jeu de mots intraduisible : *Vixit et in mundo mundus...*

2. Noyelles-en-Chaussée, Gapennes, Drugy, Yvrench[?], Frocourt, Mont-Rochon, Champ Sacré (ou Cercamp), pour tous ces lieux voir la table.

Et qui lui firent endurer beaucoup de fatigues et d'injustices
Dont je n'ai rapporté plus haut que la moindre partie,
Mais que le Seigneur connait et qu'il jugera.
Les livres nouveaux qu'il nous a procurés et ceux qu'il a refaits
Lui-même sont innombrables. Voilà comment il a mérité,
Ainsi que nous l'espérons, les récompenses du royaume céleste.
La mort seule mit fin à ses honorables travaux.
Il restaura en mourant l'église de sainte Marie.
Que la gloire éternelle soit donc le prix des actions d'Angelran,
Et qu'il soit damné celui dont la négligence
Laisserait périr les grandes choses qu'il a faites [1].

Ce vénérable abbé avait composé pour la postérité un catalogue en vers des pères de notre S. lieu, sans les mentionner tous. Il eut soin, néanmoins, de rapporter les noms de ceux que les chartes et les tablettes pouvaient faire connaître et de ceux qui étaient mentionnés dans la vie de S. Riquier. Cette liste ainsi conçue :

« J'écris [2] de mémoire et sans ordre les noms des abbés du couvent de Centule. Le premier et le plus excellent de tous fut notre pasteur Riquier né dans ce village. Ocioald lui succéda ; vint ensuite Angilbert le magnifique, qui bâtit le présent monastère, avec le secours du roi Charles ; puis le pieux et saint Guitmar, dont les successeurs furent Hélisachar, Aldric, Héric, Louis, Herbert qui était du sang royal, Symphorien, Ruodulfe, Carloman, Guelfon, Hénold, Gerbert et Fulchéric, enfin Ingelard auquel succéda Angelran qui fut le fidèle observateur de la règle, et qui se livra à l'étude des lettres.

---

1. La traduction de ces derniers vers est bien approximative. Elle les transpose même. Un est oublié :

   Cujus (Mariæ) apud Dominum nobis suffragia prosint.

C'est-à-dire : de Marie dont les suffrages nous servent auprès du Seigneur.

2. Le marquis Le Ver n'a pas découpé en alinéas, comme il le fait habituellement, la traducton de ces petits vers :

   Quæ occurunt memoriæ,
   Licet non sint in ordine
   Etc..................

Tel est le catalogue de l'honorable Angelran ; mais nous sommes surpris qu'un homme aussi studieux et aussi instruit ait pu ignorer les gestes du seigneur Heligaud, comte et abbé, ou, s'il les a connus, qu'il n'en ait fait aucune mention, d'autant plus que la vie d'Héligaud n'a pas été découverte depuis peu, mais qu'elle existait, si nous ne nous trompons pas, depuis très longtems et qu'elle était conservée dans les archives de notre S. lieu. Il pourrait se faire néanmoins qu'elle n'y eût été apportée et déposée qu'après la mort du S. abbé, attendu que, dans les tems de désolation, et lorsque les moines étaient obligés de prendre la fuite, non seulement les reliques des saints et les ornements de l'église, mais encore les livres et les écrits composés sur notre S. lieu étaient, ainsi que le certifie la préface de la vie d'Héligaud elle-même, transportés et dispersés en différents endroits. En effet, le vénérable Gervin, étant allé au couvent de Gorze[1], en rapporta une histoire de l'abbaye de Centule qui nous apprit, ce que nous ignorions auparavant, qu'après la mort de l'abbé Angilbert, son fils Nithard, après quelques abbés qui succédèrent immédiatement à son père, avait lui-même gouverné notre couvent ; et tous les autres détails que nous avons eu soin de rapporter en leur lieu. On y lut aussi, au sujet de l'abbé Ribbodon qu'il avait fait la translation du corps de S. Angilbert ; et l'on y trouva une foule de monuments concernant notre abbaye, que l'honorable Angelran n'a point connus. Les quatre abbés qui ont été omis par Angelran dans son écrit, et que nous avons mentionnés dans cette histoire, sont : le seigneur Nithard, le seigneur Ribbodon, Helgaud et Coschin. Les noms des deux premiers nous ont été transmis par le livre tiré de l'abbaye de Gorze ; le nom du troisième fut trouvé sur des feuilles déposées dans notre bibliothèque ; et quant au seigneur Coschin, on conserve au monastère de Jumiège plusieurs écrits qui prouvent qu'il fut à la fois abbé de ce monastère et abbé du monastère de Centule. Après être entrés dans ces détails, nous allons maintenant écrire la vie du seigneur Gervin.

---

1. Monastère dans le territoire de Metz. — Marquis Le Ver.

CHAPITRE XVIII

Des actions honorables du seigneur Gervin ; et de la construction de la crypte

Gervin, remplissant avec zèle la charge qui lui était confiée, ramenait au bien ceux qui s'en écartaient, et faisait germer, par ses exhortations et ses exemples, la vertu dans le cœur de tous. Il écoutait aussi la confession des personnes coupables; il guérissait la maladie de leurs âmes avec les remèdes puisés dans la sainte écriture et les rappelait à la miséricorde de Dieu. S'il s'agissait d'hommes riches, il les engageait à bâtir des oratoires pour mériter le pardon de leurs fautes. Notre patrie doit sa splendeur ainsi que les fruits précieux qu'elle a produits à son zèle et à sa piété; Il bâtit de nouveaux édifices; et ceux qui avaient été construits en bois, il les fit reconstruire en pierres et en ciment. Il fut constamment occupé à restaurer, autour du lieu sacré confié à sa vigilance, les choses qui tombaient en ruines, et à rassembler celles qui avaient été dispersées. Il ne détruisit aucun des ouvrages qui avaient été faits avant lui. Il fit creuser une très belle crypte, que l'on voit encore à présent, et qu'il consacra à la glorieuse vierge Marie, mère de Dieu. Il déposa dans les quatre autels qui s'y trouvent les glorieuses reliques de J.-C. et celles des saints, qui suffiraient seules pour faire l'honneur de notre pays. Nous désignerons ici la nature de ces restes sacrés, afin que la postérité apprenne quelle a été la gloire de notre couvent. Le grand autel de la crypte de Centule est orné d'un grand nombre de reliques et est consacré à l'Annonciation de notre Seigneur, à sa Nativité, à la sainte et victorieuse Croix, à la bienheureuse et glorieuse Marie toujours vierge, à S. Jean apôtre et évangéliste, à Riquier illustre confesseur de J.-C., à la bienheureuse vierge Cécile, enfin à tous les saints et à toutes les saintes, des reliques des quels il est décoré. Les reliques qui le parent sont : du bois de la sainte Croix, du Sépulcre de notre Seigneur, de la cire de la sainte Résurrection, de la Colonne où il fut attaché, de la Pierre sur laquelle il se reposa en portant sa croix, du Mouchoir dont il était ceint lorsqu'il lava les pieds de ses disciples, de sa Crèche, de la Verge de Moïse, de la Manne ; du Vêtement de sainte Marie, mère de Dieu, de ses Cheveux, du Fil qu'elle fila, de son Tombeau[1], du Manteau de S. Michel archange ; des reliques de S. Jean-Baptiste, du prophète Isaïe, de S. Jean évangélistes, des SS. Innocents, de S. Étienne premier martyr, des SS. martyrs Étienne pape, Félix pape, Eusèbe, évêque de Verceil, Florent, Blaise, Crépin, Crépinien, Paterne ; une dent de S. Livin martyr ; des reliques des SS. Hermès, Prix et Romain martyrs ; des reliques des SS. confesseurs Martin, Remi, Nicolas, Vaast, Médard, Cassien, Armand, Éloi, Cadoc, Sauge, Paul, Malo, Géri, Aubert, Ranulfe, Acaire, Otbert, Vandrille, Bertin, Filibert, Bavon, Valéri, Mauront, Guignolé, Josse, Cuthbert ; des reliques des vierges Pétronille, Anastasie, Justine, Prisque, Praxède, Gertrude et Auguste.

Au midi de la crypte, l'autel a été consacré à la Descente du S. Esprit, aux bienheureux apôtres Barthélemi, Mathieu et Luc l'évangéliste ; aux SS. Maurice, Nicaise, Léger martyr, et aux saintes vierges Agathe et Luce. Les reliques dont il est orné sont : du sépulcre de notre Seigneur, des cheveux de S. Barthélemi, de la tête de S. Mathieu, de celle de S. Nicaise ; des reliques des SS. martyrs Maurice, Léger, Firmin, Cyriaque, Agapet, Crépin, Crépinien et Antime ; des reliques des SS. Corneille et Cyprien, de sainte Agathe et de sainte Sabine.

L'autel du nord de la crypte est consacré à la glorieuse Résurrection et à l'Ascension de notre Seigneur, aux SS. apôtres Jacques, Simon et Jude, aux SS. Quentin, Lucien, Fuscien, Victoric, Gentien et Lambert, et aux saintes vierges Agnès et Scolastique. Les reliques qui le décorent sont : des vêtements des apôtres Pierre et Paul, des cendres de S. Jacques, une dent de S. Simon apôtre, des restes des SS. Christophe, Georges, Crépin et Crépinien ; des cheveux et du corps de S. Quentin, du clou dont il fut percé ; de la chasuble

---

1. Suivant la remarque de M. Lot, ces reliques devaient provenir du voyage de Gervin à Jérusalem.

de S. Lambert, du corps de S. Hilaire, et des corps des saintes vierges Agnès et Scolastique.

L'autel de la crypte, situé sous celui de S. Riquier, a été consacré à la sainte et indivisible Trinité, au Père, au Fils et au S. Esprit ; aux SS. martyrs Denis, Rustique et Eleuthère, Gervais et Prothais ; aux SS. confesseurs Ambroise, Augustin, Jérôme, Athanase, et à tous les saints. Les reliques dont il est orné sont celles des SS. martyrs Denis, Rustique et Eleutère, Gervais et Protais, et des SS. confesseurs Satyre, Ambroise et Augustin.

Ces magnifiques et précieuses reliques de notre seigneur J.-C. et de ses saints, qui avaient été rassemblées, avec un soin extrême, dans toute la Gaule, par notre très saint pasteur Gervin, ou amassées par notre très saint patron Riquier, furent par ledit Gervin déposées, le xiv des calendes de novembre, sur les autels qu'il avait fait ériger, avec une grande magnificence, dans la crypte de Centule, qui, comme nous l'avons dit, était dédiée au Dieu tout puissant, sous l'invocation de la bienheureuse vierge Marie. Cet homme pieux fit encore beaucoup d'autres choses pour le bien de notre couvent, soit en achetant des manteaux, soit en faisant fabriquer des tapisseries, ou en rachetant des terres qui avaient été aliénées. Quoique tous ces bienfaits soient, pour ainsi dire, sous nos yeux, nous ne laisserons pas que d'en rapporter ici une partie.

CHAPITRE XIX

Comment Gervin fit rendre a notre couvent l'église de Scabellivilla[1], dont on nous disputait la propriété

Nous avons dit, dans cette histoire, que le vénérable Angelran était allé en Normandie, et qu'il avait reçu en donation du duc Richard l'église de *Scabellivilla,* pour servir à l'usage de notre couvent; mais, à la mort de Richard, son fils, nommé comme lui Richard, ne garda que peu de tems le duché de son père et le laissa à son frère Robert. Après Robert, Guillaume (le Conquérant) le posséda, et ce fut sous ce dernier qu'une abbesse chercha à nous enlever ladite église et à se l'approprier, je ne sais sous quel prétexte. Le célèbre Gervin se rendit, à cette occasion, dans la Normandie, en portant avec lui le chirographe que le marquis Richard avait fait dresser au sujet de la donation de ladite église, dans la vue de prouver à cette abbesse, par l'exposé fidèle de la chose et la présentation de l'acte de cession, que ses prétentions n'avaient aucun fondement; et aussi dans l'intention de prier le duc Guillaume d'empêcher qu'on enlevât à notre couvent les biens que ses prédécesseurs nous avaient donnés. Le duc qui avait conçu beaucoup d'estime et d'affection pour Gervin, à cause de sa piété et de sa vertu, l'appuya de tout son pouvoir, augmenta les terres de l'église de *Scabellivilla,* et fit, à ce sujet, dresser cette charte de confirmation :

« Au nom de la sainte et indivisible Trinité, Guillaume, par la grâce de Dieu duc des Normands, à tous les fidèles de l'église catholique, qui ont soin

---

1. Voir plus haut livre IV, chapitre IV, p. 195. — Église en Normandie, dit simplement le marquis Le Ver.

de leur âme et de leur corps. Nous désirons de faire connaître à toute la postérité que j'ai, pour le salut de mon âme, confirmé de tout mon pouvoir le couvent de S. Riquier dans la possession de l'église de *Scabellivilla*. Comme cette possession était revendiquée par l'abbesse de Montivilliers, Gervin, abbé dudit couvent de S. Riquier, se rendit auprès de nous et nous exposa ses droits, en présence des grands de notre cour. Nous, après avoir pris connaissance de la charte de donation faite par nos ancêtres, avons ordonné que ladite église de *Scabellivilla* serait restituée à l'abbaye de Centule, et avons, en outre, donné notre foi, qu'à l'avenir, celle-ci posséderait ladite église librement et sous notre avouerie, de la même manière qu'elle l'avait reçue de notre aïeul et de notre père. Nous avons appris en effet, par la déposition des personnes qui connaissent cette affaire, que ladite église de *Sacabellivilla* appartenait justement audit S. Riquier. Et, afin que cet acte de notre confirmation conserve toute sa force pour les tems à venir et que le mérite n'en puisse être perdu pour nous, nous avons fait écrire ce précepte de notre autorité. Fait à *Argentulum*[1], l'an de l'Incarnation de notre Seigneur 1048, le III des calendes de novembre. Les témoins sont : Storinsting, Richard son fils, Ive de *Belismo*, Arnoul son neveu, Raoul Taisson. »

Lorsque le seigneur Gervin eut adressé sa demande au duc Guillaume, celui-ci le pria avec instance de lui faire présent d'une relique du S. évêque Vigor, qui, par la grâce de Dieu, avait été jadis apporté dans notre couvent. Il est certain que notre abbé aurait perdu l'église de *Scabellivilla*, s'il n'eut pas promis au duc de lui donner ce qu'il demandait ; car Guillaume aurait mieux aimer céder cette propriété à l'abbesse, qui était sa parente, qu'à toute autre personne.

---

1. Argentel, commune de Manerbe, canton de Blangy (Calvados) ? dit M. Lot avec ce point de doute.
2. De Bellême.

… LIVRE QUATRIÈME …

CHAPITRE XX

Autre exposé sur S. Vigor

Puisque nous sommes venus à parler du S. évêque Vigor, nous croyons nécessaire de rapporter ici, avec fidélité, ce qui le concerne, et ce que lui-même nous a appris, par la volonté de Dieu. Nous lisons en effet dans les gestes de S. Angelran, comment cet illustre abbé s'assura que nous possédions véritablement le corps de ce S. prélat. Nous y voyons aussi[1] qu'ayant apporté l'histoire de Vigor de la Normandie, et y ayant trouvé le jour de sa mort glorieuse, il ordonna qu'on célébrerait la fête de sa naissance. Cette institution se conserva jusqu'au tems du glorieux Gervin, qui, vivant dans la crainte du Seigneur et dans l'amour de ses saints, apporta chez nous de grandes améliorations dans le culte divin. La fête de S. Vigor étant arrivée, les frères se disposaient à la célébrer selon la coutume établie par le seigneur Angelran. L'abbé Gervin était absent et le prieur nommé Regneguard le remplaçait dans le gouvernement du monastère. Une nuit que les frères étaient occupés à célébrer la solennité du S. prélat, Regneguard, qu'une infirmité avait empêché de se rendre à l'office, était couché et dormait profondément. C'était d'ailleurs un homme de bien, chaste et craignant Dieu. Pendant son sommeil il vit une personne d'une taille admirable et d'une grande beauté, qui était revêtue des ornements pontificaux, et qui lui dit avec douceur : « Pourquoi restes-tu couché ici et ne célèbres-tu pas ma fête ? » Le prieur, tremblant à la vue d'un personnage d'une aussi haute qualité, répondit : « Seigneur, parce que je suis infirme. » Puis il ajouta : « Mais qui êtes-vous donc ? » — « Je suis, reprit l'autre, Vigor,

---

1. Livre III, chapitre XXVIII, p. 173, et livre IV, chapitre V, p. 197.

évêque de l'église de Bayeux. Lève-toi, recouvre la santé, et cours assister aux offices de ma fête; mais dis à ton abbé et aux frères que, puisque la bonté divine a permis que mon corps reposât chez vous, je veux que ma fête soit célébrée avec plus d'honneur qu'on ne le fait. » Ayant vu et entendu ces choses, le moine se lève plein de santé, va au chœur et chante de toutes ses forces les louanges du saint. Les frères restent dans l'étonnement, mais, comme il ne leur était pas permis de parler en ce moment, ils remettent au lendemain matin les questions qu'ils brûlent d'adresser au prieur. Celui-ci leur raconta sa vision et sa guérison, ainsi que l'ordre qu'il avait reçu. Tout le couvent fut dans la joie et redoubla d'amour pour le saint. Au retour de l'abbé on lui rendit compte de ce qui s'était passé pendant son absence; et Gervin, qui sans y être excité par des événements semblables à celui qui avait eu lieu, avait rendu plus solennelles les fêtes d'un grand nombre de saints, ordonna qu'à l'avenir celle du bienheureux Vigor serait célébrée avec une grande pompe.

FULCARD [1]

Le jour de la fête du bienheureux Vigor brille du plus vif éclat.
Bayeux se réjouit d'avoir ce prélat pour père, et Arras pour frère.
Sa mère, chérie de Dieu, femme illustre et généreuse,
Conçut, sous la protection du ciel,
L'enfant qu'elle mit au monde. La puissance divine l'a béni
Et concacré à son culte et au salut du genre humain.
Il nait plein de grâce et de bonté; et, comme un autre Samuel,
Il se montre, dès son enfance, digne d'être aimé de Dieu.
Bientôt il courbe sa tête sous le joug du Seigneur,
Et, jeune encore, il prend sa place parmi les moines d'Arras.
En assistant les pères, il s'instruit auprès d'eux.
Il triomphe en les servant;
Mais quoique novice, il médite quelque chose de grand.

---

1. Les Bénédictins, — *Hist. littéraire*, — le nomment Folcard, Foulcard ou Fulcard, abbé de Torney. — Ils sont sévères pour sa poésie. Le poème en l'honneur de saint Vigor, disent-ils, « ne peut guère servir..... qu'à montrer que Folcard n'étoit, ni bon poète, ni heureux dans les rimes qu'il a affectées dans l'hémistiche et la fin de ses vers. »

Il s'éloigne de sa patrie à la suite d'un père.
Il s'exile au loin, et se dirige
Vers le pays que le ciel lui avait assigné.
Dans l'ancienne Neustrie s'élève la cité de Bayeux ;
C'est dans cette ville qu'il s'arrête pour instruire ceux qui vivaient dans une erreur impie.
Il apporte avec lui la grâce et les vertus de J.-C.
Il avertit par ses exhortations, persuade par ses miracles et convertit par la ferveur de son
Il redonne des forces aux languissants, il chasse les serpents, [zèle] ;
Il ressucite les morts par ses prières,
Et appelle au baptême le peuple témoin des prodiges qu'il opère.
Illustre saint, tu régénères tout un peuple
Avec les eaux sacrées ! Célébrons tes louanges dans nos chants.
Toi qui, par tes mérites, arrête les incendies sur cette terre,
Eteins, pour nous, dans l'autre monde, les flammes des bûchers éternels.

Le duc Guillaume envoya à notre abbaye un moine du couvent de Cerisy, nommé Guarin, et obtint de nous un os du bras droit du S. évêque Vigor. Cette précieuse relique est conservée, avec une grande vénération, dans le dit couvent de Cerisy[1]. Ce lieu est situé dans le Bessin. Le bienheureux prélat, pendant un séjour qu'il fit dans ce pays, au milieu de ses voyages, en ayant chassé, ainsi qu'on le voit dans sa vie, un énorme serpent, ce prodige fut cause qu'on lui donna cet endroit, qui est occupé aujourd'hui par une congrégation de serviteurs de J.-C. Les moines de ce couvent reçurent avec une joie inexprimable les reliques de leur saint patron et voulurent éprouver si cet os appartenait véritablement au corps de S. Vigor. Ils savaient qu'au nombre des vertus dont avait été doué ce prélat, une des premières le mettait à l'abri du feu et de la combustion. Ils construisent donc un bûcher avec du lin, que tout le monde sait être une matière très inflammable, placent dessus l'os du bras du S. évêque ; le recouvrent encore de lin et mettent le feu au bûcher. Il n'est pas permis de tenter Dieu sur les mérites de ses saints ; mais les frères qui agissaient sans mauvaise intention, et dans la vue seulement de se convaincre de la sainteté de la relique qu'ils avaient reçue, furent témoins d'un miracle

---

1. *Cerasiacum*. — Cerisy à quatre lieues de Bayeux. — Le Ver.

éclatant. Car, non seulement l'os du saint ne fut aucunement endommagé par le feu, mais le lin même qui le recouvrait en fut entièrement préservé. Les frères furent donc assurés de posséder véritablement des reliques de leur patron. Huit jours s'étaient à peine écoulés depuis cet événement, qu'un homme possédé du démon reçut de la commisération des moines, l'eau qui avait servi à laver le bras de S. Vigor ; il la but, recouvra aussitôt la santé et la liberté de son corps, et fut dans la suite à l'abri de toute invasion de la part de l'esprit malin. Voilà les deux miracles que le Seigneur opéra dans le couvent de Cerisy par les reliques de S. Vigor, qui de chez nous y avaient été apportées. Quelques années après, le révérend père Gervin, ayant convoqué plusieurs personnages distingués, tels que des évêques et des abbés, enleva les membres de S. Vigor de la châsse où ils avaient été déposés du tems de l'abbé Ingelard et les fit exposer aux yeux des fidèles par les hommes illustres qui étaient présents. Ensuite il les plaça en grande cérémonie dans une autre châsse faite d'or et d'argent, ainsi qu'il convenait au grand confesseur de J.-C. Cette translation eut lieu le XII des calendes d'avril, jour de carême et de jeûne et que la Providence elle-même avait fixé, afin que les fidèles, qui, à cette époque de l'année, vivent dans la retraite et la pénitence, fussent moins indignes de contempler les reliques du S. prélat.

CHAPITRE XXI

Des comtes de Ponthieu, et des villages de Portas[1] et de Noguerias[2]

Après cet exposé sur S. Vigor, revenons à l'histoire de notre vénérable Gervin, et disons, en peu de mots, comment le village qu'on nomme *Portas* fut cédé à notre lieu. Mais il est juste que nous parlions d'abord des comtes de Ponthieu, auxquels nous sommes redevables de ce bienfait. Lorsqu'on commença d'élever des forteresses dans le Ponthieu, le monastère de Centule ayant été dépossédé des bourgs d'Abbeville, de Dommard et d'Encre qui furent convertis en châteaux, et beaucoup d'autres villages et possessions de S. Riquier ayant été assignés par le roi Hugues pour l'entretien de ces places fortes, cette province n'avait pas de comte, mais elle était gardée par les hommes du roi établis en différens lieux, tandis qu'auparavant la plupart de nos abbés, portant le titre de comtes, en avaient eu la garde et l'administration. Mais ceux qui tenaient ces châteaux dans les tems modernes n'en étaient pas tous les gouverneurs ou les seigneurs, et c'est ce qui rendait Hugues d'Abbeville beaucoup plus puissant que ses pairs. En effet la possession de ce château le mettait à l'abri de toute inquiétude ; et tous ceux qui auraient tenté de se soulever contre lui auraient infailliblement succombé, ne possédant pour se soutenir aucune place de sûreté. Cependant Hugues n'eut jamais le titre de comte et ne porta que celui d'avoué de S. Riquier. Mais cette dernière dignité contribua pour beaucoup à l'accroissement de sa puissance, en le faisant participer aux revenus de notre monastère, et en lui procurant les services des

---

1. Portes, fief à Noyelles-en-Chaussée. — *Dictionnaire topographique de la Somme*, par J. Garnier.
2. Noyelles-en-Chaussée. — Voyez plus haut, livre IV, chapitre VII, p. 202.

paysans¹ qui en dépendaient. Après la mort de celui-ci, qui ne jouit jamais du nom ni de la dignité de comte, son fils nommé Angelran lui succéda. Ce dernier se contenta d'abord, comme son père, du titre d'avoué de S. Riquier, mais, ayant tué dans un combat le comte de Boulogne, il épousa sa veuve et prit d'elle, qui était comtesse, la qualification de comte, qu'il transmit à ses successeurs. Après la mort d'Angelran, qui parvint à une extrême vieillesse, son fils Hugues succéda à toutes ses dignités. Hugues, étant arrivé à la fin de sa carrière et se voyant près de mourir, fit, pour le salut de son âme, l'abandon à S. Riquier du village de *Portas*. Il eut quatre fils, dont l'aîné nommé Angelran, qui était d'une beauté remarquable, succéda à son père et confirma la donation que celui-ci avait faite, en mourant, à notre couvent, par une charte conçue en ces termes :

« Au nom de la sainte et indivisible Trinité, moi Angelran, comte par la grâce de Dieu, fais connaître à tous les fidèles présents et à venir de l'église de Dieu, que le comte Hugues, mon père, encore vivant mais touchant à sa dernière heure, céda à perpétuité, pour le salut de son âme, le village de *Portas* à l'abbaye de S. Riquier, sous cette clause, qu'aucun de ses successeurs n'exigerait dudit village aucun service ni aucune coutume petite ou grande, mais que celui-ci appartiendrait en totalité et avec tous ses produits audit S. Riquier et qu'il ferait service aux frères de ladite abbaye. C'est pour quoi nous avons fait écrire cette charte, à la demande de l'abbé Gervin, et avons voulu qu'elle fût signée² de nous et de nos fidèles. Signature du comte Angelran, de Godefroi, d'Oylard, de Robert, de Bernard, de Gautier, de Gérard, d'Ingelran. Cette concession a été faite sur l'autel de S. Riquier, le jour de l'enterrement du comte Hugues, le XII des calendes de décembre, par Angelran son fils, assisté des grands de son comté, et en présence du seigneur Foulque évêque³, qui à la prière des frères et de l'avis dudit comte, a défendu, sous peine d'excommunication,

---

1. *Rusticorum*.

2. *Signo nostro*. Le marquis Le Ver traduit toujours ou souvent *signum* par signature. — Ne faut-il pas comprendre sceau ?

3. Il y eut deux évêques d'Amiens du nom de Foulques, l'un de 993 à 1033, l'autre de 1033 à 1058. — M. F.-C. Louandre, *les Évêques d'Amiens*.

à toute personne, de réclamer aucun droit ou usage dudit village, soit par force, soit par prières, ou pour cause d'avouerie. »

Nous devons encore ajouter qu'un chevalier nommé Gautier, et appelé vulgairement Tirel, voulant, malgré ce qui était arrivé, du tems d'Angelran, au perfide Hubert, dont nous avons rapporté la conduite ainsi que celle du roi Henri, au sujet du village de *Noguerias*, s'approprier le même village de *Noguerias,* faisant partie du domaine de S. Riquier, affirma, avec une fausse apparence de justice, qu'il lui appartenait en vertu de je ne sais quel droit héréditaire. Après avoir ainsi coloré son avarice, il l'envahit, le retint et en jouit pendant quelques tems, malgré les excommunications lancées par les frères contre lui. Mais des amis lui ayant fait observer que la peine de l'excommunication entraînait la mort de l'âme, il s'amenda en partie ; il se réserva la jouissance de la moitié du village pendant sa vie et pendant celle de son épouse ; et restitua au saint l'autre moitié, en stipulant qu'après leur mort la totalité rentrerait dans le domaine de Centule. Notre vénérable pasteur déposa dans nos archives un chirographe dressé à ce sujet et de la teneur suivante :

« Au nom de la sainte et indivisible Trinité, moi frère Gervin, abbé du monastère de S. Riquier, fais savoir à tous les fidèles de la sainte église de Dieu, que J.-C. a adoptés pour frères par son sang et par la sanctification du baptême, qu'un chevalier nommé Gautier, qui porte le vain surnom de Tirel[1], a envahi malicieusement, enlevé et retenu pendant quelque tems, malgré l'excommunication lancée contre lui, le village de *Noguerias*, appartenant à S. Riquier, possédé pendant longtems par nos prédécesseurs et à nous transmis par droit de succession ; mais, réprimandé par ses amis, qui lui répétaient souvent que cette usurpation entraînait la perte de son âme, il rougit de sa conduite, et, corrigeant le mal commis par sa cupidité criminelle, demanda pardon à S. Riquier et aux frères. Après nous avoir rendu ledit village et nous avoir cédé en même tems la chapelle qui y avait été construite, il reçut, prosterné la face contre terre, l'absolution de l'excommunication lancée contre

---

3. *Vano cognomine Tirellum.* Ce surnom avait donc quelque signification dont on pouvait tirer gloriole.

lui et contre Ermine son épouse, en disant et stipulant que ladite chapelle jouirait à perpétuité des mêmes libertés dont elle avait joui sous sa domination et sous celle des siens, sans être soumise à aucune redevance synodale. Fait le VII des ides d'octobre, en l'an de notre Seigneur 1053, indiction VI. Le même chevalier a, à son tour, prononcé avec les témoins soussignés[1], anathème contre quiconque des siens, ou à son instigation, serait, à l'avenir, assez téméraire pour usurper de nouveau, sous quelque prétexte que ce soit, ledit village de *Noguerias*. Moi Gervin, avec les prêtres de la sainte religion, avec les diacres et les moines de cette congrégation, par l'autorité du Dieu tout puissant, de la bienheureuse Marie toujours vierge et de S. Pierre, prince des apôtres, damnons et excommunions à perpétuité tous ceux qui chercheraient, à partir de ce jour, à annuler, enfreindre ou combattre la restitution dudit village ou la donation et les libertés de sa chapelle; ainsi soit-il. Les témoins sont : Eudes, Alulfe, Hugues Boquels, Boson, Oylard, Hugues de Sainte-Marie, Boselin, Alelme, Eudes. En la 21e année du règne d'Henri, roi des Français. »

On lit dans les gestes du très saint père Riquier, notre patron, que le glorieux roi Dagobert, se rendant à ses prières, lui donna la terre connue sous le nom de Campagne[2]. Les prédécesseurs du seigneur Gervin l'avaient cédée à un nommé Agenard, pour la posséder en main ferme, sa vie durant; Celui-ci s'étant rendu auprès du vénérable abbé Gervin et l'ayant prié de permettre que ses deux fils conservassent, après sa mort, cette terre dont lui-même jouissait aujourd'hui, le révérend père y consentit et fit dresser, à cette occasion, la charte qui suit :

« Au nom de la sainte et indivisible Trinité, nous Gervin, par la grâce de Dieu abbé du monastère de Centule, savoir faisons à tous les fils de la sainte Église, qu'un fidèle, nommé Agenard, nous a prié de lui céder à lui, à son épouse, nommée Hildesende et à ses deux fils, Gueneran et Anscher, la jouissance de toute la terre du petit domaine de Ribeaumont[3], qu'il tenait en

---

1. Il n'y a pas soussignés, mais ci-dessous notés, *cum aliis subnotatis testibus*.
2. Voir plus haut, livre Ier, chap. XVII.
3. Un des trois villages formant le territoire de Campagne. — Marquis Le Ver. — Voyez livre Ier, chap. XVII, p. 37, et livre III, chap. II, p. 94.

main ferme, pour sa vie durant seulement, et sous un certain cens ; et celle de toute la terre de *Valeriis*[1], y compris le petit bois adjacent et le quart du courtil de *Floherimanso*[2]. Nous avons consenti à sa demande, après qu'il nous eut présenté des personnes très recommandables pour être témoins que lui, son épouse et ses enfants, ne posséderaient les terres susdites que leur vie durant ; qu'ils paieraient tous les ans, à la fête de S. Riquier qui a lieu le VII des ides d'octobre, un cens de 4 sous ; et qu'après leur mort, les susdites terres rentreraient dans notre domaine avec les améliorations qu'ils y auraient faites. C'est pourquoi nous avons écrit cette charte et l'avons confirmée avec notre signature et les signatures de nos fidèles. Signatures[3] de Gervin abbé, d'Algise, d'Héribert, d'Ingelran, de Dominique, d'Oylard laïque, de Boson, d'Eudes, de Raoul, de Gui archidiacre. Fait au monastère de S. Riquier, le VIII des ides de décembre, en la 16ᵉ année du règne du roi Henri. »

1. Encore un des trois villages formant le territoire de Campagne. — V. livre Iᵉʳ, chap. XVII, p. 37, et livre III, chap. III, p. 102.
2. *Floherimansus*, où ?
3. Signoque nostro nostrorumque fidelium. — Encore la même remarque. — V. p. 242.

CHAPITRE XXII

Des villages rachetés, et des autels données par l'évêque Gui

Henri, roi des Français, étant mort, après 28 ans de règne, Philippe qui était en bas âge et que son père avait élevé à la dignité royale[1], n'ayant encore ni le pouvoir ni la science de régner, fut confié ainsi que son royaume à la à la tutelle de Baudouin, comte de Flandre. Pendant la régence de ce dernier, le chevalier Gautier, fils de Hugues, bouteiller du roi, chercha à nous enlever une terre située dans le Vimeu[2]. Comme il était puissant, et qu'il ne paraissait pas facile de lui résister, le vigilant pasteur Gervin aima mieux sacrifier quelque argent pour détourner cet homme de ses mauvais desseins, que voir l'abbaye souffrir un aussi grand dommage que celui qui la priverait de sa propriété. Gautier, plus touché encore des prières du pieux abbé que du prix qui lui était offert, se rendit à ses désirs ; et, pour s'ôter à lui et à toute personne la faculté d'usurper, à l'avenir, ladite terre sur le domaine de S. Riquier, il demanda qu'il fût dressé une charte, qui fut conçue en ces termes :

« Au nom de la sainte et indivisible Trinité, moi Gervin, par la grâce de Dieu abbé du monastère de Centule, fais savoir aux fidèles présents et à venir de la sainte église de Dieu, qu'un chevalier, nommé Gautier, fils de Hugues échanson du roi, m'ayant réclamé une terre située dans le Vimeu et connue sous le nom de Feuquières, j'ai fait droit à sa réclamation ; et, laissant de côté tout subterfuge, je lui ai compté 100 sous d'argent, moyennant quoi il a rendu ladite terre à S. Riquier, pour servir, à perpétuité et sans trouble, à

---

1. Henri Ier mourut le 4 août 1060. — Son fils Philippe avait été sacré roi le 23 mai 1059. — M. Lot.
2. La terre de Feuquières. — Note Le Ver.

l'usage des frères. Et, afin que ce traité demeure inviolable, je l'ai fait signer par mes frères et par mes fidèles. Signé : Gervin, abbé, Ingeler, Algise, Anschéric, Frameric, Anscher chevalier, Eudes, un autre Eudes, Adelelme, Ilgier. Fait au monastère de Centule, le IV des calendes de septembre, en la 4ᵉ année du règne de Philippe [1]. »

Peu de tems après ce traité, le vigilant et infatigable Gervin, qui se montra constamment le père et le gardien des fils de notre église, alla prier le comte Gui [2] d'user de charité envers les frères, au sujet d'un village qui nous avait jadis appartenu, mais qui nous avait été enlevé depuis quelques années par le comte ou par des hommes de guerre. Cette démarche, faite pour l'amour du Seigneur, ne pouvait être désapprouvée par la divinité. Le comte accorda en partie ce qu'on lui demandait, autant par amour pour notre abbaye que par le désir de faire plaisir à notre abbé. Et au sujet de ce village, qui fut alors restitué à S. Riquier, on dressa une charte conçue en ces termes :

« Au nom de la sainte et indivisible Trinité. Moi Gui, comte de Ponthieu, à la prière du seigneur Gervin abbé, du consentement des grands de ma province, en présence du roi Philippe, du marquis Baudouin et des princes du palais du roi, je rends à S. Riquier le quart de la terre connue sous le nom d'*Ultrabaiz* [3]*;* et je cède en outre à S. Riquier, à l'abbé et aux moines, pour en jouir à perpétuité, les revenus de mon avouerie, que je percevais sur ladite terre, moyennant le prix de 20 livres d'argent [4] et de 50 bœufs que m'ont comptés lesdits frères. Quant à Robert, qui a jadis reçu de moi l'avouerie de ladite terre, et quant à toute autre personne qui pourrait revendiquer, à quelque titre que ce fût, quelque chose de la susdite terre, je promets de donner, à ce sujet, toute satisfaction à l'abbaye de Centule. Et afin que cette convention demeure stable et permanente, elle a été confirmée de la main du roi et au jour désigné, selon leur rang, les témoins qui y ont assisté.

---

1. Donc le 29 août 1063 ou 1064. — M. Lot.
2. Gui Iᵉʳ comte de Ponthieu.
3. Outrelbois ou Outrebois. — Canton de Bernaville. — J. Garnier, *Dictionnaire topographique du département de la Somme.*
4. Le comte regarde la somme comme faible : *Aliquantulum pecuniæ, viginti videlicet,* etc.

Signé : Baudouin le Jeune, comte, Frédéric, Baudric, Raoul, Roricon, Anscher, Oylard, Godefroi, Richoguard, l'abbé Gervin, Ingeler alors doyen, Saxoguel, Gautier, Eudes chevalier, Dudilon, Boson. Fait l'an VI du règne de Philippe, 1067 de l'incarnation de notre Seigneur, indiction VI, épacte III, concurrents VII. Que celui qui voudrait enfreindre la convention ci-dessus, soit, par le Dieu tout puissant et par sainte Marie mère de Dieu, et par tous les saints, maudit et excommunié. Ainsi soit-il. *Fiat, fiat.* Telle est la charte [1]. »

Gervin fut toujours cher et respectable aux yeux d'Edgard [2], roi des Anglais. Il recevait de ce prince l'accueil le plus honorable toutes les fois qu'il allait dans son royaume. Si notre monastère paraissait craindre ou souhaiter quelque chose, aussitôt le magnifique Edgard venait à son secours. La reine, son épouse, nommée Édith, avait aussi conçu beaucoup d'estime et d'amitié pour Gervin, à cause de la sainteté de celui-ci, et elle se montrait à son égard aussi libérale que son mari ; elle lui avrit accordé avec empressement toutes les demandes qui lui avait été faites. Mais un jour, ayant offert un baiser de salut et de paix à notre abbé qui venait d'arriver dans ses états, et celui-ci l'ayant refusé avec horreur dans la crainte de souiller sa pureté, la reine, furieuse de se voir méprisée par un moine, souffrit avec peine l'outrage qu'elle avait reçu, et le priva, dans sa colère, d'une grâce qu'elle avait eu intention d'accorder à ses prières. Son mari la blâma de poursuivre de sa haine un abbé aussi vertueux, qui n'avait fait qu'obéir à la réserve qui lui était imposée ; et plusieurs autres grands personnages lui remontrèrent qu'elle avait tort de nourrir quelque ressentiment contre un homme qui s'était consacré à Dieu, au point de résister, ainsi qu'il le devait d'ailleurs, aux baisers d'une reine. Alors Édith s'apaisa, et, loin de reprocher à l'abbé sa conduite, elle le combla d'éloges, et se plaignit que l'usage du baiser fût conservé à l'égard des évêques et des abbés de son royaume. Elle le renvoya ensuite comblé d'honneurs et de présents, en lui demandant, pour toute grâce, de la compter dans ses prières au nombre de ses bienfaiteurs. Gervin reçut de cette même princesse un amict du plus haut

---

1. *Huc usque charta.* — La copie de la bibliothèque traduit à la moderne : dont acte.
2. Edouard III dit le confesseur. — Note Le Ver.

prix, enrichi d'or et de pierreries, qu'il déposa dans le trésor de notre monastère.

Gui, évêque d'Amiens, ayant vu dans la suite cet amict, fut frappé de sa beauté et de sa richesse, et pria l'abbé de le céder à l'église d'Amiens sa métropole, en échange de deux autels qu'il abandonnait à perpétuité au couvent de S. Riquier. Le bon Gervin, consentant de bon cœur à sa proposition, donna l'amict à l'évêque et à l'église de la bienheureuse vierge Marie, mère de Dieu, et reçut en retour, du consentement de toute l'église d'Amiens, deux autels dont l'un est situé dans notre village d'Argoul [1], et l'autre dans le village connu sous le nom de *Monshelisius* [2]. Et, afin que ses successeurs n'en pussent être dépouillés, le prudent abbé obtint de l'évêque qu'il serait, au sujet de cette concession, dressée une charte qui est conçue en ces termes :

« Gui, par la grâce de Dieu évêque d'Amiens, à tous les fidèles présents et à venir, qui vivent dans le monde, heureux voyage et bénédiction du ciel. Considérant que les transactions du jour parviennent mieux à la connaissance de la postérité lorsqu'elles sont rapportées par écrit, il nous a plu de faire connaître à votre charité la donation de certains autels que nous avons faite en faveur de l'église de S. Riquier. Nous, à la prière de l'abbé Gervin et du consentement de Jean et de Baudouin, archidiacres, donnons à S. Riquier les autels des villages d'Argoul et de *Monshelisius*, sur lesquels sont Ratbode et Hugues [3], qui, tant qu'ils vivront, paieront, aux tems fixés, la redevance ecclésiastique à l'abbaye du dit S. Riquier ; de manière qu'après leur mort, les clercs chargés de verser entre nos mains et entre celles de nos successeurs, les redevances ecclésiastiques, soient personnellement nommés et établis, eux et

---

1. En traduisant *Argubium* par Argoules le marquis Le Ver était mieux renseigné que Mabillon. — « Mabillon, dit M. Lot, déclare ignorer ce qu'est *Argubium*. Déjà, à la fin du xve siècle Jean de la Chapelle, dans sa *Chronique de Saint-Riquier*, disait : *Apud nos illa ignorantur*. — *Argubium* répond en réalité à Argoules. » — M. J. Garnier n'en fait aucun doute. — Canton de Rue.

2. *Monshelisi* et *Mons-Elisii* dans le texte qui donne deux fois le nom. — « J'ignore dit M. Lot, ce qu'est devenu *Mons-Elisii*. L'identification avec Montigny (Somme) qu'on a proposée est inadmissible. »

3. La copie de la bibliothèque d'Abbeville donne : sur lesquels Ratbode et Hugues ont des bénéfices. — Le texte dit *super quibus Ratbodo et Hugo personæ habentur*.

leurs subrogés après eux, par ledit abbé de Centule. Nous confirmons ce traité en présence de nos clercs, et nous recommandons son exécution à tous nos successeurs. »

Mais revenons maintenant au comte Gui, fils du comte Hugues. Après qu'Angelran son frère (qui, au défaut de leur père commun, nous fit, comme nous l'avons rapporté, donation du village de *Portas)* eut été tué traîtreusement par les Normands, Gui posséda le comté de Ponthieu, et devint notre avoué par titre héréditaire. Il fit souffrir une foule de vexations aux villages appartenant à S. Riquier et à leurs habitants, extorquant et emportant leur argent et leurs subsistances. Le pieux Gervin s'opposait de tous ses efforts à ces injustices et à ces impiétés ; il l'avertisssait et le conjurait de ne pas montrer tant de dureté envers les serviteurs de S. Riquier ; il lui faisait entendre que celui qui possédait les revenus et le titre d'avoué ne devait pas se conduire comme un misérable déprédateur. Mais ses prières ne produisaient que peu d'effet sur un cœur impitoyable et enorgueilli de son pouvoir ou corrompu par la cupidité. On ne pouvait l'adoucir qu'avec de l'or, pour lequel les hommes ont tant de faiblesse. Cependant, à force d'instances, le vénérable Gervin parvint à obtenir du comte, que, pour l'amour de S. Riquier, il réduirait un peu une redevance très onéreuse, qu'il avait exigée des habitants du village de *Majoch*[1], Gui, après avoir consenti à diminuer les droits de son avouerie, fit dresser, à ce sujet, une charte de la teneur suivante :

« Nous Gui, par la grâce de Dieu comte de Ponthieu, faisons savoir à tous présents et à venir, que Gervin, abbé de S. Riquier, s'est rendu auprès de nous, pour nous prier instamment de diminuer, pour l'amour de Dieu et de S. Riquier, le droit que je possède de prendre 20 porcs dans le village de *Majoch,* attendu que ce droit est beaucoup trop onéreux pour les habitants dudit village. Nous, après avoir reçu 100 sous dudit abbé, avons accordé qu'à l'avenir il ne serait exigé aucun porc desdits habitants, mais que ceux-ci nous paieraient, à la place, 40 sous tous les ans, à la fête de S. Remi ;

---

1. Sur Maioc ou Mayoc (commune actuelle du Crotoy), voir d'abord *Cartulaire du Ponthieu*, p. 52 ; puis *Histoire de Cinq Villes*, t. II, pp. 209-214 et 438-442 ; et pour les droits de l'abbaye en ce lieu, *ibid.*, p. 147.

de manière, cependant, qu'aucun de nos ministres ou de nos sergents ne pourrait entrer dans ledit village pour percevoir lesdits 40 sous; mais que le moine qui serait désigné à cet effet, aurait soin, à l'époque fixée, de remettre cette somme à notre prévôt qui demeure à S. Riquier. Et afin que les frères implorent humblement la miséricorde divine pour notre bonheur et notre conservation, et pour le bonheur et la conservation de notre épouse et de nos enfants, nous avons confirmé cette convention, en présence des grands de notre province. »

CHAPITRE XXIII

D'Edgard et de Guillaume, roi des Anglais, et du voyage d'outre-mer fait par Gervin

Edgard[1], roi d'Angleterre, après avoir parcouru avec bonheur la carrière de la vie[2] accordée aux mortels, mérita la gloire éternelle. Pendant qu'il vivait encore et qu'il possédait son royaume terrestre, un noble, breton d'origine et nommé Raoul[3], qui jouissait d'un grand crédit et de grands honneurs auprès de lui, donna en aumône à S. Riquier, par les mains du vénérable Gervin, quelques terres et quelques revenus, dont le produit total était assez considérable. Après la mort d'Edgard, un comte Hériold[4] usurpa la couronne, au mépris du serment qu'il avait fait au feu roi[5], de céder le royaume à Elfgar petit-fils de celui-ci[6]. Après qu'il se fut injustement emparé du pouvoir et des insignes de la royauté, et qu'il eut chassé Elfgar, petit-fils d'Edgard, le souverain et tout puissant Dieu, qui gouverne les royaumes de la terre et qui les donne à qui il veut, fit connaître, par un prodige que l'on vit dans le ciel, qu'il destinait à Guillaume, duc des Normands, le royaume des Anglais; et comme Guillaume, par l'arrêt de la providence, désirait vivement de l'obtenir,

---

1. *Hetguardus*. — Hariulfe nomme toujours ainsi ce roi confesseur.
2. Mort le 6 janvier 1066. — M. Lot.
3. Peut-être Raulf, frère de Gautier de Mantes et d'une sœur du roi Édouard. — M. Lot.
4. Hariulfe écrit bien *Herioldus*. — Hérald II, *Art de vérifier les dates*, dit le marquis Le Ver.
5. Serment faussement attribué par Hariulfe à Harold. — M. Lot.
6. *Elfgarus*. — « Edgar Atheling, petit-fils d'Edmond Côte-de-Fer (père d'Édouard le confesseur) ». — M. Lot. — *Pronepoti ipsius regis*. Strictement ne faudrait-il pas comprendre arrière-petit-fils ?

il y réussit avec beaucoup de bonheur. Mais ces faits récents étant encore présents dans la mémoire de tous, nous n'en parlerons pas, et nous reviendrons à ce qui nous regarde plus particulièrement.

En la 2e année du règne de Guillaume, le vénérable Gervin voulut aller visiter les terres dont nous avons parlé au commencement du chapitre, et se rendit au port de mer nommé Guizant[1] par les gens du pays. Il y trouva plus de cent abbés ou moines, et une foule d'hommes de guerre et de marchands, qui tous attendaient un moment favorable pour s'embarquer pour l'Angleterre. On était alors au mois de février, qui est, comme on le sait, le tems des orages, des vents, des pluies et des neiges, et l'époque où la mer agitée par les tempêtes présente une navigation difficile. Quinze jours s'étant écoulés sans qu'elle cessât d'être orageuse, il paraissait impossible de s'embarquer, et l'on parlait de s'en revenir, attendu que le retard qu'on avait déjà éprouvé et l'épuisement des finances qui commençait à se faire sentir ne permettaient pas d'attendre plus longtems pour mettre à la voile. Cependant on ne voulut point s'en retourner avant d'avoir consulté le vénérable Gervin, dont chacun admirait la piété et la vertu. On eut recours à lui comme à un conseiller divin, instruit des décrets de la providence; et on lui demanda ce qu'on devait faire après avoir vainement attendu un tems favorable pour s'embarquer. La plupart étaient d'avis de renoncer à leur entreprise, vu l'impossibilité de trouver des subsistances pour tout le monde, dans un pays aussi pauvre. Mais Gervin ranima leur courrage abattu, les exhorta à avoir plus de confiance en la miséricorde de Dieu, et à se rendre, le lendemain matin, d'abord à l'église du lieu, pour y entendre l'office divin et prier humblement le Seigneur de leur accorder la grâce de mettre à la voile, et ensuite à l'église de S. Pierre située dans le voisinage, pour y demander, au nom des mérites de cet apôtre la même faveur à J.-C. Cet avis fut approuvé de tout le monde. On se rend donc à l'église de l'archange S. Michel; on chante matines, et chacun adresse ses vœux au ciel et donne en offrande un denier d'argent afin de les voir accomplis. C'était encore le vénérable Gervin, regardé comme le chef de la

---

1. Wissant (Pas-de-Calais), ancien port que l'on a cru quelquefois le *portus Itius* des Commentaires de César.

troupe, qui, du consentement de tous, avait fait prélever cette petite somme, pour en acheter de la cire et en faire deux grands cierges, dont l'un était destiné à l'archange Michel et au S. confesseur Nicolas, et l'autre devait être gardé pour être offert à la bienheureuse Marguerite vierge et martyre, qui avait une église au-delà de la mer[1]. La troupe se rend ensuite en procession et pieds nus à l'église de l'apôtre S. Pierre, ayant à sa tête un moine de S. Riquier nommé Saxogual, auquel Gervin avait confié l'office de premier chantre. Là on implore par des chants sacrés la miséricorde de Dieu. Lorsque les prières furent achevées, et après la grand'messe célébrée par le pieux Gervin, chacun s'en alla plein de confiance en la bonté de J.-C. On se couche; et aussitôt que le jour est arrivé, on se rend auprès de Gervin. Alors, par la toute puissance de Dieu, la tempête s'était apaisée et la mer était calme. On s'embarque enfin, par la grâce de J.-C., et tout annonce une navigation heureuse. Les ondes sont si paisibles que le vent, dont la violence était extrême la veille, suffit à peine maintenant pour enfler les voiles. Lorsqu'on fut arrivé sur les côtes d'Angleterre, on débarqua pour se rendre à l'église de sainte Marguerite; et après lui avoir rendu de grandes actions de grâces, et lui avoir offert le cierge réservé en son honneur, chacun se sépara et se dirigea vers le lieu de sa destination. Mais tous s'accordèrent à dire qu'ils étaient redevables de la promptitude de leur traversée à la sagesse de Gervin, qu'ils comblèrent d'éloges et de remercîments.

---

1. Le texte dit cependant *citra mare*. Erreur probable de mot, ou d'Hariulfe ou de ses éditeurs, et que la traduction a corrigée.

CHAPITRE XXIV

De l'honneur rendu a Gervin par le roi; et des terres données par Raoul a S. Riquier

Après cette heureuse traversée, Gervin se rend à la cour du roi, et y annonce le Christ avec ses divins préceptes. Il engage chacun à confesser ses péchés et à faire pénitence; il exhorte à la paix et à la pratique des œuvres qui sont agréables à Dieu. Le roi Guillaume avait tant d'estime pour lui qu'aussitôt qu'il apprit son arrivée il lui permit de paraître sans délai en sa présence et d'entrer librement dans son palais, toutes les fois qu'il pourrait le désirer[1], faveur qu'il avait refusé aux évêques et aux abbés. L'abbé le pria de confirmer, par un acte de son autorité, les donations que le feu roi Edgard avait faites à S. Riquier. Raoul et son fils, qui portait le même nom que son père, joignirent leurs instances à celles de Gervin, et Guillaume, se rendant aux prières de celui-ci et à celles de ses amis, fit dresser la charte suivante :

« Au nom de la sainte et indivisible Trinité, moi Guillaume, par la concession de Dieu roi des Anglais ; par amour pour le Seigneur, et à la prière du seigneur Gervin, abbé du monastère de S. Riquier, situé dans le comté de Ponthieu; par l'exhortation de mes amis le comte Raoul et Raoul son fils, et du consentement de tous les grands de ma cour, je confirme, suivant le droit qui appartient au roi, toutes les donations faites par ledit

---

1. Toutes les fois ; le traducteur n'élargit-il pas l'autorisation ?

comte et son fils, au profit des frères de S. Riquier; et j'ai jugé bon de désigner, dans ce présent écrit, les églises et les maisons cédées par lesdits donateurs, afin que tout le monde puisse les connaître. Telle est la terre de S. Riquier[1], située en Angleterre et donnée audit saint par le comte Raoul: le village connu sous le nom d'Esperlais[2], et qui compte 37 hostes, qui paient tous les ans, à la Nativité de notre Seigneur, chacun deux chevaux chargés de brais (malt)[3], et qui doivent à leur seigneur trois jours de travail par semaine, à compter de la fête de S. Jean-Baptiste jusqu'à celle de S. Michel, et un jour seulement par semaine dans les autres saisons de l'année, pour tous les ouvrages qu'on leur commande; il y a là 6 charrues, un bon bois, des terres labourables et incultes et des prés produisant toute espèce[4]; un autre village nommé *Acra*[5] où sont deux hostes, 3 moulins rapportant 35 ores d'argent[6], sans compter que les hommes dudit village doivent moissonner trois jours par semaine pour leur seigneur, et que toutes leurs charrues doivent, également trois jours par semaine, labourer, pour semer ses blés et ses avoines; un troisième village nommé *Culesturpon*[7], qui rapporte 5 ores d'argent, et dont les charrues doivent au seigneur trois jours par semaine, pour semer ses blés et ses avoines; deux autres villages nommés *Achoutes* et *Apichenee*, dont les charrues doivent au seigneur le même service que celles des villages précédents; un sixième village connu sous le nom de *Merefort*, dont 8 charrues font, deux jours par semaine, le labour des blés et des avoines du seigneur, et dont 25 hommes

---

1. *Sancti Richarii terra*; sous cette désignation générale Guillaume va énumérer les donations diverses du comte Raoul.

2. Esperlais, ainsi dans le texte. — Village en Angleterre, dit simplement Le Ver. — Table.

3. De brais dans le texte. — Des grains pour faire de la Bière. — Note Le Ver.

4. Dans la copie de la bibliothèque: des prés offrant d'excellents pâturages. *Prata omnibus nutrimentis aptissima*.

5. Village d'Angleterre dit simplement Le Ver.

6. Le mss. dont s'est servi d'Achery porte en note: En France douze deniers font un sou, tandis qu'en Angleterre il faut 16 deniers pour valoir un sou qu'on appelle une *ore*. — Note Le Ver. — Mais c'est la traduction d'une note du Spicilège même.

7. *Culespurgo*. — Pour ce lieu comme pour tous ceux qui sont nommés plus bas, *Acholes*, *Apichenea*, *Merefort*, *Assuafa*, *Guenité*, le marquis Le Ver dit simplement dans sa table: village en Angleterre.

moissonnent, au mois d'août, deux jours par semaine, pour le seigneur ; un autre village nommé par les gens du pays *Assuafe*, qui paie la dîme des blés et des autres récoltes ; enfin un autre village, connu sous le nom de *Guenile*, qui possède un moulin et un bois et un étang excellent. Toutes lesquelles possessions je confirme audit S. Riquier, afin qu'aucun tyran ne puisse les envahir ; et afin que cette charte soit stable et permanente pendant les siècles à venir, je l'ai munie de mon autorité royale. »

CHAPITRE XXV

Des lieux où Gervin se retirait pour se consacrer au Seigneur

C'est au modeste et vigilant Gervin que nous sommes redevables de tous ces bienfaits et d'une foule d'autres aussi précieux. Ses bonnes œuvres et le secours de celui pour l'amour duquel il les faisait, de celui dont il était le vicaire, en un mot, du grand prêtre et magnifique abbé Riquier, lui ont sans doute procuré une place dans le séjour des bienheureux. Au milieu des soins nombreux dont il était accablé, il recourait souvent à la prière et à la pénitence, comme un pilote en danger se réfugie dans le port le plus sûr. Si, tandis qu'il était engagé dans les affaires du monde, comme sur une mer orageuse, il se voyait surpris par quelque orage imprévu, il se fortifiait par la contemplation intérieure, et s'attachait à Dieu comme à l'ancre de son salut. C'est pourquoi il recherchait les bois et la solitude et s'y réfugiait comme dans un paradis, aussitôt qu'il se sentait tourmenté par le souci des affaires. Il possédait dans l'Amiénois un petit couvent[1], où l'on assure que repose le corps du martyr Gratien; et il en acquit un second[2] situé dans le même pays et connu sous le nom de *Luliacum*[3], où a été construite une église en l'honneur du bienheureux martyr Lucien et du grand S. Riquier. Il en possédait encore un troisième[4] au milieu de la forêt d'Eu, en Neustrie; contenant une église dédiée à S. Martin. Il préférait ce dernier couvent[5] à tous les autres, et il le visitait plus souvent, pour y chanter sans relâche les psaumes et les louanges du Seigneur.

1. *Cellam*, dit seulement le texte.
2. *Aliam*, c'est-à-dire toujours *cellam*.
3. *Luliacum*, Lully dans l'Amiénois, dit simplement le marquis Le Ver, — Table. — M. J. Garnier identifie en toute confiance ce lieu avec Lœuilly (canton de Conty.)
4. Encore *cellam*, et dans une forêt, un ermitage.
5. *Quam cæteris amplius diligens*, toujours la cellule; cependant cette dernière *Cella* contient une église, *ecclesiam*, une chapelle sans doute, un oratoire dédié à saint Martin.

CHAPITRE XXVI

De la sainteté de sa vie

Après avoir fait connaître l'administration du vénérable Gervin, il est nécessaire de parler de sa sainteté ; car sa conduite vigilante à l'égard des biens terrestres de l'église, imitée quelquefois par les méchants, recevra un nouveau lustre de la pratique constante qu'il fit de toutes les vertus que les bons seuls sont capables d'imiter[1]. Pendant tout le cours de sa vie, où il fut exempt de maladies et d'infirmités, il ne fit usage pour se coucher que d'un mauvais grabat, afin de n'avoir qu'un sommeil court et interrompu. Lorsqu'il entrait dans le temple, il se mettait à genoux devant tous les autels, et priait, en gémissant, pour lui, pour ceux qui étaient confiés à sa garde, pour ses amis, pour le repos des âmes, pour la gloire et la stabilité de l'Église universelle et pour la paix des princes. Le cœur contrit et le visage baigné de larmes, il invoquait la miséricorde et chantait les louanges de Dieu, le père, de J.-C., son fils, et du S. Esprit, en faisant beaucoup de signes de croix. Lorsque la fatigue l'obligeait d'interrompre ses pieux exercices, il prenait un peu de repos, pour se hâter ensuite de revenir à ses dévotions. Outre les oraisons et les doux chants des psaumes, il se plaisait à réciter les diurnes et les nocturnes de la sainte Trinité, de l'Esprit Saint, de la Résurrection de notre Seigneur, de la sainte Vierge, mère de Dieu, des anges, de S. Pierre, de tous les apôtres et de tous les saints[2], et les offices claustraux auxquels il ne manquait presque jamais. Puis il recourait

---

1. Le marquis Le Ver a abrégé un peu le commencement de ce chapitre.
2. *Sive omnibus sanctis nocturnalem et diurnalem canonem.* — M. Lot fait cette remarque d'après l'abbé Hénocque : « Nous croyons qu'il s'agit plutôt de prières particulières que le saint abbé s'était imposées. Il ne pouvait réciter tous les jours autant d'offices. »

encore aux autels des saints et chantait quelques psaumes propres et convenables à chacun. Après avoir rempli ces devoirs de piété, s'il sentait approcher l'heure où les frères ont coutume de se lever, il se retirait aussitôt pour ne pas être aperçu des portiers ou des gardiens, et allait se mettre au lit. Ses dévotions ainsi cachées n'en devenaient que plus méritoires aux yeux de Dieu. Il devançait[1] le moment fixé pour les offices nocturnes de l'église, et se levant, comme s'il eût bien reposé et passé toute la nuit dans les douceurs du sommeil, il faisait, comme un coq, retentir les voûtes sacrées de l'éclat de ses chants, et observait ainsi fidèlement ce précepte de la règle de S. Benoît : « Si nous chantons les louanges du Seigneur, que notre cœur réponde à notre voix[2]. » Que celui qui serait tenté de nous blâmer d'avoir comparé à un coq un homme si excellent, se souvienne de l'exposition du bienheureux pape Grégoire sur ces paroles du pieux Job, où le Seigneur dit : « Qui a donné l'intelligence au coq ?[3] » Si l'on s'en tient au vrai sens de ces paroles on appliquera cette parabole du coq non à un être vil, mais à un homme orné des vertus d'une vie saine.

Le vénérable Gervin, appliqué sans relâche au service de Dieu, ne manqua jamais, même au milieu des fatigues que lui causaient ses voyages, ni au milieu de ses maladies, à moins qu'elles ne fussent extrêmement graves, de faire, ainsi que l'ordonne la règle de S. Benoît[4], les jours de dimanche et de fête, douze leçons[5] avant de lire lui-même le S. Évangile. C'est ainsi qu'en remplissant ponctuellement tous ses devoirs, il donnait aux frères l'exemple de la sobriété et d'une sainte ferveur. La plupart et souvent la totalité des frères, après la célébration des nocturnes, allaient se mettre au lit, mais Gervin, qui ne cherchait pas le repos du corps, recommençait ce qu'il avait déjà pratiqué avant les offices de la nuit, et attendait le lever de l'aurore à genoux et en prières. Le jour intérieur était véritablement en lui, selon ce que nous apprenons de

---

1. Hariulfe dit seulement qu'il se levait au premier signal de l'office nocturne : *Horam itaque nocturnalis officii ecclesiæ signo indicante exsurgebat.*

2. Chapitre XIX. — Note marginale de d'Achery.

3. Job, XXXVIII, 36. — Note marginale de d'Achery qui, par une faute typographique, donne 39.

4. Chapitre II. — Note d'Achery.

5. *Lectiones* dans la signification liturgique, bien entendu.

notre docteur l'apôtre S. Paul : « Nous qui sommes enfans du jour, veillons et soyons sobres[1]. » Ce précepte fut constamment observé par Gervin. Après s'être livré à ses pieux exercices, il rentrait dans le cloître aussitôt que le soleil commençait à se lever; il prenait un livre et se pénétrait[2] de la parole divine qu'il expliquait ensuite à l'assemblée des frères, pour les former aux bonnes œuvres et à une meilleure vie. Lorsqu'il avait réparé, avec une nourriture sacrée, les forces de son âme épuisées par la ferveur de ses oraisons, il retournait aussitôt à l'église, et, resplendissant de l'or de l'intelligence[3], brillant de la pourpre de la puissance, ardent d'un double écarlate, c'est-à-dire du feu de la double charité, et éclatant de lin, c'est-à-dire de la mortification de sa chair, il célébrait avec le recueillement le plus profond le saint sacrifice de la messe. Dans le saint tems de carême, il s'imposait les austérités les plus dures ; il mortifiait son corps roulé dans un cilice, mangeait rarement du pain de froment, ne prenait qu'un peu d'eau pour toute boisson, et ne prenait un peu de nourriture que tous les trois jours. Son lit, dégarni de matelas et de tout ce qui favorise la mollesse, éloignait le sommeil de ses paupières et le tenait presque continuellement éveillé pour réciter des psaumes et des prières. Jamais les soins ni les soucis de son administration, jamais ses voyages ni ses maladies, à moins cependant qu'elles ne fussent très graves, ne purent refroidir son ardeur à réciter les psaumes et les louanges de Dieu, ou à lire les offices de chaque jour et de chaque nuit de l'année. S'il était en voyage, on le voyait sans cesse occupé, à l'exemple de notre grand S. Riquier, à chanter les psaumes, ou à prêcher aux hommes leur salut, ou à les exhorter à la pénitence. Lorsqu'il entrait dans une hôtellerie, il ne s'inquiétait jamais des mets qu'on devait lui servir. Il avait trop de mépris pour cet art funeste qui renversa les murs de Jérusalem [4]. Tandis que ses compagnons s'empressaient de faire acheter

1. Saint Paul, 1re Épitre aux Thessaloniciens, v, 6. — Note d'Achery.
2. Hariulfe a plus de poésie, avec quelque sensualité intellectuelle : *divini verbi favos sibi congerebat.*
3. *Auro intellectus fulgens.*
4. Voici le passage que la traduction du marquis Le Ver n'éclaircit pas : *illius utique non particeps, sed contemptor, qui destruit muros Hierusalem.* — Rapprochement encore incompréhensible sans une interprétation de M. Lot. Hariulfe se souvient sans doute de la gourmandise de Vitellius et confond cet empereur avec Vespasien et Titus.

et préparer les choses dont ils avaient besoin, on l'apercevait assis sur un banc et rapportant au ciel toutes ses pensées. S'il se mettait à table, il avait toujours soin, avant de prendre son repas, de faire une lecture de piété ou de méditer la loi du Seigneur. S'il voyait une église dans le voisinage, il s'y rendait pour acquitter le tribut de sa dévotion ; mais, s'il ne se trouvait aucune église dans les environs, il se hâtait de se mettre au lit, comme pour se reposer, et, la tête couverte, il méditait la parole de Dieu dans le plus profond recueillement ; et lorsque ses compagnons, après avoir satisfait leur appétit et s'être acquittés de tous les soins que nécessitent les voyages, étaient allés se coucher, il se levait aussitôt sans bruit, et, déposant le sac qu'il portait toujours avec lui et qui était plein de reliques saintes, il se livrait, comme au monastère aux oraisons et aux génuflections. C'est ainsi qu'il accomplissait cette parole de vérité : « Que là où est une âme fidèle, là est le temple de Dieu. » Une pratique qu'il observa constamment tant qu'il fut bien portant, fut de s'abstenir de toute nourriture et de chanter le psautier d'un bout à l'autre, les veilles de Noël, du Vendredi saint, de Pâques, de l'Ascension, de la Pentecôte, des fêtes de S. Jean-Baptiste, des apôtres S. Pierre et S. Paul, de S. Laurent martyr, de l'Assomption de la Vierge, de la Toussaint et de l'apôtre S. André. Le tems où il mortifiait le plus sa chair était celui où il montrait le plus de gaîté, de sorte qu'à voir la joie de son visage, on aurait dit que, non seulement il ne faisait pas abstinence, mais encore qu'il se nourrissait des mets les plus exquis. Cependant il avait soin de modérer assez sa gaîté pour ne pas paraître d'un caractère léger, et pour conserver une gravité décente dans toute sa conduite.

CHAPITRE XXVII

Combien il était recherché pour la guérison des maladies de l'ame ; et comment, pour cette raison, il fut accusé auprès du souverain pontife

Il montrait d'ailleurs tant de zèle à convertir et à sauver les âmes des pécheurs, qu'à voir son empressement et sa charité à venir au secours de ceux que le fardeau de leurs fautes accablait, on eût cru qu'il était dirigé par l'esprit de celui qui disait : *Mes enfants auxquels je donne une nouvelle existence*[1]. Non seulement il ramenait à la pénitence les criminels qu'il connaissait dans nos contrées, mais il remplissait encore avec la plus vive ardeur les devoirs d'un évangéliste et d'un apôtre, sans en avoir le nom, et parcourait la Neustrie et la Flandre, la Gaule et l'Aquitaine et même la Hongrie, pour recevoir les confessions des pécheurs et les rappeler par des exhortations salutaires à un genre de vie meilleur. Il accomplissait envers tous ce précepte divin : *Je t'ai placé pour éclairer les nations et pour les sauver*[2]. Nous l'avons vu bien souvent à Centule, dans le monastère du glorieux confesseur Riquier, passer des jours entiers dans sa chambre, sans prendre aucune nourriture, pour recevoir avec bonté ceux qui venaient chercher, auprès de lui, la guérison de leurs âmes. Les uns s'en allaient, les autres venaient, et tous mettaient leur confiance dans la science et le pouvoir du médecin céleste. On lui avait cédé, pour qu'il pût vaquer à ces pieuses fonctions, une cellule, que les frères appelèrent la *Confession,* dans la quelle il faisait, par la grâce divine qui était en lui, repentir

---

1. Saint Paul, Épître aux Galates, IV, 19. — Note marginale de d'Achery.
2. Isaïe, XLIX, 6. — Note d'Achery.

les pécheurs de leurs crimes, et les réintégrait, par l'intervention de ses prières, dans la miséricorde du Seigneur. C'est ainsi qu'il mérita qu'on lui fît l'application de ces divines paroles : *Si tu fais un innocent d'un coupable, tu seras comme ma bouche* [1].

Mais quelle vertu fut jamais épargnée par l'envie ? Plusieurs clercs, dont, ô douleur, toute l'étude était de porter envie à ceux qui valaient mieux qu'eux, sans faire attention que la loi ne restreint pas les grâces du S. Esprit, tenaient des propos envenimés contre notre vénérable pasteur [2], et paraissaient scandalisés de voir un homme, qui n'était pas évêque, oser prêcher sans la permission du souverain pontife, et, en s'arrogeant des fonctions qui ne lui appartenaient pas, se permettre d'entendre les confessions et de convertir les pécheurs. Ces calomnies atroces corrompirent les esprits de quelques personnes et parvinrent enfin aux oreilles du pape. Comme celui-ci ne connaissait pas la vertu de Gervin, il ne pouvait condamner les clameurs de ses détracteurs. Il ordonna donc, par un précepte de son autorité, que l'homme accusé par la renommée d'avoir une conduite téméraire, serait mandé au siège apostolique pour rendre raison de ce qu'on appelait sa présomption.

Gervin obéit avec joie aux ordres du pontife, et se rendit à Rome, avec la confiance que le secours d'en haut ne lui manquerait pas. A peine fut-il introduit en présence du pape, que celui-ci, voyant son air vénérable, reconnut que la divinité habitait en lui. Il se lève à son entrée et lui donne humblement le baiser de paix ; il le fait asseoir à ses côtés et l'engage, selon sa coutume, à discourir sur les matières de la religion. Puis il lui donne connaissance des griefs élevés contre lui, et le prie de lui donner des explications sur sa conduite. Gervin entre aussitôt dans sa justification, et cite, en sa faveur, plusieurs passages des saintes écritures qui commandent de montrer un zèle infatigable à délivrer ceux qui sont conduits à la mort. Il rapporte ces paroles de l'apôtre S. Jacques : *C'est pécher que de connaître le bien et de ne pas le pratiquer.* « Ainsi donc, Pontife sacré, ajoute-t-il, puisque la miséricorde de Dieu a accordé à mon

---

1. Jérémie XV, 19. — Note d'Achery.
2. Hariulfe dit : *Nostrum Equitium.* — « Saint Equitius, dit M. Lot, fut accusé auprès du pape de prêcher sans permission. »

humilité la science du bien, dois-je trahir la connaissance qui m'a été donnée et encourir avec l'esclave paresseux la damnation éternelle, pour ne pas avoir dépensé l'argent que j'avais reçu? Considérez encore, je vous prie, que le même apôtre dit : *Celui qui arrachera le pécheur des égarements de sa vie se rachètera de ses propres fautes, et sera sauvé de la mort.* Si donc, en convertissant les pécheurs, je sauve, non seulement leurs âmes, mais que j'efface encore mes fautes, pour prix de ma charité, ma conduite mérite-t-elle d'encourir la désapprobation du souverain pasteur, et n'est-il pas permis à chacun de pratiquer avec dévotion les préceptes de l'amour du prochain? » Le pontife Léon, digne successeur des apôtres, qui avait pris pour tâche, non d'empêcher le bien, mais au contraire de le favoriser de tout son pouvoir, se réjouit de reconnaître, dans les explications de Gervin, une pureté de zèle et d'intention digne de tout éloge. Et, comme il avait appris que l'évêque d'Amiens, nommé Foulque, était occupé non du salut des âmes mais de la chasse aux oiseaux et aux bêtes fauves, il approuva la conduite du vénérable abbé, et le confirma, par ces paroles, dans les pouvoirs qu'il avait exercés : « Cher frère, dit-il, que les murmures ni les calomnies des envieux ne vous détournent jamais de porter des secours aussi précieux aux âmes des pécheurs et de cultiver aussi fructueusement la vigne du Seigneur. Que la grâce divine vous accompagne, pour prix de vos travaux, et vous procure un jour la récompense du bonheur éternel. Nous, par l'autorité de J.-C. et du bienheureux apôtre Pierre, et par la nôtre propre, nous vous prions et vous ordonnons, au besoin, de garder les pouvoirs qui vous associent à notre ministère, de recevoir les confessions des pécheurs et de leur imposer des pénitences; de manière que tout ce que vous lierez sera lié par l'autorité de notre Seigneur, et que tout ce que vous délierez sera délié par sa miséricorde. » En disant ces mots le saint père offrit des sandales à Gervin et lui ordonna de s'en servir, afin que celui qui se livrait à la prédication fût orné des insignes du prédicateur. Cependant le vénérable abbé les refusa par humilité, et dit qu'il lui suffisait de posséder l'autorisation du siège apostolique pour exercer la charge de guérir les âmes pécheresses avec la parole divine. Après avoir été comblé de faveurs par le pape, il revint, et reprit avec d'autant plus d'utilité et de succès ses premiers travaux, qu'il jouissait d'une plus grande faculté pour s'en acquitter.

Mais, puisque l'occasion s'en est présentée, nous pensons qu'il est bon de dire ici, en peu de mots, ce qu'était le pape Léon, dont nous venons de parler. Léon, teuton de nation, et d'une famille très illustre, naquit en Lorraine, après que sa naissance eut été annoncée par une vision céleste. Ses parents le firent élever avec soin dans les lettres et dans les arts libéraux. Il conserva, pendant toute son enfance, sa jeunesse et son adolescence, l'honnêteté d'une âme simple et timide, et fut élu, par le clergé et le peuple, évêque de Toul, dans le tems que ses proches, officiers de l'empire, travaillaient déjà à le faire monter sur le siège apostolique. Malgré la noblesse de son sang jointe à la pureté de ses mœurs, cet homme illustre accepta volontiers le siège épiscopal d'une petite ville, afin de fuir de plus grands honneurs. Mais, tandis qu'il était évêque de Toul, l'élection des prélats, munie du consentement de l'empereur, l'éleva à la dignité pontificale. Il s'appelait Bruno, mais, à son intronisation, il changea de nom et prit celui de Léon. Il fut pendant toute sa vie d'une pureté de cœur et d'une vertu si parfaites, que le Seigneur permit qu'il s'opérât de grands miracles en considération de ses mérites. Lorsqu'il vint à Reims faire la dédicace de l'église de S. Remi, évêque de cette ville, il choisit le vénérable Gervin avec trois autres personnages d'une sainteté pareille, pour porter le corps de cet illustre confesseur et prélat[1].

---

1. « Cette dédicace eut lieu le 2 octobre 1049..... Gervin accompagna le pape à son retour à Rome et il figure parmi ceux qui souscrivirent à Rome, le 2 mai 1050, la bulle de canonisation de saint Gérard de Toul. » — M. Lot. — Mais l'entrevue explicative de Gervin et du pape à Rome avait précédé le voyage de ce dernier à Reims (voir page 264). Il est donc probable, suivant ces récits, que le pape s'était fait suivre de l'abbé en France et le ramena à Rome. — Le plus simple cependant ne serait-il pas de voir dans l'entrevue explicative une tradition née de la piété du monastère, le pape n'ayant emmené Gervin à Rome qu'après l'avoir d'abord apprécié à Reims?

CHAPITRE XXVIII

Miracle que le Seigneur daigna faire en considération de Gervin

Gervin, dans l'exercice de ses honorables et pénibles travaux, enseignait aux peuples chrétiens, chez lesquels il portait la parole divine, à éviter le mal et à faire le bien ; et ses prédications étaient si agréables au Seigneur qu'il daigna illustrer la piété de son serviteur par des miracles. Un jour que celui-ci était en voyage, une femme malade, attirée par la réputation du S. abbé (car c'est ainsi qu'on l'appelait), accourut au devant de lui et dit hautement à tout le monde que le ciel l'avait avertie qu'elle recouvrerait une santé parfaite, si elle pouvait obtenir la bénédiction du pieux Gervin. Malheureusement celui-ci avait été emmené par les fidèles, et il était occupé, à l'écart, du soin de purifier les âmes des pécheurs. Cette femme, qu'un mal cruel tourmentait, demanda alors, au nom de Dieu, qu'on trempât dans l'eau le bâton pastoral, qui, suivant l'usage, était recourbé par le haut et qu'on appelle vulgairement une crosse, et qu'ensuite on lui donnât cette eau à boire. Un moine nommé Raoul, gardien et porteur de cette crosse qui subsiste encore aujourd'hui pour garant du fait, plein d'admiration pour la foi de cette femme, consentit à sa prière ; il trempa le bâton dans l'eau ; et lorsque la malade en eut bu, elle fut aussitôt guérie par la volonté de Dieu, qui opère, quand il lui plaît, des prodiges en faveur de ses serviteurs.

CHAPITRE XXIX

Autre miracle opéré sur un fiévreux nommé Odelric

Le château d'Eu, situé à l'entrée de la Neustrie, fut aussi le théâtre d'un miracle éclatant, que notre Seigneur opéra en considération des mérites de Gervin. Il y avait dans ce château un enfant nommé Odelric, qui se livrait à l'étude des lettres, mais qui était tellement tourmenté de la fièvre, un jour que le vénérable abbé était venu dans ce lieu, qu'il ne savait que faire de son corps. Aussitôt qu'il apprend l'arrivée du vénérable Gervin, il conçoit l'espoir de guérir, va trouver ses amis, et les prie instamment de lui donner à boire de l'eau dans laquelle le vertueux abbé aura lavé ses mains. Ceux-ci, touchés de compassion, se rendent à ses désirs. L'abbé lave ses mains. Les amis apportent l'eau au malade qui en boit, et aussitôt la fièvre le quitte. Cet Odelric, qui est encore vivant, est moine et abbé de Corbie[1].

1. « Hariulf, dit M. Lot, fait confusion. Il n'y a pas eu d'abbé de Corbie de ce nom. On connaît un moine de Corbie nommé Odolricus qui devint le premier abbé de Saint-Fuscien-au-Bois. C'est évidemment de lui qu'il est question ici. Il mourut..... » — Etc.

CHAPITRE XXX

Vision du moine Hugues

S. Riquier, le seigneur de notre lieu, voulut aussi, dans le même tems, opérer de grands miracles, pour montrer combien notre abbé lui était agréable, et pour mieux faire ressortir sa vertu. Un frère nommé Hugues, qui avait renoncé à la milice du siècle pour prendre l'habit monastique, avait, une nuit, devancé l'heure de nocturnes, et s'était assis, après sa prière, sur un banc du chœur, lorsqu'il entendit tout-à-coup du côté occidental de la basilique, dans la tour où se trouve l'autel de notre S. Sauveur, des voix de la plus grande douceur, qui paraissaient descendre d'en haut et qui exécutaient des chants mélodieux. Dans ces voix, ainsi qu'il l'a raconté lui-même, on pouvait facilement distinguer, par la différence des sons, celles des hommes de celles des enfants. Frappé des accords qu'il entend, il tourne les yeux vers la partie d'où ils paraissent venir, pensant qu'ils sont produits par des personnes qui chantent ainsi d'une manière délicieuse les célestes cantiques. Et en effet les anges et les SS. Innocents étaient venus visiter l'autel de notre Sauveur, qui se trouvait dans cet endroit avec les reliques des SS. Innocents eux-mêmes qui avaient été déposées, avec beaucoup de vénération, par le seigneur Angilbert dans la tour dont nous avons parlé. Mais le moine Hugues ne put discerner leurs figures. Tandis qu'il était délicieusement ému par les chants qu'il entendait, toute la tour lui parut remplie d'une lumière vive, qui, en se dilatant, vint couronner le baldaquin du grand autel. Le frère, en apercevant cette lumière céleste qui se dirigeait vers l'endroit où repose le corps du bienheureux Riquier, fut profondément affecté. Il se leva aussitôt, et voulant rendre quelqu'un témoin de cette splendeur merveilleuse, il court au dortoir; et le premier moine qu'il rencontre, il le presse de se lever et de le suivre. Il retourne avec lui dans l'église, et tous deux la voient remplie d'une lumière divine, et entendent des voix qui chantaient d'une manière délicieuse. Frappés de terreur, ils n'osent entrer et restent en dehors ; mais bientôt leur frayeur se dissipe, et leur âme est portée dans le ravissement par la mélodie qui flatte leurs oreilles. Le vénérable Gervin éprouva les mêmes effets ; car étant venu, selon sa coutume, s'agenouiller devant les autels de l'église, il vit, lorsqu'il fut près de celui de notre Sauveur, et pendant qu'il y faisait ses prières, une lumière descendre tout-à-coup du ciel et remplir toute la tour ; mais, saisi de frayeur à cette vue, il prit la fuite, et ne s'arrêta qu'au pied de l'autel de S. Étienne premier martyr, pour observer ce que Dieu allait faire. Il remarqua alors que cette lumière se dirigeait vers l'autel de S. Riquier. Lorsqu'il la vit remplir le saint lieu où repose le corps de ce bienheureux confesseur, et se répandre ensuite dans toute l'église, il fut saisi de crainte, et alla réveiller, à la hâte, l'un des officiers de l'église[1] qui menait alors une vie irréprochable, pour le rendre témoin de ce prodige, et pour pouvoir lui-même le contempler avec moins de frayeur. Ils entrent donc ensemble dans l'église ; l'abbé va se mettre à genoux devant l'autel de S. Riquier, lève ses mains au ciel et prie le Seigneur en versant des ruisseaux de larmes. Le gardien[2] reste au bas du chœur et contemple avec admiration la lumière merveilleuse. Pendant qu'ils regardaient cette grande magnificence de la divinité, ils respirèrent une odeur si suave que tous les parfums composés par la main des hommes, n'auraient été que puanteur en comparaison. Ils virent aussi des ombres célestes qui s'approchaient affectueusement du corps de S. Riquier ; mais nous nous abstiendrons d'entrer dans de plus longs détails pour ne pas fatiguer les incrédules par le récit de choses aussi

1. *Unum de matriculariis.* — Le double de la traduction Le Ver (bibliothèque de la Ville) dit : l'un des marguilliers. *Matricularius*, origine du mot marguillier, ne répondait pas dans les couvents à ce qu'on entend aujourd'hui par marguillier auprès des églises. — V. du Cange : *matricularii vero in monasteriis officium* etc.....

2. La seconde copie Le Ver traduit encore : Le marguillier. Le texte donne *Ædituus*. Du Cange présente d'abord, comme équivalent de ce mot, *ostiarius*, mais son explication montre que l'æditue, comme traduit Rabelais, était plus qu'un simple portier : *cui ædis sacræ custodia incumbit*. Gardien convient donc bien.

extraordinaires. C'est néanmoins un fait avéré, que les ombres célestes, après avoir rendu leur hommage à l'autel de notre Sauveur et des SS. Innocents, se rendirent près de S. Riquier, pour lui faire honneur et témoigner leur joie de la gloire dont jouissait déjà son âme et de l'immortalité qui était réservé à son corps. Mais laissons ces choses secrètes et mystérieuses, et passons à des faits publics et mieux connus.

CHAPITRE XXXI

De quelques miracles de S. Riquier

Le feu ayant éclaté dans la partie nord de notre monastère, les frères, épouvantés de ses progrès effrayants, s'empressent de sauver des flammes les reliques des saints et le trésor de l'église. Déjà le feu s'était manifesté, d'une manière prodigieuse, en plus de cent endroits de l'église, et le plomb des toits était en fusion. Presque tous les ornements sacrés avaient été emportés à l'exception de la châsse de S. Vigor. La ruine et l'entier embrasement du S. lieu paraissaient imminents, et tous les secours humains devenaient inutiles, lorsque la miséricorde de Dieu nous tendit une main secourable. Un des serviteurs de l'abbaye, qui était monté sur les toits pour tâcher d'arrêter les progrès de l'incendie, perdant son appui, tombe à terre et se relève aussitôt par la grâce du Seigneur et par les mérites de S. Riquier, tout étonné de se trouver en vie et même sans aucune blessure. Alors le feu, comme s'il s'était assoupi dans le chaume, perd de sa violence[1] et s'éteint de lui-même par la volonté de Dieu et par les mérites de son grand confesseur. — Un homme du pays de Tournai avait perdu la vue et se trouvait à Corbie, où le Seigneur opérait, par le mérite des saints protecteurs du lieu, toute sorte de guérisons miraculeuses. Un vieillard

---

1. La traduction du marquis Le Ver demande un peu à être expliquée. *Ignis autem veluti sedatus in stipulis, ubi vires non habet, ita Dei gratia..... absque humano auxilio extinctus est.* C'est une comparaison. Il n'est pas très probable que les constructions de l'abbaye ait été couvertes de chaume. Hariulfe lui-même vient de montrer le plomb fondant des toits : *Jam plumbum superante igne liquescens.* Croyait-on alors le chaume réfractaire au feu, ou, du moins, l'apaisant ? La réputation de légèreté et de brièveté des feux de paille date de loin cependant :

        Flammaque de stipulâ nostra brevisque fuit.

Mais Hariulfe ne lisait peut-être pas Ovide.

d'une grande beauté lui apparut, et lui conseilla de se rendre promptement au monastère de S. Riquier, en lui assurant qu'il y recouvrerait la vue. Il suivit ce conseil, et se fit conduire à Centule par sa sœur qui était déjà en âge de se marier; mais, ce qui est extraordinaire, il ne trouva, le soir de son arrivée, personne qui lui offrit l'hospitalité. Il fut obligé de se réfugier sous le portail de l'église, où, couché durement, il passa la nuit à implorer l'assistance du grand saint. Le lendemain matin, lorsqu'on ouvre les portes du temple, il entre, il s'assied et assiste avec le peuple à l'office divin. On était alors dans le carême. Le beau vieillard qui lui avait apparu à Corbie et qu'il croit reconnaître s'approche de lui, lui arrache les deux sourcils, fait couler sur son visage le sang qui sort de la plaie, et lui rend la vue par ce moyen. Celui-ci se lève aussitôt, pousse un grand cri, raconte aux curieux ce qui vient de lui arriver, et entonne avec les frères les louanges de Dieu et de notre saint patron Riquier. Après être resté quelque tems chez nous, il s'en retourna avec sa sœur, sans avoir besoin d'elle pour guider ses pas. Mais son voyage ne fut pas heureux; des voleurs le dépouillèrent et le maltraitèrent, et enlevèrent sa sœur et sa compagne. Lorsqu'il les vit partir, il devint furieux, se mit à courir de côté et d'autre et retourna à notre couvent pour y chercher encore la guérison de ses maux. Le bienheureux Riquier, qui lui apparut alors, le guérit, lui rendit la raison et le conduisit chez lui. — Un autre homme était également privé de la vue, et allait d'un lieu saint dans un autre, cherchant partout sa guérison. Enfin, ayant été averti en songe d'avoir recours à notre patron, il se rendit chez nous, et recouvra la vue en répandant sur son visage de l'eau qui avait touché la châsse de S. Riquier. Mais, comme il se retirait précipitamment et sans en avoir demandé la permission, il redevint aveugle à la porte de l'église. Que fera-t-il dans son malheur? Il retourne au saint qui l'avait guéri, et lui demande, au nom de Dieu, la lumière qu'il avait perdue par son imprudence. Une nuit qu'il était plongé dans le sommeil, il vit le chœur de l'église rempli de personnages vêtus de blanc, qui répandaient une lumière éclatante sur tout le monastère, et reconnut par là combien les saints qui protégeaient notre abbaye étaient puissants et nombreux. Ayant recouvré la vue par suite de cette vision, il se hâta, plein de joie, de s'en retourner; mais il redevint encore aveugle et fut obligé d'implorer une troisième fois le secours de son grand médecin. Il lui fit alors le vœu de venir tous les ans en pèlerinage sur son tombeau s'il obtenait de lui son entière guérison. Aussitôt il recouvra la vue et s'en retourna avec la bénédiction des frères, et sans retomber dans les ténèbres, car notre S. patron avait intercédé en sa faveur. — Un jeune écolier s'étant, par imprudence, endormi dans un champ, devint sourd et languit sur son lit pendant trois années. Au bout de six ans sa tête trembla, et il continua à ne rien entendre. Après qu'on lui eut conseillé, à trois fois différentes, de se rendre à Saint-Riquier, en lui promettant qu'il serait guéri aussitôt qu'il aurait invoqué ce saint, il vint à notre abbaye, offrit un cierge à l'autel de notre Seigneur, devant lequel il fit ses prières, et se mit à jeter les hauts cris en voyant que le sang lui sortait tout-à-coup par le nez et par les oreilles. Les frères et les fidèles, étant accourus au bruit qu'il faisait, le trouvèrent guéri. Il leur apprit ce qui venait de lui arriver, et il entonna avec eux les louanges du Seigneur. — Un jour que nos frères portaient le corps de S. Riquier au village d'Ailly[1], il se trouva qu'en passant par celui de Bussu[2], qui nous appartient, une femme, dont tous les membres étaient disloqués depuis plusieurs années, était, dans sa maison, à l'article de la mort. On fit alors entrer le saint chez elle ; et, lorsqu'on l'eut approché de son grabat, elle se leva aussitôt et s'écria : « Je loue et bénis le Dieu tout puissant, qui vient de me rendre la santé par la présence de mon seigneur S. Riquier. » Ce miracle pourrait être comparé à celui du bienheureux Benoît, s'il n'était pas plus surprenant de voir un homme déjà associé aux saints du paradis montrer assez de compassion pour les misères humaines, pour guérir une malade par la seule présence de ses reliques, que d'en voir un autre, de la plus grande sainteté, il est vrai, mais jouissant encore de la vie, compâtir aux peines des malheureux. En disant cela, nous n'avons pas l'intention de rabaisser les grands mérites de S. Benoît, mais nous voulons seulement préconiser le miracle éclatant de S. Riquier. Qui peut compter le nombre des personnes enchaînées et garrotées qu'il rendit à la liberté, lorsqu'elles l'invoquèrent ?

Qu'il nous suffise de dire qu'il serait impossible d'énumérer tous les prodiges qu'il a opérés et qu'il opérera à l'avenir, tant que subsistera le monde.

1. *Ad villam Asliacum.*
2. *Per Buxudem villam.*

CHAPITRE XXXII

Des livres dont Gervin enrichit notre couvent, et du soin qu'il prit de faire enterrer le S. abbé Angilbert

Le vénérable Gervin, en s'occupant, avec ardeur, de la restauration et de la conservation du S. lieu, en réparant ce qui avait été détruit, en entretenant ce qui avait été construit, et en faisant couvrir les bâtiments de toits convenables, travaillait en même tems au salut des âmes, et se préparait, par toute sa conduite, l'entrée du royaume des cieux. Parmi les bienfaits dont nous lui sommes redevables, il faut compter le grand nombre de livres dont il enrichit notre monastère, pour l'édification des serviteurs de Dieu qui l'habitent. Comme nous n'écrivons cette histoire que dans l'espoir qu'elle servira à l'instruction et à la sanctification de la postérité, nous croyons utile de lui faire connaître les ouvrages qui nous ont été procurés par les soins du vénérable Gervin. Ce sont :

Les Épitres d'Ignace; l'Histoire Ecclésiastique d'Eusèbe de Césarée; l'Apologie de David, de Joseph, de Noé, d'Abraham par Ambroise; de la Trinité à l'empereur Gratien par le même; de l'Esprit Saint au même empereur par le même; le Pastoral d'Ambroise; des Sacrements par le même; de la Mort de Théodose contre Auxence; de la Tradition des Basiliques; de la Déposition et de l'Invention des SS. martyrs Gervais et Protais; de la Mort de Satyre par Ambroise; de l'Incarnation de notre Seigneur, et quelques autres Traités par le même.

L'Apologétique de Grégoire de Nazianze; de l'Épiphanie; de la Pentecôte par le même; sur Lui-même, à son retour de la campagne; des Paroles de Jérémie; du Ravage de la Grêle.

Les Hommes illustres de S. Jérôme ; les Épitres du même ; sur Zacharie par le même ; sur Isaïe par le même ; sur Jean par Augustin, 1 vol. ; contre les Cinq Genres d'Ennemis par Augustin, de la Ste Virginité, 1 vol. ; du Bien Conjugal ; à l'évêque Simplicien sur plusieurs questions ; à un comte ; à Paulin de Nole ; du Soin des Morts ; sur le Psautier par Augustin, 3 vol. ; de la Nature et de l'Origine de l'Ame par le même ; des Mariages Adultérins par le même ; du Jeûne du Samedi par le même ; du Symbole par le même ; des Quatre Vertus de la Charité par le même ; du Nouveau Cantique ; du Dernier Mercredi[1] ; du Déluge ; contre Félicien ; des Tems Barbares ; de la Trinité ; des Dix Cordes ; de la quantité de l'Ame ; pour les Recherches de Janvier ; de la Solemnité de la Fête de Pâques ; des Pasteurs ; des Brebis ; de la Perfection de la Justice humaine ; contre le Mensonge ; du Mensonge par Augustin ; de l'Avarice et du Luxe[2] par Augustin ; de la Prédestination des Saints ; de la Doctrine Chrétienne ; du Combat Chrétien ; de la Vie Chrétienne ; de la Grâce du Nouveau Testament ; 13 livres des Confessions d'Augustin ; ses Rétractations ; des Hérésies à l'évêque Quod-Vult-Deus ; de la Charité, sur l'Épitre de l'apôtre Jean ; Manuel contre les Juifs ; Sermons de S. Augustin.

De la Componction du cœur par Jean Chrysostome ; qu'un homme ne peut être maltraité par un autre à moins que cet autre n'ait été maltraité le premier par lui, par le même ; de la Réparation du Péché ; de la Pénitence ; Livre de Laurent sur les Trois Tems de la Pénitence ; du même Jean Chrysostome : de la Conduite de la Vie ; de l'Oraison Dominicale ; du Psaume L.

Registre du pape S. Grégoire ; la 5e et la 6e parties de ses Morales sur Job ; ses Homélies sur la dernière partie du prophète Ezéchiel ; le livre des Canons ; du Corps et du Sang de notre Seigneur par Paschase ; l'Histoire tripartite.

Un grand livre sur les Passions et les Actes des SS. Apôtres et de plusieurs Martyrs, avec la Vie de S. Maure ; les Vies des SS. Pères Ermites ; les Vies des des SS. Basile, Remi, Vaast, Foursi, Ambroise, Loup, de Ste Marie, de S. Germain d'Auxerre ; des SS. Romarique, Augustin, Jérôme, Amand,

---

1. Le marquis Le Ver traduit ainsi *de ultima IV feria*.
2. *Luxuria*, luxe. — *Ex luxuria existat avaritia necesse est.* — Cic.

Vandrille, Ouen, Ansbert ; de Ste Marie égyptienne, avec la Translation du grand S. Benoît, 1 vol. ; les Vies des SS. Riquier, Augustin, Hilaire, Colomban, Fulgence, Médard, Firmin, Sauge[1], Bertin, Bavon, Viton, Martial, Severin, Félix, avec les Passions du S. évêque Hermagore, de S. Georges, de S. Blaise, de S. Menne, de S. Théodore, de S. Lambert, des SS. Timothée et Appolinaire, des S^{tes} Perpétue et Félicité, de Ste Anastasie, de Ste Sabine avec la Vie de Ste Géneviève, 1 vol.

Le vénérable Gervin réunit tous ces ouvrages en 36 volumes, et prononça anathème contre quiconque serait assez téméraire pour les enlever ou les soustraire, à quelque occasion que ce fût, du saint lieu. Il lança une excommunication semblable contre celui qui volerait les manteaux ou tout autre ornement apporté par lui, ou recueilli avant lui par ses prédécesseurs.

En ce tems-là, comme on ne connaissait pas avec certitude le tombeau de S. Angilbert, qui restait ainsi sans honneur, quoique son souvenir fût gravé dans le cœur de tous les français et particulièrement dans le cœur des habitants du Ponthieu, et que la vue de l'église magnifique qu'il avait fondée, annonçât assez sa gloire ; le vénérable Gervin mit tous ses soins à découvrir le corps de ce bienheureux, dans l'intention de lui rendre des devoirs et des honneurs dignes de lui, si Dieu daignait favoriser ses recherches. Il se rendit un jour au monastère de Gorze, situé sur le territoire de Metz, où il acheta des frères un livre qu'il y trouva et qu'il apporta dans notre couvent. Ce livre relatait quelques-unes des actions de S. Angilbert et de plusieurs de nos abbés. Il y trouva que l'illustre saint était mort le xii des calendes de mars ; et comme, depuis le tems où notre abbaye avait été brûlée par le payen Guaramond jusqu'à la découverte de ce livre, les moines de Centule avaient ignoré l'époque de son passage dans le séjour des bienheureux, les frères furent au comble de la joie de connaître le jour où ils devaient honorer un si grand homme, selon les mérites de sa vie et de ses vertus. C'est pourquoi Gervin, aujourd'hui l'objet de nos regrets, désirant, comme on l'a dit, rendre au saint la vénération qu'il méritait, commença à faire fouiller, devant les portes de l'église, la terre

---

1. *Salvii*. L'abbé Corblet qui reproduit les noms populaires des saints ne donne pas celui-ci pour saint Salve ou saint Sauve.

où il avait appris que son corps avait été d'abord déposé. Il ne trouva point ses dépouilles sacrées, mais il découvrit dans la tombe qui les avait renfermées un cercueil de bois qui contenait le corps de son fils Nithard abbé et comte, qu'on avait couvert de sel. On lui voyait encore à la tête la blessure qu'il avait reçue dans le combat où il avait perdu la vie. Il fit refermer ce tombeau pour continuer ses fouilles, mais il ne savait plus de quel côté les diriger, lorsque la puissance de la majesté divine vint à son secours par le moyen d'un moine. Ce frère nommé Teudoald lui persuada de faire creuser à l'entrée et à la partie occidentale du chœur, où l'on voyait écrit, sur le parvis, ces mots, *Roi, Loi, Lumière, Paix*[1], qui commençaient et finissaient les vers de son épitaphe, et qui indiquaient assez qu'on trouverait dessous le corps de S. Angilbert. Le vénérable Gervin suivit ce conseil et vit ses vœux accomplis par la découverte qui fut faite des restes de ce grand saint. Aussitôt qu'ils furent mis à l'air, ils exhalèrent l'odeur la plus suave, qui fut sentie non seulement par ceux qui étaient auprès, mais encore par toutes les personnes qui se trouvaient dans l'église, et de manière que le seigneur Raoul, surnommé le Bénigne, qui, au moment de cette découverte, était assis, et écrivait sur les portes de la crypte, put respirer, ainsi qu'il l'affirme encore aujourd'hui, cette exhalaison délicieuse. Les dépouilles du saint étaient ramassées sans ordre et couvertes d'un manteau vert. D'où l'on conclut qu'après l'abbé Ribbodon, qui les avait conservées dans leur entier, en en faisant la translation, elles avaient été déplacées et remises dans l'état où elles furent trouvées, par d'autres fidèles que la crainte des payens pressait et tourmentait. Cependant la joie causée par cette découverte était mêlée d'inquiétude, par la raison qu'on n'apercevait aucune charte ni aucun autre écrit, qui indiquassent que c'était véritablement là le corps qu'on cherchait ; lorsque la providence divine vint satisfaire la pieuse curiosité de l'abbé et des frères. Elle inspira au moine Teudoald la pensée d'ouvrir la tête du saint et de l'examiner attentivement. Pendant qu'il était occupé de ce soin, il trouva dans les fosses des narines un petit parchemin[2], qui mit fin à toutes les incertitudes.

---

1. REX. LEX. LUX. PAX.
2. *Brevem membranulam.*

Il était écrit dessus, *C'est le corps du S. abbé Angilbert*[1]. Le vénérable Gervin, ayant enfin obtenu ce qu'il avait désiré avec tant d'ardeur, replaça avec honneur les dépouilles du saint, et ordonna qu'à l'avenir on célébrerait perpétuellement sa mémoire. Il fit aussi la levée des corps du S. confesseur Cadoc[2] et de son compagnon, et donna à ces reliques sacrées une place digne d'elles, pour les exposer à la vénération des chrétiens.

1. *Dicens hoc esse* CORPUS SANCTI ANGILBERTI ABBATIS.
2. *Caydoci.*

CHAPITRE XXXIII

De la maladie dont le Seigneur l'affligea

Après que le vénérable Gervin eut éclairé, par l'exemple de sa vie sainte, un monde livré à l'erreur et à la malice ; après qu'il eut, par la sagesse de ses avertissements, rappelé une foule de pécheurs du sentier du mal à celui de la vertu, et, par la grâce de notre tout puissant Sauveur, arraché leurs âmes de la gueule du démon ; après avoir orné et enrichi l'église de S. Riquier, illustre confesseur de J.-C., d'un grand nombre de pieux frères, d'édifices, de livres, de manteaux, d'or et d'argent, et de toute espèce de vases et d'ornements précieux ; lorsqu'il se voyait l'objet de la louange et des éloges de tous les peuples, et que la pureté et la sainteté de son célibat faisait l'admiration de toute l'église ; Dieu, voulant le rendre entièrement digne de ses grâces et purifier, selon la parole du prophète, toute l'ordure qui se trouvait encore en lui, le frappa de la lèpre, afin que, s'il avait négligé quelque chose dans le service du Seigneur, il en fût puni dans cette vie, et que son cœur fût entièrement purgé, au besoin, de l'amour de cette gloire du monde qu'il s'était acquise par ses actions. Dès que Gervin ressentit les premières atteintes de son mal, ne le croyant pas incurable, il eut recours à toutes les ressources de la médecine pour se guérir, afin de pouvoir, par la grâce de Dieu, continuer les soins qu'il prodiguait aux âmes des pécheurs. Mais, quand il reconnut que la bonté divine avait frappé sa chair sans espoir de guérison, il rendit à Dieu qui l'éprouvait les plus vives actions de grâce. Il le pria sans cesse de faire tourner au salut éternel de son âme le mal qui rongeait son corps. La maladie lui ayant enlevé, comme tout le monde sait, l'usage de la parole, il n'en continua pas moins à s'acquitter des pratiques auxquelles nous avons vu qu'il s'était soumis. Ainsi il était continuellement à genoux et en prières ; il ne sortait presque pas de l'église et récitait les canons de la Ste Trinité, du S. Esprit, de Ste Marie et de tous les saints. Son mal l'empêchait bien de prendre du repos et de la nourriture, mais il ne pouvait le détourner de remplir tous ses devoirs de religion. Il était sans cesse occupé à prier Dieu, à réciter les psaumes, à éclairer les frères de ses conseils et de ses exhortations, à moins que la nature de sa maladie ne le forçât de se séparer de la société des moines. Mais, quoiqu'il leur ordonnât lui-même de s'éloigner, ceux-ci, qui le regardaient comme un bon père, l'entouraient malgré lui de leur amour et de leurs soins.

CHAPITRE XXXIV

Il demande un successeur au Roi, et recommande avec soin sa sépulture aux Frères

Le mal faisant chaque jour de rapides progrès, Gervin sentit qu'il lui serait désormais impossible de veiller au salut des âmes; il se prévalut de sa maladie, auprès du jeune Philippe, roi des Français, qui venait d'arriver par hazard dans nos contrées, pour le prier de donner au monastère, qu'il avait enrichi de tous les biens qu'il avait pu, un pasteur et un gardien capable de conserver ce qui avait été amassé et de réunir ce qui était encore épars. Il le conjura donc de confier l'administration du couvent à son neveu Gervin, qu'il assurait être digne de cet emploi, et qui était alors moine de S. Remi. Comme tous ceux qui connaissaient ce dernier dirent que ce serait un sacrilège que de ne pas lui obéir, ainsi qu'ils avaient fait à l'égard de son pieux oncle[1], le roi donna son consentement à la demande du pieux abbé et lui permit de choisir son neveu pour successeur.

En l'an de l'Incarnation de notre Seigneur 1071, sur la fin du mois d'octobre, le x des calendes de novembre, indiction ix, Gervin II fut ordonné abbé de Centule[2]. Son vénérable oncle, se sentant de plus en plus affaibli et accablé par la maladie, et voyant approcher le jour de sa mort, priait sans relâche le Seigneur d'avancer l'heure de sa miséricorde. Au bout de quatre années de souffrances, son mal avait fait tant de progrès et s'était tellement

---

1. Le neveu répondit mal aux espérances ainsi qu'on le verra dans le chapitre suivant.
2. « 23 octobre 1071. » — M. Lot.
3. « En réalité 1075. » — M. Lot. — Voir plus loin une autre de ses remarques.

accru, que ses narines et ses lèvres s'étaient fendues et partagées, que la peau de tout son corps était hérissée de plaies, et que sa bouche pouvait à peine former un son. Cependant il méditait continuellement la parole divine ; et un frère et quelquefois deux remplissaient devant lui, par son ordre, tous les devoirs qu'il pratiquait jadis lorsqu'il jouissait de la santé. Mais, au commencement de l'an de notre Seigneur 1074[1], indiction XI, le second jour de février, qui est le jour où la vierge Marie présenta notre sauveur J.-C. au temple, et celui où l'attente du juste Siméon fut remplie, pendant que Gervin disait la messe avec une dévotion qui ne s'était jamais refroidie chez lui, dans la crypte de Notre-Dame Ste Marie, il fut saisi d'une douleur si vive qu'il put à peine achever la célébration des saints mystères ; cependant il en vint à bout, par la grâce de Dieu, qui était en lui. Alors les frères le reportèrent tout souffrant dans son lit, où tout-à-coup il prononca ces mots au milieu des gémissements de ceux qui l'entouraient : « Vous saurez, dit-il, mes chers enfants, que j'ai reçu aujourd'hui mon congé[2] de Notre-Dame Ste Marie. » Et comme on lui demanda où il voulait aller, il répondit : « Dans le lieu que j'ai toujours désiré, et pour lequel j'ai sans cesse imploré la miséricorde de Dieu. » Les frères ayant répliqué qu'il pouvait vivre encore et offrir de nouveaux sacrifices au Seigneur, il ajouta : « Le frère Gervin ne chantera plus de messe. » Depuis ce jour, son mal s'étant accru de plus en plus, il ne sortit plus de son lit. Lorsqu'on fut arrivé au mercredi de carême, jour que l'Église appelle le premier jour de jeûne[3], Gervin assembla les plus âgés d'entre les frères, qui avaient été ordonnés prêtres, et s'étant levé avec peine, il s'assit et leur dit : « Mes enfants, je vais vous répéter ce que S. Germain dit à ses coévêques[1]. Mes amis, je vous recommande ma mort, car je sens qu'elle approche l'heure où Dieu doit m'accorder mon salut que j'attends depuis si longtems. J'ai toujours demandé au Seigneur, dans mes prières, de m'accorder la grâce de mourir pendant ces saints jours où nous entrons. Et comme, il va, ainsi que je l'espère, combler mes souhaits, je veux, en sa présence, vous confesser le mal que j'ai commis et qui me fait craindre

---

1. *Licentiam abeundi.*
2. « Le mercredi des cendres. » — M. Lot.
3. *Coepiscopis.* Il faut sans doute lire *corepiscopis*, corévêques. — Note du marquis Le Ver.

pour mon âme, dans la ferme confiance qu'avec l'aide de Dieu, cette confession et votre précieuse intercession me purifieront de mes fautes. » Après ces mots, et au milieu des larmes des assistants, il fait le récit de ses péchés dont quelques-uns étaient graves et n'avaient jamais été connus des frères. Enfin lorsqu'il se déclara coupable des huit péchés capitaux [1], il jeta dans le plus grand étonnement les moines qui avaient été témoins depuis son enfance de la pureté de son célibat et de son innocence. Ils lui dirent : « Mais pourquoi, bon père, vous accusez-vous de fautes que vous n'avez pas commises ? Certainement vous ne fûtes ni homicide ni adultère. » Il leur répondit : « Grâce, grâce, je vous prie, mes chers frères; ne chargez pas mon âme davantage, car si quelques-uns ont péri sous ma direction, ce qui, peut-être, devait nécessairement arriver, je me regarde devant Dieu comme coupable de la perte de leurs âmes; mais écoutez ce que notre Sauveur dit de l'adultère : *Celui qui a regardé une femme avec le désir de la posséder a commis un adultère dans son cœur* [2]. — Or, il n'a pu se faire que je ne fusse coupable de concupiscence [3]; et c'est pour cela que le désir que j'ai formé me rend aussi criminel que si j'eusse commis l'action. » En détestant ainsi les fautes dont il s'accusait, il recommanda sa mort à Dieu et aux prières des frères.

---

1. Les huit péchés capitaux. On n'en compte plus que sept. « *Plerique tamen veterum, maxime e Graecis, octo enumerabant. Vide ea de re Cassianum in Institutionum libris.* » — Citation de Mabillon par M. Lot.

2. Matthieu, V, 28. — Note d'Achery.

3. C'est le seul aveu retenu par la tradition des frères. — Il est probable que Gervin voulait simplement, par ces paroles, dire d'une façon générale que le mal est dans le désir, et dans tous les ordres de désirs, autant que dans l'acte. Cependant certains mots qui suivent..... *hac illectus*..... *Lasciviae voluntate* donnent à penser.

CHAPITRE XXXV

Comment il règle sa sépulture ; et de sa mort

A l'entrée du carême, Gervin était donc étendu souffrant sur son grabat, sans pouvoir ni chanter les psaumes ni proférer une seule parole. On récitait néanmoins les prières devant lui, et il voulut qu'un frère chantât, à sa place, tout le Psautier, ainsi qu'il ne manquait jamais de faire le premier jour de carême lorsqu'il était en bonne santé. Les moines, le voyant près de mourir, l'oignirent, à son grand contentement, et selon le précepte de l'apôtre S. Jacques, de l'huile bénite. Lorsqu'on lui demanda où il désirait être enterré, il ne voulut choisir aucune place et laissa aux frères le soin de déposer son corps où ils voudraient. Cependant, comme ils le pressaient de nouveau de désigner le lieu de sa sépulture : « Je vous expliquerais bien mes intentions à ce sujet, dit-il, mais vous ne voudriez pas les remplir. » Les frères alors lui ayant promis d'exécuter religieusement ses ordres : « Je sais, ajouta-t-il, que vous n'en ferez rien ; cependant, si vous vouliez suivre ce que je vais vous tracer, vous procureriez à mon âme un grand soulagement. Ce serait de m'attacher par les pieds pour me traîner et me jeter dans le fumier au milieu de la voie publique ; car je ne mérite pas d'autre sépulture. » A ces mots les frères redoublèrent leurs gémissements et leurs sanglots ; mais il les pria de le porter dans l'église aussitôt qu'il toucherait à son dernier soupir, parce que c'était-là qu'il voulait rendre son âme à Dieu. On avait passé la première semaine de carême et l'on était entré dans la seconde, lorsque Gervin vit arriver l'heure de son salut. Le mardi de la seconde semaine de carême, qui était le v des nones de mars[1], les frères, s'étant rendus auprès de lui après matines, le

---

1. « Gervin Ier mourut le mardi 3 mars 1075 ; en effet le mardi (III feria) de la seconde semaine de Caâeme tombe le 3 mars en 1075 (et non en 1074). » — M. Lot qui renvoie à Mabillon, etc.

trouvèrent à l'agonie, et se dirent entre eux qu'il allait mourir. Le malade, qui sentait son état, ayant lui-même fait signe de la main qu'on le transportât dans l'église de S. Riquier, ils le prirent sur leurs bras et le déposèrent devant l'autel de S. Jean-Baptiste, qui était le plus proche, sur un cilice qu'ils avaient étendu par terre. Ensuite ils exposèrent un crucifix sous ses yeux, placèrent sur sa poitrine son sac qui renfermait les reliques que lui-même avait assemblées, et toute la congrégation se mit à chanter les litanies et à invoquer les saints à son secours. Lorsque les frères dirent : *Sainte Marie priez pour lui,* Gervin, qui était déjà dans les bras de la mort, tendit les mains, et répéta lui-même : *Sainte Marie, priez pour moi.* Lorsqu'on en fut à : S. Riquier, priez pour lui, il se souleva au grand étonnement de tous, et, élevant ses bras plus haut, il s'écria en pleurant : *S. Riquier, priez pour moi.* Aprés cette prière, il parut tranquille, et, lorsque les frères, ayant fini les litanies et commencé à faire la recommandation de l'âme, en furent à ces mots : *Que le Christ te reçoive,* le vénérable Gervin rendit le dernier soupir. A ce bruit, Centule fut plongée dans la douleur. Les hommes pleuraient la mort d'un si grand pasteur, et les femmes, s'arrachant les cheveux et jetant les hauts cris, laissaient éclater leur désespoir d'avoir perdu le saint abbé, l'homme de Dieu. Bientôt tous les habitants du Ponthieu accourent auprès de ses dépouilles et renoncent à toutes leurs affaires, pour ne s'occuper que de la perte qu'ils ont faite. Ils se rassemblent dans l'église et la remplissent de leurs plaintes et de leurs cris. « O saint Riquier, disent-ils, pourquoi as-tu permis qu'un tel ami de ta gloire mourût si tôt ? Bon confesseur, pourquoi n'as-tu pas conservé, à toi et à tes serviteurs, un homme si vertueux ? » C'est ainsi que la mort de Gervin était pleurée des hommes, des femmes, des nobles, du peuple, en un mot, de tout le monde.

CHAPITRE XXXVI

Enterrement de Gervin[1], et son épitaphe

Lorsqu'on eut mis à nu le corps de Gervin pour le laver, la beauté de ses membres avaient tant d'éclat qu'on aurait jamais dit qu'ils eussent été souillés par la maladie. Ses organes génitaux étaient les témoins d'une si grande pureté virginale que leur innocence, plutôt que leur virilité, les auraient fait prendre pour ceux d'un enfant de sept ans. La continuité de ses génuflexions avait rendu la peau de ses genoux et de ses coudes si dure, que la vue seule de cette callosité aurait suffi, si l'on n'eût pas connu d'ailleurs ses occupations et sa vie, pour prouver que son esprit avait toujours été livré à la contemplation divine. Les frères, après avoir arrangé les os sacrés du vénérable abbé (car les jeûnes et l'abstinence avaient dépouillé son corps de chair), les placèrent dans le lieu le plus apparent de l'église[2], pour les garder avec dévotion, et pour recommander, selon l'usage, son âme au Seigneur. Des messes solennelles ayant été célébrées par des abbés et par des prêtres, qui étaient venus, en grand nombre, rendre les derniers devoirs au serviteur de Dieu, le vénérable abbé fut enterré dans la crypte orientale, devant l'autel de la Ste Vierge, au milieu des pleurs et des gémissements de tous les assistants, au nombre desquels se trouvaient le comte Gui, des abbés, des grands et des chevaliers. Gui, comte de Ponthieu, nous fit la remise, par amour pour Gervin, de toutes les redevances

---

1. Le marquis Le Ver a corrigé lui-même par des surcharges quelques parties de la traduction de ce chapitre. J'ai adopté ces corrections qui n'ont pas été reportées sur la copie que possède la bibliothèque de la ville.

2. M. Lot rappelle que, suivant l'opinion de Mabillon, exprimée deux fois, la chronique propre d'Hariulfe finissait ici : *quæ sequuntur, alia manu, licet antiqua, descripta sunt.* Et : *Cronicon (Huriulfi) desinit in morte Gervini......* Et M. Lot renvoie aux pages de Mabillon.

coutumières qui lui étaient dues dans le village de Neuville. « Je les dépose en offrande, dit-il, sur cette tombe sacrée de S. Gervin. » Ceci arriva, à Centule, l'an 1074 de l'Incarnation, indiction XI[1], la 14ᵉ année du règne de Philippe, roi des Français.

ÉPITAPHE

> Cet illustre père, qui fut le vainqueur du démon,
>   Fleur de piété dort dans ce tombeau.
> Montant sans erreur le sentier difficile de la vertu,
>   Il martyrisait assidûment son corps.
> Il fut la règle des vertus, la lumière des moines
>   Et demeura depuis son enfance vierge de corps.
> Ainsi florissant et enseignant la vérité,
>   Mars, ton troisième jour l'enleva [2].

Dans la même année, mourut Gui, évêque d'Amiens[3], qui avait toujours eu beaucoup d'affection pour notre saint lieu. Après la mort du vénérable abbé Gervin, un autre Gervin lui succéda dans l'administration du monastère de Centule ; mais celui-ci fut loin de ressembler au premier, quoiqu'il fut son neveu par sa sœur, et qu'il eût été nourri et élevé dans l'honorable monastère de S. Remi de Reims. Il fut riche en bien dire et pauvre en conduite ; car il sacrifia ses devoirs à la gloire du monde, et négligea le salut des âmes pour de profanes divertissements. Cependant Centule renfermait, de son tems, un grand nombre de personnes pieuses et de frères d'une vertu austère, qui jouissaient d'une honorable réputation dans tout le pays des Francs. En effet, du tems du vénérable Angelran, on comptait parmi eux des disciples dignes de cet excellent maître ; et du tems du sage Gervin, il existait aussi des hommes de bien, dont

---

1. Erreur probable de copiste, suivant M. Lot : « car le 3 mars, jour de la mort de Gervin, ne tombe un mardi qu'en 1075. » — Voir plus haut une note de la page 285. — « L'indiction est également fausse, » ajoute M. Lot.

2. « Le corps de Gervin fut retrouvé dans la crypte au XVIIᵉ siècle. » — M. Lot.

3. En décembre 1075. — M. Lot. — V. aussi HISTOIRE DE CINQ VILLES, V; p. 233.

la vie et les mœurs paraissaient au second Gervin plus lourdes que la pierre, plus dures que le fer et plus aiguës que l'acier. Son extrême légèreté était un peu réprimée par leur réserve et leur probité. Il ne pouvait rejeter entièrement leurs avertissements et leurs remontrances; mais, s'il écoutait leurs sages conseils, c'était moins par la crainte de déplaire à Dieu, que par celle de perdre la faveur du monde. Il se voyait néanmoins respecté et souffert par la douce charité des anciens du monastère, qui attendaient que Dieu lui fît la grâce de corriger son cœur. C'est pourquoi l'on disait continuellement des messes et des psaumes pour lui, dans l'espérance d'obtenir sa conversion et de lui faire imiter les vertus de son oncle. Du reste, il avait tant d'astuce et de dissimulation, qu'à entendre ses discours, celui qui ne l'aurait pas connu l'aurait pris pour un saint personnage. Ses paroles étaient douces, insinuantes et flatteuses, mais on n'apercevait rien de bien dans toutes ses actions. Ses discours emmiellés et trompeurs rendaient tout le monde dupe de ses artifices et de son hypocrisie. Enfin il chercha à me séduire[1], comme tant d'autres, et à graver dans mon cœur, comme dans une cire molle, l'exemple de sa conduite qui méritait, non pas d'être suivi mais évité. Trois ans après mon entrée dans la congrégation, il reçut au couvent, à la recommandation de tous les frères, mais à contre cœur, un enfant charmant nommé Anscher[2], qui lui succéda dans la suite; mais, craignant dès lors que ce jeune homme ne contrariât les dérèglements de sa vie, il se conduisit envers lui, non comme un bon père, mais comme un véritable corsaire, le délaissant et ne prenant aucun soin de son éducation; afin que cet enfant, entraîné par la légèreté de son âge, ne pût se former à la vertu qui l'aurait peut-être élevé un jour aux premiers honneurs. Mais ce jeune homme, remarquant par lui-même, et par les avertissements de ses amis et des amis de ses parents, sa ruse et ses artifices, se forma à l'humilité et à la douceur pour se faire aimer de tous. Le seigneur Gervin avait lui-même un neveu nommé Césaire qui était moine de S. Remi, et auquel il songeait à remettre, après sa

---

1. *Me inter alios..... monachizavit.* L'expression a peut-être, traduite ainsi, du piquant, mais elle serait singulière en ce sens. L'auteur a voulu simplement dire sans doute m'a fait moine.

2. *Elegantissimum*; Anscher, fils de Gautier, seigneur de la Ferté, près Saint-Riquier, qui succéda à Gervin II en 1097. — M. Lot.

mort, le gouvernement du monastère. Mais malheur à toi, détestable hypocrite ! Tu n'eusses jamais été abbé toi-même, si la vie sainte de ton oncle ne t'eût mérité cet honneur. Si tu voulais aussi le transmettre à l'un de tes héritiers, pourquoi ne pas te conduire de manière qu'en considération de tes mérites, ton neveu fût dans la suite nommé à ta place ? J'ai vu bien des fois, et j'ai entendu encore plus souvent, la plupart des anciens frères déplorer amèrement tes désordres ; selon ce qui est écrit, ils te bénissaient du bout des lèvres et te maudissaient au fond du cœur[1]. Mais il suffit d'avoir fait connaître, en peu de mots, la perversité de cet homme, pour offrir à la postérité un exemple à fuir, et la porter à puiser, dans la vie des justes, des encouragements pour la vertu. Disons maintenant le bien que Gervin a fait, s'il en existe. Il abattit la tour de notre Sauveur, que l'ancien incendie avait déchirée de crevasses dans toute sa longueur, dans l'intention d'en faire reconstruire une autre plus belle et plus solide. Mais, à peine avait-on commencé cette démolition, qu'une partie considérable de l'église tomba en ruines, ce qui causa une grande douleur à tous les habitants du Ponthieu ; car on ne pensait pas que la basilique pût être restaurée dans toute sa magnificence avant la 4ᵉ génération. Que dirai-je de plus ? Il fut résolu, avant d'entreprendre cette restauration regardée comme impraticable, que le corps bien aimé de notre saint patron Riquier serait porté de château en château[2], pour quêter de toutes parts des secours en argent, et exécuter ensuite les travaux de l'église avec le produit des sommes données par les fidèles. Lorsque le jour de cette cérémonie fut arrivée, on vit accourir Gui, comte de Ponthieu, suivi d'une foule de nobles et d'une multitude immense d'habitants des pays voisins, qui tous voulaient assister à ce nouveau spectacle[3]. Les croix et les bannières étant prêtes, et les cierges qui devaient précéder la procession étant allumés, le corps de S. Riquier fut tiré en grande pompe de l'autel, où il était renfermé.

---

1. Psaume 61, 4. — Note d'Achery.
2. *Per vicina castella.*
3. *Ad novum spectaculum,* c'est-à-dire sans doute inaccoutumé, neuf.

Alors les frères sont en proie à la douleur et à la pire horreur [1] ;
Les sanglots sortent de leurs poitrines oppressées ; la joie se retire ;
Les chants ont cessé, et les gémissements commencent.
Tous les moines sont dans la consternation ; les temps des Daces [2]
Qui incendiaient et enlevaint ce que le feu avait épargné
Leur paraissent préférables à ceux qui font sortir leur saint.
Le peuple est désolé et l'air retentit de ses cris.
« Hélas que faisons nous ? Par quel crime avons-nous mérité ce malheur ?
Quoi ! notre illustre seigneur, notre bon père,
Que nous avions toujours vu dans l'opulence et jamais errant ni dans la détresse
Quittera sa demeure, abandonnera le cloître et le temple,
Demandera l'aumône et languira sur une terre étrangère !...
C'est ici sa patrie ; c'est ici qu'il habitait au milieu de nous ;
C'est ici qu'il nous couvrait de sa puissante protection :
Hélas ! nous allons le perdre, si nous ne donnons tout ce que nous possédons.
Arrêtez, père, ne fuyez pas loin de nous.
Nous souffrirons plutôt la mort que votre absence et votre perte.
Entendez les gémissements des grands et les sanglots du peuple ;
Retournez sur vos pas, père saint ; demain il ne serait plus tems.
Nos carrières suffiront aux travaux de votre sainte Église.
Si vous restez, vous rendrez heureuse notre patrie, et vous réjouirez tous les cœurs. »
Les fidèles, en disant ces mots, portent la châsse du saint,
Avec beaucoup de larmes pour les autels dépouillés de leur trésor,
Et, entonnant les cantiques sacrés, pleurant avec les psaumes,
Ils rétablissent en leur place les gages de toutes leurs joies.

Cependant à force de prières et d'exhortations, on parvint à obtenir du peuple que le corps bien aimé du saint patron serait porté jusqu'à Abbeville, afin de ranimer, par sa présence, la piété des habitants de ce lieu, et de procurer au saint d'abondantes offrandes ; on devait d'ailleurs le rapporter à Centule, le jour suivant. Tous les habitants du Ponthieu accoururent à cette cérémonie, regardant comme un opprobre éternel pour eux de transporter plus loin qu'Abbeville les reliques sacrées du bienheureux Riquier. Le lendemain matin, en effet, le saint fut rapporté, au milieu d'une allégresse si vive et de

---

1. *Dolor, horror*. En toute cette pièce la césure rime avec la fin du vers.
2. *Daci* pour *Dani* évidemment.

chants si joyeux de la part du peuple, qu'il n'est pas possible d'en donner l'idée. Lorsque notre patron fut replacé dans sa demeure, tous les habitants de Centule qu'un même vœu avait rassemblés s'empressèrent d'apporter au saint des présents, pour la restauration de son église et de la tour dédiée à notre divin Sauveur.

> Ils offrent des vaches, des bœufs, des chevaux, des moutons,
> Des chapes, des manteaux, des anneaux, des rubans, des couronnes,
> Des ceintures, des couteaux, des gants, des chaussures.
> Les jeunes filles apportent leurs colliers et leurs pendants d'oreille ;
> Les habitants des cités pèsent leur argent
> Et envoient de grosses sommes [1] de toutes parts.
> Les habitants de la campagne donnent l'un son orge, l'autre son avoine ;
> Plusieurs leurs cervoise, et un grand nombre leur vin.
> Le produit de toutes ses offrandes forme un ample trésor
> Qu'un homme, même versé dans les calculs,
> Ne pourrait évaluer.

Avec l'aide de Dieu, l'église, qu'on commença à reconstruire depuis ses fondations, s'éleva rapidement, au moyen des offrandes que tous les gens de bien avaient faites. Les habitants de Centule, animés d'un saint zèle, disputaient à l'envi à qui donnerait tous les jours davantage ; aucun d'eux ne voulut passer pour avoir moins apporté que les autres. Grâce à Dieu ! le temple dont nous déplorions la ruine, nous le voyons aujourd'hui superbement relevé ; il repose sur des fondations plus solides et porte son faîte plus haut dans les cieux.

Gervin, voyant quelle gloire il s'était acquise et de quelle faveur il jouissait près des grands et du peuple, s'imagina que c'était un hommage rendu à ses mérites aussi bien qu'un honneur insigne pour Saint-Riquier. Il se laissa éblouir par les vaines louanges des flatteurs, et, ne se contentant plus de son titre d'abbé, qu'il commençait à mépriser, il aspira de tous ses efforts à devenir évêque.

---

1. *Librarum solidos quammultos*.

Que dirai-je de plus, sinon encore la vérité même ?
Par des avances, par des promesses journalières
Il sollicite le siège épiscopal d'Amiens [1] ;
Puis, croyant voir des pouvoirs royaux dans l'honneur du pontificat,
Il dépouille sans pitié l'église de notre saint patron.
Il s'exalte dans l'orgueil de ne plus être moine [2].
Il se grandit et multiplie les dommages à ses anciens frères.
Mais le Christ paraît ; l'ennemi tombe ;
Tout ce qu'il a pris il l'abandonne avec perte
. . . . [3]
Ceux qu'il avait élevés avec lui sont entraînés dans sa chute.
Exécré des moines, exécré de tous leurs amis,
Lui qui dilapida les richesses de Saint-Riquier
Il devint son propre ennemi, n'ayant voulu se corriger,
Et toutes ses actions tendirent vers un fin détestable.

Les frères, fatigués d'attendre plus longtems et voyant qu'il se rendait de plus en plus coupable, s'efforçaient de tout leur pouvoir d'arrêter la dilapidation et la destruction du saint lieu. Ils lui faisaient faire des remontrances par Gui, comte de Ponthieu, par les grands du palais, par Reinald, archevêque de Reims [4], et enfin par toutes les personnes recommandables ; et ils se récriaient sur l'avilissement de leur monastère. Gervin, de son côté, les flattait, en leur promettant qu'il allait de suite se corriger ; mais il nourrissait, au fond de son cœur, une haine violente contre ceux qui laissaient échapper des plaintes.

---

1. Pour être juste envers Gervin II il faut reproduire ici une note de M. Lot : « Gervin II devint évêque d'Amiens entre 1086 et 1091. Les accusations de simonie que porte Hariulf contre lui furent répétées au pape Urbain II (1088-1090) qui les repoussa tout d'abord par deux bulles du 20 décembre 1091 et du 18 juillet 1093. »

2.   Se nunc exaltat, monachorum de grege saltat.

3. Le marquis Le Ver n'a pas traduit ce vers en partie obscur que d'Achery donne ainsi :
                Omnibus est hostis ceu plures undique nostis
et que Jean de la Chapelle n'éclaircit pas beaucoup par cette variante :
                Omnibus est hostis sed pluribus undique notis.

4. « Renaud, archevêque de Reims. Il ne joua pas vis-à-vis de Gervin II le rôle que lui prête Hariulf, tout au contraire. Voy. les lettres d'Urbain II. » — M. Lot, qui rappelle déjà ces lettres dans une note précédente.

Enfin, lorsqu'on n'eut plus aucun espoir de le voir changer de conduite, le chapitre de Reims conseilla à nos frères de député quelques-uns d'entre eux, ou d'autres personnes sûres, vers le pape Urbain II qui alors s'apprêtait à venir au concile à Clermont, pour s'informer du désordre et de la désolation qui régnaient à Centule, et prier en même tems la clémence de sa grandeur de rappeler à la vie, pour la dignité du saint siège, un monastère expirant.

Ce conseil fut suivi, et bientôt un remède salutaire fut apporté à nos maux. Le pape Urbain, qui siégeait au concile, porta contre Gervin une sentence canonique [1], par laquelle celui-ci fut privé de sa crosse abbatiale et de l'administration des moines de Centule. Le souverain pontife accompagna cette sentence de ces paroles sévères : « Vous avez si mal administré l'abbaye de S. Riquier, qui jadis était riche et florissante, que vous avez dépouillé l'église de ses ornements, et exilé un grand nombre de moines qui voulaient s'opposer à vos actions criminelles. Vous avez mérité d'être dégradé de tout honneur et de toute fonction ecclésiastique, comme vous étant montré le meurtrier des brebis de J.-C. et le dissipateur des biens de la sainte Église ; mais, pour ne pas paraître vous frapper d'un double châtiment, conservez l'évêché d'Amiens que vous avez acquis par des moyens si criminels. Que les moines de S. Riquier aient la faculté d'élire un autre abbé. Gardez-vous de vous y opposer en aucune manière. Je vous le recommande au nom du S. Esprit. »

C'est ainsi que l'autorité du pervers fut renversée par celle du pontife romain, et que la miséricorde divine vint enfin au secours de Centule. La verge de percussion fut brisée, et en l'an 1096 [2] de l'Incarnation de notre Seigneur, indiction IV, nos têtes furent affranchies du joug terrible qui pesait sur elles. Mais l'hypocrite ne fut pas guéri de ses fourberies ; car, à son retour du concile, il obtint, à force de prières et de promesses, de tous ceux qui avaient été députés au pape, qu'ils ne feraient connaître à personne de nous ce qui s'était passé à son sujet. C'est ainsi que nous fûmes trompés encore une

---

1. « Il n'est pas question de Gervin II dans les décisions qui furent prises au concile de Clermont. Néanmoins Gervin se démit de son abbaye peu après, au cours de l'année 1096. » — M. Lot.

2. « Le concile de Clermont eut lieu en 1095 (du 18 au 28 novembre) et non en 1096. » — M. Lot.

année entière par ce perfide, qui jouit de tous nos biens, sous un titre qui n'était plus le sien, jusqu'à ce que l'église de Reims nous eût informés qu'il avait été dépouillé de son abbaye dans le concile de Clermont[1]. Aussitôt que sa déposition fut connue des frères, ils le mandèrent au chapitre, où il se rendit malgré lui, et déclarèrent ouvertement en sa présence qu'ils renonçaient à lui et à son abédience, et qu'ils auraient immédiatement recours au pape, s'il ne sortait pas sur le champ du saint lieu. Gervin voyant toutes ses ruses découvertes et déjouées, et ne voulant point s'exposer à une plus grande honte, déposa son bâton pastoral, demanda pardon en se prosternant, et pria en gémissant que ses fautes lui fussent pardonnées. Mais les moines profondément exaspérés, sans écouter un seul mot, et excités par l'exès des maux passés et présents, le poursuivirent d'injures et de mépris, jusqu'à ce qu'il fût sorti du saint lieu et arrivé à Abbeville. A son départ de Centule, il ne fut regretté de personne ; au contraire tous le maudirent et se réjouirent de son expulsion.

> C'est ainsi que celui qui avait été élevé à un ministère sacré, fut déshonoré dans la suite.
> En faisant notre malheur, il fit le sien propre,
> Et fut infecté lui-même de la peste qu'il avait apportée chez nous.
> C'est ainsi que l'exécrable Gervin fut renversé par les prières de S. Riquier.

Je supplie toutes les personnes qui liront cette histoire de se rappeler les faits honorables et justement célèbres que j'ai rapportés plus haut, et d'être persuadées qu'il m'eût été plus agréable de dire du bien de Gervin et de parler de lui avec respect, que de raconter ce qu'on vient de lire. Mais, si je me suis appliqué à consacrer la mémoire de la chute de cet abbé, c'est afin d'apprendre à la postérité que les véritables amis de S. Riquier, et les serviteurs fidèles de son abbaye, ont obtenu grâce aux yeux de Dieu, et qu'ils méritent d'être comptés au nombre des gens de bien ; et afin de faire connaître aux successeurs de Gervin que ceux qui s'attachent à notre S. patron, sont honorés, tandis que ceux qui le méprisent et qui s'éloignent de lui, sont flétris d'un opprobrre

---

1. Assertion dont il faut se défier. — M. Lot. — Voir ses notes reprises plus haut.

éternel. Les frères auraient pu pardonner en quelque sorte au seigneur Gervin s'il eût fait pénitence et confessé qu'il avait mal agi; mais il fut incorrigible et ne cessa de nous affliger, nous et notre lieu. Il nous suscita même un procès opiniâtre, pour réduire sous sa dépendance et sous celle de ses successeurs, notre abbaye qu'il avait lui-même possédée librement pendant 24 ans et qu'il savait parfaitement avoir joui, sous tous ses prédécesseurs, d'une entière liberté. Il n'ignorait pas non plus que Foulques, évêque d'Amiens, avait été obligé à plusieurs services d'abord envers l'abbé Angelran et, après celui-ci, envers le vénérable et vertueux Gervin, et que les abbés de Centule n'étaient pas sujets mais patrons. Et certes ce Foulques, dont nous venons de parler, aurait été excommunié dans le concile de Reims par le bienheureux pape Léon IX, si le vénérable Gervin ne se fût empressé d'intercéder en sa faveur auprès du saint pontife[1]. Il savait en outre que Gui, successeur de Foulque et fils du comte de Ponthieu, frère du comte Hugues et oncle du comte Gui, fut fort dévoué à l'abbé de Centule et à Gervin lui-même; et cependant sa méchanceté lui faisait oublier tout cela, il entourait de pièges le jeune Anscher, qui avait été élu abbé à sa place, et s'efforçait de s'opposer à son autorité et d'empêcher sa promotion. Comme il serait trop long et trop fastidieux de raconter en détail tous les artifices détestables qu'il mit en usage, je rapporterai seulement en peu de mots la fin de cette querelle.

Lorsque l'argent vint à manquer à Gervin et qu'il se vit exposé aux outrages de tous les clercs, il fut forcé d'abandonner le siège épiscopal[2]; il se retira, à l'insu du clergé et du peuple, à Marmoutiers, près de Tours, où l'abbé, nommé Helgaud[3], le reçut avec honneur et parvint à obtenir de lui la confession de ses fautes. Gervin lui raconta, en présence des frères, avec quelle perversité et quelle cruauté il avait ruiné le monastère de Centule, dilapidé ses richesses et scandalisé les frères. Il ne survécut que peu de mois à cet aveu de ses crimes,

---

1. Prétention sans valeur historique. — M. Lot.

2. Gervin II quitta son évêché vers 1102. — M. Lot. — Hariulfe l'eût-il traité avec cette âpreté après lui avoir dédié sa vie de saint Mauguille? — Bénéd. *Histoire littéraire, t. XII, p. 212.*

3. « Hergot, évêque de Soissons, depuis 1084, s'était retiré à Marmontiers en 1087. » — M. Lot.

qu'il fit en gémissant et en se lamentant, et mourut le IV des ides de janvier[1].

Que la vengeance ne soit pas sur lui, mais la lumière du repos.

On voit encore, par les chartes, qu'il fit plusieurs choses utiles, mais en si petit nombre, qu'elles ne méritent pas d'être rapportées. Le récit de la conduite de ce Gervin est triste et pénible, mais, grâce à la miséricorde de notre Seigneur, ce qu'on aura à dire de son successeur sera doux et consolant[2]; et l'église de J.-C. se réjouira à jamais de l'avoir eu pour pasteur. Ainsi soit-il.

Moi, frère Hariulfe[3], humble moine du monastère de S. Riquier, après avoir achevé, avec l'aide de Dieu, cet ouvrage sur les richesses et la splendeur de notre abbaye, commencé depuis plusieurs années par le seigneur Saxoval, supplie tous les frères qui se consacreront à l'avenir au service divin, dans ce saint lieu, et les conjure, par l'autorité du Père tout puissant et par la sagesse de J.-C., de conserver avec soin le fruit de nos veilles et de ne pas laisser dépérir nos travaux. Cet ouvrage a été achevé en l'an 1088 de l'Incarnation de notre Seigneur, indiction X, la 28ᵉ année du roi Philippe et la 36ᵉ de Gui, comte de Ponthieu.

Ici finit le quatrième livre de la chronique de l'église de Centule.

HARIULFE AU MONASTÈRE DE CENTULE [4]

Centule, ô ma mère, je t'ai aimée de tout mon cœur ;
J'ai porté ton joug dès mon enfance ;
J'ai fait vœu de me consacrer à toi.
Fidèle à ma foi, j'ai évité soigneusement de te déplaire.

---

1. 1104. — Tout ce qui concerne Gervin II dans ce chapitre ne peut donc être d'Hariulfe qui déclare lui-même avoir fini son œuvre en 1088.

2. Il y a là l'indice d'un projet de cinquième livre.

3. Si ce chapitre n'est pas en entier d'Hariulfe, cette fin lui appartient bien. On voit qu'il interrompit son œuvre en 1088.

4. Tous les hexamètres de cette pièce, rimant ensemble sur la même rime, forment une sorte de laisse.

Mes supérieurs et mes frères ont eu à se louer de ma conduite.
J'ai fait de mon mieux en écrivant les gestes de nos Pères
Et les ai racontés pour la plus grande gloire de Dieu.
Tu m'as offert un prix digne de mes travaux.
J'ai célébré les louanges de tes enfants
Et décrit tes trésors incomparables.
J'ai glorifié dans mon ouvrage le bienheureux Riquier.
Regarde avec bonté ce que j'ai fait pour toi.
Je t'ai placée au-dessus de tes rivales,
Et je t'ai illustrée dans l'histoire de tes Pères.
Protège, ô ma mère, le serviteur qui t'a ainsi honorée ;
Purifie-le des taches dont il s'est souillé ;
Associe-moi à tes enfants que j'ai justement béatifiés.
Que j'habite avec les frères que j'ai désirés pour maîtres,
Et que je ne sois pas retranché de la société de ceux avec qui j'ai vécu.
Que Riquier, sous lequel je me suis sanctifié soit mon protecteur
Et qu'il me rende agréable à J.-C., auquel je me suis consacré.

Voici les noms de ceux que je me rappelle avoir été chassés du couvent par le second Gervin : Gautier surnommé Ambroise, Gautier surnommé Samuel, Gautier, Germain, Teudold, Gui, Bernard, Guillaume, Hildemar.

ÉPITAPHE DE L'AUTEUR

Hariulfe, né dans le Ponthieu, a cultivé les lettres
    Et est entré encore enfant dans le cloître de S. Riquier.
Il enseigna les sciences qu'il avait apprises,
    Et fut le troisième abbé d'Aldembourg.
Il augmenta de tout son pouvoir l'héritage qui lui fut confié,
    Désireux par dessus tout, Pierre, d'accroître aux tiens les richesses.
Voulant donner à ses frères l'exemple de l'union charitable,
    Il a tu bien des choses qu'il eût convenu de dire.
Il entoura de vénération les anciens de Centule,
    S'appliquant toujours à voir ce qui était à leur honneur.

Au crayon de la main du marquis Le Ver : Fini le 18 juin 1836.

TABLES

TABLE DES CHAPITRES

	Pages
Avertissement	1
Préface d'Hariulfe pour l'Histoire de Centule	1

LIVRE PREMIER

Chapitre I. — Des gestes des Francs	5
Chapitre II. — De l'époque de la naissance de S. Riquier; et des Rois.	7
Chapitre III. — Comment Clotaire se vit maître de tout le royaume des Francs, après avoir vaincu les rois impies qui le possédaient entre eux	9
Chapitre IV. — Exposé de la vie de S. Riquier par le seigneur Albin.	11
Chapitre V. — Explication du chapitre précédent	12
Chapitre VI. — De l'arrivée et de la prédication des saints d'Irlande	16
Chapitre VII. — De la vie austère de S. Riquier	18
Chapitre VIII. — De son ordination	20
Chapitre IX. — Du miracle des Lépreux	22
Chapitre X. — De sa charité envers les captifs, et de son passage en Bretagne	24
Chapitre XI. — De son arrivée à Sigetrude et du miracle de la neige.	25
Chapitre XII. — D'une fontaine qu'il fit couler à Sigetrude par la seule vertu de ses prières	27
Chapitre XIII. — De sa prophétie	28
Chapitre XIV. — De la construction du monastère de Centule	29

Chapitre XV. — De sainte Rictrude sa commère   32
Chapitre XVI. — D'un aveugle qui recouvre la vue   34
Chapitre XVII. — De l'arrivée du roi Dagobert auprès de lui . . .   36
Chapitre XVIII. — De l'ordination de l'abbé Ocioald ; et de la retraite de S. Riquier dans le désert   38
Chapitre XIX. — Comment il mortifie son corps dans la solitude . .   40
Chapitre XX. — De son passage à J.-C.   42
Chapitre XXI. — De sa gloire céleste découverte à Sygobard . . .   44
Chapitre XXII. — De la translation de son corps à Centule . . .   45
Chapitre XXIII. — Des miracles opérés sur son tombeau   47
Chapitre XXIV. — De la suite des rois Francs   49
Chapitre XXV. — De l'abbé Ocioald et de quatre autres abbés . . .   52

LIVRE DEUXIÈME

Chapitre I. — Généalogie des princes des Francs   57
Chapitre II. — Carloman cède son duché à son frère et se fait moine.   60
Chapitre III. — De la reconstruction du monastère de Centule . . .   63
Chapitre IV. — Récit de l'achèvement et de la dédicace de l'église de Centule par le vénérable Angilbert   66
Chapitre V. — Des reliques qui ont été apportées de divers pays en ce saint lieu de Centule, et des châsses qui les renferment   69
Chapitre V (suite du). — Des autels et de l'ornement de celui de S. Riquier   75
Chapitre VI. — Institutions de S. Angilbert, concernant la vie des religieux   79
Chapitre VII. — De la mort de saint Angilbert et de sa sépulture ou de Nithard son fils et son successeur   84

LIVRE TROISIÈME

Chapitre I. — De l'abbé Héric   89
Chapitre II. — Privilège de l'empereur Louis   91

Chapitre III. — Description du trésor, des biens et des vassaux du monastère de S. Riquier.	95
Chapitre IV. — De l'abbé Hélisacar	106
Chapitre V. — De l'abbé Ribbodon, et de la translation de S. Angilbert	109
Chapitre VI. — Privilège de Lothaire.	112
Chapitre VII. — De l'abbé Louis	115
Chapitre VIII. — Enlèvement et replacement du corps de S. Riquier.	120
Chapitre IX. — Du comte et abbé Rodolphe	122
Chapitre X. — De Helgaud comte et abbé	126
Chapitre XI. — Du seigneur Guelfon abbé, et de la translation du chef de S. Riquier.	128
Chapitre XII. — Des rois, et des reliques que le gardien Odulfe obtint de différents lieux.	130
Chapitre XIII. — Privilège de Louis en faveur de la terre de Civinicourt	133
Chapitre XIV. — Du même Odulfe et des reliques acquises par lui.	135
Chapitre XV. — Privilège de Charles en faveur de la terre de Hasloas.	137
Chapitre XVI. — Donation de Vallis-Villa par le roi Charles	139
Chapitre XVII. — Donation de Bersaccas, et privilège du même prince Charles.	141
Chapitre XVIII. — Des miracles de S. Riquier.	143
Chapitre XIX. — De l'abbé Carloman et de la donation de Durcaptus à l'abbaye de Saint-Riquier.	145
Chapitre XX. — Des rois francs, et du payen Guaramond, sous lequel notre église fut brûlée.	148
Chapitre XXI. — Vision de Charles	154
Chapitre XXII. — Enlèvement de S. Riquier par Arnoul de Flandre.	159
Chapitre XXIII. — De l'abbé Ingelard.	162
Chapitre XXIV. — Retour de S. Riquier.	165
Chapitre XXV. — Lettres du pape Jean	168
Chapitre XXVI. — De la conduite prudente de l'abbé Ingelard.	170
Chapitre XXVII. — D'Abbeville, d'Encre et de la Maison de S. Médard	172
Chapitre XXVIII. — Arrivée du saint évêque Vigor de la Normandie dans le Ponthieu.	173

Chapitre XXIX. — Translation de S. Mauguille 177
Chapitre XXX. — Des biens engagés, sous le règne de Lothaire, à Notker évêque de Liège 181
Chapitre XXXI. — Du village nommé Mater-Mortua 185
Chapitre XXXII. — De la cession d'un moulin et de la mort d'Ingelard 187

LIVRE QUATRIÈME

Chapitre I. — De la naissance du seigneur Angelran, et de sa science . 189
Chapitre II. — Comment on le fit connaître au roi, et comment il fut fait abbé de Centule 191
Chapitre III. — Renouvellement d'un traité entre l'abbé Ingelard et l'évêque de Liège, Notker 193
Chapitre IV. — Comment Angelran fit l'acquisition de l'église de Scabellivilla 195
Chapitre V. — Dissertation sur S. Vigor 197
Chapitre VI. — De la fermeté du seigneur Angelran, et de la donation de Comitis-Villa (Conteville) 200
Chapitre VII. — De l'amour qu'Angelran portait à ses subordonnés, et de la restitution de Noguerias 202
Chapitre VIII. — Charité d'Angelran envers les pauvres 206
Chapitre IX. — Des miracles de S. Riquier qui arrivèrent au temps d'Angelran 208
Chapitre X. — Du seigneur Odelger, moine 212
Chapitre XI. — Comment Dieu afflige Angelran 214
Chapitre XII. — De la subreption de Foulque; et de la prophétie du seigneur Angelran 216
Chapitre XIII. — Du seigneur Gervin abbé de Centule 219
Ghapitre XIV. — Comment Gervin renonce au monde et se fait moine 221
Chapitre XV. — Comment Gervin fut élu et fait abbé 222
Chapitre XVI. — Mort du vénérable seigneur Angelran 225
Chapitre XVII. — Enterrement du seigneur Angelran 228

Chapitre XVIII. — Des actions honorables du seigneur Gervin ; et de la construction de la crypte.	232
Chapitre XIX. — Comment Gervin fit rendre à notre couvent l'église de Scabellivilla dont on nous disputait la propriété.	235
Chapitre XX. — Autre exposé sur S. Vigor.	237
Chapitre XXI. — Des comtes de Ponthieu, et des villages de Portas et de Noguerias	241
Chapitre XXII. — Des villages rachetés, et des autels donnés par l'évêque Gui	246
Chapitre XXIII. — D'Edgard et de Guillaume, rois des Anglais, et du voyage d'outre-mer fait par Gervin	252
Chapitre XXIV. — De l'honneur rendu à Gervin par le roi ; et des terres données par Raoul à S. Riquier	255
Chapitre XXV. — Des lieux où Gervin se retirait pour se consacrer au Seigneur.	258
Chapitre XXVI. — De la sainteté de sa vie	259
Chapitre XXVII. — Combien il était recherché pour la guérison des maladies de l'âme ; et comment, pour cette raison, il fut accusé auprès du souverain pontife.	263
Chapitre XXVIII. — Miracle que le Seigneur daigna faire en considération de Gervin.	267
Chapitre XXIX. — Autre miracle opéré sur un fiévreux nommé Odelric	268
Chapitre XXX. — Vision du moine Hugues.	269
Chapitre XXXI. — De quelques miracles de S. Riquier	272
Chapitre XXXII. — Des livres dont Gervin enrichit notre couvent, et du soin qu'il prit de faire enterrer le S. abbé Angilbert	275
Chapitre XXXIII. — De la maladie dont le Seigneur l'affligea	280
Chapitre XXXIV. — Il demande un successeur au Roi, et recommande avec soin sa sépulture aux Frères	282
Chapitre XXXV. — Comment il règle sa sépulture ; et de sa mort.	285
Chapitre XXXVI. — Enterrement de Gervin, et son épitaphe	287

CHAPITRE XVIII. — Des actions honorables du seigneur Gervin ; et de la construction de la crypte. 232

CHAPITRE XIX. — Comment Gervin fit rendre à notre couvent l'église de Scabellivilla dont on nous disputait la propriété. 235

CHAPITRE XX. — Autre exposé sur S. Vigor. 237

CHAPITRE XXI. — Des comtes de Ponthieu, et des villages de Portas et de Noguerias 241

CHAPITRE XXII. — Des villages rachetés, et des autels donnés par l'évêque Gui 246

CHAPITRE XXIII. — D'Edgard et de Guillaume, rois des Anglais, et du voyage d'outre-mer fait par Gervin 252

CHAPITRE XXIV. — De l'honneur rendu à Gervin par le roi ; et des terres données par Raoul à S. Riquier 255

CHAPITRE XXV. — Des lieux où Gervin se retirait pour se consacrer au Seigneur. 258

CHAPITRE XXVI. — De la sainteté de sa vie 259

CHAPITRE XXVII. — Combien il était recherché pour la guérison des maladies de l'âme ; et comment, pour cette raison, il fut accusé auprès du souverain pontife. 263

CHAPITRE XXVIII. — Miracle que le Seigneur daigna faire en considération de Gervin. 267

CHAPITRE XXIX. — Autre miracle opéré sur un fiévreux nommé Odelric 268

CHAPITRE XXX. — Vision du moine Hugues. 269

CHAPITRE XXXI. — De quelques miracles de S. Riquier 272

CHAPITRE XXXII. — Des livres dont Gervin enrichit notre couvent, et du soin qu'il prit de faire enterrer le S. abbé Angilbert 275

CHAPITRE XXXIII. — De la maladie dont le Seigneur l'affligea . . . 280

CHAPITRE XXXIV. — Il demande un successeur au Roi, et recommande avec soin sa sépulture aux Frères 282

CHAPITRE XXXV. — Comment il règle sa sépulture ; et de sa mort. . 285

CHAPITRE XXXVI. — Enterrement de Gervin, et son épitaphe . . . 287

TABLE

DES

NOMS DE PERSONNES

Les deux tables qui suivent ont été dressées par le marquis Le Ver lui-même. Je n'y ajoute que des renvois aux pages du présent volume

A

ABBEVILLE (Hugues d'), voyez Hugues Ier, comte de Ponthieu, Hugo Abbatensis, liv. IV, chapitre XXI, p. 224.

ABSALON, un des douze évêques qui assistèrent à la dédicace de l'église de Saint-Riquier, sous Charlemagne, liv. II, chap. IV, p. 68,

ADALBERON, notaire royal en 843, liv. III, chap. VI, p. 114. — Au lieu d'Adalberon, archevêque de Reims, grand chancelier.

ADALBERON, archevêque de Reims, archi chancelier l'an 843, indiction IV, liv. III, chap. VI, p. 114.
(Nota. — Il y a erreur de date).

ADALONG, un des quatre abbés auxquels Charlemagne laissa par son testament, liv. II, chap. VII, p. 85. — Il était abbé de Lauvesheim ou Lauveshamensis dans l'évêché de Worms (Annal. bénédict., t. II, p. 397. Mabillon).

ADELARD (Saint), abbé de Corbie du temps d'Alcuin, liv. II, chap. VI, p. 82.

ADELARD, laïc, souscrit une charte de l'évêque de Liège, 14 octobre 1022, liv. IV, chap. III, p. 194.

ADELFRIDUS, voyez Adelfroi.

ADELFROI, Adelfridus, tenait noblement (nobiliter) un bénéfice en 831 du monastère de Centule à charge de service de terre et de mer, liv. III, chap. III, p. 104.

ADELMUS ou Adelme, tenait noblement un bénéfice en 831 du monastère de Centule à charge du service de terre et de mer, liv. III, chap. III, p. 104.

ADELMUS ou Adelme, un des fidèles de l'abbé de Saint-Riquier, souscrit une charte de cet abbé, IV des kal. de septembre 1063, liv. IV, chap. XXII, p. 247.

ADICO, tenait noblement un bénéfice en 831 du monastère de Centule à charge de service de terre et de mer, liv. III, chap. III, p. 104.

ADIER, doyen, chanoine de Saint-Riquier, XIe année du roi Robert, liv. III, chap. XXXI, p. 186.

ADRIEN, nom d'un prêtre irlandais substitué à son nom altéré qui paraissait trop dur à la prononciation, liv. Ier, chap. VI, p. 16.

AENEAS, voyez Enée.

AETHICUS, sa description du monde, était au monastère de Centule en 831, liv. III, chap. III, p. 101.

AGENARD, vassal du monastère de St-Riquier, Hildesende sa femme, Gueneran et Anscher leurs enfants, 8 des ides de décembre 1047, liv. IV, chap. XXI, p. 244. Voyez Anscher son fils.

AGILUS ou Agile, abbé de Rebais, liv. Ier, chap. XXV, p. 52.

AGNÈS (Sainte), des homélies au monastère de Centule, liv. III, chap. III, p. 100.

ALARIC, roi des Gots, vaincu par Clovis Ier, liv. Ier, chap. Ier, p. 6.

ALBIN (que nous nommons Alcuin), auteur d'une vie de Saint-Riquier, liv. Ier, chap. III, p. 9.

— Hariulfe le réfute sur l'époque de la naissance de Saint-Riquier, le taxe de rhétoricien et d'ambiguité, idem, liv. Ier, chap. V, p. 12.

— Auteur de la Foy et de la Trinité qu'il déde à Charlemagne, et de l'Incarnation qui étaient en 831 en la bibliothèque de Centule, liv. III, chap. III, p. 100.

— Arrange un missel grégorien et gélasien pour les temps modernes qui était aussi en 831 en la bibliothèque de Centule, liv. III, chap. III, p. 101.

— Meurt le 14 des kalendes de juin, liv. II, chap. VI, p. 82.

ALBOLDUS, archidiacre, XIe année du roi Robert, liv. III, chap. XXXI, p. 186.

ALCUIN, voyez Albin.

ALDRIC, 5e abbé de Centule, préface, p. 2.

— Liv. Ier, chap. XXV, p. 54.

ALDRICUS, tenait noblement un bénéfice en 831 du monastère de Centule à charge de service de terre et de mer, liv. III, chap. III, p. 104.

ALELMUS ou Alelme, souscrit la charte de restitution du village de Noguerias faite au monastère de Saint-Riquier, le 7 des ides d'octobre 1052, liv. IV, chap. XXI, p. 244.

ALGISE ou Algisus, souscrit une charte en faveur du monastère de Saint-Riquier, donnée par Henry, roi de France, l'an 1035, liv. IV, chap. VII, p. 204.

ALGISUS ou Algisus, souscrit une charte de l'abbé de Saint-Riquier, 8 des ides de décembre 1047, en la ^{e} année du règne du roi Henry, liv. IV, chap. XXI, p. 245.

ALGISE ou Algisus, un des fidèles de l'abbé de Saint-Riquier, souscrit une charte de cet abbé, IV des kalendes de septembre en la IVe année du règne du roi Philippe 1063, liv. IV, chap. XXII, p. 247.

ALGODUS, tenait noblement un bénéfice en 831 du monastère de Centule à charge de service de terre et de mer, liv. III, chap. III, p. 104.

ALGUAL ou Alguala, tenait noblement un bénéfice en 831 du monastère de Centule à charge de service de terre et de mer, liv. III, chap. III, p. 104.

ALGUIDE ou Alguidis, et son mari Hubert, chevalier (Miles), prennent à cens viagèrement d'Ingelard, abbé de St-Riquier le village de Mater Mortua au territoire de Liège. Alguidis, leur héritier, IV des ides de mars de la XIe année du roi Robert, liv. III, chap. XXXI, p. 185.

ALGUINUS tenait noblement un bénéfice en 831 du monastère de Centule à charge du service de terre et de mer, liv. III, chap. III, p. 104.

ALTHEMUS, auteur d'un poëme sur le nouveau testament et d'une vie en vers de Come et de Damien, qui étaient en 831 en la bibliothèque du monastère de Centule, liv. III, chap. III, p. 101.

ALTMACUS, tenait noblement un bénéfice en 831 du monastère de Centule à charge de service de terre et de mer, liv. III, chap. III, p. 104.

ALTON tenait en 870 un bénéfice du monastère de Centule, liv. III, chap. XIX, p. 147.

ALULFUS souscrit la charte de restitution de la terre de Noguerias faite à l'église de Saint-Riquier, 7 des ides d'octobre 1052, liv. IV, chap. XXI, p. 244.

AMALBERTUS tenait noblement un bénéfice en 831 du monastère de Centule à charge de service de terre et de mer, liv. III, chap. III, p. 104.

TABLE DES NOMS DE PERSONNES

AMALFRIDUS ou Amalfroy, tenait noblement un bénéfice en 831 du monastère de Centule à charge de service de terre et de mer, liv. III, chap. III, p. 104.

AMALRICUS tenait noblement un bénéfice en 831 du monastère de Centule à charge de service de terre et de mer, liv. III, chap. III, p. 144.

AMBROISE (Gautier surnommé), moine de Saint-Riquier, chassé par l'abbé Gervin II, liv. IV, chap. XXXVI, p. 298.

ANGALTIUS possédait bénéfice dans le territoire de Bonnelle en 845, liv. III, chap. VII, p. 218.

ANGELRAN, vingt-deuxième abbé de Centule, préface, p. 3.

ANGELRAN, moine de Centule sous l'abbé Ingelard auquel il succéda, surnommé le Sage, liv. III, chap. XXIX, p. 180.

— Succède à l'abbé Ingelard au monastère de Saint-Riquier, liv. III, chap. XXXII, p. 188.

— Né de parents obscurs, mais libres, sa naissance, son éloge, les emplois qu'il a occupés à Centule, ses études, etc., liv. IV, chap. Ier, p. 189.

— Il étudiait lorsque le Roi le demanda pour l'accompagner à Rome (en l'an 1016). Après le voyage, à la mort de l'abbé Ingelard, il est élu pour le remplacer. Il se sauve dans la forest d'Oneulx (Olnodioli) pour éviter l'acceptation. On le cherche; on le trouve, on le ramène. Le roi Robert lui donne l'investiture de cette église par les cordes des cloches que le Roi lui met entre les mains, liv. IV, chap. II, p. 191.

— Renouvelle avec l'évêque de Liège la concession faite précédemment avec Notker, évêque de Liège 14 octobre 1022, liv. IV, chap. III, p. 193.

— Obtient de Richard, duc de Normandie l'église de Scabellivilla, liv. IV, chap. IV, p. 195.

— Rapporte de l'abbaye de Saint-Ouen, la vie de saint Vigor, idem, chap. V, p. 197.

— Il soutenait vivement les droits et possessions de son monastère, pour la défense desquelles il fut frappé d'un coup d'épée, et fit rentrer le monastère dans la possession de Noguerias qu'un chevalier détenait, et que le roi Henry lui rendit (en 1035) par une charte, liv. IV, chap. VII, p. 202.

— Il cède par une charte le moulin Mirundolium à un chevalier ainsi qu'à l'aîné de ses enfans jusqu'à la troisième génération, moyennant un cens annuel de 4 s. 7 des kal. de février, la 12e année du règne du roi Henry, 1043, liv. IV, chap. VII, p. 204.

— Il reçoit la donation de Conteville (Comitis villa) du comte de Ponthieu, liv. IV, chap. VI, p. 200.

— Conduite d'Angelran envers le comte de Ponthieu, les vassaux et gens du pays, liv. IV, chap. VI, p. 200.

— Est frappé de paralysie, idem, chap. XI, p. 201.

— S'oppose à la nomination de Foulques nommé par le Roi administrateur du monastère de Saint-Riquier, et tandis que Foulques donnait un repas aux chevaliers du pays dans le monastère au sujet de sa nomination, Angelran se fait porter dans la salle du banquet, excommunie tout un chacun, et prédit à Foulques que de son vivant il ne sera jamais abbé, liv. IV, chap. XII, p. 216.

— Il se fait traîner auprès du Roi pour obtenir la révocation de la nomination de Foulques, l'obtient et fait nommer Gervin pour administrer le monastère et en être abbé après lui, idem, chap. XIII, p. 219.

— Les moines ayant élu Gervin qui n'avaient pas voulu accepter la nomination royale qu'à cette condition, Angelran se démet alors en sa faveur du bâton pastoral, liv. IV, chap. XV, p. 223.
— Meurt 9 décembre 1045, liv. IV, chap. XVI, p. 225.
— Son enterrement, miracles sur son tombeau, idem, chap. XVII, p. 228.
— Angelran par l'ordre de son précepteur Hubert met en vers la vie de Saint-Riquier, mentionnant les miracles de ce saint, et ceux dont il fut témoin, liv. IV, chap. VIII, p. 207.
— Compose des hymes à la louange de saint Valery, de saint Wlfran ; mit en vers la passion de saint Vincent martyr, la vie de sainte Austreberte, fut le maître de Gui évêque d'Amiens et de Drogo évêque de Térouenne, liv. IV, chap. XI, p. 214.
— Le premier qui a donné la liste des abbés de Saint-Riquier, liv. Ier, chap. XVII, p. 230.
— Dans cette liste ne sont pas mentionnés les abbés Nithard, Ribbodo, Helgaud et Coschin dont il n'a pas eu connaissance ; bâtimens qu'il a fait construire, liv. IV, chap. XVII, p. 231

ANGELRAN Ier, avoué de Saint-Riquier, comte de Ponthieu, aîné de trois fils, liv. IV, chap. XXI, p. 242.
— Fils de Hugues, avoué de Saint-Riquier, liv. IV, chap. VI, p. 200, et de Gisèle, fille du roi Hugues Capet, n'avait jamais porté d'autre titre que celui d'avoué de Saint-Riquier, et prit celui de comte qu'après avoir tué dans un combat le comte de Boulogne et en avoir épousé la veuve, liv. IV, chap. XII, p. 217.
— Reconnait par une charte devoir un cens annuel de XII deniers au monastère de Saint-Riquier pour la possession de Comteville (Comitis villa), liv. IV, chap. VI, p. 201.
— Souscrit comme avoué une charte de l'abbé de Saint-Riquier la XIIe année du règne du roi Henry Ier, liv. IV, chap. VII, p. 205.
— Obtient du roi Henry Ier, l'an 1035, qu'aucune coutume nouvelle ne serait introduite dans le pays ; charte de ce roi, liv. IV, chap. VII, p 203.
— Lorsque chaque année, au 7 des kalendes d'octobre, fête de saint Riquier, il venait selon l'usage au monastère de Saint-Riquier, il s'informait si l'on avait enlevé quelque chose à ce monastère. Il avait alors plutôt l'air d'un serviteur que du comte, et l'abbé avait plutôt l'air du maître que d'un moine, liv. IV, chap. VI, p. 200.
— Fit baptiser un de ses fils par Angelran abbé de Saint-Riquier, idem, p. 200.
— Meurt fort âgé, son fils Hugues lui succède, liv. IV, chap. XXI, p. 242. Son second fils Foulques nommé abbé de Saint-Riquier ne le fut pas, liv. IV, chap. XII, p. 216.
— Son troisième fils Guy, évêque d'Amiens, liv. IV, chap. XXXVI, p. 288.

ANGELRAN II, comte de Ponthieu, l'aîné des quatre fils de Hugues II, comte de Ponthieu, succède à son père, était d'une beauté remarquable, et confirme au monastère de Saint-Riquier le jour de l'inhumation de son père XII des calendes de décembre 1052 la donation du village de Portes que précédemment son père avait donné à cette église, ladite confirmation par une charte dans laquelle Angelran s'intitule comte par la grâce de Dieu, liv. IV, chap. XXI, p. 241. Est tué par les Normands, son frère Guy lui succède, liv. IV, chap. XXII, p. 247.

ANSÈGISE, moine de Centule envoyé au pape Nicolas par Charles le Chauve, en rapporte des reliques, liv. III, chap. XIV, p. 136.

TABLE DES NOMS DE PERSONNES

ANGILBERT (Saint), 7e abbé et restaurateur de l'abbaye de Centule, préface, p. 3.

— N'était pas d'une famille inconnue de ce temple, il était du même sang que Madhelgaud et Richard qui jouissaient d'une grande considération, liv. III, chap. V, p. 111.

— Était bien venu de Pépin dès l'an 754 ainsi que des deux fils du premier, liv. II, chap. Ier, p. 57.
Surnommé le Magnifique, liv. IV, chap. XVII, p. 230.

— Était si aimé de Charlemagne que le prince lui donna sa fille Berthe en mariage dont il eut Harnide et Nithard, liv. II, chap. II, p. 61.

— Eut le gouvernement de toute la côte maritime (ducatu Pontivium), liv. II, chap. II, p. 61.

— Restaure le monastère de Centule, y prend l'habit de moine, en est fait abbé, liv. II, chap. II, p. 62.

— Fait jetter à bas l'ancienne église bâtie par Saint-Riquier, et et consacre la nouvelle sous le nom de ce saint, envoy chercher à Rome des marbres pour décorer cette église, ainsi que des reliques dont la liste a été dressée par lui-même, liv. II, chap. II et chap. III, p. 62 et 63.

— Était cassé de vieillesse et hors d'état de marcher lorsque Charlemagne mourut et il ne lui survécut que vingt jours, liv. II, chap. VII, p. 85.
Mort le 12 des kal. de mars, liv. IV, chap. XXXII, p. 277.

— Ordonne d'être inhumé devant la porte de la grande église de Saint-Riquier où il fut mis après avoir été enseveli par ses fils. Autour de sa sépulture furent placées des tablettes de pierre sur lesquelles furent gravés des vers pour son épitaphe, liv. II, chap. VII, p. 85.

— Vingt-huit ans après sa mort, son corps, par les soins des abbés Rabbodo, fut transféré dans l'église, le jour des nones de novembre. Épitaphe, liv. III, chap. V, p. 110.

— Est auteur de plusieurs hymnes, liv. II, chap. VI, p. 81.

— Ainsi que d'une vie de saint Riquier, liv. II, chap. VI, p. 81.

— Ce n'est que par un manuscrit que l'abbé Gervin acheta aux moines du monastère de Gorze au territoire de Metz connurent la vie de saint Angilbert. Le corps de ce saint que l'abbé Ribbodon avait fait placer dans l'église fut découvert dans l'église de Centule par l'abbé Gervin à la partie occidentale du chœur où l'on voyait écrit sur le parvis ces mots : ROI, LOI, LUMIÈRE, PAIX qui commençaient et finissaient les vers de son épitaphe, les dépouilles du saint étaient ramassées sans ordre, et couvertes d'un manteau vert. Rien n'annonçait cependant que ce fut le corps du saint, lorsqu'un moine trouva écrit sur une membrane des narines : c'est le corps du saint abbé Angilbert ; l'abbé Gervin fit replacer avec honneur les dépouilles du saint et ordonna qu'à l'avenir on célébrerait perpétuellement sa mémoire, liv. IV, chap. XXXII, p. 277.

ANSBERT, sénateur, époux de Blithilde, tige des Carlovingiens, dont Arnoul, Beriot, Moderic, liv. II, chap. Ier, p. 58.

ANSCHER, enfant charmant, reçu moine de Saint-Riquier à contre cœur par l'abbé Gervin II, trois ans après qu'Hariulfe fut entré en le monastère, liv. IV, chap. XXXVI, p. 289.

— En 1096 est fait abbé de Saint-Riquier, idem, p. 294.

— Fut le 25e abbé de Centule, préface, p. 3.

— Remplaça l'abbé Gervin II, liv. IV, chap. XXXVI, p. 296.

ANSCHER, fils d'Agenard et de Hildesende, est maintenu à jouir, sa vie durant seulement, ainsi que son frère pendant la sienne, après la vie de leurs père et mère par une charte donnée le 8 des ides de décembre 1047 et ce moyennant un certain cens de la terre du petit domaine de Ribemont, toute la terre de Valoires, compris le petit bois adjacent, le quart du courtil de Flohermont, 8 des ides de décembre 1047, liv. IV, chap. XXI, p. 244.

ANSCHER, chevalier (Miles), un des fidèles de l'abbé de Saint-Riquier, souscrit une charte de cet abbé IV des calendes de septembre 1063, liv. IV, chap. XXII, p. 247.

ANSCHER, souscrit une charte du comte de Ponthieu en 1067, liv. IV, chap. XXII, p. 248.

ANSCHERUS, voyez Anscher.

ANSEGISE (Ansegisus), deuxième fils d'Arnoul, évêque de Metz, et arrière-petit-fils de la princesse Blithilde, fut maire du palais, et père du duc Pepin l'ancien, liv. II, chap. Ier, p. 58.

ANSLEICUS, chef de Danois, au retour du palais de Charles le Chauve, conduisit ses compagnons qui, comme lui, étaient chrétiens à Centule; ils firent des prières en l'église de Saint-Riquier, lorsqu'il allèrent s'embarquer, liv. III, chap. XVIII, p. 143.

ARATUS, gramairien dont les ouvrages étaient au monastère de Centule en 831, liv. III, chap. III, p. 101.

ARIBERT (Aribertus), voyez Caribert.

ARNOBE, son exposition sur tout le psautier était en 831 à la bibliothèque de Centule, liv. III, chap. III, p. 99.

ARNOLDUS, voyez Arnoul.

ARNOUL, fils aîné d'Ansbert et de Blithilde, père d'Arnoul, évêque de Metz, liv. II, chap. Ier, p. 58.

ARNOUL, deuxième fils d'Arnoul Ier, préfet du palais sous Clotaire, évêque de Metz, père de Clodulfe, d'Angesise, de Gualchise, liv. II, chap. Ier, p. 58.

ARNOUL, comte de Flandre,, un de ceux qui ravagèrent la France, prend Montreuil, château royal en Ponthieu, enlève les corps de saint Valery et de saint Riquier qu'il fait garder dans le château. Ces corps saints sont repris par adresse par l'abbé de Centule, et repris par le comte Arnoul qui les fait garder au monastère de Saint-Bertin, liv. III, chap. XXII, p. 159. — Meurt, son fils Arnoul lui succède, liv. III, chap. XXIII, p. 162.

ARNOUL, succède à la mort de son père au comte de Flandres, liv. III, chap. XXIII, p. 162.

— Menacé de la guerre par le duc Hugues, dit qu'il ne rendrait pas les corps de saint Riquier et de saint Valery. Après ce refus, craignant l'effet des menaces, il rend les corps saints qu'il envoie sur de très belles litières garnies d'argent. Ces corps saints rentrèrent au monastère de Centule le 5 juin 981, liv. III, chap. XXIV, p. 165.

— Le pape Jean écrit à ce comte pour qu'il ait à rendre ce qu'il avait enlevé au monastère de Centule, le menaçant d'excommunication s'il ne faisait pas cette restitution, liv. III, chap. XXV, p. 169.

ARNOUL, archevêque de Reims, écrit à Ingelard, abbé de Centule, une lettre de félicitation sur son administration, liv. III, chap. XXVI, p. 171.

ARNOUL, abbé de Saint-Josse, fut moine de Centule sous l'abbé Ingelard, liv. III, chap. XXIX, p. 180.

ARNOUL et son oncle Yve de Belesme souscrivent une charte de Guillaume, duc Normandie, 3 des ides de novembre 1048, liv. IV, chap. XIX, p. 236.

ARNOUL un des fidèles de l'église du monastère de Saint-Riquier, souscrit une charte de l'abbé Angelran, l'an 12e du règne du roi Henry (1043), liv. IV, chap. VII, p. 205.

Aschelon tenait noblement en bénéfice en 831 du monastère de Centule, à charge de service de terre et de mer, liv. III, chap. III, p. 104.

Athanase, ce qu'il a écrit sur le Lévitique était en 831 à la bibliothèque de Centule, liv. III, chap. III, p. 99.

Audacher, notaire du roi de Germanie, 3 des calendes de janvier 867, liv. III, chap. XIII, p. 134.

Augustin (Saint), ses œuvres à la bibliothèque de Centule, liv. III, chap. III, p. 98.

Austreberte (Sainte), sa vie mise en vers par l'abbé Angelran, liv. IV, chap. XI, p. 214.

Avien, ses fables étaient en 831 au monastère de Centule, liv. III, chap. III, p. 101.

Avitien (Avitianus), clerc, sacristain de la collégiale de Bayeux, vole le corps de saint Vigor, passe par Saint-Riquier pour aller le vendre à Arras; il y loge chez son parent; il vend le corps à l'abbé de Saint-Riquier, liv. III, chap. XXVIII, p. 173.

Avouerie que le comte de Ponthieu avait de la terre d'Outrebois. En quoi consistait ce droit, liv. IV, chap. XXII, p. 247.

B

Balderic, témoin d'une charte donnée à l'abbé de Saint-Riquier par le comte de Ponthieu en 1067, liv. IV, chap. XXII, p. 248.

Basine ou Basina, femme de Chilpéric, mère de Clovis, liv. Ier, chap. Ier, p. 6.

Batilde épouse Clovis II; après la mort de son fils Chilpéric, prend l'habit religieux dans un monastère, y meurt saintement le vii des calendes de février, liv. Ier, chap. XXIV, pp. 49 et 50.

Baudouin, évêque de Thérouenne, reçoit un bref du pape Jean à l'effet d'excommunier ceux qui ne rendraient pas les biens usurpés au monastère de Centule, liv. III, chap. XXV, p. 169.

Baudouin, comte, auquel le pape Jean avait écrit ainsi qu'à sa mère pour les engager à rendre au monastère de Saint-Riquier ce qu'ils lui avaient enlevé, sous peine d'être excommuniés, liv. III, chap. XXV, p. 169.

Baudouin, comte de Flandres, a la régence de France, et la tutelle du roi Philippe, liv. IV, chap. XXII, p. 246.

Baudouin (le marquis), assiste comme témoin d'une charte donnée par le comte de Ponthieu, liv. IV, chap. XXII, 247.

Baudouin (le comte) le jeune paraît comme témoin dans une charte donnée à l'abbé de Saint-Riquier par Guy, comte de Ponthieu, l'an 1067, la vi^e année du règne du roy Philippe, liv. IV, chap. XXII, p. 248.

Bede, ses œuvres, et ses homélies en la bibliothèque de Centule en 831, liv. III, chap. III, p. 99.

Belesme (Yve de) et Arnoul son neveu, souscrivent une charte de Guillaume, duc de Normandie, 3 des ides de novembre 1048, liv. IV, chap. XIX, p. 236.

Benoît (Benedictus), un des douze évêques qui assistèrent à la dédicace de l'église de Saint-Riquier sous Charlemagne, liv. II, chap. IV, p. 67.

Benoît (Saint), six exemplaires de sa règle à la bibliothèque de Centule en 831, liv. III, chap. III, p. 100.

Beraire ou Berharius, tenait noblement en bénéfice en 831 du monastère de Centule, à charge de service de terre et de mer, liv. III, chap. III, p. 104.

BERINGAIRE (Beringarius), tenait noblement en 831 du monastère de Centule, à charge de service de terre et de mer, liv. III, chap. III, p. 104.

BERLAICUS tenait noblement en bénéfice en 831 du monastère de Centule, à charge de service de terre et de mer, liv. III, chap. III, p. 104.

BERLANDUS, tenait noblement en bénéfice en 831 du monastère de Centule, à charge de service de terre et de mer, liv. III, chap. III, p. 104.

BERNARD, demeurant à Saint-Riquier, reçoit son parent Avitien qui avait volé le corps de saint Vigor, liv. III, chap. XXVIII, p. 174.

BERNARD, moine de Saint-Riquier, chassé par l'abbé Gervin II, liv. IV, chap. XXXVI, p. 298.

BERNARD souscrit la charte de donation de la terre de Portes faite à l'église de Saint-Riquier, liv. IV, chap. XXI, p. 242.

BERON tenait noblement en bénéfice en 831 du monastère de Centule, à charge de service de terre et de mer, liv. III, chap. III, p. 104.

BERTETRUDIS, voyez Bertrude.

BERTHE, fille de Charlemagne, est donnée en mariage par ce prince à Angilbert, dont Hernide et Nithard, liv. II, chap. II, p. 61.

BERTRADE et Pepin son mari, ainsi que leurs deux fils, sont sacrés par le pape en l'église de Saint-Denis, liv. II, chap. II, p. 60.

BERTRUDE (Bertetrudis), femme de Clotaire II et mère de Dagobert, liv. Ier, chap. III, p. 10.

BERTUIN, tenait noblement en bénéfice en 831 du monastère de Centule, à charge de service de terre et de mer, liv. III, chap. III, p. 104.

BLITHILDE, fille de Clotaire Ier, épouse Ansbert, tige des Carlovingiens, liv. II, chap. Ier, p. 58. — Cette Blithilde est supposée.

BOECE (Consolation philosophique de) était en 831 à la bibliothèque de Centule, liv. III, chap. III, p. 100.

BOQUELS (Hugues), souscrit la charte de restitution de la terre de Noguerias faite à l'église de Saint-Riquier le 7 des ides d'octobre 1052, liv. IV, chap. XXI, p. 244.

BONOTHUS, tenait noblement en bénéfice en 831 du monastère de Centule, à charge de service de terre et de mer, liv. III, chap. III, p. 104.

BOSELIN souscrit la charte de restitution de la terre de Noguerias faite à l'église de Saint-Riquier, le 7 des ides d'octobre 1052, liv. IV, chap. XXI, p. 244.

BOSON souscrit la charte de restitution de la terre de Noguerias faite à l'église de Saint-Riquier le 7 des ides d'octobre 1052, liv. IV, chap. XXI, p. 244.

— Souscrit une charte de l'abbé de Saint-Riquier le 8 des ides de décembre 1047, liv. IV, chap. XXI, p. 245.

BOSON tenait noblement en bénéfice en 831 du monastère de Centule, à charge de service de terre et de mer, liv. III, chap. III, p. 104.

BOULOGNE (le comte de), tué dans un combat par Angelran comte de Ponthieu qui ne prend le titre de comte qu'après avoir épousé sa veuve, liv. IV, chap. XII, p. 218 et chap. XXI, p. 248.

BOURGOGNE (Gontran roi de), (Thierry son neveu roi de), liv. Ier, chap. II, p. 8.

BRUNEHAUT (Brunichildis), espagnole, épouse Sigebert, roi d'Austrasie, liv. Ier, chap. II, p. 7.

— Fait chasser St Colomban du monastère de Luxeu, liv. Ier, chap. II, p. 8.

— Après la mort de son fils Childebert, les deux enfans laissés par son fils sont sous sa tutelle, liv. Ier, chap. II, p. 7.

— Elle est faite prisonnière par le roi Clotaire II, et comme une autre Jésabel, attachée sur un chameau, est mise à mort, liv. Ier, chap. III, p. 10.

BRUNO, évêque de Toul, à son élévation à la papauté prend le nom de Léon, liv. IV, chap. XXVII, p. 266. — Voyez Léon.

BUTSON, chevalier (Miles) ou vassal de l'église de Liège, souscrit une charte de cet évêque, 5 novembre 989, liv. III, chap. XXX, p. 182.

C

CADOC (Chaydocus), prêtre venu d'Irlande, prêche dans le Ponthieu sous le règne de Sigebert, liv. Ier, chap. VI, p. 16.
— Prêche à Centule, ibid., p. 16.
— Son épitaphe faite par Angilbert, liv. II, chap. VI, p. 83.

CARIBERT nommé Aribert par Hariulfe, fils aîné de Clotaire Ier, a le royaume de Paris, liv. Ier, chap. II, p. 7.

CARLOMAN, seizième abbé de Centule, préface, p. 3.

CARLOMAN, deuxième fils de Charles-Martel, liv. II, chap. Ier, p. 58.
— Ayant gouverné quelque temps le royaume qui lui était échu, se fait moine et se retire au Mont Cassin, liv. Ier, chap. II, p. 60.

CARLOMAN, fils de Pépin et frère de Charlemagne, est sacré par le pape Estienne avec ses père, mère et son frère, meurt, et, son frère Charlemagne est roi de toute la France, liv. II, chap. II, p. 60.

CARLOMAN, fils de Charles le Chauve, à la mort de Guelfe est abbé de Centule, obtient la terre de Drucat du roi son père pour le monastère de Centule en 870, liv. III, chap. XIX, p. 145.
— Son éloge, son père lui fait crever les yeux. Hariulphe en ignore la cause et désire qu'on la cherche, liv. III, chap. XX, p. 148 *(note 1)*.

CARLOMAN et son frère Louis succèdent au royaume de France à la mort de Louis le Bègue leur père ; il meurt le VIII des ides de décembre 886 d'une blessure que lui avait faite une bête extraordinaire en chassant dans la forest d'Yveline sur le Mont-Éric, liv. III, chap. XX, p. 151.

CARLOMAN, fils aîné de Louis roi de Germanie, reçoit de son père en 865 pour son partage la Norique ou Bavière et les marches contre les Esclavons et les Lombards, liv. III, chap. XII, p. 130.

CASSIODORE, ses œuvres en la bibliothèque du monastère de Saint-Riquier en 831, liv. III, chap. III, p. 99.

CASSIEN, (de l'Incarnation de notre Seigneur par), en la bibliothèque de Centule en 831, liv. III, chap. III, p. 100.

CÉCILE, de l'isle de Chypre, auteur de 87 canons et des institutions des Eclésiastiques en un volume à la bibliothèque du monastère de Centule, liv. III, chap. III, p. 100.

CÉSAIRE, évêque d'Arles, ses homélies à la bibliothèque du monastère de Centule en 831, liv. III, chap. III, p. 100.

CÉSAIRE, moine de Saint-Remy de Reims, proposé par l'abbé Gervin II pour lui succéder à l'abbaye de Centule, est refusé, liv. IV, chap. XXXVI, p. 289.

CHARLES-MARTEL fils de Pépin (d'Héristal), son inflexibilité ne lui permit jamais de pardonner à personne, lui fit donner le surnom barbare de Martel ; ses succès, ses enfans Pépin et Carloman, liv. II, chap. Ier, pp. 58, 59.

CHARLEMAGNE, sa lettre à Alcuin, liv. II, chap. VI, p. 80.
— Par son testament il fit des legs à

21 métropoles et à 4 abbayes, liv. II, chap. VII, p. 84.
— Meurt l'an 814, indiction VI, le 5 des calendes de février; son fils Louis lui succède, liv. II, chap. VII, pp. 84 et 85.
— Ses lettres à l'empereur des Grecs étaient en 831 à la bibliothèque de Centule, liv. III, chap. III, p. 100.

CHARLES LE CHAUVE (Karolus), fils du second mariage de Louis le Débonnaire et de l'impératrice Judith, liv. III, chap. V, p. 109.
— Son partage avec ses frères, liv. III, chap. VI, p. 112.
— Lui et son frère consanguin Louis mettent en fuite leur frère Lothaire à la bataille de Fontenay, liv. III, chap. V, p. 110.
— Élu empereur par le peuple romain et sacré à Rome le 8 des calendes de janvier 875, 36e de son règne. Au commencement de la 2e année de son empire, en retournant d'Italie en France, ayant déjà franchi le Mont-Cenis, il mourut le 3e des nones d'octobre indiction X en 877. Son fils Louis lui succéda, Carloman son autre fils fut abbé de Centule, liv. III, chap. XX, p. 148.
— Il confirme au monastère de Centule plusieurs donations faites précédement, l'an 844, liv. III, chap. VII, p. 117.
— Accorde un diplôme au monastère de Centule en 868, liv. III, chap. XV, p. 137.
— Accorde au même monastère un autre diplôme la même année 868, liv. III, chap. XVI, p. 139.
— Accorde au même monastère un autre diplôme le XVIII des calendes de février, indiction III, la 30 année de son règne, et la 1re année de son avènement au trône de Lothaire, liv. III, chap. XIX, p. 146.

CHARLES, troisième fils de Louis II roi de Germanie, reçoit de son père la Germanie et la Cornouaille [1], liv. III, chap. XII, p. 130.
— Vint gouverner la France en 875, liv. III, chap. XX, p. 148.
— Sa vision, liv. III, chap. XXI, p. 153.

CHILDEBERT (Hildebertus), fils de Sigebert et de Brunehaut, succède en bas-âge au royaume de son père; meurt jeune, dit-on empoisonné avec son épouse, après avoir régné 22 ans, laisse deux fils Theodericus et Theodebertus, liv. Ier, chap. II, p. 7.

CHILDÉRIC, fils de Mérowée, succède au trône de son père; par sa femme Basine fut père de Clovis, liv. Ier, chap. Ier, p. 6.

CHILDÉRIC II, second fils de Clovis II, succède au royaume de son père; et par la mort de son neveu succède au royaume d'Austrasie, et, par celle de Clotaire son frère, est roi de toute la France; est tué dans un embuscade; liv. Ier, chap. XXIV, p. 49.

CHILDÉRIC III, roi de France. Sous son règne Pépin et Carloman gouvernent la France pendant quelque temps, liv. II, chap. Ier, p. 59.

CHILPÉRIC (Hilpericus), 3e fils de Clotaire Ier, a pour sa part le royaume de Soissons, père de Clotaire II, liv. Ier, chap. II, p. 7.

CHRYSOSTOME (Saint), ses œuvres en la bibliothèque du monastère de Centule en 831, liv. III, chap. III, p. 99.

CICERON, deux livres de sa rhétorique en la bibliothèque de Centule en 831, liv. III, chap. III, p. 100.

CLERCS, au monastère de Centule; avaient été gouvernés par les abbés Gerbert et Fulchéric, liv. III, chap. XXV, p. 168.
— Formaient avec quelques moines une congrégation qui s'était emparée du

---

1. La traduction de *Curguala* par *Cornugallie* d'où le marquis Le Ver tire Cornouaille est absolument fausse suivant la remarque de M. Lot. Il s'agit du canton de Coire. — Voir la note p. 130.

gouvernement du monastère, liv. III, chap. XXI, p. 157. — Voyez Moines.
— Avaient usurpé plusieurs églises du domaine de ce monastère de Centule, liv. III, chap. XXVI, p. 171.
— L'abbé Fulchéric détermine plusieurs d'entre eux à prendre l'habit de moine, liv. III, chap. XXIII, p. 164.

CLODOVEUS voyez Clovis.

CLOTAIRE [1], fils aîné de Clovis Ier, ayant survécu à ses frères, posséda en en entier le royaume de son père, régna avec fermeté pendant 51 ans, liv. Ier, chap. Ier, p. 6.
— Laissa quatre fils et une fille, Aribert, Gontran, Chilpéric, Sigebert, liv. Ier, chap. II, p. 7.
— Et Blithilde [2], femme d'Ansbert, tige des Carlovingiens, liv. II, chap. Ier, p. 58.
— Sous son règne naquit saint Riquier, liv. Ier, chap. II, p. 7.

CLOTAIRE II, fils de Chilpéric, roi de Soissons, homme prudent, par le conseil de saint Colomban ne veut pas se mêler des démêlés des deux frères Thierry et Théodebert, liv. Ier, chap. II, p. 8.
— Défait Sigebert, ainsi que ses cinq frères qui furent pris et mis à mort ainsi que Brunehaut leur aïeule, liv. Ier, chap. III, pp. 9-10.
— Saint Colomban, chassé du monastère de Luxeu par la malice de Brunehaut, détourne Clotaire de se mêler des démêlés des enfans de cette reine, et prédit à ce roy qu'avant trois ans il aurait les royaumes de ces princes, liv. Ier, chap. II, p. 8.
— S'empare des trois royaumes, et maître de l'héritage de ses pères se distingue par ses hauts faits. Il laisse de Bertrude sa femme Dagobert, liv. Ier, chap. III, p. 10.

CLOTAIRE, fils aîné de Clovis II, meurt sans enfans après 14 ans de règne, liv. Ier, chap. XXIV, p. 50.

CLOTARIUS voyez Clotaire.

CLOVIS (Hludogvicus), fils de Chilpéric et de Basine, succède au trône de son père, fut un grand guerrier, ne sut pardonner à personne, — baptisé par saint Remy, vainquit Alaric, — voit par un miracle tomber les murs d'Angoulême qu'il voulait attaquer, — meurt à Paris après 30 ans de règne. Clotaire son fils lui succède, liv. Ier, chap. Ier, p. 6.

CLOVIS II (Clodoveus), 2e fils de Dagobert auquel il succède au royaume des Francs, épouse Batilde, dont Clotaire, Childéric, Thiéry, — fait mettre à mort Grimoald, maire du palais. — Son fils Clotaire lui succède, liv. Ier, chap. XXIV, p. 49.

COLOMBAN, prêtre irlandais, vient en France sous le règne de Sigebert, liv. Ier, chap. VI, p. 16.
— Ce saint, par la malice de Brunehaut, est chassé du monastère de Luxeu, détourne le roi Clotaire II de se mêler des enfans de cette reine, et lui prédit qu'avant trois ans il sera roi des royaumes de ces princes, liv. Ier, chap. II, p. 8.

COMMINIEN (Comminianus), grammairien dont les ouvrages étaient en 831 à la bibliothèque du monastère de Centule, liv. III, chap. III, p. 100.

CONSTANCE, femme de Robert, roi de France, confirme avec son mari une charte donnée à Compiègne par Angelran comte de Ponthieu, aux nones d'avril, liv. IV, chap. VI, p. 201.

COSCHIN (Coschinus), 3e abbé de Centule, préface, p. 2.
— Succède à Ociald, avait été dit-on disciple de saint Filibert, avait commencé au monastère de Rebais,

---

1. Hariulfe se trompe, Clotaire était le plus jeune des quatre fils de Clovis. — Note du marquis Le Ver.

2. Cette Blithilde est supposée, voyez la préface p. XII du fasc. IIIe de D. Bouquet. — Note du marquis Le Ver.

avait gouverné le monastère de Jumièges, fit écrire la vie de saint Filibert, liv. Ier, chap. XXV, p. 52.
— N'est pas mentionné dans la liste des abbés de Centule donnée par Angilbert, mais plusieurs écrits conservés au monastère de Jumièges prouvent qu'il a été abbé de ce monastère ainsi que de celui de Centule, liv. IV, chap. XVII, p. 231.

Cyrille, ses Épitres étaient en 831 à la bibliothèque du monastère de Centule, liv. III, chap. III, p. 100.

D

Dagobert[1], fils de Clotaire II et de Bertrude, liv. Ier, chap. III, p. 10.
— Élevé par Arnoul, évêque de Metz, eut le royaume d'Austrasie du vivant de son père et se montra un autre Salomon, liv. Ier, chap. III, p. 10.
— Son éloge, liv. Ier, chap. IV, p. 11.
— Père de Sigebert et de Clovis, liv. Ier, chap. XXIV, p. 49.
— Visite saint Riquier en son abbaye de Centule, liv. Ier, chap. XVII, p. 36.
— Donne à ce saint, au milieu de la forest de Cressy, un lieu nommé aujourd'hui Forestmonstier, liv. Ier, chap. XVIII, p. 39.
— A la demande de saint Riquier, lui accorde la terre de Campagne, liv. IV, chap. XXI, p. 244.

Dagobert, à la mort de Sigebert son père, succède au royaume d'Austrasie. Grimoald, son maire du palais, le fait raser et met son fils à sa place, liv. Ier, chap. XXIV, p. 49.

Darès de Phrygie, son histoire était en 831 à la bibliothèque du monastère de Centule, liv. III, chap. III, p. 101.

Denis, ses Épitres en 831 à la bibliothèque du monastère de Centule, liv. III, chap. III, p. 100.

Deodatus (Dieudonné), vassal du monastère de Centule, voyez Dieudonné.

Didon, non évêque de Poitiers mais profanateur de ce siège, aide Grimoald, maire du palais d'Austrasie, à priver de ce royaume son roy Dagobert pour y placer le fils de ce maire, liv. Ier, chap. XXIX, p. 49.

Dieudonné (Deodatus) tenait en bénéfice du monastère de Centule en 831, à charge de service de terre et de mer, liv. III, chap. III, p. 104.

Diomedes, grammairien, dont les ouvrages étaient en 831 à la bibliothèque du monastère de Centule, liv. III, chap. III, p. 100.

Dodiger, enfant du Rouennois, est guéri devant la châsse de saint Riquier, liv. III, chap. XVIII, p. 143.

Dominique, souscrit une charte de l'abbé de Saint-Riquier, 8 des ides de décembre 1047, liv. IV, chap. XXI, p. 245.

Donat, grammairien, dont les ouvrages étaient en 831 à la bibliothèque du monastère de Centule, liv. III, chap. III, p. 100.

Donatien (Donatianus), tenait en 831 en bénéfice du monastère de Centule, à charge de service de terre et de mer, liv. III, chap. III, p. 104.

Drogo (Dreux), évêque de Térouenne, fut le disciple de l'abbé Angelran, liv. IV, chap. XI, p. 214.

Droptulfus, tenait noblement en bénéfice en 831 du monastère de Centule, à charge de service de terre et de mer, liv. III, chap. III, p. 104.

Duodelin, moine de saint Riquier, souscrit

---

1. Ses historiens, ainsi que ceux des grands Officiers de la Couronne, sont indécis sur le nom de sa mère. — Ce roy, dit-on, est mort des suites de ses débauches. — Note du marquis Le Ver.

gouvernement du monastère, liv. III, chap. XXI, p. 157. — Voyez Moines.
— Avaient usurpé plusieurs églises du domaine de ce monastère de Centule, liv. III, chap. XXVI, p. 171.
— L'abbé Fulchéric détermine plusieurs d'entre eux à prendre l'habit de moine, liv. III, chap. XXIII, p. 164.

CLODOVEUS voyez Clovis.

CLOTAIRE [1], fils aîné de Clovis Ier, ayant survécu à ses frères, posséda en en entier le royaume de son père, régna avec fermeté pendant 51 ans, liv. Ier, chap. Ier, p. 6.
— Laissa quatre fils et une fille, Aribert, Gontran, Chilpéric, Sigebert, liv. Ier, chap. II, p. 7.
— Et Blithilde [2], femme d'Ansbert, tige des Carlovingiens, liv. II, chap. Ier, p. 58.
— Sous son règne naquit saint Riquier, liv. Ier, chap. II, p. 7.

CLOTAIRE II, fils de Chilpéric, roi de Soissons, homme prudent, par le conseil de saint Colomban ne veut pas se mêler des démêlés des deux frères Thierry et Théodebert, liv. Ier, chap. II, p. 8.
— Défait Sigebert, ainsi que ses cinq frères qui furent pris et mis à mort ainsi que Brunehaut leur aïeule, liv. Ier, chap. III, pp. 9-10.
— Saint Colomban, chassé du monastère de Luxeu par la malice de Brunehaut, détourne Clotaire de se mêler des démêlés des enfans de cette reine, et prédit à ce roy qu'avant trois ans il aurait les royaumes de ces princes, liv. Ier, chap. II, p. 8.
— S'empare des trois royaumes, et maître de l'héritage de ses pères se distingue par ses hauts faits. Il laisse de Bertrude sa femme Dagobert, liv. Ier, chap. III, p. 10.

CLOTAIRE, fils aîné de Clovis II, meurt sans enfans après 14 ans de règne, liv. Ier, chap. XXIV, p. 50.

CLOTARIUS voyez Clotaire.

CLOVIS (Hludogvicus), fils de Chilpéric et de Basine, succède au trône de son père, fut un grand guerrier, ne sut pardonner à personne, — baptisé par saint Remy, vainquit Alaric, — voit par un miracle tomber les murs d'Angoulême qu'il voulait attaquer, — meurt à Paris après 30 ans de règne. Clotaire son fils lui succède, liv. Ier, chap. Ier, p. 6.

CLOVIS II (Clodoveus), 2e fils de Dagobert auquel il succède au royaume des Francs, épouse Batilde, dont Clotaire, Childéric, Thiéry, — fait mettre à mort Grimoald, maire du palais. — Son fils Clotaire lui succède, liv. Ier, chap. XXIV, p. 49.

COLOMBAN, prêtre irlandais, vient en France sous le règne de Sigebert, liv. Ier, chap. VI, p. 16.
— Ce saint, par la malice de Brunehaut, est chassé du monastère de Luxeu, détourne le roi Clotaire II de se mêler des enfans de cette reine, et lui prédit qu'avant trois ans il sera roi des royaumes de ces princes, liv. Ier, chap. II, p. 8.

COMMINIEN (Comminianus), grammairien dont les ouvrages étaient en 831 à la bibliothèque du monastère de Centule, liv. III, chap. III, p. 100.

CONSTANCE, femme de Robert, roi de France, confirme avec son mari une charte donnée à Compiègne par Angelran comte de Ponthieu, aux nones d'avril, liv. IV, chap. VI, p. 201.

COSCHIN (Coschinus), 3e abbé de Centule, préface, p. 2.
— Succède à Ocïald, avait été dit-on disciple de saint Filibert, avait commencé au monastère de Rebais,

---

1. Hariulfe se trompe, Clotaire était le plus jeune des quatre fils de Clovis. — Note du marquis Le Ver.

2. Cette Blithilde est supposée, voyez la préface p. XII du fasc. IIIe de D. Bouquet. — Note du marquis Le Ver.

avait gouverné le monastère de Jumièges, fit écrire la vie de saint Filibert, liv. Ier, chap. XXV, p. 52.
— N'est pas mentionné dans la liste des abbés de Centule donnée par Angilbert, mais plusieurs écrits conservés au monastère de Jumièges prouvent qu'il a été abbé de ce monastère ainsi que de celui de Centule, liv. IV, chap. XVII, p. 231.

CYRILLE, ses Épitres étaient en 831 à la bibliothèque du monastère de Centule, liv. III, chap. III, p. 100.

D

DAGOBERT[1], fils de Clotaire II et de Bertrude, liv. Ier, chap. III, p. 10.
— Élevé par Arnoul, évêque de Metz, eut le royaume d'Austrasie du vivant de son père et se montra un autre Salomon, liv. Ier, chap. III, p. 10.
— Son éloge, liv. Ier, chap. IV, p. 11.
— Père de Sigebert et de Clovis, liv. Ier, chap. XXIV, p. 49.
— Visite saint Riquier en son abbaye de Centule, liv. Ier, chap. XVII, p. 36.
— Donne à ce saint, au milieu de la forest de Cressy, un lieu nommé aujourd'hui Forestmonstier, liv. Ier, chap. XVIII, p. 39.
— A la demande de saint Riquier, lui accorde la terre de Campagne, liv. IV, chap. XXI, p. 244.

DAGOBERT, à la mort de Sigebert son père, succède au royaume d'Austrasie. Grimoald, son maire du palais, le fait raser et met son fils à sa place, liv. Ier, chap. XXIV, p. 49.

DARÈS DE PHRYGIE, son histoire était en 831 à la bibliothèque du monastère de Centule, liv. III, chap. III, p. 101.

DENIS, ses Épitres en 831 à la bibliothèque du monastère de Centule, liv. III, chap. III, p. 100.

DEODATUS (Dieudonné), vassal du monastère de Centule, voyez Dieudonné.

DIDON, non évêque de Poitiers mais profanateur de ce siège, aide Grimoald, maire du palais d'Austrasie, à priver de ce royaume son roy Dagobert pour y placer le fils de ce maire, liv. Ier, chap. XXIX, p. 49.

DIEUDONNÉ (Deodatus) tenait en bénéfice du monastère de Centule en 831, à charge de service de terre et de mer, liv. III, chap. III, p. 104.

DIOMEDES, grammairien, dont les ouvrages étaient en 831 à la bibliothèque du monastère de Centule, liv. III, chap. III, p. 100.

DODIGER, enfant du Rouennois, est guéri devant la châsse de saint Riquier, liv. III, chap. XVIII, p. 143.

DOMINIQUE, souscrit une charte de l'abbé de Saint-Riquier, 8 des ides de décembre 1047, liv. IV, chap. XXI, p. 245.

DONAT, grammairien, dont les ouvrages étaient en 831 à la bibliothèque du monastère de Centule, liv. III, chap. III, p. 100.

DONATIEN (Donatianus), tenait en 831 en bénéfice du monastère de Centule, à charge de service de terre et de mer, liv. III, chap. III, p. 104.

DROGO (Dreux), évêque de Térouenne, fut le disciple de l'abbé Angelran, liv. IV, chap. XI, p. 214.

DROPTULFUS, tenait noblement en bénéfice en 831 du monastère de Centule, à charge de service de terre et de mer, liv. III, chap. III, p. 104.

DUODELIN, moine de saint Riquier, souscrit

---

1. Ses historiens, ainsi que ceux des grands Officiers de la Couronne, sont indécis sur le nom de sa mère. — Ce roy, dit-on, est mort des suites de ses débauches. — Note du marquis Le Ver.

une charte de l'évêque de Liège au profit de ce monastère, 5 des calendes de novembre 989, liv. III, chap. XXX, p. 182.

Durand, évêque de Liège, renouvelle avec l'abbé de Saint-Riquier la concession précédemment faite avec son prédécesseur ; 14 des calendes d'octobre 1022, la 19e année du règne de l'empereur Henry, liv. IV, chap. III, p. 182.

Durand, diacre, souscrit à la place de Friduse un diplôme donné par Louis (le Débonnaire en 830), empereur, le III des nones d'avril l'an XVII du règne de ce prince, daté du monastère de Saint-Valery, liv. III, chap. II, p. 93.

E

Ébal, évêque de Reims, 14 des calendes d'octobre 1022, liv. IV, chap. III, p. 193.

Ébroin, maire du palais, veut faire nommer Thierry roi d'Austrasie ; voyant que ses intrigues n'avaient pu réussir, après avoir persécuté saint Léger, il se fait moine à Luxeu, mais après la mort de Chilpéric, il s'échappe de son cloître, vient intriguer pour rétablir le roy Thierry qui le fait maire du palais, liv. Ier, chap. XXIV, p. 50.

Ecbert, souscrit une charte de l'évêque de Liège, 5 des calendes de novembre an 989, indiction XII, année première de l'empereur Henry, liv. III, chap. XXX, p. 182.

Édouard (Hetguardus), roi d'Angleterre, et Édith, sa femme, reçoivent Gervin abbé du monastère de Centule, liv. IV, chap. XXII, p. 248.

— Meurt en 1066, Elfgar, son arrière-neveu, devait lui succéder, liv. IV, chap. XXIII, p. 252.

Édith, femme d'Édouard roy d'Angleterre, reçoit honorablement l'abbé Gervin abbé de l'église de Saint-Riquier ; est courroucée de ce que cet abbé refuse son baiser de salut et de paix lorsqu'elle s'approche pour le lui donner selon l'usage. Croyant que c'est un refus de mépris, elle retire à cet abbé les grâces qu'elle voulait lui faire ; mais, éclairée sur les causes de ce refus, elle lui rend ses bontés et abolit l'usage de ce baiser. Elle fait présent à cet abbé d'un amict enrichi d'or et de pierreries, liv. IV, chap. XXII, p. 248.

Egfroy (Egfridus), tenait noblement un bénéfice en 831 du monastère de Centule à charge de service de terre et de mer, liv. III, chap. III, p. 104.

Éginboldus tenait noblement un bénéfice en 831 du monastère de Centule, à charge de service de terre et de mer, liv. III, chap. III, p. 104.

Elfgar, arrière-petit-neveu d'Édouard roy d'Angleterre, devait lui succéder, liv. IV, chap. XXIII, p. 252.

Emlin tenait noblement en bénéfice en 831 du monastère de Centule à charge du service de terre et de mer, liv. III, chap. III, p. 104.

Énée (Æneas), notaire au lieu de Louis, souscrit une charte de Charles le Chauve le XI des calendes de mars, indiction III, l'an XVIe de ce prince, liv. III, chap. IX, p. 124.

Engelard voyez Ingelard.

Engelran voyez Angelran.

Engelguin (Engelguinus), charpentier du monastère de Saint-Riquier, est guéri d'une blessure qu'il se fit en tombant d'un toit par la vertu de saint Riquier, liv. IV, chap. IX, p. 209.

Enguerran voyez Anguerran et Angelran abbé de Saint-Riquier, et Ingelran.

Enguerran, comte de Ponthieu, voyez Angelran.

EPHREM, ses œuvres sur le jour du Jugement étaient en 831 à la bibliothèque du monastère de Centule, liv. III, chap. III, p. 100.

EREMBOLDUS tenait noblement en bénéfice en 831 du monastère de Centule à charge de service de terre et de mer, liv. III, chap. III, p. 104.

ERLUIN, moine de Saint-Riquier, chassé par Gervin II, liv. IV, chap. XXXVI, p. 298 [1].

ERMENGAIRE (Ermengarius), tenait noblement en bénéfice en 831 du monastère de Centule à charge de service de terre et de mer, liv. III, chap. III, p. 104.

ERMENGARDE, première femme de Louis le Débonnaire, mère de Lothaire, Pépin, Louis, liv. III, chap. V, p. 109.

ERMENGARDE, fille du duc Hugues, femme de l'empereur Lothaire en 843, liv. III, chap. VI, p. 113.

ERMANGARIUS voyez Ermengaire.

ERMINE, femme de Gautier Tirel, chevalier, VII des ides d'octobre 1052, liv. IV, chap. XXI, p. 244.

ESIMBARDUS, français, engage les barbares à venir en France. Ils sont battus dans le Vimeu et leur roy tué. Voyez Isambart, liv. III, chap. XX, p. 149.

ÉTIENNE, pape, couronne le roy Pepin, sa femme Bertrade, Charlemagne et Carloman, leurs deux fils, en l'église de Saint-Denis, liv. II, chap. II, p. 60.

EUCHER, évêque, son livre sur les Éclipses de lune et du soleil, à la bibliothèque de Centule en 831, liv. III, chap. III, p. 100.

EUDES (ODO), souscrit une charte d'Angelran, comte de Ponthieu, qu'avait confirmée, à Compiègne, le roi Robert; nones d'avril, liv. IV, chap. VI, p. 201.

EUDES, un des fidèles de l'abbé de Saint-Riquier, souscrit une charte de Gervin avec un autre Eudes, le IV des calendes de septembre 1063, liv. IV, chap. XXII, p. 247.

EUDES, chevalier, souscrit une charte du comté de Ponthieu en 1067, liv. IV, chap. XXII, p. 248.

EUDES voyez Odo.

EUGIPE, auteur d'un extrait de saint Augustin à la bibliothèque de Centule en 831, liv. III, chap. III, p. 99.

EUSÈBE, son histoire ecclésiastique était en 831 à la bibliothèque du monastère de Centule, liv. III, chap. III, p. 101.

---

1. Ce nom a été omis dans cette publication par ma faute. Erluinus prend place dans le texte latin entre Willelmus et Hildemarus. Je le renvoie néanmoins à la page 298 où il devrait figurer.

F

FERIOL, deuxième fils d'Ansbert et de la princesse Blithilde, liv. II, chap. Ier, p. 58.

FILIBERT (Filibertus saint), avait commencé par être moine au monastère de Rebais, fut premier abbé de Jumièges, eut pour disciple Cochin qui fut abbé de Saint-Riquier, liv. Ier, chap. XXV, p. 52.

FLANDRES (Arnoult comte de), prend Montreuil, liv. III, chap. XXII, p. 159. Voyez Arnoul, comte de Flandres.

FLANDRES (Baudouin comte de), régent du royaume de France, est tuteur de Philippe roi de France, liv. IV, chap. XXII, p. 246. Voyez Baudouin, comte de Flandres.

FLODENE (Flodencus), tenait noblement en bénéfice en 831 du monastère de Centule à charge de service de terre et de mer, liv. III, chap. III, p. 104.

FLODULFE, deuxième fils d'Arnoul, évêque de Metz et petit-fils de la princesse Blithilde, liv. II, chap. Ier, p. 58.

FORTUNAT, la moitié de ses œuvres étaient

en 831 au monastère de Centule, liv. III, chap. II, p. 101.

FOULQUE, évêque d'Amiens, reçoit un bref du pape Jean à l'effet d'excommunier ceux qui ne rendraient pas les biens usurpés au monastère de Centule, liv. III, chap. XXV, p, 169.

— Fut présent en 1052 à la donation de la terre de Portes faite au monastère de Saint-Riquier par Angelran, comte de Ponthieu, liv. IV, chap. XXI, p. 242.

— Avait été obligé à plusieurs services envers l'abbé Angelran, puis envers l'abbé Gervin Ier qui empêcha le pape Léon IX de l'excommunier au concile de Reims, liv. IV, chap. XXXVI, p. 296.

— Était plus occupé de la chasse aux bêtes fauves et aux oiseaux que du salut des âmes, liv. IV, chap. XXVII, p. 265.

FOULQUE, fils d'Angelran, comte de Ponthieu, nommé par le roy Henry, à l'insu d'Angelran abbé de Saint-Riquier, pour régir cette abbaye. Cet abbé apprenant que Foulque donnait un repas dans le réfectoire à plusieurs chevaliers du pays pour sa nomination, quoique paralysé se fait porter au réfectoire, excommunie les convives, fait des reproches à Foulque et lui prédit qu'il ne sera jamais abbé de Saint - Riquier. Après la mort d'Angelran son père, Foulque fut fait abbé de Forestmontier, liv. IV, chap. XII, p. 216.

— Cherchait par des présens à se faire nommer abbé de Saint - Riquier, liv. IV, chap. XIII, p. 219.

FRAMERIC (Framericus), tenait noblement en bénéfice en 831 du monastère de Centule à charge de service de terre et de mer, liv. III, chap. III, p. 104.

FRAMERIC (Framericus), un des fidèles de Saint-Riquier, souscrit une charte de Gervin, IV des calendes de septembre 1063, liv. IV, chap. XXII, p. 247.

FRANCS (Franci), nom donné par les Romains aux Sicambres parceque le nom dans la langue attique signifie féroce, liv. Ier, chap. Ier, p. 6.

— Une partie des Francs [1] est donnée en 865 par Louis, roi de Germanie à Louis son second fils, liv. III, chap. XII, p. 130.

FRANCE (Robert roi de), liv. IV, chap. II, p. 191.

FREDENERTUS, tenait noblement en bénéfice en 831 du monastère de Centule, à charge de service de terre et de mer, liv. III, chap. III, p. 104.

FRÉDÉRIC souscrit une charte donnée par le comte de Ponthieu à l'abbé de Saint-Riquier en 1067, liv. IV, chap. XXII, p. 248.

FRICOR, compagnon du prêtre irlandais Cadoc, liv. II, chap. VI, p. 83.

FRIDIGE [2] (Fridigius), fut un des quatre abbés auxquels Charlemagne laissa par son testament, liv. III, chap. VII, p. 85.

FRIDUSIUS, en sa place Durand, diacre, signe un diplôme de Louis le Débonnaire l'an 830, liv. III, chap. II, p. 93.

FROMULFUS, tenait noblement en bénéfice en 831 du monastère de Centule, à charge du service de terre et de mer, liv. III, chap. III, p. 104.

FROTGAIRE (Frotgarius), notaire, signe un diplôme de Charles le Chauve, le 7 des ides de décembre 868, liv. III, chap. XV, p. 138.

— Idem, chap. XVI, p. 240.

FULCHÉRIC, moine de Centule, en est élu abbé après la mort de l'abbé Gerbert ; y avait gouverné les clercs, liv. III, chap. XXI, p. 158.

1. Ces Francs, c'est la Franconie. — Note du marquis Le Ver.
2. Était abbé de Saint-Martin-de-Tours (Mabillon Annal. Bénéd., fasc. II, p. 397. — Note du marquis Le Ver.

— 20e abbé de Centule, préface, p. 3, et liv. III, chap. XXV, p. 168; liv. IV, chap. XVII, p. 230.

— Reprend par adresse les corps de saint Riquier et de saint Vallery dans l'église du château royal de Montreuil, qu'avait enlevés et y faisait garder Arnoul comte de Flandres, liv. III, chap. XXII, p. 159.

— Meurt le VIII des ides de novembre, liv. III, chap. XXIII, p. 164.

FULBERT, évêque de Chartres, avait été maître d'Anguerran abbé de Saint-Riquier, liv. IV, chap. Ier, p. 190.

— Ordonne à son élève d'écrire en vers la vie de Saint-Riquier, liv. IV, chap. VIII, p. 207.

FULCARD composa une hymne en l'honneur de saint Vigor, liv. IV, chap. XX, p. 238.

FULCHRAMNUS tenait noblement en bénéfice, en 831 du monastère de Centule, à charge de service de terre et de mer, liv. III, chap. III, p. 104.

FULCO, voyez Foulque.

FULGENCE, ses homélies à la bibliothèque du monastère de Centule en 831, liv. III, chap. III, p. 98.

G

GAUTIER (Gualterus), tenait noblement en bénéfice en 821 du monastère de Centule, à charge de service de terre et de mer, liv. III, chap. III, p. 104.

GAUTIER souscrit une charte donnée au monastère de Saint-Riquier par le roy Henry l'an 1035, liv. IV, chap. VII, p. 204.

GAUTIER (Gualterius), surnommé Grimutius, avant d'être abbé de Saint-Sauve, avait été moine de Centule, sous l'abbé Ingelard, liv. III, chap. XXIX, p. 180. Siégeait en 1020.

GAUTIER (Gualterius), chevalier (ou vassal) de l'évêque de Liège, souscrit une charte de cet évêque en 989, liv. III, chap. XXX, p. 182.

GAUTIER assiste à la donation de la terre de Portes, faite à l'église de Saint-Riquier, liv. IV, chap. XXI, p. 242.

GAUTIER (Gualterus), chevalier, fils de Hugues grand bouteiller du Roy, rend à l'abbé de Saint-Riquier la terre de Feuquières en Vimeu, moyennant cent sols que le chevalier, sur sa réclamation, reçoit de cet abbé; dont charte dressée le IV des calendes de septembre 1063, liv. IV, chap. XXII, p. 246.

GAUTIER (Walterius), souscrit une charte du comte de Ponthieu en 1067, liv. IV, chap. XXII, p. 248.

GAUTIER surnommé Ambroise, moine de Saint-Riquier, chassé du monastère par l'abbé Gervin II, liv. IV, chap. XXXVI, p. 298.

GAUTIER surnommé Samuel, moine de Saint-Riquier, chassé de ce monastère par l'abbé Gervin II, liv. IV, chap. XXXVI, p. 298.

GAUTIER, moine de Saint-Riquier, chassé de ce monastère par l'abbé Gervin II, liv. IV, chap. XXXVI, p. 298.

GAUTIER TIREL, voyez Tirel.

GAUZLIN, à son défaut Audacher, notaire, signe un diplôme de Louis roi de Germanie en faveur du monastère de Centule, donné à Compiègne le III des calendes de janvier, indiction XV la 2e année du règne de ce prince (867), liv. III, chap. XIII, p. 134.

GELASE, pape, auteur des livres à admettre et à regretter qui en 831 étaient à la bibliothèque du monastère de Centule, liv. III, chap. III, p. 100.

GELDUIN (Gelduinus), 27ᵉ abbé de Centule, préface, p. 3.

GEORGE[1] (Georgius), fut un des douze évêques qui assistèrent à la dédicace de l'église du monastère de Saint-Riquier sous l'abbé Angilbert, liv. III, chap. IV, p. 67.

GÉRARD, abbé de Centule après Carloman. On ignore le temps où il a vécu, liv. III, chap. XX, p. 149.

GÉRARD, assiste à la donation de la terre de Portes faite à l'église de Saint-Riquier en 1052, liv. IV, chap. XXI, p. 242.

GERBERT (Gerbertus), clerc, non engagé dans les ordres, prend le titre d'abbé de Centule, se refuse à prendre l'habit de moine; pendant le peu de temps de son administration, vendit, donna ou laissa prendre divers villages des propriétés du monastère, et les moines, pour l'engager à leur abandonner le gouvernement du monastère que gouvernait malgré eux une congrégation de clercs et de quelques moines, lui donnèrent le village de Bussu[1] (Buxis), où il se retira, mena une vie privée sans jamais vouloir se faire moine, et mourut peu de temps après, liv. III, chap. XXI, p. 157. Voyez Clercs et Moines.

GERFROI (Gerfridus), un des douze évêques qui assistèrent à la dédicace de l'église de Saint-Riquier au monastère de Centule qu'avait fait reconstruire saint Angilbert sous Charlemagne, liv. III, chap. IV, p. 67.

GERMAIN, moine de Saint-Riquier, chassé par l'abbé Gervin II, liv. IV, chap. XXXVI, p. 298.

GEROLDUS tenait noblement en fief en 831 du monastère de Centule, à charge du service de terre et de mer, liv. III, chap. III, p. 104.

GERALDUS, un des serviteurs du monastère de Centule, est guéri de cécité à la translation du chef de saint Riquier dans une châsse d'argent, l'an 864, liv. III, chap. XI, p. 129.

GERVIN Iᵉʳ, abbé de Saint-Riquier, fils de Guillaume et de Romille du pays de Lyonais, élevé en l'église de Sᵗᵉ-Marie, métropolitaine de Reims, où il fut chanoine. La lecture des ouvrages des anciens l'avait rendu libertin. Bientôt repentant il se fait moine sous Richard abbé de Verdun dont il fut le chapelain, liv. IV, chap. XIII, p. 219.

— Va avec son abbé en pèlerinage à Jérusalem, liv. IV, chap. XIV, p. 222.

— A son retour de Jérusalem il alla faire sa cour avec son abbé au roi Henry, qui, se souvenant que l'abbé Angelran lui avait demandé un successeur, le demanda pour abbé de Saint-Riquier à son abbé Richard qui ordonna à Gervin d'accepter l'offre du Roi. Gervin ne voulut pas accepter avant d'avoir été élu par les frères, et qu'Angelran n'eût confirmé sa nomination. Après qu'à la demande d'Angelran les moines l'eurent élu Angelran abdiqua le bâton pastoral. Gervin alors à Amiens fut sacré abbé par l'évêque le jour de l'Annonciation, liv. IV, chap. XV, p. 223.

— Lorsqu'il voulut se faire moine à Verdun, il fut contrarié dans ce dessein parce qu'il était tuteur de ses deux sœurs, mais il donna tout son bien à un chevalier nommé Haymon qui épousa sa sœur Rotselline, et l'autre se fit religieuse. Cet Haymon, chevalier, était un des nombreux vassaux de Gervin lui-même, liv. IV, chap. XIV, p. 221.

— Va en Angleterre[1] où il est bien reçu

---

1. Dans ce temps le siège d'Amiens était occupé par un évêque du nom de George. — Note du marquis Le Ver.

2. Origine ou usage de biens en command. — Note du marquis Le Ver.

---

1. Premier voyage en Angleterre. — Note du marquis Le Ver.

du roy Édouard et de la reine Édith sa femme. Il refuse le baiser de paix que la reine, allant au devant de lui, se préparait à lui donner selon l'usage. Ce refus indispose la reine. Éclairée sur son motif elle lui rend sa faveur et sa bienveillance, lui fait présent d'un amict d'or et enrichi de pierreries que, par la suite, il cède à l'évêque d'Amiens sur sa demande. L'évêque lui donne en échange deux églises, l'une à Argoules, l'autre à Monshelis (Monshelisi), liv. IV, chap. XXII, p. 248.

— En février [1], la 2e année du roi Guillaume, l'abbé Gervin s'embarque à Guizant (Wissant) pour aller en Angleterre. Par ses prières il obtint la cessation d'une tempête qui durait depuis quinze jours. Il débarque heureusement avec les passagers. — Se rend à la cour du roi Guillaume qui envoie au devant de lui, liv. IV, chap. XXIII, p. 253.

— Le roi Guillaume confirme par une charte plusieurs donations à l'église de Saint-Riquier, de terres situées à l'extrémité de l'Angleterre, donations faites par le comte Raoul et Raoul son fils, liv. IV, chap. XXIV, p. 255.

— L'abbé Gervin possédait dans l'Amiénois un petit couvent, un autre du nom de Luliacum, et un autre au milieu de la forest d'Eu, liv. IV, chap. XXV, p. 258.

— Fait un accord par une charte avec Gautier pour rentrer dans la possession de Feuquières en Vimeu, 4 des calendes de septembre 1063. — Obtient du comte de Ponthieu la restitution du quart de la terre d'Outtrebois, liv. IV, chap. XXII, pp. 246 et 247.

— Obtient du comte de Ponthieu diminution du droit que le comte percevait sur les porcs de Majoch, liv. IV, chap. XXII, p. 250.

— Donne à vie à un fidèle nommé Agenard plusieurs portions de terre au monastère de Saint-Riquier, 8 des ides de décembre 1047, liv. IV, chap. XXI, p. 244.

— Parcourait la Normandie, la Flandre, la Gaule, l'Acquitaine, et la Hongrie [1] pour recevoir les confessions des pécheurs. On lui avait cédé une cellule pour y recevoir les pécheurs qui venaient à Saint-Riquier lui faire leurs confessions, que les frères appelaient la Confession. Les clercs scandalisés de voir prêcher un homme qui n'était pas évêque sans la permission du pape, et qui se permettait de confesser, le dénoncent au souverain pontife qui lui fait dire de venir à Rome rendre compte de sa conduite. Il se rend auprès du pape Léon qui le reçoit parfaitement bien, applaudit aux raisons dont l'abbé motive sa conduite, et lui ordonne de garder les pouvoirs de confesser; et, en lui disant ces mots, le souverain pontife offre des sandales à l'abbé Gervin qui les refuse par humilité. Après avoir été comblé des faveurs du pape il revient au monastère où il continue ses confessions. Pendant son séjour à Rome il fut un de ceux choisis par le pape pour porter la châsse de saint Remy lorsque le pape vint à Reims faire la dédicace de l'église Saint-Remy, liv. IV, chap. XXVII, p. 263 et suivantes.

— Ne fut jamais malade, faisait ses prières à l'église avant que les moines y entrassent, se retirait pour n'être

---

1. Deuxième voyage en Angleterre. — Note du marquis Le Ver.

1. Ses voyages pour confesser. — Note du marquis Le Ver.

pas vu, et se couchait à l'heure où les moines ont coutume de se lever, liv. IV, chap. XXVI, p. 259.

— Énumération des livres que l'abbé Gervin Ier procura à son église au nombre de 36 volumes qu'il fit couvrir convenablement, — découvre le lieu où les corps de Nithard et de saint Angilbert son père, étaient inhumés, les fait poser en un endroit convenable, liv. IV, chap. XXXII, pp. 275 et 277.

— Est frappé de la lèpre qui lui enlève l'usage de la parole. Après avoir épuisé toutes les ressources de la médecine il se résigne à la volonté du ciel, liv. IV, chap. XXXIII, p. 280.

— Il demande au jeune roi Philippe, qui était venu dans le pays, de lui donner pour successeur Gervin, son neveu, qui fut ordonné abbé de Centule l'an 1071 sur la fin du mois d'octobre le x des calendes de novembre. — Au bout de quatre années de souffrances ses narines, ses lèvres s'étaient fendues, sa bouche pouvait à peine former un son, la peau de tout son corps était hérissé de plaies. Au commencement de l'année 1074[1], indiction x le 2e février, s'étant refroidi dans la crypte de N.-D. de Sainte-Marie en disant la messe, il fut saisi de douleurs si vives qu'on fut obligé de le rapporter dans sa chambre ayant cependant fini sa messe. Il fait sa confession publiquement devant les frères, s'accuse d'avoir été coupable des huit péchés capitaux, d'avoir commis un adultère dans son cœur, d'avoir été coupable de concupiscence, liv. IV, chap. XXXIV, p. 282.

— Meurt la seconde semaine de carême le v des nones de mars, liv. IV, chap. XXXV, p. 285.

— Après sa mort on lave son corps ses membres étaient si beaux qu'on n'aurait jamais dit qu'ils eussent été souillés par la maladie; ses parties génitales étaient si pures qu'on les eut prises pour celles d'un enfant de sept ans. Il est inhumé dans la crypte orientale devant l'autel de la sainte Vierge l'an 1074, de l'Incarnation, indiction xi la 14e année du règne de Philippe roi des Français, son épitaphe, liv. IV, chap. XXXVI, p. 287.

— Ses miracles; l'eau dans laquelle fut placée la crosse de cet abbé guérit une femme qui avait demandé qu'on l'y plaçât, liv. IV, chap. XXVIII, p. 267.

— L'eau dans laquelle le saint abbé avait lavé ses mains guérit un enfant malade de la fièvre, liv. IV, chap. XXIX, p. 268.

— Le saint abbé voit les ombres célestes rendre hommage à plusieurs autels de saints dans l'église de Saint-Riquier, liv. IV, chap. XXX, p. 269.

Gervin II, à la demande de son oncle Gervin Ier, abbé de Saint-Riquier, est nommé abbé de ce monastère; il est ordonné l'an 1071, sur la fin du mois d'octobre, le 10 des calendes de novembre, liv. IV, chap. XXXIV, p. 282.

— Était le fils de la sœur de Gervin Ier, avait été élève de Saint-Remi de Reims, était loin de ressembler à son oncle; il était cependant d'un grand savoir, mais d'une vie déréglée. Voulait se donner pour successeur

---

1. L'année alors probablement commençait à Noël ou en janvier. — Note du marquis Le Ver.

1. C'était propablement encore l'église bâtie par Angilbert. — Note du marquis Le Ver.

un de ses neveux nommé Césaire; fait reconstruire la tour Saint-Sauveur de l'église du monastère qu'avait beaucoup endommagée le dernier incendie; toute l'église tombe 1; manquant de moyens, il fait promener la châsse de Saint-Riquier jusqu'à Abbeville pour engager les fidèles à faire leurs aumônes pour établir cette nouvelle construction qu'il fit faire, liv. IV, chap. XXXVI, p. 288.

— Est fait évêque d'Amiens; pour cette reconstruction, voulait garder son abbaye avec son évêché, liv. IV, chap. XXXVI, p. 293.

— A cause des déprédations qu'il faisait en son abbaye qu'il conservait avec son évêché d'Amiens, par le conseil du chapitre de Reims auquel les moines s'étaient plaints de ses actes, ils le dénoncèrent au concile de Clermont présidé par le pape Urbain qui porta contre lui une sentence canonique qui le dépouilla de sa dignité d'abbé et de l'administration de l'abbaye de Saint-Riquier. Ce fut l'an 1096, indiction IV. L'abbé obtint de tous ceux qui avaient assisté au concile qu'on ne dilvulguerait pas la sentence du pape, de sorte que, les moines ne la connaissant pas, l'abbé Gervin jouit encore un an des biens de l'abbaye jusqu'à ce que l'église de Reims la fit connaître à l'abbaye, et se rendant au chapitre de l'abbaye il y demanda pardon en se prosternant et s'en alla à Abbeville sans exciter aucuns regrets à Saint-Riquier; il revint à son évêché d'Amiens après avoir remis au chapitre de St-Riquier son bâton pastoral. Les moines le poursuivirent et l'accablèrent d'injures jusqu'à ce qu'il fut sorti de l'abbaye qu'il avait possédée pendant 24 ans.

Il mourut à l'abbaye de Noirmoutiers le IV des ides de janvier, liv. IV, chap. XXXVI, p. 294.

GIRBERT, clerc, 19e abbé de Centule, préface, p. 3.

GISELLE fille de Hugues Capet, épouse de Hugues avoué de Saint-Riquier, liv. IV, chap. XII, p. 217.

GISLEMARD (l'illustre), engage Dagobert à visiter Saint-Riquier, liv. Ier, chap. XVII, p. 36.

— Par son crédit fait donner par le roi à Saint-Riquier un lieu au milieu de la forest de Cressy, liv. Ier, chap. XVIII, p. 38.

GISLODUS tenait noblement en bénéfice en 831 du monastère de Centule, à charge de service de terre et de mer, liv. III, chap. III, p. 104.

GODARDUS tenait noblement en bénéfice en 831 du monastère de Centule, à charge de service de terre et de mer, liv. III, chap. III, p. 104.

GODEFROY (Godefridus) tenait noblement en bénéfice en 831 du monastère de Centule, à charge de service de terre et de mer, liv. III, chap. III, p. 104.

GODEFROY, vicomte de Ponthieu, souscrit une charte en faveur du monastère de St-Riquier donné par le roy Henry en 1035, liv. IV, chap. VII, p. 204.

GODEFROY, un des fidèles du monastère de Saint-Riquier, souscrit une charte de l'abbé Angelran, l'an 12e du roy Henry (1043), liv. IV, chap. VII, p. 205.

GODEFROY assiste à la donation de Portes (1052) faite à l'église de Saint-Riquier, liv. IV, chap. XXI, p. 242.

GODEFROY souscrit à une charte du comte de Ponthieu en 1067, liv. IV, chap. XXII, p. 248.

GODESCAL, prévôt de l'église de Liège, 5 des calendes de novembre 989, liv. III, chap. XXX, p. 182.

GODOLARDUS, possédait bénéfice en 845 dans

le territoire de Bonnelle, liv. III, chap. VII, p. 118.

GONDACHER, tenait noblement en bénéfice en 831 du monastère de Centule, à charge de service de terre et de mer, liv. III, chap. III, p. 104.

GONNORIDE (GONNORIDIS), mère de Richard, duc de Normandie, souscrit une charte, liv. IV, chap. IV, p. 196.

GONTRAN (GUNTRANNUS), deuxième fils de Clotaire Ier, a eu en partage le royaume d'Orléans, liv. Ier, chap. II, p. 7.

— Laisse en mourant son royaume à Brunehaut, qui échoit plus tard à Thiery, ibid., p. 8.

— Son neveu Thierry, roi de Bourgogne, liv. Ier, chap. II, p. 8.

GOSBERTUS, tenait noblement en bénéfice en 831 du monastère de Centule, à charge de service de terre et de mer, liv. III, chap. III, p. 104.

GOSBERT, vicomte, le pape Jean lui écrit pour l'engager à rendre au monastère de Centule ce qu'il lui avait pris, le menace d'excommunication s'il ne le rend pas, liv. III, chap. XXV, p. 169.

GOZLIN, chancelier de Charles le Chauve, à son défaut le notaire Frotgaire signe un diplôme de ce roi, 7 des ides de décembre 868, liv. III, chap. XV, p. 138.

— Hildeboldus, chancelier, au lieu de Gozlin, liv. III, chap. XVII, p. 142.

— Hildeboldus, notaire, au lieu de Gozlin, ibid., chap. XIX, p. 147.

GRATIEN, martyr, est dit-on enterré dans l'Amiénois où le monastère de St-Riquier a un petit couvent, liv. IV, chap. XXV, p. 258.

GRÉGOIRE (Saint), ses livres à la bibliothèque de Centule, liv. III, chap. III, p. 99.

GRÉGOIRE DE NAZIANCE (Saint), ses huit livres à la bibliothèque de Centule en 831, liv. III, chap. III, p. 99.

GRÉGOIRE DE TOURS, ses ouvrages de la génération d'Adam et des gestes des Francs, à la bibliothèque de Centule en 831, liv. III, chap. III, p. 100.

GRIMOALD, succède à son père Pépin au duché d'Austrasie, est fait maire du palais du royaume d'Austrasie par le roi Sigebert; après la mort de Sigebert il fait raser Dagobert, fils de ce roi, et met son fils à sa place; il est pris par trahison, envoyé au roi Clovis II, à Paris, qui le fait mourir, liv. Ier, chap. XXIV, p. 49.

GRIMUTIUS (Gautier surnommé), abbé de Saint-Sauve, liv. III, chap. XXIX, p. 180, siégeait vers 1020.

GRINAIRE (Grinarius), tenait noblement en bénéfice en 831 du monastère de Centule, à charge de service de terre et de mer, liv. III, chap. III, p. 104.

GUALBERTUS, tenait noblement en bénéfice en 831, du monastère de Centule, à charge de service de terre et de mer, liv. III, chap. III, p. 104.

GUALCARIUS, tenait noblement en bénéfice en 831 du monastère de Centule, à charge de service de terre et de mer, liv. III, chap. III, p. 104.

GUALCERDÉE (Gualcerdeos), tenait noblement en bénéfice en 831 du monastère de Centule, à charge de service de terre et de mer, liv. III, chap. III, liv. 104.

GUALCHISE, fils d'Arnoul évêque de Metz, père du bienheureux Vandrille, liv. II, chap. Ier, p. 58.

GUALTERUS, voyez Gautier vassal de Centule.

GUANDELMARUS, tenait noblement en bénéfice en 831 du monastère de Centule, à charge de service de terre et de mer, liv. III, chap. III, p. 104.

GUANDREGILUS, voyez Vandrille.

GUARAMOND, roi des barbares, rappelé en France par Ésimbard, est battu dans le Vimeu, y perd la vie, liv. III, chap. XX, p. 149.

GUARIN, abbé de Cérisy en Bessin, par la

protection de Guillaume duc de Normandie obtient de l'abbé de Saint-Riquier un os du bras droit de saint Vigor, liv. IV, chap. XX, p. 239.

GUARIN, moine de Verdun, fait prévôt du monastère de Saint - Riquier, liv. IV, chap. XV, p. 224.

GUARINGAUDUS, tenait noblement en bénéfice en 831 du monastère de Centule, à charge de service de terre et de mer, liv. III, chap. III, p. 104.

GUATHON, clerc, souscrit à une charte de l'évêque de Liège, XIIII des calendes d'octobre 1022, liv. IV, chap. III, p. 194.

GUELFON, 15e abbé de Centule, préface, p. 3, liv. IV, chap. XVII, p. 230.

— L'an 867, indiction XV, obtient du roi Louis une charte qui fait défense à toute personne allant à la guerre ou en revenant de passer par Civinicourt appartenant au monastère de Saint-Riquier. Dans cette charte le roi le traite de cousin (consanguineus). Avant d'être abbé de Centule, il avait été abbé de Sainte-Colombe de Sens. Il conserve cette abbaye avec celle de Saint-Riquier où il remplace l'abbé Helgaud. Son éloge. L'an 864 VI des calendes de novembre il fait mettre dans une châsse d'argent le chef de Saint-Riquier qui était dans une châsse de bois, liv. III, chap. XI, p. 188.

— Après sa mort il fut remplacé à l'abbaye de Sainte - Colombe de Sens par Jérémie, liv. III, chap. XX, p. 150.

GUENERAN, fils d'Agenard et de Hildesende, 7 des ides de décembre 1047, liv. IV, chap. XXI, p. 244.

GUERNON, un des fidèles du monastère de Saint-Riquier, souscrit à une charte de l'abbé Angelran l'an 12e du règne du roi Henry (1045), liv. IV, chap. VII, p. 205.

GUIFRED, 29e abbé de Centule, préface, p. 3.

GUICBAUD (Guicbaldus), tenait en bénéfice en 845 dans le territoire d'Argubius, liv. III, chap. VII, p. 118.

GUILGERADUS, tenait noblement en bénéfice en 831 du monastère de Centule, à charge de service de terre et de mer, liv. III, chap. III, p. 104.

GUILLAUME, jeune enfant de Richard duc de Normandie et de Judith, souscrit une charte de son père, liv. IV, chap. IV, p. 196.

GUILLAUME (le Conquérant) duc de Normandie, confirme au monastère de Centule l'église de Scabellivilla que l'abbesse de Montivilliers prétendait s'approprier, charte du 3 des calendes de novembre de l'an 1048, liv. IV, chap. XIX, p. 235.

— Le ciel lui fait apparaître un prodige pour lui apprendre qu'il désirait qu'il enlevât la couronne d'Angleterre à Harold qui l'avait usurpée, liv. IV, chap. XXIII, p. 252.

— Confirme la donation de plusieurs villages en Angleterre faite à l'église de Saint-Riquier par une charte à l'abbé Gervin, non datée, liv. IV, chap. XXIV, p. 255.

GUILLAUME, moine de Saint-Riquier, chassé par l'abbé Gervin II, liv. IV, chap. XXXVI, p. 298.

GUILLENCUS et Romilde, sa femme, du Laonois, père et mère de Gervin Ier abbé de Centule, ainsi que de deux filles, dont l'une nommée Rotselline, liv. IV, chap. XIII, p. 219, et chap. XIV, p. 221.

GUITMAR (Saint), 4e abbé de Centule, succède à Coschin suivant l'abbé Angelran ; il est enterré en Neustrie où il existe une église sous son nom. Des chanoines gardent son corps, liv. Ier, chap. XXV, p. 53, préface, p. 2, et liv. IV, chap. XVII, p. 230.

GULLAND, moine de Centule du temps d'Alcuin, liv. II, chap. VI, p. 83.

GUNTRANNUS, voyez Gontran.

GUNTSELMUS, tenait noblement en bénéfice en 831 du monastère de Centule, à charge de service de terre et de mer, liv. III, chap. III, p. 104.

GUTHÉE (Gutheus), tenait noblement en bénéfice en 831 du monastère de Centule, à charge du service de terre et de mer, liv. III, chap. III, p. 104.

GUY, archidiacre de Ponthieu en 1045, avait été disciple de l'abbé Angelran. A la mort de cet abbé il en fit l'épitaphe; depuis il fut évêque d'Amiens, liv. IV, chap. XVII, p. 229. Voyez Guy, évêque d'Amiens qui suit.

GUY, évêque d'Amiens, successeur de Foulque, était fils du comte[1], frère du comte Hugues, et oncle du comte Guy, liv. IV, chap. XXXVI, pp. 288 et 296.

— Fut le disciple de l'abbé Angelran, liv. IV, chap. XI, p. 214.

— Demande à l'abbé Gervin Ier l'amict que la reine d'Angleterre lui avait donné et en échange donne à cet abbé les églises d'Argoule et de Monshelisius, liv. IV, chap. XXII, p. 249.

— Meurt la même année que Gervin Ier, abbé de Saint-Riquier, liv. IV, chap. XXXVI, p. 288.

GUY, évêque de Soissons, reçoit un bref du pape à l'effet d'excommunier ceux qui ne rendraient pas les biens usurpés à l'église de Saint-Riquier, liv. III, chap. XXV, p. 269.

GUY, abbé de Forestmontier, avait été moine de Centule sous l'abbé Ingelard, liv. III, chap. XXIX, p. 180.

GUY, moine de Saint-Riquier, chassé du monastère par l'abbé Gervin II, liv. IV, chap. XXXVI, p. 298.

GUY Ier, fils de Hugues avoué de Saint-Riquier et de Gisèle, et frère d'Angelran comte de Ponthieu; abbé de Forestmontier; devenu aveugle, se retire au monastère de Centule.

---

1. Il n'est pas positivement dit qu'il fut fils du comte de Ponthieu. — Il s'agit probablement du comte Enguerran. — Note du marquis Le Ver.

Son éloge; meurt le 8 des calendes de mai; inhumé dans la chapelle saint Vincent, auprès du moine Odelger; son épitaphe par l'abbé Angelran, liv. IV, chap. XII, p. 217.

GUY Ier, comte de Ponthieu, fils du comte Hugues, succéda au comte de Ponthieu à la mort de son frère Enguerran tué par les Normands; succéda à l'avouerie de St-Riquier. Essuie les reproches de l'abbé Gervin Ier, qui lui dit qu'il ne devait pas se conduire comme un vrai déprédateur; qu'il avait le cœur corrompu par la cupidité, qu'on ne pouvait l'adoucir qu'avec de l'or. Cependant, à la prière de cet abbé, il réduit à 40 s. le cens qu'il avait droit de prendre dans le village de Mayoc dont il donne charte non datée dans laquelle il s'intitule par la grâce de Dieu comte de Ponthieu, liv. IV, chap. XXII, p. 250. Il y est dit que les moines paieront pour le comte, sa femme et ses enfans.

— Rend à l'abbé de Saint-Riquier la terre d'Oultrebois, abandonne aux frères de ce monastère les droits de son avouerie qu'il prenait sur cette terre, moyennant 20 livres d'argent, 50 bœufs que lui ont comptés lesdits frères et se fait fort de la revendication que pourrait faire Robert auquel jadis il avait abandonné l'avouerie de ladite terre dont il donne charte, date de l'an VIe du roi Philippe (1067), épacte III, concurrente VII, liv. IV, chap. XXII, p. 247.

— Assiste aux obsèques de Gervin Ier, abbé de Saint-Riquier, et dépose sur sa tombe (mort l'an 1074, indiction XI, le 2e février), la remise de ce qui lui était dû des redevances coutumières dans le village de Neuville, liv. IV, chap. XXXVI, p. 287.

— Il accompagne jusqu'à Abbeville la

procession que les moines de Saint-Riquier firent de la châsse de ce saint, de château en château, pour quêter des secours pour reconstruire une des tours que l'ancien incendie avait crevassée de toutes parts, liv. IV, chap. XXXVI, p. 290.

H

HARBERT, tenait noblement en bénéfice du monastère de Centule en 831, à charge de service de terre et de mer, liv. III, chap. III, p. 104.

HARDRAD, tenait noblement en bénéfice du monastère de Centule en 831, à charge de service de terre et de mer, liv. III, chap. III, p. 104.

HARFRIDUS, tenait noblement en bénéfice du monastère de Centule en 831, à charge de service de terre et de mer, liv. III, chap. III, p. 104.

HARIULFE, moine de Saint-Riquier depuis trois ans lorsque l'abbé Gervin y reçut moine le jeune Anscher encore enfant, liv. IV, chap. XXXVI, p. 289.

— Conçoit le dessein de réunir en un seul corps d'ouvrage tout ce qu'il a recueilli de côté et d'autre sur l'ancienneté et la noblesse de l'église de Centule, préface, p. 2.

— Est le continuateur de la chronique de Centule commencée par Saxoval, liv. IV, chap. XXXVI, p. 297.

— Finit son histoire en 1088, la 28e année du règne de Philippe et la 36e de Guy comte de Ponthieu, liv. IV, chap. XXXVI, p. 297.

— Fait son épitaphe dans laquelle il dit qu'il est né dans le Ponthieu, qu'il est entré enfant dans le cloître de Saint-Riquier, et qu'il fut le 3e abbé d'Aldembourg, liv. IV, chap. XXXVI, p. 298.

HARNIDE, frère de Nithard, enfant d'Angilbert et de Berthe fille de Charlemagne, liv. II, chap. II, p. 61.

HAROLD, voyez Herioldus.

HATTON, tenait noblement en bénéfice en 831 du monastère de Centule, à charge de service de terre et de mer, liv. III, chap. III, p. 104.

HAYMO, chevalier, d'une grande valeur, époux de Rotselline, sœur de l'abbé Gervin Ier qui lui abandonna son bien, liv. IV, chap. XIV, p. 221.

HEDENOLD, abbé de Centule après Carloman, préface, p. 3, liv. III, chap. XX, p. 149.

HEGFRIDUS, possédait à titre de précaire dans le territoire de Pétronutius en 845, liv. III, chap. VII, p. 118.

HELDIGUARD, un des 12 évêques qui assistèrent à sa dédicace de l'église de Saint-Riquier sous Charles le Magne, liv. II, chap. IV, p. 67.

HELGAUD, 14e abbé de Saint-Riquier, et comte de Centule, préface, p. 3.

— N'est pas dans le catalogue des abbés donné par Angelran, liv. IV, chap. XVII, p. 230.

HELGAUD, d'abord comte de Ponthieu, puis abbé de Centule à la mort de Rodolphe; avant d'être moine et abbé avait été marié, et de son mariage avait eu un fils nommé Herluin. Donne en bénéfice la terre de Rollencourt; fit plusieurs statuts suivis encore du temps de Hariulfe; meurt, liv. III, chap. X, p. 126.

HELGAUD, abbé de Marmoutier en 1096, liv. IV, chap. XXXVI, p. 296.

HELIGAUD, tenait en bénéfice du monastère

Centule en 831, liv. III, chap. III, p. 104, à charge de service de terre et de mer.

HELISACAR, fut, dit-on, recteur de l'abbaye de Jumièges avant d'être abbé de Centule à la mort de l'abbé Héric. Il défendit aux femmes l'entrée du monastère ; meurt ; liv. III, chap. IV, p. 106.

HELIZACHAR, 10e abbé de Centule, préface, p. 3. Succède à l'abbé Héric ; c'est le même que le précédent.

HELMERIC, tenait noblement en bénéfice en 831 du monastère de Centule, à charge de service de terre et de mer, liv. III, chap. III, p. 104.

HENRY, empereur, première année de son règne 5 novembre 989, indiction XII, liv. III, chap. XXX, p. 182. La dix-neuvième année de son règne, 14 octobre 1022, liv. IV, chap. III, p. 194.

HENRY, roy de France, après un jugement rendu en sa présence par les grands du royaume qui déboute un chevalier de la possession du village de Noguerias, enlevé par ce chevalier au monastère de Centule, rend ce village à ce monastère par une charte de l'an 1035, liv. IV, chap. VII, p. 203. Par cette même charte Angelran, comte de Ponthieu, avoué de Saint-Riquier, s'engage de n'introduire aucune nouvelle coutume dans le pays.
— L'abbé de Saint-Riquier donne une charte datée de la 16e année du règne de ce roy, liv. IV, chap. XXI, p. 245.
— Meurt après vingt-huit ans de règne, laissant le royaume à Philippe son fils en bas-âge, liv. IV, chap. XXII, p. 246.

HENRY (le duc), souscrit une charte donnée par Angelran comte de Ponthieu, confirmée par le roy Robert, à Compiègne, le jour des nones d'avril, liv. IV, chap. VI, p. 201.

HERBERT, abbé de Centule après Carloman, liv. III, chap. XX, p. 149.

HERBERT, un des vassaux (fidelis) du monastère de Saint-Riquier, souscrit une charte de l'abbé

Angelran la 12e année du roy Henry, l'an 1043, liv. IV, chap. VII, p. 205.

HEREMBOLD, tenait noblement en bénéfice en 831 du monastère de Centule, à charge du service de terre et de mer, liv. III, chap. III, p. 104.

HERIBERT, vassal (miles) du monastère de Saint-Riquier, souscrit une charte de l'évêque de Liège en faveur de ce monastère, 5 novembre 989, liv. III, chap. XXX, p. 182.'

HERIBERT, souscrit une charte de l'abbé de Saint-Riquier, le 8 des ides de décembre 1047, liv. IV, chap. XXI, p. 245.

HERIC, 9e abbé de Centule, préface, p. 1.
— Est fait abbé l'an 814, la même année mais non sous la même indiction que mourut Angilbert qu'il remplaçait, parce que l'indiction change le 24 septembre. Donne à Heuton un de ses vassaux la terre de Sidrudis donnée jadis à Saint-Riquier ; n'a rien fait de remarquable ; fut quelques années abbé, liv. III, chap. Ier, p. 89.
— Hélisacar lui succède, liv. III, chap. IV, p. 106.

HERIOLD, après la mort d'Édouard roi d'Angleterre, usurpe la couronne sur Elfgar, arrière-neveu de ce roi. Guillaume, duc de Normandie, à son tour la reçoit de Heriold, liv. IV, chap. XXIII, p. 252.

HERIULFE, tenait noblementt en bénéfice du monastère de Centule en 831, à charge de service de terre et de mer, liv. III, chap. III, p. 104.

HERLOUIN, fils du comte Helgaud, succède à son père au comté de Ponthieu, liv. III, chap. X, p. 126.

HERMENTRUDE, femme de Charles le Chauve, en 870, liv. III, chap. XIX, p. 147.

HERTBERT, 17e abbé de Centule, préface, p. 3.

HETGUARDUS, roi d'Angleterre, voyez Édouard, liv. IV, chap. XXII, p. 248 et chap. XXIII, p. 252.

HEUTON, vassal de l'abbé de Centule, en reçoit la terre de Sidrude donnée jadis à Saint-Riquier. Se promenant un jour dans un bois près de ce lieu, il remarqua un gros hêtre qu'il commanda à ses serfs (servi) d'abbattre. Ils lui représentèrent que c'était l'arbre sous lequel S. Riquier avait l'habitude de se reposer lorsqu'il allait en Angleterre. Nonobstant ces représentations il commanda de l'abbattre. Miracles à ce sujet. Cinq jours après sa profanation, Heuton mourut par punition de Dieu, liv. III, chap. Ier, p. 89.

— Par charte du 3 des nones d'avril, l'an 17 [1] de son règne, Louis le Débonnaire rend cette terre au monastère de Centule et lui fait d'autres grâces, idem, chap. II, p. 91.

HEZELIN [2], évêque de Paris, souscrit une charte en faveur du monastère de Saint-Riquier, donnée l'an 1035 par le roi Henry Ier, par laquelle il menace d'excommunier ceux qui troubleront le monastère dans cette possession, liv. IV, chap. VII, p. 204.

HEZELON, comte, souscrit une charte de l'évêque de Liège, 14 octobre 1022, liv. IV, chap. III, p. 194.

HIEREMIAS, moine de Centule. Voyez Jérémie.

HIERONIMUS. Voyez saint Jérome.

HILAIRE (Saint), ses œuvres en la bibliothèque de Centule en 831, liv. III, chap. III, p. 99.

HILDEBERT. Voyez Childebert.

HILDEBOLDUS, chancelier de Charles le Chauve, au lieu de Gozlin, l'an 868, IV des calendes de juin, liv. III, chap. XVII, p. 142.

— Notaire au lieu de Gozlin, 18 des calendes de février l'an 870, liv. III, chap. XIX, p. 147.

HILDEGARINUS, tenait noblement en bénéfice en 831 du monastère de Centule, à charge de service de terre et de mer, liv. III, chap. III, p. 104.

HILDELAND, tenait noblement en bénéfice en 831 du monastère de Centule, à charge de service de terre et de mer, liv. III, chap. III, p. 104.

HILDEMAR, moine de Saint-Riquier, chassé par l'abbé Gervin II, liv. IV, chap. XXXVI, p. 298.

HILDESENDE, femme d'Agenard, mère de de Gueneran et d'Anscher, 8 des ides de décembre 1047, liv. IV, chap. XXI, p. 244.

HILDRAD, clerc, souscrit la charte de l'évêque de Liège, liv. IV, chap. III, p. 194.

HILMERADUS, évêque d'Amiens en 865, liv. III, chap. XII, p. 130.

HILMERADUS, prévot de Saint-Lucien de Beauvais en 866, liv. III, chap. XII, p. 132.

HILPERICUS. Voyez Chilperic.

HLOTARIUS. Voyez Lothaire.

HLUDOVICUS. Voyez Clovis et Louis.

HOMERE, son histoire était en 831 au monastère de Centule, liv. III, chap. III, p. 101.

HONGAIRE (Hungarius), vassal (miles), avait reçu en bénéfice la terre de Drucat de Héric, abbé de Centule. A la mort de ce bénéficier Charles le Chauve rend en 870 à ce monastère cette terre, liv. III, chap. XIX, p. 146.

HICTRUDIS. Voyez sainte Rictrude.

HRODINUS, tenait noblement en bénéfice du monastère de Centule en 831, à charge de service de terre et de mer, liv. III, chap. III, p. 104.

HRUODUM, abbesse, procure en 867 des reliques au monastère de Centule, liv. III, chap. XIV, p. 135.

HRUDUOLFUS, voyez Ruduolphus, abbé de Centule, Raoul.

HUBERT, abbé de Forestmoustier, fut moine

---

1. L'an 836. — Note du marquis Le Ver.
2. C'est Imbert de Vergy, évêque en 1030, mort vers 1060, que le *Gall. Christ.* nomme Imbert, Himbert, Humbert, Hembert, Enzelin, Hezelin, Hesulin, Hetrelin. — Note du marquis Le Ver.

de Centule sous l'abbé Ingelard, liv. III, chap. XXIX, p. 180 ; il vivait en 1021.

Hubert, tenait noblement en bénéfice du monastère de Centule en 831, à charge de service de terre et de mer, liv. III, chap. III, p. 104.

Hucbert, vassal de Centule (miles), est dépossédé par jugement des grands du royaume, rendu en présence du Roi, du village de Noguerias qu'il tenait en bénéfice du monastère de Centule, qu'il prétendait posséder héréditairement ; le Roy rend ce village à l'église de Centule par charte de l'an 1030, liv. IV, chap. VII, pp. 202-204.

— Est mis à mort ainsi que sa famille pour avoir fait charger de fers un moine de Centule et avoir tourmenté cette église, idem, chap. IX, p. 211.

Hubert, vassal de Centule (miles), Alguide sa femme prennent viagèrement à cens d'Ingelard abbé de Saint-Riquier le village de Mater Mortua dans l'évêché de Liège, IV des ides de mars de la XIe année du règne du roi Robert, liv. III, chap. XXXI, p. 185.

Hudon, évêque de Beauvais en 866, liv. III, chap. XII, p. 132.

Hugues (Capet), fils de Hugues le Grand, n'étant encore que duc, a une vision dans laquelle lui apparaît S. Valery qui lui commande de la part de Dieu de finir ce qu'il avait déjà commencé, de faire rendre aux églises des monastères de St-Riquier et de St-Valery les corps de ces deux saints que le comte de Flandres avaient enlevés de ces monastères, promettant à ce duc que, s'il parvenait à cette reddition, il serait roi de France et que ses enfants règneraient jusqu'à la septième génération, liv. III, chap. XXIII, p. 162.

— Ce duc Hugues menace le comte de Flandres de lui déclarer la guerre s'il ne rendait pas les corps de ces deux saints, ce que fit le comte. Le duc Hugues, au milieu de son armée, va à une lieue de Saint-Riquier à la rencontre de ces deux corps saints ; il porte sur ses épaules le corps de saint Riquier jusqu'au monastère de Centule, le 3 juin 981, idem, chap. XXIV, p. 165.

— Il enlève Abbeville dont il fait un château-fort pour arrêter les incursions des barbares, qu'il donne en garde à un chevalier nommé Hugues ; démembre Forêtmontier du domaine de l'abbaye de Saint-Riquier ; en fait don en propriété à ce même Hugues qui avait épousé Giselle, sa fille, liv. IV, chap. XII, p. 217.

— Enlève au monastère de Saint-Riquier Abbeville, Dommart, Encre, villages dont il fit des forteresses pour la garde du Ponthieu, liv. IV, chap. XXI, p. 241.

— Envoie demander à l'abbé de Corbie le sous-diacre Ingelard que les moines de Centule avait élu pour leur abbé, liv. III, chap. XXIII, p. 163.

— Père de Robert, liv. IV, chap. II, p. 191.

Hugues d'Abbeville, acquit de la prépondérance sur ses pairs qui comme lui gouvernaient partiellement le Ponthieu ; devint plus puissant qu'eux par la garde des forteresses d'Abbeville, Dommard, Encre, qu'avait élevées Hugue Capet, ce qui le mettait à même de maîtriser ceux de ses pairs qui auraient tenté de s'élever contre lui, liv. IV, chap. XXI, p. 241.

— Ne porta jamais que le titre d'avoué de Saint-Riquier et jamais celui de comte de Ponthieu. Ce fut son fils Angleran qui le prit, liv. IV, chap. XXI, p. 242. et plus haut, chap. XII, p. 218.

— Épouse Giselle, fille du roi Hugues Capet, qui lui donna d'abord en garde le château d'Abbeville, puis en propriété Forestmontier, liv. IV, chap. XII, p. 217.
— Père d'Angelran comte de Ponthieu et de Guy abbé de Forestmontier, liv. IV, chap. XII, p. 217.

HUGUES II, comte de Ponthieu, fils d'Angelran comte de Ponthieu, souscrit avec son père une charte en faveur du monastère de Saint-Riquier, l'an 1035, liv. IV, chap. VII, p. 204.
— En souscrit une autre encore avec son père pour le même monastère, 7 des kalendes de février, la 12e année du règne du roi Henri, l'an 1043, idem, p. 205.
— Inhumé au monastère de Saint-Riquier le XII des kalendes de décembre ; laisse quatre fils desquels Angelran était l'ainé, liv. IV, chap. XXI, p. 242.

HUGUES, frère du comte de Ponthieu, aussi comte, et oncle de Guy comte de Ponthieu, liv. IV, chap. XXXVI, p. 296.

HUGUES, bouteiller du roi. Gautier, chevalier, son fils, comparaît dans une charte du IV des calendes de septembre, l'an IV du règne du roi Philippe, l'an 1063, liv. IV, chap. XXII, p. 246.

Nota. — L'auteur qualifie Hugues de bouteiller, et la charte le qualifie d'échanson.

HUGUES (le duc), dont la fille Ermengarde avait épousé l'empereur Lothaire, donne Rollencourt au monastère de Saint-Riquier, ce qui fut confirmé par cet empereur en 843, liv. III, chap. VI, p. 112.

HUGUES qui avait été chevalier (miles), maintenant moine de Saint-Riquier, voit des ombres saintes rendre hommage à plusieurs autels de saints dans l'église de Saint-Riquier, liv. IV, chap. XXX, p. 269.

HUGUES BOQUELS, souscrit la charte de restitution de la terre de Noguerias faite à l'église de Saint-Riquier, 7 des ides d'octobre 1052, liv. IV, chap. XXI, p. 244.

HUGUES DE SAINTE-MARIE, souscrit la charte de restitution faite à l'église de Saint-Riquier, le 7 des ides d'octobre 1051, liv. IV, chap. XXI, p. 244.

HUMBERT, clerc, souscrit une charte de l'évêque de Liège, 14 octobre 1022, liv. IV, chap. III, p. 194.

HUNGARIUS (miles), avait en bénéfice la terre de Drucat du monastère de Centule sous l'abbé Héric ; à sa mort le roi Charles le Chauve rend Drucat à ce monastère, l'an 870, liv. III, chap. XIX, p. 146. Voyez Hongaire.

HYSAIL, tenait noblement en 831 du monastère de Centule, à charge de service de terre et mer, liv. III, chap. III, p. 104.

I

IDELMARUS, un des 12 évêques qui assistèrent à la dédicace de l'église de Saint-Riquier sous Charles le Magne, liv. II, chap. IV, p. 67.

ILDIARDE à laquelle le pape Jean écrit pour l'engager à rendre au monastère de Saint-Riquier les bois qu'elle lui avait pris, sous peine d'excommunication, liv. III, chap. XXV, p. 169.

ILGERIUS, un des fidèles de l'abbé de St-Riquier, souscrit une charte de cet abbé, IV des calendes de septembre 1063, liv. IV, chap. XXII, p. 247.

L'indiction se renouvelle chaque année le 24 septembre, liv. III, chap. Ier, p. 89.

INGELARD, 26e abbé de Centule, préface, p. 3.
— D'une famille noble de Ponthieu, jeune, élégant, n'était que sous-diacre au

monastère de Corbie lorsque les moines de Centule l'élurent pour leur abbé. Hugues Capet envoie le demander à l'abbé de Corbie. Ingalard fit beaucoup de bien à l'abbaye de Centule, liv. III, chap. XXIII, p. 163.

— Délégué par les grands du royaume pour aller à Rome, il obtint, du pape Jean, excommunication contre ceux qui ne rendraient pas à son monastère les biens qu'ils en avaient usurpés, liv. III, chap. XXV, p. 168.

— Achète le corps de saint Vigor à celui qui l'avait volé à l'église de Bayeux, dont le saint avait été évêque, liv. III, chap. XXVIII, p. 175.

— Fit beaucoup de bien à son monastère. Arnoul, archevêque de Reims, lui écrit une lettre de félicitation sur son administration, liv. III, chap. XXVI, p. 170.

— Aliène plusieurs propriétés de son monastère à ses parents, à ceux qui lui avaient rendu service; aliène Abbeville, Encre, Dommard, liv. III, chap. XXVII, p. 172.

— Engage pour trente années, et pour le prix de trente-trois livres d'argent, à l'évêque de Liège, plusieurs métairies du monastère, parce que, étant éloignées, l'administration en était à charge, liv. III, chap. XXX, p. 181.

— Donne à cens viagèrement Mortemer dans le pays de Liège, appartenant à son monastère, au profit de Hubert, chevalier, IV des ides de mars, la XIe année du règne du roi Robert, liv. III, chap. XXXI, p. 185.

— Fait pour un temps des concessions de propriétés de son monastère à Regnier son parent, liv. III, chap. XXXII, p. 187.

— Meurt, son éloge, son épitaphe; son tombeau se voyait encore du temps de Hariulfe, liv. III, chap. XXXII, p. 187.

INGELBERT, tenait noblement en bénéfice du monastère de Centule en 831, à charge de service de terre et de mer, liv. III, chap. III, p. 104.

INGELER, un des fidèles de l'abbé de St-Riquier, souscrit une charte de cet abbé, IV des calendes de septembre 1063, liv. IV, chap. XXII, p. 247.

INGELER, doyen, souscrit une charte du comte de Ponthieu en 1067, liv. IV, chap. XXII, p. 248.

INGELRAN, souscrit une charte de donation faite à l'église de Saint-Riquier, liv. IV, chap. XXI, p. 242.

— Une autre charte, 8 des ides de décembre 1047, ibid., p. 245.

INGELRAN, voyez Angelran et Enguerran.

INGRAN, tenait noblement en bénéfice en 831 du monastère de Centule, liv. III, chap. III, p. 104.

IRMINON, voyez Yrminon.

ISAMBARD, franc d'origine, engage Guaramond roi des barbares à venir en France avec son armée qui est battue en Vimeu où ce roi perd la vie; chanson sur cette victoire si répandue du temps de Hariulfe que cet historien ne la rapporte pas, parce que tous les autres la donnent, liv. III, chap. XX, p. 149. Voyez Esimbardus.

ISIDORE (Saint), ses œuvres à la bibliothèque de Centule en 831, liv. III, chap. II, p. 99.

ISRAHEL, tenait noblement en bénéfice en 831 du monastère de Centule, à charge de service de terre et de mer, liv. III, chap. III, p. 104.

ITHERUS, tenait noblement en bénéfice du monastère de Centule en 831, à charge de service de terre et de mer, liv. III, chap. III, p. 104. — C'est le nom que le marquis Le Ver a traduit par Itier.

J

JEAN, pape, sacre à Rome le roi Charles le Chauve empereur, 8 des calendes de janvier 875, liv. III, chap. XX, p. 148.
— Écrit à plusieurs personnes de rendre au monastère de Saint-Riquier des biens qu'elles détiennent, sous peine d'excommunication, si elles ne les lui rendent pas, liv. III, chap. XXV, p. 169.
JEAN, noble prélat, légat du pape, assiste à la dédicace de l'église de Saint-Riquier sous Charle le Magne, liv. II, chap. IV, p. 167.
JEAN, archidiacre, IV des ides de mars, XIe année du roi Robert, liv. III, chap. XXXI, p. 186.
JEAN, 26e abbé de Centule, préface, p. 3. Voyez Joannes.
JÉRÉMIE (Heremias), moine de Centule en 831, à l'approche des barbares enlève les reliques de ce monastère, et les porte à l'abbaye de Sainte-Colombe de Sens dont il sera fait abbé après la mort de celui qui l'est alors; il deviendra ensuite archevêque de Sens, liv. III, chap. XX, p. 150.
JÉROME (Saint), ses œuvres ainsi que sa chronique étaient en 831 à la bibliothèque du monastère de Centule, liv. III, chap. III, p. 97.
JONAS, diacre, souscrit un diplôme au lieu de Louis, chancelier en 845, liv. III, chap. VII, p. 119.
JORNANDES, son histoire était en 831 à la bibliothèque de Centule, liv. III, chap. III, p. 101.
JOSÈPHE, son histoire complète était en 831 au monastère de Centule, liv. III, chap. III, p. 101.
JUDITH, seconde femme de Louis le Débonnaire mère du roi Charles le Chauve, liv. III, chap. V, p. 109.
JUDITH, femme de Richard duc de Normandie, souscrit une charte de son mari, liv. IV, chap. IV, p. 196.
JULES, auteur de l'autotité de la loi divine, à la bibliothèque de Centule en 831, liv. III, chap. III, p. 99.
JULIEN (Pomère), son exposition et ses prédications, à la bibliothèque de Centule en 831, liv. III, chap. III, p. 100.
JUSTE, son exposition sur le cantique des cantiques à la bibliothèque de Centule en 831, liv. III, chap. III, p. 100.
JUVENCUS, grammairien dont les œuvres étaient en 831 à la bibliothèque du monastère de Centule, liv. III, chap. III, p. 101.

K

Karloman, 16e abbé de Centule, préface, p. 3.
Karolus, voyez Charles.
KARLUS, voyez Charles.
KELLAN, un des douze évêques qui assistèrent à la dédicace de l'église de Saint-Riquier sous Charlemagne, liv. II, chap. IV, p. 67.

L

LAMBERT, tenait noblement en bénéfice du monastère de Centule en 831, à charge de service de terre et de mer, liv. III, chap. III, p. 104.

LANDRICUS, tenait noblement en bénéfice du monastère de Centule en 831, à charge de service de terre et de mer, liv. III, chap. III, p. 104.

LANTGERUS, tenait noblement en bénéfice du monastère de Centule en 831, à charge de service de terre et de mer, liv. III, chap. III, p. 104.

LAURENT, 31e abbé de Centule, préface, p. 3.

LEGER (Leodegarius), évêque d'Autun, à la mort de Clotaire fait déclarer roi Dagobert frère du roi défunt ; est persécuté par Ébroin, maire du palais, liv. Ier, chap. XXIV, p. 50.

LEODRICUS, tenait noblement en bénéfice du monastère de Centule en 831, à charge du service de terre et de mer, liv. III, chap. III, p. 104.

LÉON (le pape), teuton de nation, cite à Rome l'abbé Gervin Ier pour rendre compte de sa conduite, et de ce qu'il confessait sans mission ; approuve la conduite de cet abbé, et le confirme dans les pouvoirs qu'il avait exercés, liv. IV, chap. XXVII, p. 264.

— Naquit en Lorraine d'une famille illustre du nom de Bruno ; fait évêque de Toul ; à son élection pontificale prend le nom de Léon, vient à Reims faire la dédicace de l'église de St-Remy, liv. IV, ch. XXVII, p. 266.

LÉON, ses épîtres à la bibliothèque de Centule en 831, liv. III, chap. III, p. 100.

LEUTBRAND, roi des Lombards, fait alliance avec Charles Martel ; est parrain de Pépin le Bref, auquel il coupe la première chevelure selon la coutume des parrains, liv. II, chap. Ier, p. 59.

LEUTBRAND, tenait noblement en bénéfice du monastère de Centule en 831, à charge de service de terre et de mer, liv. III, chap. III, p. 104.

LIA, femme de Jacob, dédommagée de sa laideur par sa fécondité, liv. III, chap. XXIX, p. 177.

LIBUIN, laïc, souscrit une charte de l'évêque de Liège, 14 octobre 1022, liv. IV, chap. III, p. 194.

LONGIN, grammairien, ses ouvrages étaient en 831 à la bibliothèque de Centule, liv. III, chap. III, p. 100.

LOGON, sermons grecs et latins à la bibliothèque de Centule en 831, liv. III, chap. III, p. 101.

LOTHAIRE, roi des Francs, donne un diplôme au monastère de Centule, liv. III, chap. VI, p. 113.

LOTHAIRE (Hlotarius), fils aîné de Louis le Débonnaire et d'Ermengarde ; lié avec Pépin son frère est battu à la bataille de Fontenay par Louis et Charles le Chauve ses frères, liv. III, chap. V, p. 110.

— Donne son nom à la Lorraine, liv. III, chap. VI, p. 112.

LOUIS LE DÉBONNAIRE, à la mort de l'empereur Charlemagne, en 814, est empereur ; fait nommer Héric abbé de Centule en 814, vient à Centule, y confirme les donations et privilèges que Charlemagne y avait accordés, ainsi que la terre de Sidrude après la mort de Heuton qui la possédait ; se fait donner le dénombrement de toutes les propriétés de ce monastère, liv. III, chap. II, p. 91.

LOUIS, troisième fils de Louis le Débonnaire et d'Ermengarde ; avec son frère Charles le Chauve met en fuite ses deux frères aînés à la bataille de Fontenay, liv. III, chap. V, p. 110.

— Partage ses enfants en 865, vit encore onze ans, meurt laissant Karloman, Louis et Charles, après un règne de quarante-trois ans, liv. III, chap. XII, p. 130.

LOUIS LE BÈGUE, fils de Charles le Chauve, succède à son père en 877, meurt à Compiègne le v des ides d'Avril en 879 ; ses enfants Louis et Carloman partagent son royaume, liv. III, chap. XX, p. 148.

LOUIS, fils de Louis le Bègue, avec son frère

Carloman partage le royaume de France à la mort de leur père en 879; il bat les barbares dans le Vimeu, meurt dit-on d'une rupture par les efforts qu'il fit dans cette bataille, liv. III, chap. XX, p. 149.

Louis, deuxième fils de Louis roi de Germanie, troisième fils de Louis le Débonnaire, dans le partage que fait son père en 865, reçoit la Thuringe, l'Austrasie, la France et la Saxe, liv. III, chap. XII, p. 130.

— Donne au monastère de Centule la terre de Civinicourt par un diplôme daté de Compiègne le 3 des calendes de janvier de l'an 867, liv. III, chap. XIII, p. 133.

Louis, 12e abbé de Centule, préface, p. 3.

— Abbé en 844, était du sang royal, liv. III, chap. VII, p. 115.

— Qualifié cousin du roi Charles le Chauve dans un diplôme que cet abbé obtient de ce roi pour la confirmation des privilèges obtenus par ses prédécesseurs; abbé l'an 845. Pendant le gouvernement de cet abbé les Danois font des courses en France. On transporte le corps de saint Riquier pour éviter leurs ravages; à leur départ on le rapporte à Centule. Cet abbé meurt, liv. III, chap. VII, p. 117.

Lucien (le bienheureux), martyr, avait une église sous son vocable dans l'Amiénois nommée Luliacum, liv. IV, chap. XXV, p. 258.

Ludovicus, voyez Hludovicus.

M

Madhelgaud, jouissait sous Charlemagne d'une grande considération, était de la famille de saint Angilbert, liv. III, chap. V, p. 111.

Madelguaire (Madelguarius), tenait en bénéfice du monastère de Centule en 831, à charge de service de terre et de mer, liv. III, chap. III, p. 104.

Mainfridus (Mainfroi), tenait en bénéfice du monastère de Centule en 831, à charge de service de terre et de mer, liv. III, chap. III, p. 104.

Malgerus. Voyez Mauger.

Madelgisilus. Voyez saint Mauguille.

Marie (Hugues de Sainte-), souscrit la charte de restitution de la terre de Noguerias faite au monastère de Saint-Riquier, 7 des ides d'octobre 1052, liv. IV, chap. XXI, p. 244.

Martel. Voyez Charles Martel. Voyez Tudites, liv. II, chap. Ier, p. 58.

Mauger, souscrit une charte de Richard II, duc de Normandie, 2 des ides de mars, liv. IV, chap. IV, p. 196.

Mauguille (Saint) (Madelgisilus, confesseur, reposait dans l'église du bourg de Montreuil en Ponthieu depuis sa mort; est transféré dans l'église de Saint-Riquier, par les soins de l'abbé Ingelard, mais les moines ne veulent pas le recevoir, parce que sa vie était inconnue. On le dépose dans une petite église d'un lieu de la dépendance de Centule qui avait le nom de ce saint, mais le saint ayant fait beaucoup de miracles est rapporté dans l'église du monastère de Centule avec beaucoup de cérémonies. Sa fête, 3 des kal. de juin, liv. III, chap. XXIX, p. 177.

Mauront, fils de sainte Rictrude, d'une grande noblesse, ayant la direction et la garde de toutes les forêts et terres du roi Dagobert, fait obtenir à Saint-Riquier un défrichement dans la forêt de Cressy, liv. Ier, chap. XVIII, p. 39.

— Avait été baptisé par saint Riquier, fut garde du sçeau du roi Dagobert, liv. Ier, chap. V, p. 14.

MEGIMHARD, archevêque de Rouen, fut un des 12 évêques qui assistèrent à la dédicace de l'église du monastère de Saint-Riquier qu'avait fait rétablir Angilbert, liv. II, chap. IV, p. 67.

Nota. — C'est probablement cet archevêque que le *Gall. Christ.* nomme Magenard déjà archevêque en 772, et qui l'était encore en 799. — Note du marquis Le Ver.

MÉGINAIRE (Meginarius), tenait noblement en bénéfice du monastère de Centule en 831, à charge de service de terre et de mer, liv. III, chap. III, p. 104.

MÉGINAIRE (Meginarius), notaire du roi en 844, liv. III, chap. VII, p. 117.

MÉROVÉE, premier roi des Sicambres, qui de son nom, prennent celui de Mérovingiens; Childéric, son fils, liv. Ier, chap. Ier, p. 5.

MÉROVINGIENS nommés ainsi du nom de Mérovée premier roi des Sicambres, liv. Ier, chap. Ier, p. 5.

MILON (Milo), tenait en bénéfice du monastère de Centule en 831, à charge de service de terre et de mer, liv. III, chap. III, p. 104.

MYCON, moine, diacre, compose l'épitaphe de saint Riquier, liv. Ier, chap. XXIII, p. 47.

MOINES DE CENTULE, avaient laissé une congrégation composée de clercs et de quelques moines s'emparer de l'administration de ce monastère sous la direction d'un clerc nommé Gerbert, et remplissaient néanmoins leurs devoirs religieux sous cet abbé qui ne voulut jamais renoncer au monde ni prendre l'habit de moine, mais la totalité des moines étant parvenus à reprendre l'autorité, du consentement des clercs ou malgré eux, et à se saisir de l'administration des biens du monastère, proposèrent à cet abbé de lui céder le village de Buxis, ce qu'il accepta, s'y retira, y vécut en homme privé jusqu'à sa mort, liv. III, chap. XXI, p. 157.

N

NICOLAS, pape, reçoit du roi Charles le Chauve un message, liv. III, chap. XIV, p. 136.

NITHARD, 8e abbé de Centule, et comte, préface, p. 3.

— Deuxième fils d'Angilbert et de Berthe, fille de Charlemagne, et frère de Harnide, liv. II, chap. II, p. 61, et liv. III, chap. V, p. 111.

— Est abbé de Centule à la mort de son père Angilbert, liv. II, chap. VII, p. 87, et liv. III, chap. V, p. 111.

— Était abbé comte, peu de jours après être entré en fonctions fut tué dans un combat en défendant le pays contre les barbares, et, quoique revêtu de deux charges temporelles et spirituelles, il n'avait pas renoncé au monde, liv. III, chap. V, p. 111, et liv. III, chap. X, p. 126.

— Fut inhumé près de son père, liv. III, chap. V, p. 111, et liv. IV, chap. XXII, p. 278.

— Son corps découvert par l'abbé Gervin dans un cercueil de bois, était couvert de sel, on voyait à sa tête la blessure qui l'avait tué, liv. IV, chap. XXXII, p. 278.

— L'histoire dont il est auteur a été rapportée du monastère de Gorze par

Gervin Ier, abbé de Centule, liv. IV, chap. XXXII, p. 277 [1].
— Il n'est pas mentionné comme abbé dans le catalogue des abbés de ce monastère donné par l'abbé Angelran, liv. IV, chap. XVII, p. 230.

NITHON, souscrit une charte de l'évêque de Liège, 5 novembre 989, liv. III, chap. XXX, p. 182.

NORTBERT, tenait en bénéfice du monastère de Centule en 845 à Argoules, liv. III, chap. VII, p. 104.

NORTBERTH (miles), souscrit une charte de l'évêque de Liège, 5 novembre 989, liv. III, chap. XXX, p. 182.

[1]. Hariulfe ne dit pas que le livre *(Codex)* rapporté par Gervin soit l'œuvre de Nithard.

NOTKER (Notkerus), évêque de Liège, reconnaît par une charte que le monastère de Saint-Riquier a le droit de rentrer dans les biens qu'il a donné à l'évêché de Liège, moyennant 33 livres d'argent, liv. III, chap. XXX, p. 181.

NOTKER, évêque de Liège, reconnaît qu'Ingelard, abbé de St-Riquier lui a concédé moyennant 33 livres d'argent pour l'espace de 30 ans, 12 métairies sises dans l'évêché de Liège. Quand ce temps sera expiré, le monastère rentrera dans cette possession en rendant les 33 livres, 5 des calendes de novembre 989, indiction XII, 1re année du règne de l'empereur Henry, liv. III, chap. XXX, p. 182.

O

OCIALD, 2e abbé de Saint-Riquier, préface, p. 2.
— Disciple de saint Riquier, est fait abbé de Centule par saint Riquier lorsque ce saint se retira à Forestmontier, liv. Ier, chap. XVIII, p. 38.
— Porte, ainsi que ses religieux sur leurs épaules, le corps de saint Riquier depuis Forestmontier jusqu'à Centule, liv. Ier, chap. XXII, p. 45.
— Meurt, idem, chap. XXV, p. 52, et liv. IV, chap. XVII, p. 230.

ODELGER, moine de Saint-Riquier; dans son enfance était sous l'abbé Ingelard, fut doyen et prieur du monastère de Centule sous l'abbé Angelran; vision qu'il eut avant de mourir; sa mort, épitaphe que lui fit l'abbé Angelran; inhumé dans la chapelle du martyr saint Vincent, contiguë au cloître, liv. IV, chap. X, p. 212.

ODELME, vassal de l'église de Liège, souscrit une charte de cet évêque, 5 novembre 989, liv. III, chap. XXX, p. 182.

ODELRIC, tenait noblement du monastère de Centule, à charge du service de terre et de mer, liv. III, chap. III, p. 104.

ODELRIC, jeune enfant demeurant au château d'Eu où il se livrait à l'étude des lettres, est guéri de la fièvre en buvant l'eau dans laquelle le saint abbé Gervin avait lavé ses mains; cet enfant se fit moine à Corbie, et vivait lorsque Hariulfe écrivait, liv. IV, chap. XXIX, p. 268.

ODFLUQUE (Odfulcus), tenait noblement en bénéfice du monastère de Centule en 831, à charge de service de terre et de mer, liv. III, chap. III, p. 104.

ODILON, tenait noblement en bénéfice du monastère de Centule en 831, à charge de service de terre et de mer, liv. III, chap. III, p. 104.

ODO (Eude), souscrit la charte de restitution de la terre de Noguerias, 7 des ides d'octobre 1052, liv. IV, chap. XXI, p. 244.

ODO (Eude), souscrit une charte de l'abbé de Saint-Riquier, le 8 des ides de décembre, la 16e année du règne du roi Henry (1047), liv. IV, chap. XXI, p. 245.

ODO (Eudes), tenait noblement en bénéfice du monastère de Centule en 831, à charge de service de terre et de mer, liv. III, chap. III, p. 104.

ODULFUS, moine de Centule, avait la garde de la châsse de Saint-Riquier en 864; il orna de pierreries la châsse d'argent de ce saint qu'on substitua à celle de bois, liv. III, chap. XI, p. 128.

— Obtient en 865 des reliques pour son église, idem, chap. XII, p. 130.

— Était encore gardien du monastère de Centule en 866 et y fit avoir des reliques, idem, chap. XII, p. 132, et chap. XIV, p. 135.

OGER, un des fidèles du monastère de Saint-Riquier, souscrit une charte de l'abbé l'an 12e du règne du roi Henry (l'an 1043), liv. IV, chap. VII, p. 205.

OLGIA, femme publique, guérie au tombeau de saint Riquier, retombe dans sa mauvaise conduite, devient paralysée, mais par ses prières au tombeau de ce saint est encore guérie, liv. III, chap. IV, p. 107.

OMBERTUS, tenait noblement du monastère de Centule en 831 en bénéfice, à charge de service de terre et de mer, liv. III, chap. III, p. 104.

ONULFUS, tenait noblement en bénéfice du monastère de Centule en 831, à charge de service de terre et de mer, liv. III, chap. III, p. 104.

ORIGÈNE (Saint), ses œuvres à la bibliothèque de Centule en 831, liv. III, chap. II, p. 99.

OTBERT, archidiacre de Liège, IV des ides de mars, XIe année du roi Robert (l'an 1007), liv. III, chap. XXXI, p. 186.

OTGER avait possédé en bénéfice dans le village d'Hamingimons, ce qui fut rendu au monastère de Centule par une charte du roi Charles le Chauve en 870, liv. III, chap. XIX, p. 147.

OTLARIC, tenait noblement en bénéfice du monastère de Saint-Riquier en 831, à charge du service de terre et de mer, liv. III, chap. III, p. 104.

OYLARD, souscrit une charte en faveur du monastère de Saint-Riquier donnée par le roy Henry l'an 1035, liv. IV, chap. VII, p. 204.

— En souscrit une autre la 12e année du règne du roi Henry (l'an 1047), idem, p. 205.

OYLARD, souscrit une charte pour la restitution de la terre de Noguerias, 7 des ides d'octobre 1052, liv. IV, chap. XXI, p. 242.

— Assiste à la donation de la terre de Portes, idem, p. 242.

OYLARD, laïque, souscrit une charte de l'abbé de Saint-Riquier, 8 des ides de décembre 1047, liv. IV, chap. XXI, p. 245.

OYLARD, souscrit une charte du comte de Ponthieu en 1067, liv. IV, chap. XXII, p. 248.

P

PASCHASE, ses œuvres sur le Saint-Esprit à la bibliothèque de Centule en 831, liv. III, chap. III, p. 99.

PASSIF (Passivus), prélat, assiste à la dédicace de l'église de Saint-Riquier, sous Charlemagne, liv. II, chap. IV, p. 67.

PÉLAGE, son exposition sur les 13 épîtres de saint Paul, à la bibliothèque de Centule en 831, liv. III, chap. III, p. 100.

PÉPIN, duc d'Austrasie, envoyé par le roi Dagobert pour accompagner Sigebert fils de ce roi qui va régner en Austrasie, liv. Ier, chap. XXIV, p. 49.

— Meurt, son fils Grimoard est duc à sa place, idem, p. 49.

PÉPIN D'HÉRISTAL, fils d'Ansegise, et arrière-petit-fils de la princesse Blithilde, fut sénateur et duc, père de Charles le Martel, liv. II, chap. Ier, p. 58.

PÉPIN LE BREF, fils de Charles le Martel, gouverne l'empire des Francs avec ses deux fils Charlemagne, Carloman, liv. II, chap. Ier, p. 58.

— Est sacré à Saint-Denis le jour de Noël par le pape Étienne, liv. II, chap. II, p. 60.

— Est sacré avec sa femme Bertrade et ses deux enfants Charlemagne et Carloman; meurt 12 ans après son couronnement, liv. II, chap. II, p. 61.

Nota. — Hariulfe dit que Pépin vécut douze ans après son sacre par le pape Étienne, qui fut fait à Saint-Denis le dimanche de la Nativité, liv. II, chap. II, p. 60. — Pépin mourut le 24 septembre 868, *Art de vérifier les dates*, t. Ier, ainsi ce serait en 856 que ce serait fait ce sacre. Hariulfe dit qu'il fut fait avec la même solemnité que le dimanche de la Nativité. Cet auteur se trompe, ce sacre fut fait en 854 selon tous les historiens, conséquemment Pépin mourut la 14e année et non la 12e année après son sacre par le pape Étienne. — Note du marquis Le Ver.

PÉPIN, 2e fils de Louis le Débonnaire et d'Ermengarde, et son frère Lothaire sont mis en fuite à la bataille de Fontenay par leurs frères Louis et Charles le Chauve, liv. III, chap. V, p. 110.

PÉRÉGRIN, son traité sur les hérétiques, à la bibliothèque de Centule en 831, liv. III, chap. III, p. 99.

PÉTRONACE, faisait restituer le monastère du Mont-Cassin lorsque Carloman s'y fit moine, liv. II, chap. II, p. 60.

PHILIPPE Ier, roi de France, avait été élevé à la dignité royale par son père Henry, roi de France; était en bas-âge lorsqu'il perdit son père, et fut sous la tutelle de Baudouin comte de Flandre, liv. IV, chap. XXII, p. 246.

— Charte datée de la 4e année de son règne, liv. IV, chap. XXII, p. 247.

— Sa présence à une charte donnée par le comte de Ponthieu en 1067, idem, p. 247.

— Dans un voyage qu'il fait en Ponthieu confirme Gervin II abbé de Saint-Riquier en survivance de son oncle; ordonnation l'an 1071, le x des kalendes de novembre, à la fin du mois d'octobre, liv. IV, chap. XXXIV, p. 282.

PHILIPPE, son exposition sur Job à la bibliothèque du monastère de Centule en 831, liv. III, chap. III, p. 100.

PHILON, juif, ses livres étaient en 831 à la bibliothèque du monastère de Centule, liv. III, chap. III, p. 101.

PIERRE, 28e abbé de Centule, préface, p. 3.

PLÉON, un des 12 évêques qui assistèrent à la dédicace de l'église du monastère de Saint-Riquier sous Charlemagne, liv. II, chap. IV, p. 67.

PLINE le jeune, son œuvre sur la vie et les mœurs des empereurs était en 831 à la bibliothèque de Centule, liv. III, chap. III, p. 101.

POMERE (Julien). Voyez Julien Pomere.

POMPÉE (Trogue), son épithome était en 831 à la bibliothèque du monastère de Centule, liv. III, chap. III, p. 100.

POMPÉE, le grammairien, ses ouvrages étaient en 831 à la bibliothèque du monastère de Centule, liv. III, chap. III, p. 100.

PONTHIEU (Anguerran), 1er fils de Hugues et de Gisèle fille de Hugues Capet, n'avait que le titre d'avoué de Saint-Riquier et ce ne fut qu'après avoir épousé la veuve du comte de Boulogne qu'il avait tué dans un combat qu'il prit le titre de comte. Son père n'avait jamais porté d'autre titre que celui d'avoué de Saint-Riquier, liv. IV, chap. XXI, pp. 241-242.

— Angelran (comte de), fils de Hugues, avoué de Saint-Riquier, liv. IV, chap. VI, pp. 200-201.

— Père de Hugues, comte de Ponthieu, et de Guy, évêque d'Amiens, liv. IV, chap. XXXVI, p. 296.

PONTHIEU (Hugues, comte de), fils d'Anguerran Ier, frère de Guy, évêque d'Amiens, père de Enguerran II, et de Guy Ier, liv. IV, chap. XXXVI, p. 296.

PONTHIEU (Enguerran II, comte de), fils de Hugues II, est tué par les Normands, son frère Guy lui succède, liv. IV, chap. XXII, p. 250.

PONTHIEU (Guy Ier, comte de), 2e fils de Hugues II, succède à son frère Enguerran, liv. IV, chap. XXII, p. 250.

PRIMASE, a écrit sur l'apocalipse, ses œuvres étaient en 831 à la bibliothèque du monastère de Centule, liv. III, chap. III, p. 99.

PRISCIEN, grammairien, dont les œuvres étaient à la bibliothèque du monastère de Centule en 831, liv. III, chap. III, p. 100.

PROBA, ses vers étaient en 831 à la bibliothèque du monastère de Centule, liv. III, chap. III, p. 101.

PROBUS, grammairien, ses œuvres étaient en 831 à la bibliothèque du monastère de Centule, liv. III, chap. III, p. 100.

PROSPER, ses épigrames étaient en 831 à la bibliothèque du monastère de Centule, liv. III, chap. III, p. 101.

R

RADULFUS. Voyez Raoul.

RAGEMBERTUS, possédait à titre de bénéfice Forestmontier qu'il échange avec le monastère de Saint-Riquier, ce qui est confirmé par Charles le Chauve, le 2 des kalendes de mars 855, liv. III, chap. IX, p. 123.

RAGINERUS. Voyez Regnier.

RAIMBERTUS, tenait noblement en fief en 831 du monastère de Centule, à charge de service de terre et de mer, liv. III, chap. III, p. 104.

RAINFROY (Rainfridus), tyran vaincu par Charles le Martel, liv. II, chap. Ier, p. 58.

RAOUL, voyez Hruduolfus ou Ruduolfus, 13e abbé de Centule et comte, préface, p. 3.

RAOUL (Radulfus), moine de Saint-Riquier portait le bâton pastoral de Gervin Ier abbé de Saint-Riquier qu'on nomme vulgairement une crosse qui existait du temps de Hariulfe, liv. IV, chap. XXVIII, p. 267.

RAOUL, un des fidèles du monastère de Saint-Riquier, souscrit une charte de l'abbé, la 12e année du règne du roi Henry, (l'an 1043), liv. IV, chap. VII, p. 205.

RAOUL, souscrit une charte, 8 des ides de décembre 1047, liv. IV, chap. XXI, p. 245.

RAOUL, souscrit une charte de Guillaume, duc de Normandie, 3 des ides de novembre 1048, liv. IV, chap. XIX, p. 236.

RAOUL (Radulfus), noble breton, jouissait d'un grand crédit auprès de Édouard, roi d'Angleterre (vers 1061); donne à l'église de Saint-Riquier quelques terres et quelques redevances assez considérables, liv. IV, chap. XXIII, p. 252.

RAOUL (Radulfus, le comte), et son fils le comte Raoul donnent plusieurs villages en Angleterre à l'église du monastère de Saint-Riquier, ce que confirme par une charte non datée Guillaume le Conquérant, (l'an 1066), liv. IV, chap. XXIV, p. 255.

Nota. — Ne serait-ce pas Raoul, comte de Nantes, neveu d'Édouard, roi d'Angleterre, dont le père Gautier, comte de Nantes, avait épousé Goda, sœur de ce roy, quoique cependant Hariulfe dit que le comte Raoul avait pour fils un autre comte Raoul, mais le comte Raoul père du comte Raoul pouvait être le fils de Gautier comte de Nantes et de Goda sœur du roi Édouard. — Note du marquis Le Ver.

RAOUL (Rodulfus), souscrit une charte du comte de Ponthieu, l'an 1067, liv. IV, chap. XXII, p. 248.

RATBERT, vivant du temps d'Alcuin, envoyait à Centule les ouvrages dont il était auteur; il désignait saint Riquier par le très saint

Riquier, et ne désignait saint Vaast par le nom simplement de saint Vaast, liv. II, chap. VI, p. 82.

RATINNUS, tenait noblement en bénéfice du monastère de Centule en 831, à charge de service de terre et de mer, liv. III, chap. III, p. 104.

REGEMBERTUS, tenait noblement en bénéfice du monastère de Centule en 831, à charge de service de terre et de mer, liv. III, chap. III, p. 104.

REGEMFROY (Regemfridus), tenait noblement en bénéfice du monastère de Centule en 831, à charge de service de terre et de mer, liv. III, chap. III, p. 104.

REGEMLANDUS, tenait noblement en bénéfice du monastère de Centule en 831, à charge de service de terre et de mer, liv. III, chap. III, p. 104.

REGNEGUARD, prieur du monastère de Saint-Riquier, infirme, était couché pendant l'absence de l'abbé, et, tandis que les moines faisaient l'office de saint Vigor, ce saint lui apparaît et lui reproche avec douceur que sa fête n'est pas célébrée avec assez de pompe; il veut qu'on y en mette davantage; ce qui fut exécuté, liv. IV, chap. XX, p. 237.

REGNEGUARD, moine de Verdun, fait doyen du monastère de Saint-Riquier, liv. IV, chap. XV, p. 224.

REGNEGUARDUS, tenait noblement en bénéfice du monastère de Centule en 831, à charge de service de terre et de mer, liv. III, chap. III, p. 104.

REGNIER (Raginerus), parent d'Ingelard abbé de Saint-Riquier, auquel cet abbé aliène pour un temps le moulin Mirumdolium sur le Scardon, IV des ides de mars de la XIe année du règne du roi Robert (l'an 1005), liv. III, chap. XXXII, p. 187.

REINAU (Reinaldus), archevêque de Reims, engage Gervin, évêque d'Amiens, à avoir meilleurs procédés envers l'abbaye de Saint-Riquier, liv. IV, chap. XXXVI, p. 293.

RESTRUDUS, tenait noblement en bénéfice du monastère de Centule en 831, à charge de service de terre et de mer, liv. III, chap. III, p. 104.

RIBBODO, XIe abbé de Saint-Riquier, préface, p. 3.
— Fait abbé de Centule à la mort de Hélisachar; était abbé en 840 lors de la mort de Louis le Débonnaire, liv. III, chap. V, p. 109.
— Son nom inconnu au catalogue des abbés de Saint-Riquier donné par l'abbé Angelran, liv. IV, chap. XVII, p. 230.
— Ce fut lui qui fit la translation du corps de saint Angilbert, selon le manuscrit de l'histoire de l'abbaye de Centule rappporté du monastère de Gorze par l'abbé Gervin Ier, liv. IV, chap. XVII, p. 231.
— Meurt l'an 844, liv. III, chap. VII, p. 115.

RICHARD, était de la même famille qu'Angilbert et jouissait d'une grande considération sous Charlemagne, liv. III, chap. V, p. 111.

RICHARD, abbé de Verdun, avait pour chapelain Gervin, moine de cette abbaye; il proposa à Angelran abbé de Saint-Riquier de le demander pour son successeur, lorsqu'ils se trouvèrent à une audience du Roi, liv. IV, chap. XIII, p. 219.
— Va à Jérusalem, liv. IV, chap. XIV, p. 222.

RICHARD, marquis, duc de Normandie, frère de Robert, archevêque de Rouen, enfant de Gonnor; Judith sa femme; Richard, Robert, Guillaume leurs enfants; donne à l'abbé de Saint-Riquier l'église de Scabellivilla, liv. IV, chap. IV, p. 195.

RICHARD, jeune enfant de Richard II, duc de Normandie, et de Judith, souscrit une charte de son père, 2 des ides de mars, liv. IV, chap. IV, p. 196.

RICHARD, fils de Storinsting, souscrit une

charte de son père, 3 des ides de novembre 1048, liv. IV, chap. XIX, p. 236.
RICHARIUS. Voyez saint Riquier.
RICHER, 33e abbé de Centule, préface, p. 3.
RICHOGUARD, souscrit une charte du comte de Ponthieu en 1067, liv. IV, chap. XXII, p. 248.
RICTRUDE (Hrictrudis, sainte), mère du bienheureux Mauront, liv. Ier, chap. V, p. 13.
— Appelée par l'auteur la commère de saint Riquier parce que ce saint baptisa le fils de cette dame, liv. Ier, chap. XV, p. 32.
ROMILDE, femme de Guillence du Laonnois, père et mère de Gervin Ier, liv. IV, chap. XIII, p. 219.
RIQUIER (Saint), abbé et fondateur du monastère de Centule, nommée depuis abbaye de Saint - Riquier, naquit de parents illustres dans le Ponthieu, suivant la vie qu'en a donnée Alcuin, liv. Ier, chap. II, p. 7.
— Hariulfe critique cette vie, disant que saint Riquier est né avant le règne du roi Dagobert sous lequel Alcuin le fait naître; sa naissance n'est pas aussi illustre que le dit Alcuin ; ambiguïté de cet auteur sur la naissance de ce saint, né en Ponthieu, liv. Ier, chap. IV, p. 11.
— Saint Angilbert ainsi qu'Alcuin ont donné chacun une vie de ce saint, liv. II, chap. VI, p. 82.
— Angelran abbé de Saint - Riquier a donné une vie de ce saint en vers, liv. IV, chap. VIII, p. 207.
— Ce saint a dû naître sous le règne de Clotaire Ier puisqu'il était jeune lorsque, sous Dagobert, le prêtre irlandais Cadoc vint en France, liv. Ier, chap. VI, p. 16.
— Ce saint est converti par les prédications de Cadoc ainsi que par celles du compagnon de cet irlandais qu'il avait retirés dans sa maison, parce que les gens de la campagne voulaient les maltraiter à cause de leurs prédications, et ce saint prend l'habit religieux, liv. Ier, chap. VI, p. 17.
— Centule provenant des biens de la famille de ce saint, il y fonde un monastère dont il fut le 1er abbé, liv. Ier, chap. XIV, p. 29.
— Est visité par le roi Dagobert, qui lui donne trois villages, liv. Ier, chap. XVII, p. 36.
— Se retire dans la forêt de Cressy. Dagobert lui donne un lieu dans cette forêt, où il fonde un monastère dont il est le 1er abbé, liv. Ier, chap. XVIII, p. 39.
— Les oiseaux dans cette retraite se perchaient sur ses épaules et ses genoux, liv. Ier, chap. XIX, p. 41.
— Baptise le fils de sainte Rictrude; son cheval l'emporte, ce qui le fait renoncer à monter à cheval, pour monter un âne, liv. Ier, chap. XV, p. 33.
— Quand il allait en Angleterre, il passait souvent la rivière d'Authie et la Canche à pied sec, le passager se faisant attendre, liv. Ier, chap. XVI, p. 34.
— Obtient du roi Dagobert la terre de Campagne, liv. IV, chap. XXI, p. 244.
— Fait prêtre ; sainteté de sa vie ; il faisait des miracles avec un signe de croix, liv. Ier, chap. VIII, p. 20.
— Guérit un lépreux, liv. Ier, chap. IX, p. 22.
— Miracle de la neige à Sigetrude, liv. Ier, chap. XI, p. 25.
— Fait sourdre une fontaine à Sigetrude, liv. Ier, chap. XII, p. 27.
— Rend la vue à un aveugle auprès de la

rivière d'Authie. A l'occasion de ce miracle fut bâtie en ce lieu une église sous le vocable du saint, liv. Ier, chap. XVI, p. 34.
— Saint Riquier meurt à Forestmontier le vi des calendes de mars, liv. Ier, chap. XX, p. 42.
— Est vu au ciel par Sygobard tandis qu'on faisait ses obsèques, liv. Ier, chap. XXI, p. 44.
— Son corps est déposé dans un cercueil de bois pendant 5 mois et 12 jours à Forestmontier jusqu'au vii des ides d'octobre, date de son transfert en l'église du monastère de Centule sous son successeur l'abbé Ocioald, liv. Ier, chap. XXII, p. 45.
— 150 ans et plus après cette translation Angilbert le fit déplacer, liv. Ier, chap. XXII, p. 46.
— Son corps qui était dans une châsse de bois, est mis dans une châsse d'argent en 864; à l'occasion de cette translation il se fit beaucoup de miracles; dans cette nouvelle châsse on avait mis beaucoup de reliques d'autres saints, liv. III, chap. XI, p. 128, et chap. XIV, p. 136.
— Son épitaphe faite par l'abbé Angilbert mise sur le tombeau du saint, liv. II, chap. VI, p. 81. — M. Le Ver attribue cette épitaphe à Angilbert; elle pourrait aussi bien, dans l'incertitude du texte, être attribuée à Alcuin.
— Miracles de ce saint après sa mort, liv. Ier, chap. XXIII, p. 47.
— Des miracles sur son tombeau, liv. III, chap. IV, p. 106.
— Il était qualifié de très saint par Ratbert qui ne désignait saint Vaast d'Arras que sous le nom de saint, liv. II, chap. VI, p. 83.
— Miracles dont l'abbé Angelran fut témoin, liv. IV, chap. IX, p. 208.
— Sa châsse à l'apparition des Danois sous l'abbé Louis est transportée au loin; on la rapporte à Centule où ce saint fait des miracles, liv. III, chap. VIII, p. 120.
— Le corps de ce saint enlevé de Centule par Arnoul comte de Flandres qui le fait garder au château royal de Montreuil d'où il est enlevé par surprise par Fulchéric recteur de Centule, liv. III, chap. XXII, p. 159.
— Le duc Hugues (Capet), ayant fait rendre au comte de Flandres les corps de saint Riquier et de saint Valery, porte sur ses épaules le corps de saint Riquier à Centule où on le ramène, le 3 juin 981, liv. III, chap. XXIV, p. 165.

ROBERT, roi de France, fils de Hugues Capet, va à Rome et se fait accompagner par Angelran qui après fut abbé de Saint-Riquier et lui donne l'investiture de cette abbaye, liv. IV, chap. II, p. 191.
— Confirme ainsi que sa femme Constance à Compiègne une charte d'Angelran comte de Ponthieu, liv. IV, chap. VI, p. 201.

ROBERT, archevêque de Rouen, fils de Gonnor, frère de Richard, duc de Normandie, donne une tapisserie au monastère de Saint-Riquier, qui existait du temps de Hariulfe, liv. IV, chap. IV, p. 196.

ROBERT, jeune enfant de Richard II, duc de Normandie, et de Judith souscrit une charte de son père, 2 des ides de mars, liv. IV, chap. IV, p. 196.

ROBERT, souscrit une charte d'Angelran, comte de Ponthieu, que le roi Robert avait confirmée à Compiègne, aux nones d'avril, liv. IV, chap. VI, p. 201.

ROBERT abandonne en 1067 à l'abbaye de Saint-Riquier le droit d'avouerie sur la terre d'Outrebois que lui avait concédé Guy, comte de Ponthieu, liv. IV, chap. XXII, p. 247.

Robert, assiste à la donation de la terre de Portes faite à l'église de Saint-Riquier, liv. IV, chap. XXI, p. 242.

Rodolphe (Hruodolfus), abbé de Centule après l'abbé Louis, était du sang royal, oncle du roi Charles le Chauve, fut comte de la côte maritime (Le Ponthieu) ; est dit recteur du monastère de Centule dans le diplôme de l'an 856 que Charles le Chauve donne à ce monastère, liv. III, chap. IX, p. 122, meurt le VIII des calendes de janvier, idem, p. 124.

Rodulphus. Voyez Raoul.

Rohingue (Rohingus), tenait noblement en bénéfice en 831 du monastère de Centule, à charge de service de terre et de mer, liv. III, chap. III, p. 104.

Rolland, moine de Saint-Riquier, souscrit une charte donnée à ce monastère par le roi Henry, l'an 1035, liv. IV, chap. VII, p. 204.

Roricon, souscrit une charte du comte de Ponthieu en 1067, liv. IV, chap. XXII, p. 248.

Rotselline, fille de Guillencus et de Romilde du Laonnois, sœur de Gervin abbé de Saint-Riquier, épouse Haymon (miles), auquel cet abbé passe son bien, liv. IV, chap. XIV, p. 221.

Ruoduolfus. Voyez Hruduolfus ou Raoul.

Ruethelin, chevalier (miles) ou vassal du monastère de Saint-Riquier, souscrit une charte de l'évêque de Liège en faveur de ce monastère, liv. III, chap. XXX, p. 182.

S

Salomon, tenait noblement en bénéfice en 831 du monastère de Centule, à charge de service de terre et de mer, liv. III, chap. III, p. 104.

Samuel, prêtre en 865, liv. III, chap. XII, p. 131.
— Procure des reliques de l'abbaye de Saint-Denis, liv. III, chap. XIV, p. 135.

Samuel (Gautier surnommé), moine de Saint-Riquier, chassé par l'abbé Gervin II, liv. IV, chap. XXXVI, p. 298.

Sauve, le bienheureux, à Valenciennes, liv. III, chap. XII, p. 131.

Saxogual, moine, accompagnait Gervin Ier, lors de son embarquement à Vissant, faisait les fonctions de préchantre à l'église Saint-Pierre, liv. IV, chap. XXIII, p. 254.

Saxogual, souscrit une charte du comte de Ponthieu, en 1067, liv. IV, chap. XXII, p. 248.

Saxoval, avait commencé la chronique de Centule que continue Hariulfe, liv. IV, chap. XXXVI, p. 297.

Sedulius, grammairien, dont les œuvres étaient en 831 à la bibliothèque de Centule, liv. III, chap. III, p. 101.

Senard, chevalier (miles) ou vassal du monastère de Saint-Riquier, souscrit une charte de l'évêque de Liège en faveur de ce monastère, 5 novembre 989, liv. III, chap. XXX, p. 182.

Serenus (Quintus), des Médicamens, ses œuvres au monastère de Centule, liv. III, chap. III, p. 101.

Sergius, pape l'an 544, liv. III, chap. VII, p. 115.

Servius, grammairien, dont les œuvres étaient au monastère de Centule en 831, liv. III, chap. III, p. 100.

Sicon, souscrit une charte de l'évêque de Liège en faveur du monastère de St-Riquier, 5 novembre 989, liv. III, chap. XXX, p. 182.

SIGEBERT [1], fils de Dagobert, règne en Austrasie avec le duc Pepin, laisse en mourant Dagobert son fils qui lui succède, liv. Ier, chap. XXIV, p. 49.

SIGEBERT [2], à la mort de Thiery son père, est mis à sa place par la reine Brunehaut. Clotaire II l'attaque, le prend, le tue, et fait prisonniers ses cinq frères, liv. Ier, chap. III, p. 9.

SIGEBERT [3], 4e fils de Clotaire Ier, a pour son partage le royaume de Metz ; épouse Brunehaut, dont Childebert ; meurt à la guerre ; est tué par trahison à Victuriacum (Vitry) près d'Arras, liv. Ier, chap. II, p. 7.

SIGEFRIDUS, tenait noblement en bénéfice en 831 du monastère de Centule, à charge de service de terre et de mer, liv. III, chap. III, p. 104.

SIGETRUDE (Sigetrudis), dame de ce lieu, en reçoit son nom, liv. Ier, chap. XI, p. 25.

— Cette terre en Ponthieu était sur le passage de Saint-Riquier lorsqu'il allait en Angleterre. Il s'arrêtait chez cette dame, qui lui fait don de ladite terre, liv. Ier, chap. XI, p. 26.

SOCRATE (l'histoire de), était en 831 à la bibliothèque de Centule, liv. III, chap. III, p. 101.

SOZOMENE, son histoire était en 831 à la bibliothèque de Centule, liv. III, chap. III, p. 101.

STORINSTINGUS, un des souscripteurs de la charte de Guillaume le Conquérant, 3 des ides de novembre 1048, liv. IV, chap. XIX, p. 236.

SYGOBARD (Sygobardus), est le seul qui accompagne saint Riquier dans la retraite de ce saint à Forestmontier, liv. Ier, chap. XIX, p. 40.

— Assiste saint Riquier à sa mort, et lui rend les derniers devoirs, idem, chap. XX, p. 43.

— Au milieu des obsèques de ce saint, il est pris d'un sommeil pendant lequel il voit ce saint au ciel, id., chap. XXI, p. 44.

SYMPHORIANUS (Symphorien), 6e abbé de Centule, préface, p. 2, et liv. Ier, chap. XXV, p. 54.

---

1. Mort en odeur de sainteté en 650. — Note du marquis Le Ver.
2. Assassiné en 613. — Note du marquis Le Ver.
3. Épouse Brunehaut en 5.., meurt en 575. — Note du marquis Le Ver.

T

TARDUIF (Tarduivus), grammairien dont les œuvres étaient en 831 au monastère de Centule, liv. III, chap. III, p. 100.

TAXO (Raoul), souscrit une charte de Guillaume duc de Normandie, 3 des ides de novembre 1048, liv. IV, chap. XIX, p. 236.

TEODERICUS. Voyez Thierry.

TEUDOALD, moine de Saint-Riquier, conseille de faire creuser dans la partie occidentale du chœur de l'église de Saint-Riquier pour chercher le corps de saint Angilbert ; on l'y découvre. Ce moine découvre sur une membrane dans les narines une inscription qui indique que c'est le corps de ce saint, liv. IV, chap. XXXII, p. 278.

— Chassé de l'abbaye par l'abbé Gervin II, liv. IV, chap. XXXVI, p. 298.

TEUTDRADUS, fit un échange d'une masure à Verton avec le monastère de Saint-Riquier, confirmé par une charte du roi Charles le Chauve le 2 mars 855, liv. III, chap. IX, p. 123.

TEUTSINUS, tenait noblement en bénéfice en

831 du monastère de Centule, à charge de service de terre et de mer, liv. III, chap. III, p. 104.

Théodorite, son histoire était à la bibliothèque de Centule en 831, liv. III, chap. III, p. 101.

Théodebert [1], 2e fils de Childebert II, roi d'Austrasie, perd une sanglante bataille près de Toul, contre Thierry, par lequel il est provoqué, et qui le met en fuite, liv. Ier, chap. II, p. 8.

Theodoin (Theodoinus), un des 12 évêques qui assistèrent à la dédicace de l'église de Saint-Riquier sous Charlemagne, liv. II, chap. IV, p. 67.

Théophile, ses Lettres aux évêques de toute l'Égypte, à la bibliothèque de Centule en 831, liv. III, chap. III, p. 99.

Théophile, Disputes sur la loi et le juif Simon et le chrétien, à la bibliothèque de Centule en 831, liv. III, chap. III, p. 100.

Thierry, 3e fils de Clovis II; sa cruauté le rend odieux, est cause qu'Ébroin, maire du palais, ne réussit pas à le faire déclarer roi d'Austrasie à la mort de son neveu Dagobert, mais à la mort de son frère Childéric il lui succède, liv. Ier, chap. XXIV, p. 50.

Thierry [2] (Theodericus), fils aîné de Childebert II, roi d'Austrasie, a le royaume de Bourgogne; provoque son frère Théodebert qu'il défait dans une sanglante bataille près de Toul, liv. Ier, chap. II, p. 8.
— Tué à Metz au milieu d'un incendie par la colère céleste; Sigebert son fils lui succède, liv. Ier, chap. III, p. 9.

Thimotée, ses quatre livres à la bibliothèque de Centule en 831, liv. III, chap. III, p. 99.

Tirel (Gauthier), chevalier (vain surnom que s'était donné ce chevalier), et Ermine, sa femme, s'étant emparés à titre d'hérédité de la terre de Noguerias qu'avait possédée le perfide Hubert, et dont il continuait à jouir malgré l'excommunication qu'il encourait, consent à rendre à l'église de Saint-Riquier la moitié de cette terre, se conservant l'usufruit de l'autre moitié pendant sa vie et celle de sa femme, lequel après leurs morts retournera à ladite église, 7 des ides d'octobre 1052, liv. IV, chap. XXI, p. 243.

Toussaint (la)[1], fête de nouvelle institution, en Ponthieu au monastère de Saint-Riquier établie du temps de l'abbé Angelran (mort en 1040), liv. IV, chap. V, p. 199.

Tredicon, tenait noblement en bénéfice du monastère de Centule en 831 à charge de service de terre et de mer, liv. III, chap. III, p. 104.

Tudites (martel), sorte de marteau d'artisan qui écrase sous ses coups les corps les plus durs; surnom donné à Charles fils de Pépin d'Héristal, liv. II, chap. Ier, p. 59. Voyez Martel.

1. Fondateur de l'abbaye de Saint-Vaast d'Arras où il fut enterré en 691 ou 92. Note du marquis Le Ver.
2. Mourut à Metz l'an 612, d'un flux de ventre (P. Anselme). — Note du marquis Le Ver.

1. Louis le Débonnaire, à la demande du pape Grégoire IV, rend une ordonnance pour qu'en Gaule et en Germanie on fasse la fête de tous les saints le 1er novembre, Chronique de Sigebert, D. Bouquet, t. VI, p. 234. — Note du marquis Le Ver.

U

Urbain, pape, tint un concile à Clermont en 1096, liv. IV, chap. XXXVI, p. 294.

Urse, 32e abbé de Centule, préface, p. 3.

Urson, un des fidèles du monastère de Saint-Riquier, souscrit une lettre de l'abbé Angelran l'an 12e du règne du roi Henry (l'an 1040), liv. IV, chap. VII, p. 205.

V

VAAST (Saint) d'Arras, était simplement désigné par le nom de saint par Ratbert qui nommait saint Riquier le très saint, liv. II, chap. IV, p. 83.

VALERY, jadis abbé du monastère de Leuconai, paraît ainsi que saint Riquier dans une vision à Hugues Capet qui n'était encore que duc, lui commande, de la part de Dieu, de terminer ce qu'il avait commencé, qui était de faire rendre aux monastères de St-Riquier et de St-Valery les corps de saint Riquier et le sien, que le comte de Flandres avait enlevés à ces monastères; il promet à ce duc que, s'il réussit, il sera roi des Français sur lesquels sa famille régnera jusqu'à la septième génération, liv. III, chap. XXIII, p. 162.

— Son corps enlevé par le comte de Flandres fut reporté au monastère de Saint-Valery le 4 juin 981, liv. III, chap. XXIV, p. 166.

VANDRILLE (Guandregisilus), le bienheureux, fils de Gualchise, petit-fils d'Arnoul, évêque de Metz, liv. II, chap. Ier, p. 58.

VANNE (congrégation de Saint), fondée par Viton, évêque de Verdun, liv. IV, chap. XIV, p. 222.

VICTORIN, grammairien, dont les ouvrages étaient en 831 à la bibliothèque de Centule, liv. III, chap. III, p. 100.

VIGOR (Saint), fils d'une femme illustre; dans sa jeunesse fut moine de Saint-Vaast d'Arras, puis évêque de Bayeux, liv. IV, chap. XX, p. 237.

— S'exile en Neustrie, chasse un serpent dans un lieu qu'on lui avait donné et où depuis fut fondée l'abbaye de Cerisy, liv. IV, chap. XX, p. 239.

— Évêque de Bayeux, son corps reposait dans l'église cathédrale de cette ville, est volé par un marguillier de cette église qui le vend à Engelard, abbé de Centule, miracles de ce corps qui fait connaître ce saint pour patron contre les incendies, liv. III, chap. XXVIII, p. 173 et suivantes.

— A la demande d'une de ses reliques par Guillaume duc de Normandie, l'abbé de Centule donne un os du bras droit du saint à ce duc qui le donne à l'abbé de Cerisy, 3 des ides de novembre 1048. Les moines, pour en éprouver la puissance, l'exposent à un grand feu dont il est retiré entier, ce qui fait connaître ce saint pour patron des incendies, liv. IV, chap. XX, p. 239.

— Bayeux et Senlis se disputent la possession du corps de ce saint qui est en entier au monastère de Saint-Riquier, sauf son menton qui est à l'abbaye de Saint-Ouen de Rouen, liv. IV, chap. V, p. 198.

— Apparaît en songe au prieur du monastère de Saint-Riquier, et lui reproche la simplicité de sa fête; il y veut plus de pompe, liv. IV, chap. XX, p. 237.

— Sa fête établie par l'abbé Angelran à Saint-Riquier, liv. IV, chap. V, p. 199.

— Hymne composée en son honneur, liv. IV, chap. XX, p. 238.

— Sa vie est rapportée de l'abbaye de Saint-Ouen de Rouen à Saint-Riquier par l'abbé Angelran, liv. IV, chap. V, p. 198.

VIRGILE et ses églogues étaient au monastère de Centule en 831, liv. III, chap. III, p. 101.

VITON, évêque de Verdun, fondateur de la congrégation de Saint-Vannes, liv. IV, chap. XIV, p. 222.

W

WALTERIUS. Voyez Gautier.

WATHON, clerc, souscrit une charte de l'évêque de Liège en faveur du monastère de Saint-Riquier, 14 octobre 1022, liv. IV, chap. III, p. 194.

Y

YRMINON[1], fut un des abbés auquel Charlemagne laissa par son testament, liv. II, chap. VII, p. 85.

1. Il était abbé de Saint-Germain-des-Prés. — Note du marquis Le Ver.

YVE DE BELESME et Arnoul son neveu, souscrivent une charte de Guillaume, duc de Normandie, 3 des ides de novembre 1048, liv. IV, chap. XIX, p. 236.

Z

ZACHARIE (Zacharias), tenait noblement en bénéfice en 831 du monastère de Centule, à charge de service de terre et de mer, liv. III, chap. III, p. 104.

FIN DE LA TABLE DES NOMS DE PERSONNES

TABLE

DES

NOMS DES LIEUX

A

ABBATENSIS (Abbeville, Hugo), liv. IV, chap. XXI, p. 241.

ABBATISHAM, nommé aussi Alteia (Authie), possession confirmée en 845 par le roi Charles le Chauve, au monastère de Centule, liv. III, chap. VII, p. 118.

ABBATISVILLA. Voyez Abbeville.

ABBATISVILLE (Abbeville), possédée par le monastère de Centule dès le temps de saint Riquier, liv., III, chap. II, p. 94.

— Propriété entière sans nulle partage de bénéfice, ni partage d'autorité, au monastère de Centule dès le temps de saint Riquier, qui appartient encore à ce monastère en 831, liv. III, chap. III, p. 102.

— Aliénée par Ingelard, abbé de ce monastère (était abbé en 989), liv. III, chap. XXVII, p. 172.

— Enlevée par le roi Hugues (Capet) à ce monastère ; il y fit bâtir un château qu'il donna en garde à un chevalier nommé Hugues, qui avait épousé sa fille Gisèle, liv. IV, chap. XII, p. 217.

— Ce ne fut que jusqu'à Abbeville qu'on mena en procession le corps de saint Riquier lorsqu'on le tira du monastère de saint Riquier pour obtenir des aumônes afin de rebâtir ce monastère, liv. IV, chap. XXXVI, p. 291.

ABBEVILLE. Voyez Abbatisvilla.

ACCINICOURT (Accinicurtis), le monastère de Foresmontier avait des propriétés dans ce territoire en 846, liv. III, chap. VII, p. 118.

ACHOTES, village d'Angleterre donné par le comte Raoul au monastère de St-Riquier, donation confirmée (en 1068) par Guillaume le Conquérant. Services, chaque charrue de ce lieu donne deux jours par semaine, le labour des blés et des avoines, et 25 hommes doivent moissonner au mois d'août deux jours par semaine, liv. IV, chap. XXIV, p. 256.

ACRA, village d'Angleterre donné par le comte Raoul à l'église de Saint-Riquier (en 1068), donation confirmée par Guillaume le Conquérant ; dans ce village il y a deux hôtes, trois moulins rapportant 35 ores d'argent ; les hommes devront labourer trois jours par semaine et moissonner trois jours par semaine pour leur seigneur, liv. IV, chap. XXIV, p. 256.

ADALUNGUS [1], une des quatre abbayes

---

[1]. Ce n'est pas le nom d'une abbaye, mais le nom de l'abbé de Lauveshem, ou Lauveshamensis, dans le diocèse de Worms. Mabillon, *Annal. Bénédict.*, t. II, p. 397. — Note du marquis Le Ver.

auxquelles Charlemagne laissa par son testament, liv. II, chap. VII, p. 85.

ADULFICURTIS, possession confirmée au monastère de Centule en 831 par Louis le Débonnaire, liv. III, chap. II, p. 92, et en 844, confirmée, ibid., chap. VII, p. 93.

ALLIACUS (Ailly), propriété entière, sans nul partage de bénéfice, au monastère de Centule au temps de saint Riquier, qui lui appartenait encore en 831, liv. III, chap. III, p. 102. Voyez Asliacum.

AIX-LA-CHAPELLE, palais du roi, voyez Aquisgranii palatium, liv. III, chap. XIX, p. 147.

ALBITRIUM, village aux chanoines de Botritium en 831, liv. III, chap. III, p. 100.

ALEMANIA, voyez Germania, donnée en 865 par Louis roi de Germanie à Charles son 3e fils, liv. III, chap. XII, p. 130.

ALTEIA (Authie), propriété du monastère de Centule au temps de saint Riquier ainsi qu'en 831, liv. III, chap. III, p. 102.

— Nommée aussi Abbatisham, possession confirmée en 845 par Charles le Chauve au monastère de Centule, auparavant en 830 par Louis le Débonnaire, liv. III, chap. VII, p. 117-118.

ALTEIA, rivière (voyez Authie) sur le bord de laquelle fut bâtie une église sous le nom de Saint-Riquier [1] à cause d'un miracle qu'y fit ce saint, liv. Ier, chap. XVI, p. 34. — Ne serait-ce pas Fresne, près de Colline sur l'Authie, dont le vocable est saint Riquier et ne pourrait-on pas inférer de ce chapitre que le Ponthieu était alors borné par la rive gauche de l'Authie ? — Remarque Le Ver.

ALTISGNICO, propriété du monastère de Centule au temps de saint Riquier ainsi qu'en 831, liv. III, chap. III, p. 102.

ALTVILLARIS (peut-être Hautvillers en Ponthieu près d'Abbeville), un des trois villages formant le territoire de Campagne donné à saint Riquier par le roi Dagobert, liv. Ier, chap. XVII, p. 37.

— Était moins un village qu'un petit fort à l'abri d'un coup de main de l'ennemi en 831, liv. III, chap. III, p. 102.

AMBIANIENS (chez les), l'abbé de Saint-Riquier avait un petit couvent où l'on assure que repose le corps du martyr Gratien et un autre couvent dans un lieu nommé Luliacum, liv. IV, chap. XXV, p. 258.

AMIENS (l'évêque d'), consacre Gervin abbé de Saint-Riquier, le jour de l'Incarnation, liv. IV, chap. XV, p. 224.

— (Hilmeradus, évêque d'), en 1865, liv. III, chap. XII, p. 130.

— (Foulque, évêque d'), liv. III, chap. XXV, p. 169.

— (Guy, évêque d'), liv. IV, chap. XXII, p. 249.

— (Guy, évêque d'), fut disciple de l'abbé Angelran, liv. IV, chap. XI, p. 214.

— (l'évêque d'), devait plusieurs services à l'abbaye de Centule, liv. IV, chap. XXXVI, p. 296.

ANGILBERTUS [1], une des quatre abbayes auxquelles Charlemagne laissa par son testament, liv. II, chap. VII, p. 85.

ANGLETERRE (Édouard et Édith, roi et reine d'), reçoivent honorablement Gervin Ier, abbé de Saint-Riquier, liv. IV, chap. XXII, p. 248.

---

1. Il y a à Dourier une chapelle sous le vocable de saint Riquier, à deux portées de fusil du bourg de Dourier; l'église paroissiale est dédiée à la Vierge et le patron des chanoines dont le chapitre fut fondé en 1504 par Francis de Créquy et par sa femme Marguerite Blondel. — Note assez informe du marquis Le Ver.

1. Cette abbaye d'Angilbert serait-ce celle de Centule qu'avait restaurée saint Angilbert, ce qui n'est pas présumable, car la tradition s'en serait conservée surtout à Saint-Riquier, et Hariulfe en aurait fait mention. Cependant dans les abbayes de France, on n'en trouve aucune sous le nom de saint Angilbert ou Ingeler qui est le même nom. Les *Annales Bénédict.*, p. 397, t. II, disent que c'est Angilbert abbé de Centule. — Note du marquis Le Ver.

ANGOULÊME. Voyez Equolisimæ.

ANISCEIAS, village à la porte du monastère de Centule donné à ce monastère par le roi Charles le Chauve en 870, liv. III, chap. XIX, p. 147.

APICHENEA, village d'Angleterre donné par le comte Raoul au monastère de Saint-Riquier; cette donation confirmée par Guillaume le Conquérant en 1068, liv. IV, chap. XXIV, p. 256.

AQUISGRANII PALATIUM (Aix-la-Chapelle), palais du roi d'où Charles le Chauve donne un diplôme, XVIII des calendes de février 870, liv. III, chap. XIX, p. 147.

ARELATUM (Arles), une des 21 métropoles auxquelles Charlemagne laissa par son testament, liv. II, chap. VII, p. 84.

— Césaire, évêque d'Arles, liv. III, chap. III, p. 100.

ARLES. Voyez Arelatum.

ARGENTULUM, lieu d'où est daté un diplôme de Guillaume duc de Normandie, le 3 des ides de novembre 1048, liv. IV, chap. XIX, p. 236.

ARGOULE. Voyez Argubium et Argubius.

ARGOVILLARE (Arguevillers), possession confirmée au monastère de Saint-Riquier, par le roi Charles le Chauve en 845, liv. III, chap. VII, p. 117, et idem, chap. IX, p. 123. (Ne serait-ce pas Argueuves-sur-Somme à trois quarts de lieue d'Amiens? — Remarque Le Ver.

ARGUBIUM, lieu près duquel saint Riquier établit un monastère (je crois que c'est Argoule et que ce monastère est Forestmontier, liv. II, chap. VI, p. 81?) — Remarque Le Ver.

— Église donnée à perpétuité au monastère de Saint-Riquier par Guy, évêque d'Amiens, en échange de ce que l'abbé Gervin Ier donna à la demande de cet évêque l'amict que la reine d'Angleterre lui avait donné, liv. IV, chap. XXII, p. 249.

— Sur laquelle église Ratbode avait son personnat, idem.

Nota. — La charte du don de cette église ne parle pas de l'échange. — Note du marquis Le Ver.

ARGUBIUS (Argoule), avec la ferme de Romamgilis acquise par l'abbé de St-Riquier au profit du monastère de Forestmontier, confirmée par Charles le Chauve en 845, liv. III, chap. VII, p. 118. Idem, chap. IX, p. 124.

ARGUEVILLERS. Voyez Argovillare.

ARRAS (Atrebas), saint Vigor y fut moine de Saint-Vaast, liv. IV, chap. XX, p. 258.

— Avitien y avait porté le corps de saint Vigor qu'il avait volé à Bayeux pour le vendre plus avantageusement; y meurt, liv. III, chap. XXVIII, p. 174.

— Près de cette ville est le village de Victuriacum (Vitry), du royaume de Chilpéric où Sigebert fut assassiné, liv. Ier, chap. II, p. 7.

ASCO, le monastère de Centule y avait une possession en 845, liv. III, chap. VII, p. 118.

ASFLARIÆ, Asflaires, in Asflariis dans le Spicilège de d'Achery, in Masflariis dans le texte donné par M. Lot. La seconde lecture doit être la bonne, Masflariæ se rencontrant plus loin (voir chap. IX) et pouvant répondre à Mouflers ou à Mouflières. Le marquis Le Ver avait, par erreur, rangé ce nom dans la table des personnes. Liv. III, chap. VII, p. 118.

ASLIACUM (Ailly), village où, pendant une procession du corps de saint Riquier jusqu'à Abbeville, il se fit un miracle, liv. IV, chap. XXXI, p. 274. Voyez Alliacus.

ASSUAFA, village d'Angleterre ainsi nommé par les gens du pays, donné par le comte Raoul à l'église de Saint-Riquier, donation confirmée par Guillaume le Conquérant en 1068; charges de ce village; liv. IV, chap. XXIV, p. 257.

ASVINÆ (Avesnes), le monastère de Centule y possédait en 845 un manoir, liv. III, chap. VII, p. 118.

ATREBAS. Voyez Arras.

ATRE (l'), atrium d'une maison vulgairement appelé cour..., liv. III, chap. Ier, p. 90.

AUGUSTO DUNENSIUM, Autun, (Léger, évêque d'), liv. Ier, chap. XXIV, p. 50.

AUSTRASIA, Austrasie, (Sigebert roi d') (son fils Théodebert roi d'), liv. Ier, chap. II, p. 7-8.

— Dagobert à la mort de Sigebert son père (règne en l'an 650). Grimoard, son maire du palais, le fait raser ; il met à sa place son fils ; il est mis à mort (671) et Childéric devient roi d'Austrasie, liv. Ier, chap. XXIV, p. 49.

— Sigebert est envoyé régner en Austrasie par son père Dagobert l'an 633, liv. Ier, chap. XXIV, p. 49.

AUSTRASIE (l'), donnée en 865 par Louis roi de Germanie à Louis son second fils, liv. III, chap. XII, p. 130.

AUTHIE. Voyez Alteia et Abbatisham.

AUTUN. Voyez Augustodunensium.

AVESNES. Voyez Asvinæ.

B

BAISIEU, forêt, voyez Euvelina et le mont Aericus et Yvelina.

BAGARDAS, voyez Bayardes, possession du monastère de Centule du temps de saint Riquier, confirmée en 830 par Louis le Débonnaire, liv. III, chap. II, p. 92, et chap. III, p. 102.

BAJOURIA, Bavière ou Norica, est donné par Louis roi de Germanie en 865 à Carloman son fils aîné, liv. III, chap. XII, p. 130.

BAJOCENSIS. Voyez Bayeux.

BAYEUX (Bajocensis). Le corps de saint Vigor, évêque de, reposait dans l'église cathédrale de cette ville, y est volé par Avitien sacristain de cette église, qui le vend à Ingelard abbé du monastère de Saint-Riquier, liv. III, chap. XXVIII, p. 173.

BEAUVAIS (Belvacensis), Hudon, évêque de cette ville, Hilmeradus prévôt du monastère de Saint-Lucien en cette ville en 866, liv. III, chap. XII, p. 132.

BERELLA (Berelle), église rendue par les soins de l'abbé Ingelard au monastère de Centule sur lequel elle avait été usurpée, liv. III, chap. XXVI, p. 171.

BERNAI (Berniacus), l'abbé de Centule achète en 845 des possessions dans ce territoire au profit du monastère de Foresmoustier, liv. III, chap. VII, p. 118.

BERRE (BYRRA, la), rivière du haut Languedoc où Charles Martel vainquit les Sarrasins, liv. II, chap. Ier, p. 58.

BERSACCA (Bersacques), près de Saint-Riquier en Ponthieu, donné en 868 au monastère de ce lieu par Charles le Chauve pour entretenir des luminaires auprès de la châsse de ce saint, liv. III, chap. XVII, p. 141.

BERTIN (Saint-), monastère en Artois où Arnoul comte de Flandres fit transporter le corps de saint Riquier qu'il avait enlevé au monastère de Centule, liv. III, chap. XXII, p. 161.

BESANÇON. Voyez Vesontio.

BITURICUM. Voyez Bourges.

BONELLA (Bonelle); en son territoire l'abbé de Saint-Riquier acheta en 845 au profit du monastère de Forestmontier les bénéfices qu'y possédaient Angaltus et Godolard, liv. III, chap. VII, p. 118.

BORDEAUX. Voyez Burdegala.

BOTRICE (Botritium), dans le Térouennois qui avait été usurpé au monastère de Saint-Riquier rentre à ce monastère par les soins d'Ingelard son abbé,

liv. III, chap. XXVI, p. 170.
- Avait été donné à ce monastère par le duc Eude, gendre du roi Lothaire, qui confirme la donation en 813, liv. III, chap. VI, p. 112.
- Avait 10 chanoines, liv. III, chap. III, p. 103.

Bourges (Bituricum), une des 21 métropoles auxquelles Charlemagne légua par son testament, liv. II, chap. VII, p. 85.

Broneuil (Bronoilum), possession confirmée au monastère de Centule en 830 par Louis le Débonnaire, liv. III, chap. II, p. 92.
- Et en 844 par Charles le Chauve, liv. III, chap. VII, p. 116.

Buigni (Buniacus), propriété du monastère de Centule au temps de Saint-Riquier et en 831, liv. III, chap. III, p. 102.

Burdegala (Bordeaux), une des 21 métropoles auxquelles Charlemagne laissa par son testament, liv. II, chap. VII, p. 84.

Bursis, village de l'évêché de Liège dans lequel le monastère de Saint-Riquier possédait un manoir que l'abbé aliéna pour 30 ans au profit de l'évêque de Liège, moyennant une redevance, par une charte du 5 des calendes de novembre 989, liv. III, chap. XXX, p. 181.
- Aliénation renouvelée par une charte du XIV des calendes d'octobre de l'an 1022, liv. IV, chap. III, p. 194.

Bussu (Buxudis), propriété du monastère de Centule du temps de saint-Riquier ainsi qu'en 831, liv. III, chap. III, p. 102.
- Donné pour retraite à Gerbert, clerc, qui s'était fait abbé de Saint-Riquier, afin de laisser aux moines l'administration du monastère (vers 886), liv. III, chap. XXI, p. 157.
- Rentre à ce monastère par les soins de son abbé Ingelard, liv. III, chap. XXVI, p. 170.
- Miracle en ce lieu lors de la procession de la châsse de de saint Riquier depuis le monastère jusqu'à Abbeville pour engager les fidèles à faire des aumônes pour rebâtir ce monastère, liv. IV, chap. XXXI, p. 274.

Buxude (Buxudis), liv. III, chap. XXVI, p. 170.

Byrra (la Berre, rivière du haut Languedoc), près de laquelle Charles Martel vainquit les Sarrasins, liv. II, chap. Ier, p. 58.

C

Cadordensis (Caours ou Caux) ; son église, ainsi que Drugy, confirmée au monastère de Saint-Riquier par Charles le Chauve dans un diplôme du 2 des calendes de mars 855, liv. III, chap. IX, p. 123.

Campagne (Campania), territoire en plaine de 3 villages Altivillaris, Rebellismons, Valerias, donné à Saint-Riquier par le roi Dagobert, liv. Ier, chap. XVII, p. 37.
- Cédé par les abbés de Saint-Riquier à Agenard pour le posséder sa vie durant; celui-ci obtint que ses deux fils le conserveraient après sa mort, par une charte de l'abbé de Saint-Riquier le 8 des ides de décembre, la 16e année du règne du roi Henry, (1047), liv. IV, chap. XXI, p. 244.

Carasiacum (Kersy-sur-Oise), palais d'où est daté un diplôme du roi Charles le Chauve du 7 des ides de décembre 868, liv. III, chap. XV, p. 138, et chap. XVII, p. 242.

Catiacus villa, aux chanoines d'Encre en 831, liv. III, chap. III, p. 104.

Caux ou Caours. Voyez Cadordensis.

Centule (Centulum en Ponthieu). La voie publique passe devant le monastère, liv. Ier, chap. XXIII, p. 47.

— Cette ville appartenait à la famille de saint Riquier, qui y naquit, liv. Ier, chap. IV, p. 11.

— Ce lieu visité par Dagobert, liv. Ier, chap. XVII, p. 36.

— Saint Riquier y fonda le monastère dont il fut le premier abbé, liv. Ier, chap. XIV, p. 29.

— Lorsque saint Angilbert, le 7e abbé, reconstruisit cette église, le monastère prit le nom de Saint-Riquier, liv. II, chap. III, p. 63.

— Ce monastère est une des quatre abbayes auxquelles Charlemagne laissa par son testament, liv. II, chap. VII, p. 85.

Nota. — Une des quatre abbayes sous le nom d'Angilbert auxquelles Charlemagne laisse par son testament. (Mabillon, *Annales Bénédictines*, t. II, p. 377). — Note du marquis Le Ver.

— Angilbert fait venir des marbres de Rome pour restaurer l'église, liv. II, chap. II, p. 62.

— Angilbert abat l'église construite par saint Riquier, en fait bâtir une autre. Une colonne s'était brisée en s'érigeant; du temps d'Hariulfe on voyait encore le doigt de l'ange qui l'avait relevée. Lorsque l'église fut construite elle prit le nom de Saint-Riquier. Description de cette église, liv. II, chap. III, p. 63.

— Règle qu'Angilbert y introduisit, liv. II, chap. VI, p. 79.

— Dans une des tours de l'église était l'autel du Sauveur, liv. IV, chap. XXX, p. 269.

— L'église était couverte en chaume; le feu y prend, fait de si grands désastres que le plomb des bâtimens est mis en fusion, liv. IV, chap. XXXI, p. 272.

— L'église tombe en ruine sous l'abbé Gervin II (1071 à 1096); est rebâtie des aumônes que les fidèles firent, lors de cette reconstruction, de Saint-Riquier à Abbeville, liv. IV, chap. XXVI, p. 290.

— L'entrée de ce monastère défendue aux femmes par l'abbé Hélisacar (mort en 837 (*Gall. Christ.*), liv. III, chap. IV, p. 106.

— Description du trésor et dénombrement des vassaux de ce monastère donnés en 831, à l'empereur Louis le Débonnaire, liv. III, chap. III, p. 95.

— Énumération des livres au nombre de 256 volumes, liv. III, chap. III, pp. 97-101.

— Énumération des livres procurés par l'abbé Gervin Ier (mort en 1075), liv. IV, chap. XXXII, pp. 275-277.

— Énumération des villages de ce monastère, liv. III, chap. III, p. 102.

— Énumération des reliques conservées dans ce monastère, liv. II, chap. V, pp. 69-74.

— Reliques emportées à Sainte-Colombe de Sens lorsque les Danois vinrent en France, liv. III, chap. XX, p. 150.

— Trois églises principales au monastère, dans chacune est un autel principal; description de ces églises, liv. III, chap. II, p. 95.

— Le jour de la fête de saint Riquier VII des ides d'octobre, le comte de Ponthieu, les grands vassaux, venaient faire leur cour à ce saint protecteur du pays comme Seigneur du pays; le comte avait l'air d'être l'esclave, l'abbé le maître, liv. IV, chap. VI, p. 200.

— L'histoire de ce monastère, rapportée de celui de Gorze (en Lorraine) par Gervin Ier, contenait les noms de quatre abbés omis dans la liste donnée par l'abbé Angelran, liv. IV, chap. XVII, p. 231.

— Donation à ce monastère de plusieurs villages en Angleterre faite par le comte Raoul et confirmée par Guillaume le Conquérant (en 1068), liv. IV, chap. XXIV, p. 255.

— L'évêque d'Amiens devait plusieurs services à ce monastère, liv. IV, chap. XXXVI, p. 296.

— Sous l'abbé Louis, oncle de Charles le Chauve, les Danois ravagent la France. Pour éviter leur fureur on transporte au loin le corps de saint Riquier; à leur départ on le rapporte, et ce saint fait des miracles, liv. III, chap. VIII, p. 120.

— Noms de 33 abbés, préface, pp. 2-3.

— Angilbert, abbé, etc., liv. II, chap. II, p. 62.

— Nithard, abbé après Angilbert, son père, liv. II, chap. VII, p. 87.

— L'abbé Ribbodon succède à Hélisacar, liv. III, chap. V, p. 109.

— L'abbé Louis succède à Ribbodon; sous lui les Danois ravagent la France, liv. III, chap. VII et VIII, p. 115 et 120.

— Rodolphe succède à l'abbé Louis; est comte et abbé, liv. III, chap. IX, p. 122.

— Helgaud succède à l'abbé Rodolphe, liv. III, chap. X, p. 126.

— Guelfon succède à l'abbé Helgaud, liv. III, chap. XI, p. 128.

— L'abbé Carloman succède à l'abbé Guelfon, liv. III, chap. XIX, p. 145.

— Gerbert, clerc, abbé; l'abbé Fulchéric le remplace, liv. III, chap. XXI, p. 157.

— Ingelard, 21e abbé, préface, p. 3.

— Angelran, abbé, liv. IV, chap. VII, p. 202.

— Gervin Ier, nommé par le roi, liv. IV, chap. XV, p. 223.

— Gervin II, x des calendes de novembre de l'an 1071, liv. IV, chap. XXXVI, p. 288.

— Diplôme daté de Saint-Valeri par lequel Louis le Débonnaire accorde des possessions au monastère de Centule, 3 des nones d'avril (831), liv. III, chap. II, p. 93.

Cerasiacum (Cerisi), monastère dans le Bessin, évêché de Bayeux, à quatre lieues de cette ville, fondé par saint Vigor après qu'il eut chassé un serpent de ce lieu qui lui fut donné. Il en fut le 1er abbé, en 1048. Guarin, abbé de ce monastère, par la protection de Guillaume, duc de Normandie, obtint de l'abbé de Saint-Riquier un os du bras droit de saint Vigor qui met à l'abri du feu, ce dont les moines s'assurent en l'éprouvant, liv. IV, chap. XX, p. 239.

Champ sacré. Voyez Sacer Campus.

Cinisus Mons, Mont-Cenis, Charles le Chauve meurt après avoir passé ce mont, liv. III, chap. XX, p. 148.

Civinicurtis, Civinicourt, possession confirmée au monastère de St-Riquier, l'an 830, par Louis le Débonnaire, liv. III, chap. II, p. 92.

— Sauvegarde accordée en 830 par Louis, roi de Germanie, par laquelle il défend à tous gens de guerre de passer par ce lieu, liv. III, chap. XIII, p. 133.

Clermont, concile tenu en ce lieu en 1096, liv. IV, chap. XXXVI, p. 294.

Cologne (Colonia), une des 21 métropoles auxquelles Charlemagne légua par son testament, liv. II, chap. VII, p. 84.

Colombe (Sainte), monastère de Sens dont Guelfon était abbé en 864, liv. III, chap. XI, p. 128.

— Où les reliques du monastère de Saint-Riquier furent transportées en 881 lors de l'apparition des barbares, par Jérémie, moine de Saint-Riquier, qui fut fait abbé de Sainte-Colombe à la mort de Guelfon, liv. III, chap. XX, p. 150.

COMITIS VILLA (Conteville), tenu du monastère de Saint-Riquier par 12 deniers de cens par le comte de Ponthieu selon la charte du comte Angelran, liv. IV, chap. VI, p. 200.

COMPIÈGNE, d'où est daté un diplôme de Lothaire, liv. III, chap. VI, p. 114.

— Louis, roi de Germanie, 2e fils du roi de Germanie, y donne un diplôme, 3 des calendes de janvier 867, liv. III, chap. XIII, p. 134.

— Le roy Robert y confirme une charte datée des nones d'avril, liv. IV, chap. VI, p. 201.

COMTE VILLE. Voyez Comitis villa.

CONCILIUM (Conchil), possession du monastère de Centule du temps de saint Riquier, liv. III, chap. III, p. 102.

— Confirmée en 830 par Louis le Débonnaire, liv. III, chap. II, p. 93.

— Et en 844 par Charles le Chauve, liv. III, chap. VII, p. 116.

CONSTANTINOPLE, Louis le Débonnaire en rapporte des reliques, liv. III, chap. V, p. 109.

Nota. — Ce voyage est supposé. — Note du marquis Le Ver.

CONTEVILLE. Voyez Comitis villa.

CORBIE, monastère dont saint Adelard était abbé du temps d'Alcuin, liv. II, chap. VI, p. 82.

— Ingelard, sous-diacre en ce monastère, élu abbé de Saint-Riquier, liv. III, chap. XXIII, p. 163.

CORNOUAILLE en Bretagne. Voyez Cornugallia ou Curguala.

CORNUGALLIA ou Curguala, Cornouaille, comté en Bretagne donné en 865 par Louis roi de Germanie à Charles son 3e fils, liv. III, chap. XII, p. 130. — Voir l'observation de la page 130.

CÔTE MARITIME, duché, dans lequel était compris le Ponthieu, dont saint Angilbert, était duc, liv. II, chap. II, p. 61.

COUR, la place devant une maison, liv. III, chap. Ier, p. 90.

COURTEIL. Voyez Curticella.

CRESSIACUM (Cressy), forêt à dix mille pas de Centule, au milieu de laquelle saint Riquier obtint de Dagobert un défrichement où il construisit un monastère appellé aujourd'hui Forestmoustier, liv. Ier, chap. XVIII, p. 39.

CRUX (Croix), possession au monastère de Centule au temps de saint Riquier, liv. III, chap. III, p. 102.

— Confirmée à ce monastère en 830 par Louis le Débonnaire, liv. III, chap. II, p. 92.

— Confirmée en 844 par Charles le Chauve, liv. III, chap. VII, p. 116.

CULESTURPO, village d'Angleterre donné par le comte Raoul à l'église de Saint-Riquier, donation confirmée par Guillaume le Conquérant, en 1068, charges dues par ce village, liv. IV, chap. XXIV, p. 256.

CURGUALA, vel Cornugallia. Voyez Cornouaille.

CURTICELLA (Courteil), possession du monastère de Centule dès le temps de saint Riquier, liv. III, chap. III, p. 102.

— Confirmée, en 830, par Louis le Débonnaire, liv. III, chap. II, p. 92.

— Confirmée, en 844, par Charles le Chauve, liv. III, chap. VII, p. 116.

CURTIS, Vulgus dicitur atrium domus, liv. III, chap. Ier, p. 90.

D

DANOIS (Dani), font des courses en France, occuppent l'embouchure de la Seine du temps de Louis abbé de Centule liv. III, chap. VIII, p. 120.

— Sous la conduite d'Ansleic, ils font, en passant par Centule, des prières en l'église du monastère où l'un d'eux qui n'était pas chrétien se convertit, liv. III, chap. XVIII, p. 143.

DARANTASIA. Voyez Tarentaise.

DOMMART, Domnus Medardus, Sanctus Medardus, possession au monastère de Centule au temps de saint Riquier; lui appartenait encore en 830, liv. III, chap. III, p. 102.

— Aliéné par l'abbé Ingelard, on en fait une forteresse, liv. III, chap. XXVII, p. 172.

— Hugues Capet enleva ce village au monastère de Centule pour en faire une forteresse qui existait encore du temps d'Hariulfe, liv. IV, chap. XXI, p. 241.

DOMNUS MEDARDUS. Voyez Dommart.

DRUCAT, Durcaptum, Durcaptus, propriété entière et sans partage de bénéfice au monastère de Centule dès le temps de saint Riquier ainsi qu'en 831, liv. III, chap. III, p. 102.

— Ayant été donnée en bénéfice à Hungarius (miles), vassal ou chevalier, celui-ci étant mort, Charles le Chauve la rend à ce monastère à l'effet d'entretenir trois lampes de plus à la chàsse de saint Riquier, en 870, liv. III, chap. XIX, p. 146.

DRUGY, Drusciacus, Drusciacum, possession au monastère de Centule au temps de saint Riquier ainsi qu'en 831, liv. III, chap. III, p. 102, et chap. II, p. 92.

— Confirmée à ce monastère par Charles le Chauve en 844, liv. III, chap. VII, p. 116.

— Rendue à ce monastère par les soins de l'abbé Angelran, liv. IV, chap. XVII, p. 229.

DRUSCIACUM, Drusciacus, Drusiacum. Voyez Drugy.

DULCIANÆ VALLIS, village à Forestmontier, habité par 30 chanoines qui possédaient 4 villages, liv. III, chap. III, p. 103.

DURCAPTUM, Durcaptus. Voyez Drucat.

E

EBREDUNUM. Voyez Embrun.

EGHOD, un des 4 villages possédés par les 30 chanoines résidant dans le village Dulcianæ vallis, liv. III, chap. III, p. 103. Voyez Euholt.

EMBRUN, Ebredunum, une des 21 métropoles auxquelles Charlemagne laissa par son testament, liv. II, chap. VII, p. 84.

ENCRE, Incra, dans l'Amiénois en 831, chapelle dépendante du monastère de Centule où il y a 12 chanoines qui, pour vivre, ont la dîme, la none et un moulin; elle a 180 métairies et les villages nommés; description des appartenances à l'église, et de ses livres, liv. III, chap. III, p. 103.

— Hugues Capet l'enleva à ce monastère et en fit une forteresse existante encore du temps de Hariulfe, pour la défense du Ponthieu, liv. IV, chap. XXI, p. 241.

EQUOLISIMA, Angoulême, voit tomber ses murs au moment où Clovis Ier allait l'attaquer, liv. Ier, chap. Ier, p. 6.

ÉRIC, montagne de la forêt Iveline (ou de Baisieu) sur laquelle le roi Carloman fut atteint à la chasse d'une blessure dont il mourut, liv. III, chap. XX, p. 151. Voyez Euvelina.

ESCLAVONS, Sclavii (les Marches contre les), données en 865 par Louis roi de Germanie à son fils Carloman, liv. III, chap. XII, p. 130.

ESPAGNE (Spania), le monastère de St-Riquier y obtient des possessions par échange en 855, liv. III, chap. IX, p. 124. — Il s'agit d'Épagne près d'Abbeville.

ESPERLAIS, village à l'extrémité de l'Angleterre, frontière, donné par le comte Raoul à l'abbaye de Saint-Riquier; donation confirmée par le roi Guillaume (en 1068). Dans ce village il y a 37 hostes payant annuellement chacun 2 chevaux chargés de Brais, à leur seigneur, lui devant 3 jours de travail par semaine depuis saint Jean-Baptiste jusqu'à saint Michel, et ne devant qu'un jour par semaine depuis saint Michel jusqu'à saint Jean-Baptiste. Ce village possède un très grand bois, des terres cultivées et incultes, des prés et d'excellents pâturages, liv. IV, chap. XXIV, p. 256.

EU (AUGA), entrée de la Normandie, liv. IV, chap. XXIX, p. 268.

— Au milieu de la forêt il y avait une église dédiée à saint Martin, liv. IV, chap. XXV, p. 258.

EUHOLT, dans ce territoire le monastère de Forestmontier en 845 avait des propriétés, liv. III, chap. VII, p. 118.

EUVELINA, Baisieu, Ivelina, forêt dans laquelle est le mont Éric sur lequel le roi Carloman fut blessé à mort à la chasse par une bête extraordinaire, liv. III, chap. XX, p. 151.

F

FARMALA, village de l'évêché de Liège dans lequel le monastère de Saint-Riquier avait 5 manoirs, aliénés moyennant redevance au profit de l'évêque de Liège pour 30 ans par l'abbé de ce monastère, v des cal. de novembre 989, liv. III, chap. XXX, p. 181.

— Objet d'une conciliation par l'abbé le 14 octobre 1022, liv. IV, chap. III, p. 194.

FEUQUIÈRES, Fulcariæ, Fulcarias, Filcariæ, Filcarias. Échange d'une habitation en ce lieu que fait le monastère de Saint-Riquier avec celle de Nialla que cède ce monastère, ce qui est confirmé par Charles le Chauve le 2 mars 855, liv. III, chap. IX, p. 123.

— Village du Vimeu d'où était une fille paralytique guérie au tombeau de l'abbé Angelran, liv. IV, chap. XVII, p. 228.

— Terre du Vimeu rendue à l'abbé de Saint-Riquier par Gautier, chevalier, moyennant 100 s. donnés audit chevalier; dont charte de l'abbé du 4 des calendes de septembre de l'an 1063, liv. IV, chap. XXII, p. 246.

FILCARIÆ. Voyez Feuquières.

FLAMIRIACA, village aux chanoines d'Encre, liv. III, chap. III, p. 104.

FLEURY EN VEXIN, Floriacus in wilcassino pago. Un vieillard de ce village, muet, retrouve la parole au tombeau de saint Riquier, liv. III, chap. XVIII, p. 143.

FLOHERI MANSUS, courtil dont le quart cédé à vie par l'abbé de Saint-Riquier au profit d'Agenard, VIII des ides de décembre 1047, liv. IV, chap. XXI, p. 245.

FONTENAI (Fontanetum), champ de bataille où Louis et Charles le Chauve son frère mettent en fuite Lothaire et Pepin leurs frères, liv. III, chap. V, p. 110.

FORESTMONTIER, (Foresti monasterium, Forestis cella), monastère élevé par saint Riquier à x mil pas de Centule, au milieu de la forêt de Cressy dans un défrichement que fit ce saint du don que lui avait fait le roi Dagobert, liv. Ier, chap. XVIII, p. 39.

— Près Argubium, liv. II, chap. VI, p. 81.

— Propriété du monastère de Centule entière et sans partage de bénéfice, liv. III, chap. III, p. 102.
— Échange qu'en fait le monastère, confirmé par Charles le Chauve, liv. III, chap. IX, p. 123.
— A son origine ce monastère appartenait aux frères de Saint-Riquier. Ce lieu, usurpé depuis peu par les comtes de Ponthieu sous l'abbé Ingelard, le fut par Hugues, duc ensuite roi de France, qui en donna la propriété à un chevalier nommé Hugues qui avait épousé sa fille Giselle, liv. IV, chap. XII, p. 217.
— Ce monastère érigé en abbaye par les comtes de Ponthieu, liv. IV, chap. XII, p. 217.
— L'abbé Louis, en 845, abbé de St-Riquier achète au profit du monastère de Forestmontier, Argubium (Argoule) et d'autres propriétés, ce que Charles le Chauve confirme par une charte du v des calendes d'octobre, la 5e année de son règne, donnée à Compiègne, liv. III, chap. VII, p. 117.
— Cette acquisition à la charge que le monastère entretiendra 12 chanoines, ibid., p. 119.
— Description de ce monastère; il a trois églises, liv. III, chap. III, p. 102.
— Ses villages, un desquels nommé Dulcianæ vallis est vis-à-vis de l'église, ibid, p. 103.
— Guy, 1er abbé, avait été moine de Centule, frère d'Angelran comte de Ponthieu (l'était en 1010), liv. III, chap. XXIX, p. 180, et liv. IV, chap. XII, p. 217.
— Lorsque Forestmonstier passa au chevalier Hugues, il fut statué que les abbés de ce monastère seraient pris parmi les moines de St-Riquier, liv. IV, chap. XII, p. 217.
— Hubert succéda à l'abbé Guy (vivant en 1021); il avait été moine de Saint-Riquier sous l'abbé Ingelard, liv. III, chap. XXIX, p. 180.
— Ce monastère est à dix mille pas de Centule, liv. Ier, chap. XVIII, p. 39.
— Saint Riquier y meurt le vi des cal. de mai et son corps y reste jusqu'au vii des ides d'octobre, jour de son transport au monastère de Centule, liv. Ier, chap. XXII, p. 45.
— Après la mort de saint Riquier ce monastère eut des abbés, liv. Ier, chap. XXV, p. 54.

Foreste monasterium, Forestis cella. Voyez Forestmontier.

Forum Julii (Friuli, Frioul), une des 21 métropoles auxquelles Charlemagne laissa par son testament, liv. II, chap. VII, p. 84.

Franci (les Francs), une partie en est donnée en 865 par Louis roi de Germanie à Louis son 2e fils, liv. III, chap. XII, p. 130.
  Nota. — Cette partie des Francs était la Franconie. — Note du marquis Le Ver.

Frigidius, une des 4 abbayes auxquelles Charlemagne laissa par son testament, liv. II, chap. VII, p. 85.
  Nota. — Frigidius n'est pas le nom d'une abbaye, mais le nom de l'abbé de Saint-Martin de Tours. Mabillon, *Annales Bénédictines*, t. II, p. 397. — Note du marquis Le Ver.

Frocort (Frocourt), église rendue au monastère de Saint-Riquier par les soins de l'abbé Angelran, liv. IV, chap. XVII, p. 229, dans les vers.

Fulcaria. Voyez Feuquières.

G

Gaspennes (Gaspannæ), possession au monastère de Centule du temps de saint Riquier ainsi qu'en 831, liv. III, chap. III, p. 102.

— Village rendu au monastère de Saint-Riquier par les soins de l'abbé Angelran, liv. IV, chap. XVII, p. 229, dans les vers.

GELLIS au canton de Beauvais où le monastère de Saint-Riquier avait des possessions en 845, liv. III, chap. VII, p. 118.

GEMMETICENSE monasterium, Gemmeticum. Voyez Jumièges.

GERMANIE (La), Alemannia, donnée en 845 par Louis roi de Germanie à Charles son 3e fils, liv. III, chap. XII, p. 130.

GERMINIACUM palatium, Germigny-sur-Loire, palais du roi d'où est daté un diplôme de Charles le Chauve de l'an 845, liv. III, chap. IX, p. 124.

GLEDELA, village de l'évêché de Liège dans lequel le monastère de Saint-Riquier possédait un manoir que l'abbé aliéna pour 30 ans à Notker évêque de Liège en novembre 989, liv. III, chap. XXX, p. 181.

GLEMDENA, village de l'évêché de Liège dans lequel le monastère de Saint-Riquier possédait un manoir que l'abbé aliéna pour 30 ans à Notker évêque de Liège, en 989, et que l'abbé confirma Durand, évêque de Liège, le 14 octobre 1022, liv. IV, chap. III, p. 194.

GORZE (Gorzia), monastère dans le territoire de Metz où Gervin Ier abbé de Saint-Riquier, acheta des frères un livre qui traite de la vie de saint Angilbert, liv. IV, chap. XXXII, p. 277.

— D'où ce même abbé rapporta une histoire du monastère de Centule dans laquelle sont mentionnés 4 abbés qui ne sont pas dans le catalogue donné par l'abbé Angelran, liv. IV, chap. XVII, p. 231.

GRADUS (Grado), une des 21 métropoles auxquelles Charlemagne laissa par son testament, liv. II, chap. VII, p. 84.

GUADANNIA, village aux chanoines de Botritium en 831, liv. III, chap. III, p. 103.

GUALARICUS (Saint), Saint-Valery-sr-Somme, monastère d'où est daté un diplôme de Louis le Débonnaire en 830 dans lequel Durand, diacre, souscrit à la place de Friduse, liv. III, chap. II, p. 93. Voyez Saint-Valery.

GUATENAS (Guatenes), dans le Térouennois, rendu au monastère de Saint-Riquier sur lequel il avait été usurpé, liv. III, chap. XXVI, p. 170.

GUENITE, village en Angleterre donné par le comte Raoul au monastère de St-Riquier ; donation confirmée par Guillaume le Conquérant (en 1068) ; charges de ce village, liv. IV, chap. XXIV, p. 257.

GUIBRENTIUM (Yvrench), possession du monastère de Centule dès le temps de saint Riquier, liv. III, chap. III, p. 102.

— Église rendue à ce monastère par les soins de l'abbé Angelran, liv. IV, chap. XVII, p. 229, dans les vers.

GUIZANT (Wissant), Gervin Ier, abbé de Saint-Riquier, s'y embarque en 1068, pour l'Angleterre. Dans le voisinage de ce lieu il y avait une église dédiée à saint Pierre, une église à l'archange saint Michel, et une autre à saint Nicolas, liv. IV, chap. XXIII, p. 253.

— Dans le port d'Angleterre où l'on débarque il y avait une église dédiée à sainte Marguerite, ibid., p. 254.

H

HABACOURT (Habacurtis), le monastère de Centule y obtint en 855 des possessions par échange, liv. III, chap. IX, p. 124.

HAIDULFICURTIS (Haidulficourt), possession

du monastère de Centule du temps de saint Riquier ainsi qu'en 831, liv. III, chap. III, p. 102.

Hair, village de l'évêché de Liège dans lequel le monastère de Saint-Riquier avait 5 manoirs que l'abbé aliéna pour 30 ans à l'évêque de Liège, 5 novembre 989, liv. III, chap. XXX, p. 181.

— Et que confirma l'abbé au 14 octobre 1022, liv. IV, chap. III, p. 194.

Hambiaca villa, le monastère de St-Riquier y obtint en 855 des possessions par échange, liv. III, chap. IX, p. 124.

Hamingi-Mons, village dans lequel Otton et Otger possédaient des bénéfices qui furent donnés au monastère de Saint-Riquier en 870 par Charles le Chauve, liv. III, chap. XIX, p. 147.

Hadardi Villaris (Hardivilliers), le monastère de Saint-Riquier y obtint par échange des possessions en 855, liv. III, chap. IX, p. 124.

Hasloas, village sur la Somme dans l'Amiénois, au monastère de Saint-Riquier, dont par un diplôme de Charles le Chauve en 868 il est défendu à aucun abbé de ce monastère de faire aucune aliénation, liv. III, chap. XV, p. 137.

Hautvillers. Voyez Altvillaris.

Hongrie où l'abbé Gervin allait prêcher la foy, liv. IV, chap. XXVII, p. 263.

I

Incra (Encre), dans l'Amiénois, chapelle dépendante du monastère de Centule du temps de saint Riquier ainsi qu'en 831, où il y a 12 chanoines, etc., liv. III, chap. III, p. 103.

Ingoaldicurtis (peut-être Ignaucourt), propriété du monastère de Centule du temps de saint Riquier ainsi qu'en 831, liv. III, chap. III, p. 102.

Irminum, abbaye. Voyez Yrminum.

Iveline, forêt. Voyez Euvelina, Baisieu, Mont-Éric, Yveline.

J

Jérusalem (Hierosolyma), Richard, abbé de Verdun, et son chapelain Gervin y font un pélerinage, liv. IV, chap. XIV, p. 222.

Josse (Saint-), (Sanctus Judocus), monastère dont a été abbé Arnoul qui avait été moine de Saint-Riquier sous l'abbé Ingelard, liv. III, chap. XXIX, p. 180.

Jumièges (Gemeticum Monasterium), son 1er abbé fut saint Filibert, Coschin avait été destiné à le remplacer, mais ayant été élu par les moines de Centule, il alla gouverner leur monastère, liv. Ier, chap. XXV, p. 52.

— Ce monastère conserve plusieurs écrits qui font connaître que Coschin en avait été abbé ainsi que de Centule, liv. IV, chap. XVII, p. 231.

Juvanum. Voyez Saltzbourg.

K

Kiersi-sur-Oise (Carasiacum palatium), d'où est daté un diplôme de Charles le Chauve des ides de décembre 868, liv. III, chap. XV, p. 138 et chap. XVII, p. 142.

L

LANGORATUM, possession confirmée au monastère de Saint-Riquier par Louis le Débonnaire en 830, liv. III, chap. II, p. 92, et en 844 par Charles le Chauve, liv. III, chap. VII, p. 116.

LANGRADUS, possession du monastère de Centule au temps de saint Riquier ainsi qu'en 831, liv. III, chap. III, p. 102.

LEGONACUS *aliàs* Leucanus, nom qu'avait autrefois le lieu où est maintenant le monastère de Saint-Valery (sur-Somme), liv. III, chap. XXIII, p. 162. Voyez Saint-Valery-sur-Somme.

LEODICENSIS (Leodii), de Liège. Voyez Liège.

LECONAUS (Leucanaus). Voyez Legonacus.

LEUCORUM URBS (Toul), près duquel lieu Thierry livra et gagna une sanglante bataille contre le roi Théodebert son frère, liv. Ier, chap. II, p. 8.

LIÈGE (Leodium), Notker évêque en 989, indiction XII, 1re année du règne de l'empereur Henry, liv. III, chap. XXX, p. 181.

— Durand, évêque, 14 octobre 1022, liv. IV, chap. III, p. 193.

— Otbert, archidiacre, IV des ides de mars, XIe année du règne du roi Robert, liv. III, chap. XXXI, p. 186.

LOACAS, aux chanoines d'Encre en 831, liv. III, chap. III, p. 104.

LOMBARDS (Leutbrand roi des), liv. II, chap. Ier, p. 59.

— (Les Marches contre les), données en 865 par le roi de Germanie à son fils aîné Carloman, liv. III, chap. XII, p. 130.

LONG (Longus superior), au monastère de Saint-Riquier en 855 par échange, liv. III, chap. IX, p. 124.

LONGAVILLA (Longueville ou Longvillers), propriété entière et sans partage de bénéfice au monastère de Saint-Riquier en 831, qui était déjà au monastère de Centule dès le temps de saint Riquier, liv. III, chap. III, p. 102.

LONGUEVILLE. Voyez Longavilla.

LONGUS SUPERIOR (Long), par échange au monastère de Saint-Riquier en 855, liv. III, chap. IX, p. 124.

LONGVILLERS. Voyez Longavilla.

LORRAINE, reçoit son nom de l'empereur Lothaire fils de Louis le Débonnaire, liv. III, chap. VI, p. 112.

LUGDUNUM. Voyez Lyon.

LULIACUM (Lully), dans l'Amiénois, possédait une église sous le nom du bienheureux martyr Lucien et du grand saint Riquier, liv. IV, chap. XXV, p. 258.

Nota. — Ce Luliacum est nommé Buliacum dans les Act. Sanctorum de D. Mabillon — Note marquis Le Ver.

LUXEU (Luxovium), monastère duquel la reine Brunehaut fit chasser saint Colomban, liv. Ier, chap. II, p. 8.

LYON (LUGDUNUM), une des 21 métropoles auxquelles Charlemagne laissa par son testament, liv. II, chap. VII, p. 84.

M

MADELGISILUS. Voyez Saint-Mauguille.

MAYENCE (Magunciacus), une des 21 métropoles auxquelles Charlemagne laissa par son testament, liv. II, chap. VII, p. 84.

MAYOCH, possession du monastère de Centule dès le temps de saint Riquier ainsi qu'en 831 sans aucun partage de bénéfice, liv. III, chap. III, p. 102.

— Le comte de Ponthieu, moyennant cent sols que lui donne l'abbé de St-Riquier, abandonne à ce monastère le droit qu'il avait de prendre annuellement sur les habitants 20 porcs ; il se réserve de prendre annuellement sur les habitants 40 sols, sans que l'homme du comte puisse y entrer pour les percevoir ; ce sera un moine désigné à cet effet qui remettra cette somme au prévôt du comte; liv. IV, chap. XXII, p. 250.

MARCHÆ (les Marches), contre les Esclavons et les Lombards, données en 865 par Louis roi de Germanie à son fils aîné Carloman, liv. III, chap. III, p. 130.

MARIS, possession au monastère de Centule dès le temps de saint Riquier, liv. III, chap. III, p. 102.
— Confirmée par Louis le Débonnaire en 830 à ce monastère, liv. III, chap. II, p. 93.
— Confirmée en 844 à ce monastère par Charles le Chauve, liv. III, chap. VII, p. 116.

MAJUS (Monasterium). Voyez Marmoutier.

MARMOUTIER (Majus monasterium), abbaye près de Tours dont Helgaud était abbé, et où Gervin, évêque d'Amiens, se retira après avoir été condamné au concile de Clermont, en 1096, liv. IV, chap. XXXVI, p. 296.

MARTIN (Saint), église au milieu de la forest d'Eu, liv. IV, chap. XXV, p. 258.
— Église appartenant aux chanoines de Dulcianæ vallis, liv. III, chap. III, p. 103.

MASFLARIÆ (Mouflières), échange fait avec Roquemont par le monastère de St-Riquier pour des terres ; ce qui est confirmé par Charles le Chauve le 2 mars 855, liv. III, chap. IX, p. 123.

MATERMORTUA (Mortemer), village dans le territoire de Liège, du royaume de Lothaire, donné à cens par Ingelard, abbé de Saint-Riquier, à un chevalier ou vassal de ce monastère (miles), nommé Hugues et à sa femme Alguide et à leur héritier, pendant la vie de ces trois personnes, moyennant 100 sols d'argent et 25 sols de cens, le IV des ides de mars, XIe année du roi Robert, liv. III, chap. XXXI, p. 185.

MAUGUILLE (Saint, S. Madelgisilus), village près et dépendant de Centule, qui reçoit son nom du corps du saint qui était à Montreuil et qui est rapporté en ce lieu par l'abbé Ingelard, liv. III, chap. XXIX, p. 177.

MÉDARD (Saint). Voyez Dommart.

MEDIOLANUM. Voyez Milan.

MEREFORT, village en Angleterre donné par le comte Raoul au monastère de St-Riquier ; donation confirmée par Guillaume le Conquérant, en 1068, charges de ce village, liv. IV, chap. XXIV, p. 256.

MESOUTRE (Moxultrum), sur la rive gauche de l'Authie, auprès d'une forêt, ainsi nommé parce que ce fut là que se reposa saint Riquier après avoir été poursuivi par de mauvaises gens, liv. Ier, chap. XVI, p. 35.
— Le monastère de Saint-Riquier y possédait en 845 une métairie, liv. III, chap. VII, p. 118. Voyez Mosultrum.

METZ (Arnould, fils de la princesse Blitilde, après avoir été préfet fut évêque de), liv. II, chap. Ier, p. 58.

MICHEL (Saint), église dans le voisinage du port de Guisant, liv. IV, chap. XXIII, p. 253.

MILAN (Mediolanum), une des 21 métropoles auxquelles Charlemagne laissa par son testament, liv. II, chap. VII, p. 84.

MIRUMDOLIUM, moulin sur la rivière du Scardon, liv. III, chap. XXXII, p. 187.
— Sous Montigny, liv. IV, chap. VII, p. 204.
— Donné à cens pour un temps par Ingelard abbé de Saint-Riquier à un de ses parents nommé Regnier, liv. III, chap. XXXII, p. 187.
— Cette donation confirmée à Regnier, chevalier (miles), jusques et compris

la quatrième génération, moyennant un cens annuel de quatre sols à la fête de saint Riquier, après quoi ce moulin reviendra au monastère, VII des calendes de février, la 12e année du règne de Henry (1043), liv. IV, chap. VII,, pp. 204 et 205.

MONASTERIOLUS VICUS. Voyez Montreuil.

MONTS (les), (Montes), en 831 aux chanoines d'Encre, liv. III, chap. III, p. 92, et en 844 par Charles le Chauve, liv. III, chap. VII, p. 116.

MONS ANGELORUM (Mont des Anges), possession confirmée au monastère de Centule par Louis le Débonnaire en 830, liv. III, chap. II, p. 92.

— Pourquoi ce nom fut changé en celui de Nubili Mons (Nuemont), liv. III, chap. XXII, p. 160. Voyez Nubili Mons.

MONS ELISIUS aliàs Helisius, église donnée par Guy, évêque d'Amiens, au monastère de Saint-Riquier, parce qu'à la demande de cet évêque, Gervin abbé de ce monastère lui avait laissé l'amict que la reine d'Angleterre lui avait donné ; Hugues avait son personnat sur cette église sous une redevance qu'il payera au monastère et qu'y payeront ceux qui succèderont à ce bénéfice, liv. IV, chap. XXII, p. 249.

MONS ERICUS. Voyez Euvelina.

MONS HELISIUS. Voyez Mons Elisius.

MONS SORACTUM où était le monastère de Saint-Silvestre dans lequel Carloman frère de Pepin (le Bref) prit l'habit de saint Benoît, liv. II, chap. II, p. 60.

MONT CASSIN (Cassinum monasterium) que restaurait Patronace lorsque Caloman, frère de Pepin (le Bref, s'y fit moine), liv. II, chap. II, p. 60.

MONT CENIS (Cinisus Mons). Après l'avoir passé Charles le Chauve meurt, liv. III, chap. XX, p. 148.

MONTIVILLIERS, (Villaris Monasterium), l'abbesse réclame l'église de Scabellivilla donnée précédemment par le duc de Normandie au monastère de Saint-Riquier auquel Guillaume duc de Normandie la confirme malgré les prétentions de l'abbesse, 3 des calendes de l'an 1048, liv. IV, chap. XIX, pp. 235-236.

MONS ROCHONIS. Voyez Montrochon.

MONTREUIL (bourg), Monasteriolus vicus, en Ponthieu, dans l'église de ce lieu reposait le corps de saint Mauguille d'où il est transporté en l'église du monastère de St-Riqnier sous l'abbé Ingelard, liv. III, chap. XXIX, p. 177. — Voir la note de cette page. Il s'agit de Monstrelet.

— Monasteriolum castrum, château royal en Ponthieu dont s'empara Arnoul, comte de Flandres, après la conquête duquel il s'empara de tout le Ponthieu ; il mit dans l'église de ce lieu les corps de saint Riquier et de saint Valery qu'il avait enlevés, et d'où l'abbé de Centule retira par supercherie celui de saint-Riquier, liv. III, chap. XXII, p. 159.

MONTROCHON (Mons Rochonis), église rendue au monastère de Saint-Riquier par les soins de l'abbé Angelran, liv. III, chap. II, p. 93 ; chap. III, p. 102 ; chap. VII, pp. 116 et 118 ; chap. IX, p. 123. — Le marquis Le Ver a traduit ici Rochonis Mons par Roquemont. — Liv. IV, chap. XVII, p. 229, dans les vers.

MORTEMER au pays de Liège. Voyez Mater mortua.

MOSULTRUM (Moxultrum). Voyez Mesoutre.

MOUFLIÈRES, Masflariæ, (échange de Roquemont fait par le monastère de Saint-Riquier pour des terres sises à) ; ce qui est confirmé par Charles le Chauve le 2 mars 855, liv. III, chap. IX, p. 123.

MOUSTIER en Tarentaise (Darantasia), une des 21 métropoles auxquelles Charlemagne laissa par son testament, liv. II, chap. VII, p. 84.

MOXULTRUM. Voyez Mesoutre.

N

NEUDUM, village aux chanoines de Botritium, en 831, liv. III, chap. III, p. 103.

NEUVILLE (Novavilla), possession au monastère de Centule dès le temps de saint Riquier, liv. III, chap. III, p. 102.

— Confirmée en 830 par Louis le Débonnaire, liv. III, chap. II, p. 92.

— Ce village servait des redevances à Guy, comte de Ponthieu ; le comte les rend au monastère en déposant sur le tombeau de saint Riquier la remise qu'il en fait l'an 1074, liv. IV, chap. XXXVI, p. 288.

NIALLA, possession du monastère de Centule dès le temps de saint Riquier ainsi qu'en 831, liv. III, chap. III, p. 102.

— Échangée en 855 avec la mansion de Feuquières, liv. III, chap. IX, p. 123.

NICOLAS (Saint), église dans le voisinage du port de Guizant, liv. IV, chap. XXIII, p. 254.

NIVIELLA, possession confirmée au monastère de Saint-Riquier en 830 par Louis le Débonnaire, liv. III, chap. II, p. 92.

NOGUERIAS, village que le chevalier (miles) Hubert prétendait posséder à titre d'hérédité contre le monastère de Saint-Riquier. Un jugement de 1030 le restitue à l'abbaye mais Henry roi de France s'en empare et ne le rend au monastère que par un diplôme de l'an 1035, liv. IV, chap. VII, p. 202.

— Gautier Tirel et Ermine sa femme s'étant emparés à titre d'hérédité de ce village le rendent au monastère de Saint-Riquier, et la chapelle construite en ce village est conservée dans ses mêmes franchises par le monastère, liv. IV, chap. XXI, p. 243.

NORMANDIE (Richard II duc de), liv. IV, chap. IV, p. 195.

— (Guillaume duc de), 3 des calendes de novembre 1048, liv. IV, chap. XIX, p. 235.

NORICA (Norique ou Bavière) ; entre dans le partage que Louis roi de Germanie eut à la mort de Louis le Débonnaire son père, en 841, liv. III, chap. VI, p. 112.

— Est donnée par Louis roi de Germanie en 865 à Louis son second fils, liv. III, chap. XII, p. 130.

NOVAVILLA. Voyez Neuville.

NUBILIMONS (Nuemont), nom substitué à celui de Mons Angelorum ; pour quoi ; liv. III, chap. XXII, p. 160.

Nota. — Nuemont est un village du doyenné de Saint-Riquier. Voyez Nubilimons et Mons Angelorum. — Note du marquis Le Ver. — Il n'y eut jamais qu'une chapelle à Nuemont.

O

OLNODIOLUM. Voyez Oneux.

ONEUX (Olnodioli sylva), forêt dans laquelle se sauva Angelran, lorsqu'il apprit qu'il avait été élu abbé de Saint-Riquier, liv. IV, chap. II, p. 192.

OULTREBOIS (Ultrabaiz), village dans lequel

le comte de Ponthieu prenait le quart pour son droit d'avouerie ; il l'abandonne à l'abbé de Saint-Riquier moyennant 20 liv. d'argent et 50 bœufs que cet abbé donne au comte ainsi que l'un et l'autre le reconnaissent par une charte de l'an 1067, liv. IV, chap. XXII, p. 247.

P

Paris (Hezelin, évêque de), l'an 1025, liv. IV, chap. VII, p. 204.

Pernes (Petronutius), possession par échange confirmée au monastère de Saint-Riquier, par Charles le Chauve en 845, liv. III, chap. VII et IX, pp. 118 et 123.

Petronutius (peut-être Pernes).

Pierre (Saint), église dans le voisinage du port de Guizant, liv. IV, chap. XXIII, p. 254.

Poitiers (Pictavorum diœcesis), Didon le profanateur plutôt que l'évêque de ce siège, liv. Ier, chap. XXIV, p. 49.

Ponches (Pontias), propriété du monastère de Centule dès le temps de saint Riquier, en toute propriété et sans partage de bénéfice en 831, liv. III, chap. III, p. 102.

Ponthieu (le) et le Vimeu avaient peu ou point de châteaux et de places fortes, ce qui livrait le pays aux incursions des Normands, dans une desquelles périt Nithard qui fut comte et abbé, liv. III, chap. X, p. 126.

Ponthieu (le) avait pour place forte Montreuil, dont s'empara Arnoul comte de Flandres, ce qui le rendit maître de tout le Ponthieu, liv. III, chap. XXII, p. 159.

— Ravagé par les barbares (en 881), liv. III, chap. XX, p. 151.

— Description de ce pays, où il y a peu de cités mais beaucoup de châteaux forts aussi opulens que des villes, liv. Ier, chap. V, p. 14.

— Helgaud en est fait comte pour défendre le pays, liv. III, chap. X, p. 126.

— Du temps de Hugues Capet n'était pas gouverné par un comte mais par des vassaux (milites) du roi qu'on y envoyait. Avant ce temps, plusieurs abbés de Centule, portant aussi le titre de comtes, avaient la garde et l'administration de ce pays. Les vassaux que le Roi envoyait pour le gouverner n'étaient pas tous propriétaires des terres qu'ils gardaient. Abbeville, Domart, Encre. Les forteresses que le Roi avait faites de ces lieux qu'il avait enlevés au monastère de St-Riquier et donnés en garde à Hugues d'Abbeville (Hugo Abbatensis) en firent le plus puissant des vassaux ses pairs ; il n'eut jamais que le titre d'avoué de Saint-Riquier, et ce fut son fils, qui le premier de sa race, prit le titre de comte de Ponthieu, liv. IV, chap. XXI, p. 241.

— Son gouvernement désigné sous le nom de duché de toute la côte maritime avait été donné à Angilbert par Charlemagne, liv. II, chap. II, p. 61.

— Angelran, avoué de Saint-Riquier, a obtenu du roi qu'aucune nouvelle coutume ne sera introduite en Ponthieu ; charte donnée par le Roi Henry en 1035, liv. IV, chap. VII, p. 204.

— (Godefroi vicomte de), l'an 1035, liv. IV, chap. VII, p. 204.

— (Guy, archidiacre de), l'an 1045, liv. IV, chap. XVII, p. 229.

Pontias. Voyez Ponches.

PONTICULI, le monastère de Saint-Riquier y obtint des possessions par échange ; confirmées en 855 par Charles le Chauve, liv. III, chap. IX, p. 124. — Ponthoile suivant M. Garnier.

PORTAS VILLA (Portes), village qu'Angelran donna au monastère de Saint-Riquier le jour de l'inhumation de son père Hugues qui l'avait donné en ses derniers moments à ce monastère XIV des calendes de décembre, liv. IV, chap. XXI, p. 242.

Q

QUENTVICUS (Quentovic), le monastère de Saint-Riquier y percevait une redevance de deux septiers, droit confirmé par une charte de Charles le Chauve donnée à Compiègne le v des calendes d'octobre de l'an v de ce roi (845), liv. III, chap. VII, p. 118.

R

RAVENNES (Ravenna), une des 21 métropoles auxquelles Charlemagne laissa par son testament, liv. II, chap. VII, p. 84.

REBAIS (Resbacense Cœnobium), sous Agile abbé de ce monastère, saint Filibert commença sa vie monastique, liv. Ier, chap. XXV, p. 52.

REBELLIS MONS. Voyez Ribemont.

REIMS (Remis), une des 21 métropoles auxquelles Charlemagne laissa par son testament, liv. II, chap. VI, p. 84.
— Adalberon, archevêque en 843, indiction VI, liv. III, chap. VI, p. 114.
— Ébal, évêque, 14 octobre 1042, liv. IV, chap. III, p. 193.
— Reinald, archevêque, liv. IV, chap. XXXVI, p. 293.

RAGINERI EXCLUSA (Renier Écluse), possession au monastère de Saint-Riquier confirmée en 845 par Charles le Chauve, liv. III, chap. VII, p. 118.

RENIER ÉCLUSE. Voyez Ragineri Exclusa.

RESBACENSE CŒNOBIUM. Voyez Rebais.

REVERSICOURT (Rivirtsicurtis), en Beauvaisis, le monastère de Saint-Riquier y avait des possessions, en 845, liv. III, chap. VII, p. 118.

REBELLIS MONS. Voyez Ribemont.

REBEMONT (Rebellis Mons), en Ponthieu, un des trois villages formant le territoire de Campagne donné à saint Riquier par Dagobert, liv. Ier, chap. XVII, p. 37. — Mais ce lieu serait, suivant M. Lot, Romont hameau de la commune de Buires-le-Sec, canton de Campagne, arrondissement de Montreuil. M. Garnier nomme plusieurs Romont.
— Possédé sans partage de bénéfice par le monastère de Saint-Riquier, en 845, était moins un village qu'une ville, était fortifié à l'abri d'insulte de l'ennemi, liv. III, chap. III, p. 102.
— Petit domaine tenu de l'église de Saint-Riquier, à vie, par Agenard, sa femme et leurs enfants, 8 des ides de décembre, liv. IV, chap. XXI, p. 244.
— RIQUIER (Saint), abbaye sise à Centule, fondée par ce saint, préface, p. 2, liv. Ier, chap. XIV, p. 29.

— 300 moines y établis par Angilbert, 100 enfans élevés aux écoles de cette église, habillés, nourris, du nombre desquels il y en avait toujours un tiers au chœur, règle établie par saint Angilbert, liv. II, chap. VI, pp. 79-80.

— Saint Angilbert ayant fait jeter à bas l'ancienne église qu'avait élevée saint Riquier le fondateur sous l'invocation de la Vierge, et ayant fait bâtir une église sous l'invocation de la Vierge en deça de la rivière du Scardon qui est au Midi, une à l'Orient sous l'invocation de saint Benoît, une troisième sous celle de saint Riquier, le monastère de Centule prit le nom de saint Riquier, liv. II, chap. III, p. 65.

— Du temps d'Hariulfe on voyait sur le pavé du chœur un bel ouvrage en marbre de ce temps, liv. II, chap. III, p. 64.

— Dédicace des trois églises faite par douze évêques le jour des calendes de janvier, liv. II, chap. III, p. 67.

— Crypte bâtie par l'abbé Gervin Ier, sa description, reliques qu'elle possède, liv. IV, chap. XVIII, pp. 232-234.

— Ingelard abbé de ce monastère donne à cens pour 30 ans 12 manoirs dans l'évêché de Liège appartenans à ce monastère, 5 novembre 989, liv. III, chap. XXX, p. 181.

— Catalogue des abbés de ce monastère dressé de mémoire par l'abbé Angelran qui en a omis plusieurs, liv. Ier, chap. XXV, p. 53 et liv. IV, chap. XVII, p. 230.

— Église dans un endroit de l'Amiénois nommé Luliacum, liv. IV, chap. XXV, p. 258.

— Église sur la rive de l'Authie, bâtie en ce lieu à cause d'un miracle qu'y fit saint Riquier, et qui prit le nom du saint, liv. Ier, chap. XVI, p. 34.

RIVIRTSI CURTIS. Voyez Reversicourt.

ROCCONIS MONS. Voyez Roquemont.

ROCMONT, Rocconis Mons. Voyez Roquemont.

ROLLENCOURT, Rollenicurtis, dans le Térouennois, qui avait été usurpé au monastère de Centule, rentre à ce monastère par les soins de son abbé Ingelard, liv. III, chap. XXVI, p. 170.

— Avait été donné à ce monastère par le duc Hugues, beau-père de l'empereur Lothaire; confirmé par cet empereur en 843, liv. III, chap. VI, p. 114.

— Après avoir été donné par le duc Hugues, avait été cédé pour un certain temps en bénéfice par Helgaud abbé de Centule et comte de Ponthieu, liv. III, chap. X, p. 127.

ROMANGILIS, ferme acquise avec Argubium par l'abbé de Centule au profit du monastère de Forestmoutier; confirmée en 845 par Charles le Chauve, liv. III, chap. VII, p. 118.

ROME, une des 21 métropoles auxquelles Charlemagne laissa par son testament, liv. II, chap. VII, p. 84.

ROQUEMONT, Rocconis Mons, possession du monastère de Centule dès le temps de saint Riquier, liv. III, chap. II, p. 93.

— Confirmée en 830 à ce monastère par Louis le Débonnaire, liv. III, chap. II, p. 93.

— Échange d'une masure à Roquemont fait par ce monastère pour des terres sises à Mouflières; confirmé par Charles le Chauve le 2 des calendes de mars 855, liv. III, chap. IX, p. 123.

ROUEN, Rothomagus, une des 21 métropoles auxquelles Charlemagne laissa par son testament, liv. II, chap. VII, p. 84.

— Megimhard, archevêque, assiste à la

dédicace de l'église de Saint-Riquier, liv. II, chap. IV, p. 67.
— Robert, archevêque, liv. IV, chap. IV, p. 196.

— Un enfant de ce pays est guéri à la châsse de saint Riquier, liv. III, chap. XVIII, p. 143.

S

SACER CAMPUS, champ Sacré ou Cercamp [1] ; possession confirmée, en 845, au monastère de Saint-Riquier par Charles le Chauve, liv. III, chap. VII, p. 118 et chap. IX, p. 123.
— Est rendu à ce monastère de St-Riquier par les soins de l'abbé Angelran. liv. IV, chap. XVII, p. 229, dans les vers.

SALZBOURG ou JUVAVUM, une des 21 métropoles auxquelles Charlemagne laissa par son testament, liv. II, chap. VII, p. 84.

SAUCOURT, dans le Vimeu, bataille qu'y livra le roi Louis aux barbares où leur roi Guaramond perdit la vie, liv. III, chap. XX, p. 151.
Nota. — Hariulfe ne fait qu'indiquer le Vimeu, et ne nomme pas Saucourt. — Note du marquis Le Ver.

SAUVE (Saint), Sanctus Salvius, Gautier surnommé Grimutius abbé, liv. III, chap. XXIX, p. 180.
Nota. — Monastère de Montreuil-sur-Mer. Cet abbé siégeait en 1020, Gall. Christ. — Note du marquis Le Ver.

SAUVE (Saint), Sanctus Salvius, monastère à Valenciennes ; Hugues fils d'une abbesse en était recteur en 855, liv. III, chap. XII, p. 131.

SAXE (la), Saxonia, donnée en 865 par Louis roi de Germanie à Louis son second fils, liv. III, chap. XII, p. 130.

SCABELLIVILLA, église en Normandie, donnée au monastère de Saint-Riquier par Richard duc de Normandie, liv. IV, chap. IV, p. 195.
— L'abbesse de Montivillier est déboutée des prétentions qu'elle avait sur cette église, par Guillaume duc de Normandie, 3 des calendes de novembre 1048, liv. IV, chap. XIX, p. 235.

SCARDON (Scarduo), petite rivière ou torrent qui traverse le clos du monastère de Saint-Riquier, liv. II, chap. III, p. 65.
— En deçà de cette rivière saint Angilbert fit bâtir une église à l'honneur de la Vierge. Le Scardon fait tourner le moulin des moines, ibidem.
— Fait tourner le moulin Mirumdolium, liv. III, chap. XXXII, p. 187.

SCLAVI. Voyez Esclavons.

SENLIS, croit faussement posséder le corps de saint Vigor, liv. IV, chap. V, p. 197.
— Y est daté un diplôme de Charles le Chauve en faveur du monastère de Saint-Riquier, liv. III, chap. XVI, p. 140.

SENS, une des 21 métropoles auxquelles Charlemagne laissa par son testament, liv. II, chap. VII, p. 84.
— (Abbaye de Sainte-Colombe à), liv. III, chap. XI, p. 128.
— Après la mort de l'archevêque, Jérémie moine de Centule est nommé à l'évêché, liv. III, chap. XX, p. 150.
— Guelfon avait été moine de St-Riquier avant d'être abbé du monastère de Sainte-Colombe, liv. III, chap. XI, p. 128.

SICAMBRES, aux confins de la Pannonie,

---

1. Quoique je sois sobre d'observations sur les tables du marquis Le Ver je dois dire que M. Lot ne traduit pas *Sacer campus* par Cercamp mais par Surcamp du canton de Domart.

peuples venus des 12 mille Troyens qui, après la prise de Troie, fondèrent la ville de Sicambrie. Mérovée leur premier roi leur donna son nom, liv. I*er*, chap. I*er*, p. 5.

SICAMBRIA, ville fondée par les Sicambres. Voyez Sicambres.

SIDRUDIS ou Sigetrudis, terre donnée à saint Riquier, que l'abbé Héric, successeur de saint Angilbert donna à un de ses vassaux nommé Heuton; il y avait un bois dans le voisinage de ce village, où, selon la tradition, se conservait un hêtre à l'ombre duquel se reposait saint Riquier lorsqu'il allait en Angleterre; Miracle opéré lorsque Heuton voulu faire couper ce hêtre ; liv. III, chap. I*er*, p. 89.

— A la mort de Heuton, Louis le Débonnaire donna cette terre au monastère de Saint-Riquier, l'an 830, liv. III, chap. II, p. 91.

SIGETRUDIS (Sorrus) en Ponthieu, terre qui prit son nom de la dame qui la possédait, et dans laquelle se reposait saint Riquier lorsqu'il allait en Angleterre. Elle lui refusa l'hospitalité qu'il demandait pour les captifs qu'il ramenait de l'Angleterre ; miracle qui se fit en faveur du saint. — La dame lui donne cette terre, liv. I*er*, chap. XI, p. 25.

— Ce saint fait sourdre une fontaine en ce village, liv. I*er*, chap. XII, p. 27.

— La possession de ce village confirmée au monastère de Saint-Riquier en 844 par Charles le Chauve, liv. III, chap. IX, p. 123.

SILVANECTIS. Voyez Senlis.

SILVESTRE (Saint), monastère sur le mont Soracte (à Rome), liv. II, chap. II, p. 60.

SOISSONS, ce royaume échut à Chilperic 4*e* fils de Clotaire, liv. I*er*, chap. II, p. 7.

— Guy, évêque de cette ville, liv. III, chap. XXV, p. 169.

SORACTE (Soractis mons), montage sur laquelle était le monastère de S*t*-Silvestre, où le roi Carloman se fit moine, liv. II, chap. II, p. 60.

SORRUS, Malbrancq dit que c'est Sidrudis.

SPANIA (Espagne), le monastère de S*t*-Riquier y obtint en 855 des possessions par échange, liv. III, chap. IX, p. 124.

T

TARENTAISE (Darantasia). Voyez Moustier.

TEONES, village aux chanoines de Botritium en 831, liv. III, chap. III, p. 103.

TÉROUENNE (Baudouin, évêque de), liv. III, chap. XXV, p. 169.

— (Drogo, évêque de), fut disciple d'Angelran abbé de Saint-Riquier, liv. IV, chap. XI, p. 214. — Botritium in pago Terragonensium, liv. III, chap. III, p. 103.

THURINGE (la), Toringia, donnée en 865 par Louis, roi de Germanie, à Louis son 2*e* fils, liv. III, chap. XII, p. 130.

TOUL (urbs Leucorum, Tullensis), près de ce lieu Thierry gagna une bataille contre son frère Theodebert, liv. I*er*, chap. II, p. 8.

— (Bruno évêque de), à son élection à la papauté prend le nom de Léon, liv. IV, chap. XXVII, p. 266.

TOURS (Turones), une des 21 métropoles auxquelles Charlemagne laissa par son testament, liv. II, chap. VII, p. 85.

TRÈVES (Treveris), une des 21 métropoles auxquelles Charlemagne laissa par son testament, liv. II, chap. VII, p. 84.

TULINO, peut-être Tulli, propriété au monastère de Centule dès le temps de saint Riquier, entière sans partage de bénéfice à ce même monastère en 831, liv. III, chap. III, p. 102.
TULLI. Voyez Tulino.
TURONES. Voyez Tours.

U

ULTRABAIZ. Voyez Oultrebois.

URBS LEUCORUM. Voyez Toul.

V

VADIMIACUS, aux chanoines d'Encre en 831, liv. III, chap. III, p. 104.

VALENCIENNES (Valentianas), y était en 865, le monastère de Saint-Sauve martyr, dont Hugues, fils d'une abbesse, était recteur, liv. III, chap. XII, p. 131.

VALERI (Saint), monastère fondé par saint Valeri en un lieu nommé Legonacus, liv. III, chap. XXIII, p. 162. Voyez ce nom aux noms des personnes.

VALERI (Saint), Sanctus-Gualaricus, d'où est daté un diplôme de Louis le Débonnaire de l'an 830, liv. III, chap. II, p. 93.

VALERIAS, en Ponthieu, un des trois villages formant le territoire nommé Campagne, donné à saint Riquier par le roi Dagobert, liv. Ier, chap. XVII, p. 37, liv. III, chap. II, p. 94.
— Était moins un village qu'une ville à l'abri d'insulte de l'ennemi, propriété entière et sans partage de bénéfice au monastère de Saint-Riquier en 831, liv. III, chap. III, p. 102.
— Cédé à vie par l'abbé de Centule ainsi qu'un petit bois adjacent et le quart du courtil du manoir de Floherimanso au profit d'Agenard, liv. IV, chap. XXI, p. 245.

VALLES (peut-être Vaux-sur-Somme), propriété du monastère de Centule au temps de saint Riquier ainsi qu'en 831, liv. III, chap. III, p. 102.

VALLIS in pago Belvacensi (Vaux en Beauvoisis), donné au monastère de Saint-Riquier, par un diplôme du roi Charles le Chauve, la 28e année de son règne (l'an 868), liv. III, chap. XVI, p. 139.

VAUX. Voyez Valles et Vallis.

VERCOURT (Verculf), possession confirmée au monastère de Saint-Riquier par Louis le Débonnaire l'an 830, liv. III, chap. II, p. 93, et chap. VII, p. 116. — Vercourt est en Ponthieu près de Rue.

VERDUN (Richard, abbé de), Gervin, moine, son chapelain, liv. IV, chap. XIII, p. 219. — C'est l'abbé de Saint-Vanne. Voyez Viton aux noms des personnes.

VERTON (Vertunnus), habitation cédée par échange par Teutdrad au monastère de Saint-Riquier et que confirme le roi Charles le Chauve le 2 mars 855, liv. III, chap. IX, p. 123.

VESONTIO. Voyez Besançon.

VEXIN (Wilcassinus pagus). Fleury, village du Vexin, liv. III, chap. XVIII, p. 143.

VIENNE (Vienna), une des 21 métropoles auxquelles Charlemagne laissa par son testament, liv. II, chap. VII, p. 84.

VICTURIACUM. Voyez Vitry près d'Arras.

VIGILE (Saint), Sanctus Vigilius, un des quatre villages appartenant aux 30 chanoines de Dulcianæ vallis, liv. III, chap. III, p. 103.

VILLARE, petit village près de Saint-Riquier, liv. III, chap. IV, p. 107.

VILLARIS MONASTERIUM. Voyez Montivilliers.

VIMEU (Wimachus), au temps de Helgaud, abbé de Saint-Riquier et comte de Ponthieu (859) avait peu ou point de châteaux fortifiés non plus que le Ponthieu; ce qui fut cause que ce pays, étant sans défense lorsque les Danois y entrèrent (vers 859), Helgaud fut fait comte de Ponthieu pour défendre le pays contre ces peuples, liv. III, chap. X, p. 126.

— Ravagé par les barbares (en 881). Ils y sont mis en fuite. Guaramond leur roi, tué, liv. III, chap. XX, p. 149. — C'est la bataille de Saucourt que Hariulfe ne nomme pas.

VITRY près d'Arras, Victuriacum, du royaume de Chilpéric où le roi Sigebert fut assassiné, liv. Ier, chap. II, p. 7.

W

WIBERENTIUM, possession confirmée au monastère de Saint-Riquier par Louis le Débonnaire en 830, liv. III, chap. II, p. 92.

WILCASSINUS. Voyez Vexin.
WIMACHUS. Voyez Vimeu.
WISSANT. Voyez Guizant.

FIN DE LA TABLE DES NOMS DE LIEUX

REMARQUES

SUR LES TABLES DU MARQUIS LE VER

E n'ai retouché que tout à fait exceptionnellement aux tables du marquis Le Ver. Je ne réunis ici que de brèves observations sur un petit nombre de noms des lieux. Il me sera permis enfin de faire remarquer que M. Le Ver a souvent repris dans ses tables, quelquefois même intercalé dans sa traduction, les noms propres aux cas indirects fournis par les textes, au lieu de les ramener au nominatif. Bien légères fautes pour les lecteurs sérieux qui rectifient eux-mêmes.

BERSACQUES, *Bersacca*, livre III, chap. XVII, p. 141. — On a écrit ce nom de plusieurs manières, Bersacques, Bersacles, etc. — On peut sur ce lieu consulter, de la page CIIII à la page CVI, l'Inventaire des titres de l'abbaye de Saint-Riquier, manuscrit des archives de la ville d'Abbeville.

CAMPAGNE, *Campania*, territoire comprenant *Altivillaris*, *Rebellismons* et *Valerias*. M. Lot voit ce lieu au delà de l'Authie et attribue la dénomination à Campagne-lès-Hesdin. M. de Witasse la rapproche de Campigneulle (commune de Regnières-Écluse) : « Les trois localités, Hautvillers, Réaulmont et Valloires, situées sur le *territorium Campania*, feraient donc penser que cette région s'étendait sur le plateau compris entre la Somme et l'Authie, d'une part, la Maye et une ligne partant d'Abbeville et passant à l'est de Crécy, d'autre part. » — *Le pagus Pontivus et le pagus Vimnaus* par G. de Witasse.

Dans l'hypothèse de M. de Witasse vers laquelle attire Hautvillers il ne serait pas nécessaire de faire continuer la forêt de Crécy à l'est par une ligne partant d'Abbeville. Le *Valerias* d'Hariulfe ne peut être traduit ici par Valloires. *Valerias* est devenu Valines dans le langage commun et dans les actes, et on sait qu'il y avait un fief Valines à Ouville (commune de Hautvillers.)

CROTOY (LE) et MAIOC. — Maioc et le Crotoy occupent près de cent pages dans l'*Inventaire des titres de l'abbaye de Saint-Riquier*, de la page VI^{xx} XIII à la page VII^{xx} VII.

DRUGY, *Drusiacus* ou *Drusiacum*, quelquefois dit ou traduit Drusi. — On peut consulter sur cette terre aux archives de la ville l'*Inventaire des titres de l'abbaye de Saint-Riquier* de la page C à la page CIII.

Dulcianæ vallis ad lumen ecclesiæ, liv. III, chap. III, p. 103. — Vis-à-vis de l'église, cette interprétation serait peut-être plus exacte que la traduction : appartient à l'église ; à moins que *ad lumen* ne signifie : pour le luminaire de l'église[1].

MONTIGNY, *Montiniacus*, liv. IV, chap. VII, p. 204, charte de l'abbé Angelran. — La seigneurie de Montigny entre Caux et Millencourt. — *Hist. de Cinq Villes*, V, p. 160. — « *Montiniacus*, dit dom Grenier, au-dessus du *Mirum-Dolium*, sur la rivière du Scardon, lieu détruit. » — Rappelé dans l'*Hist. de Cinq Villes*. — Il y a d'autres Montigny dans le Ponthieu mais il s'agit bien ici du Montigny au dessus du moulin du Scardon.

MONSTRELET, *Monasteriolus vicus*, liv. III, chap. XXIX, p. 177. — C'est à tort que le marquis Le Ver n'a pas osé traduire par Monstrelet. L'abbé Corblet, M. Garnier, M. de Witasse, M. Lot sont d'accord pour voir Monstrelet sur l'Authie, ou Monstrelet-Saint-Mauguille de la commune de Boufflers, dans ce *Monasteriolus vicus*.

NUBILIMONS, liv. III, chap. XXII, p. 160. — La traduction de ce nom a bien des variantes : Nuemont, Nubémont, Nuellemont. — Commune d'Agenvillers.

REBELLISMONS, liv. Ier, chap. XVII, p. 37. Le marquis Le Ver a traduit ce nom par Ribemont. M. de Witasse par Réaulmont. C'est bien Réaulmont que

---

[1]. Peut-être aussi eût-il fallu lire *ad limen,* au seuil, non loin.

nous fournit un état (sans date) des *Fiefs nobles et restraints tenus de l'abbaye de Saint-Riquier* : « Deux fiefs nobles, l'un nommé Valines (nous retrouvons le Valerias rappelé plus haut), l'autre Réaulmont, séans au terroir d'Ouville, consistant, etc... » — *Hist. de Cinq Villes,* t. V, p. 165.

VALERIAS, liv. Ier, chap. XVII, p. 37. Ce nom nous amène encore à discuter la question du territoire de Campagne. Nous la croyons déjà bien avancée par la citation ci-dessus de l'*État des Fiefs,* etc. — Cet état a été fourni à l'*Hist. de Cinq Villes* par la Collection dom Grenier.

Une assez facile étude serait à faire ainsi sur beaucoup des noms de la table des lieux dressée par le marquis Le Ver.

TABLE RÉCAPITULATIVE

Avertissement . . . . page	I
Remarques du marquis Le Ver sur les chapitres d'Hariulfe . . .	v
La Chronique, préface d'Hariulfe	I
Livre premier	5
Livre II	57
Livre III	89
Livre IV	189
Table des chapitres.	301
— des noms de personnes	307
— des noms de lieux	353
Remarques sur les tables du marquis Le Ver	377

Achevé d'imprimer

PAR

FOURDRINIER & Cie

A ABBEVILLE

Le 1er Juillet 1899

www.ingramcontent.com/pod-product-compliance
Lightning Source LLC
Chambersburg PA
CBHW051817230426
43671CB00008B/743